◇21 世纪高职高专规划教材·市场营销系列

广告原理与实务

张丽娟　主　编
刘清华　副主编

清 华 大 学 出 版 社
北京交通大学出版社
·北京·

内容简介

全书共分12章，主要包括广告概论、广告心理、广告调查、广告预算、广告策略分析、广告创意、广告媒体策划、网络广告、广告文案创作、广告制作实务、广告效果测评和广告管理。全书内容阐述翔实，举例生动，体例布局力求新颖，强调理论与实训相结合。每章开篇有本章导读、学习目标、引例，文中穿插小案例、小思考、小知识及小资料等内容，章后设有本章小结、关键概念、课后思考与练习、案例讨论、实训应用等模块，内容丰富，形式灵活，使学生学习更富于乐趣。

本书可作为高职高专市场营销专业及管理类、经济类相关专业的专门教材，也可作为成人高校教学用书，以及企业培训广告人员、营销人员的培训教材和参考教材。

图书在版编目（CIP）数据

广告原理与实务/张丽娟主编. —北京：清华大学出版社；北京交通大学出版社，2008.7（2016.1重印）
（21世纪高职高专规划教材·市场营销系列）
ISBN 978-7-81123-289-9

Ⅰ.广…　Ⅱ.张…　Ⅲ.广告学-高等学校：技术学校-教材　Ⅳ.F713.80

中国版本图书馆CIP数据核字（2008）第060861号

责任编辑：吴嫦娥　　特邀编辑：于海丹
出版发行：清华大学出版社　　邮编：100084　　电话：010-62776969
　　　　　北京交通大学出版社　　邮编：100044　　电话：010-51686414
印 刷 者：北京泽宇印刷有限公司
经　　销：全国新华书店
开　　本：185×230　　印张：20　　字数：448千字
版　　次：2008年6月第1版　　2016年1月第7次印刷
书　　号：ISBN 978-7-81123-289-9/F·336
印　　数：18 001～19 000册　　定价：28.00元

本书如有质量问题，请向北京交通大学出版社质监组反映。对您的意见和批评，我们表示欢迎和感谢。
投诉电话：010-51686043，51686008；传真：010-62225406；E-mail：press@bjtu.edu.cn。

出版说明

高职高专教育是我国高等教育的重要组成部分，它的根本任务是培养生产、建设、管理和服务第一线需要的德、智、体、美全面发展的高等技术应用型专门人才，所培养的学生在掌握必要的基础理论和专业知识的基础上，应重点掌握从事本专业领域实际工作的基本知识和职业技能，因而与其对应的教材也必须有自己的体系和特色。

为了适应我国高职高专教育发展及其对教学改革和教材建设的需要，在教育部的指导下，我们在全国范围内组织并成立了“21世纪高职高专教育教材研究与编审委员会”(以下简称“教材研究与编审委员会”)。“教材研究与编审委员会”的成员单位皆为教学改革成效较大、办学特色鲜明、办学实力强的高等专科学校、高等职业学校、成人高等学校及高等院校主办的二级职业技术学院，其中一些学校是国家重点建设的示范性职业技术学院。

为了保证规划教材的出版质量，“教材研究与编审委员会”在全国范围内选聘“21世纪高职高专规划教材编审委员会”(以下简称“教材编审委员会”)成员和征集教材，并要求“教材编审委员会”成员和规划教材的编著者必须是从事高职高专教学第一线的优秀教师或生产第一线的专家。“教材编审委员会”组织各专业的专家、教授对所征集的教材进行评选，对所列选教材进行审定。

目前，“教材研究与编审委员会”计划用2～3年的时间出版各类高职高专教材200种，范围覆盖计算机应用、电子电气、财会与管理、商务英语等专业的主要课程。此次规划教材全部按教育部制定的“高职高专教育基础课程教学基本要求”编写，其中部分教材是教育部《新世纪高职高专教育人才培养模式和教学内容体系改革与建设项目计划》的研究成果。此次规划教材按照突出应用性、实践性和针对性的原则编写并重组系列课程教材结构，力求反映高职高专课程和教学内容体系改革方向；反映当前教学的新内容，突出基础理论知识的应用和实践技能的培养；适应“实践的要求和岗位的需要”，不依照“学科”体系，即贴近岗位，淡化学科；在兼顾理论和实践内容的同时，避免“全”而“深”的面面俱到，基础理论以应用为目的，以必要、够用为度；尽量体现新知识、新技术、新工艺、新方法，以利于学生综合素质的形成和科学思维方式与创新能力的培养。

此外，为了使规划教材更具广泛性、科学性、先进性和代表性，我们希望全国从事高职高专教育的院校能够积极加入到“教材研究与编审委员会”中来，推荐“教材编审委员会”成员和有特色的、有创新的教材。同时，希望将教学实践中的意见与建议，及时反馈给我们，以便对已出版的教材不断修订、完善，不断提高教材质量，完善教材体系，为社会奉献更多更新的与高职高专教育配套的高质量教材。

此次所有规划教材由全国重点大学出版社——清华大学出版社与北京交通大学出版社联合出版，适合于各类高等专科学校、高等职业学校、成人高等学校及高等院校主办的二级职业技术学院使用。

21世纪高职高专教育教材研究与编审委员会

2008年5月

前　言

现代广告是市场经济的先导产业，在经济全球化、市场一体化中具有重要的拉动作用。为了满足21世纪营销、广告人才培养的需要，特别是培养高职高专学生职业技能的需要，突出高等职业教育办学特色，加强高职学生实践能力的培养，在重视理论且突出实践教学的基础上，我们编写了本书。本书在编写过程中力图在广告理论和实践之间架起一座桥梁，将理论与实践有效地结合起来，使学生易于掌握、易于实践。

归纳起来，本教材具有以下特点。

1. 内容体系安排符合高职教育特点。本书主要针对高等职业技术院校的学生，重点强调理论联系实践技能的培养。因此，本书主要梳理广告理论的基本概念和基本原理，而对于具体的广告业务，则以理论"必需、够用"为度，使理论部分尽量简明扼要、通俗易懂。

2. 体例新颖独特。本书各章开篇均设有"本章导读"、"学习目标"，使学生首先明确本章的基本内容、知识点和技能点；在导入正文之前，通过一个典型"引例"和相应的"问题引入"模块，吸引学生对本章内容的关注，激发学生思维，使其对广告知识有一个初步、形象的认识，从而产生学习兴趣；在章节的中间，穿插了"小案例"、"小知识"、"小资料"和"小思考"，增加了内容的可读性和知识的新颖性，加深了学生对理论知识的理解，开拓了思维，对书中的重要观点起到了画龙点睛的作用；课后的"案例讨论"及相应的"案例讨论题"用以供师生共同分析讨论，从而产生互动，使学生对理论知识进行消化和理解，知道如何应用；"课后思考与练习"和"实训应用"为学生提供了参与实践、提高应用能力的平台，使学生进一步加深对理论知识与实践运用相结合方法的理解。

3. 案例生动，图文并茂。为了提高教学效果和学习效率，本书将广告学的基本理论与方法紧密结合，配有生动有趣的广告实例讲解，努力做到情景交融、形象生动。

4. 配有电子教学课件和课后思考与练习的参考答案，方便教师教学。

本书的配套电子教学课件和课后思考与练习的参考答案，可以从北京交通大学出版社网站（http://press. bjtu. edu. cn）下载，或者发邮件至 cbswce@jg. bjtu. edu. cn 索取。

本书由张丽娟主编，刘清华副主编。具体章节编写分工如下：张丽娟编写第1、2章；清华编写第3、4章；刘清华编写第5、6章；张蕾编写第7、8章；刘春雨编写第9、10章；王巍编写第11、12章。全书的框架构建、统稿和定稿工作由张丽娟负责。此外，本书的电子教学课件由张丽娟、刘清华共同制作完成。

本书的编撰与出版，得到了参编院校的领导和北京交通大学出版社的大力支持和帮助，特此表示衷心的感谢！

另外，本书在编写过程中参阅了国内外大量的文献资料，限于篇幅，在此不能一一罗列，编者就此向著者表示诚挚的谢意。

由于作者水平有限，书中差错在所难免，谨请广大读者海涵并予批评指正，希望各位专家学者和高职院校的同仁不吝赐教。

编　者

2008年5月

目录

第1章　广告概论 …… 1
1.1　广告的概念与构成要素 …… 3
1.1.1　广告的概念 …… 3
1.1.2　广告的构成要素 …… 4
1.2　广告的功能和作用 …… 6
1.2.1　广告的功能 …… 7
1.2.2　广告的作用 …… 7
1.3　广告的分类 …… 9
1.3.1　根据传播媒体分类 …… 9
1.3.2　根据广告内容分类 …… 9
1.3.3　根据广告的表现形式分类 …… 10
1.3.4　根据广告的阶段性分类 …… 11
1.4　广告学与相关学科的关系 …… 11
1.4.1　广告学与传播学的关系 …… 12
1.4.2　广告学与营销学的关系 …… 12
1.4.3　广告学与心理学的关系 …… 12
1.4.4　广告学与公共关系学的关系 …… 13
1.5　广告的历史与发展 …… 14
1.5.1　古代广告时期 …… 14
1.5.2　近代广告时期 …… 15
1.5.3　现代广告时期 …… 18
1.5.4　全球广告业的发展趋势 …… 20
◇　本章小结 …… 21
◇　关键概念 …… 21
◇　课后思考与练习 …… 22
◇　案例讨论 …… 22
◇　实训应用 …… 24

第 2 章　广告心理 …… 25
2.1　广告受众心理分析 …… 26
2.1.1　广告受众心理活动过程 …… 27
2.1.2　广告受众心理的基本内容 …… 28
2.2　广告心理策略 …… 32
2.2.1　吸引注意策略 …… 33
2.2.2　增强记忆策略 …… 35
2.2.3　诱发受众需求策略 …… 38
2.3　广告心理诉求 …… 39
2.3.1　广告的理性诉求 …… 39
2.3.2　广告的情感诉求 …… 42
2.3.3　广告的暗示诉求 …… 47
◇　本章小结 …… 48
◇　关键概念 …… 48
◇　课后思考与练习 …… 49
◇　案例讨论 …… 49
◇　实训应用 …… 50
第 3 章　广告调查 …… 51
3.1　广告调查的概念和作用 …… 52
3.1.1　广告调查的概念 …… 53
3.1.2　广告调查的作用 …… 54
3.2　广告调查的内容 …… 55
3.2.1　广告环境调查 …… 55
3.2.2　广告市场调查 …… 56
3.2.3　广告对象的调查 …… 56
3.2.4　广告产品的调查 …… 56
3.2.5　广告竞争对手的调查 …… 57
3.2.6　广告媒体的调查 …… 57
3.2.7　广告效果的调查 …… 58
3.3　广告调查的步骤与广告调查报告书的写作 …… 58
3.3.1　广告调查的步骤 …… 58
3.3.2　广告调查报告书的写作 …… 59
3.4　广告调查的方法 …… 59
3.4.1　文献调查 …… 60
3.4.2　实地调查 …… 61

◇ 本章小结 …… 68
◇ 关键概念 …… 69
◇ 课后思考与练习 …… 69
◇ 案例讨论 …… 70
◇ 实训应用 …… 71
第4章 广告预算 …… 73
4.1 广告预算的概述 …… 75
4.1.1 广告预算的概念与作用 …… 75
4.1.2 广告预算的内容 …… 77
4.2 影响广告预算的主要因素 …… 79
4.2.1 企业的实力 …… 79
4.2.2 企业的市场地位 …… 79
4.2.3 产品生命周期 …… 80
4.2.4 竞争关系 …… 81
4.2.5 产品目标市场 …… 81
4.2.6 媒介和广告代理商的选择 …… 81
4.2.7 企业的促销策略 …… 82
4.2.8 不可控因素 …… 82
4.2.9 广告的频次 …… 82
4.3 广告预算的编制程序和编制方法 …… 83
4.3.1 广告预算的编制程序 …… 83
4.3.2 广告预算的编制方法 …… 84
4.4 广告预算分配策略与广告预算书的编写 …… 88
4.4.1 广告预算分配策略 …… 88
4.4.2 广告预算书的编写 …… 90
◇ 本章小结 …… 93
◇ 关键概念 …… 94
◇ 课后思考与练习 …… 94
◇ 案例讨论 …… 95
◇ 实训应用 …… 96
第5章 广告策略分析 …… 97
5.1 广告产品策略 …… 100
5.1.1 产品定位策略 …… 100
5.1.2 广告产品生命周期策略 …… 102
5.2 广告目标市场策略 …… 103

5.2.1 广告目标市场定位策略 …… 103
5.2.2 广告促销策略 …… 105
5.2.3 广告心理策略 …… 106
5.3 广告媒体策略 …… 107
5.3.1 地区上的分配策略 …… 107
5.3.2 广告媒体的时间策略 …… 108
5.3.3 广告时机策略 …… 109
5.4 广告实施策略 …… 111
5.4.1 广告的差别策略 …… 111
5.4.2 广告系列策略 …… 111
5.4.3 广告的时间策略 …… 112
◇ 本章小结 …… 113
◇ 关键概念 …… 114
◇ 课后思考与练习 …… 114
◇ 案例讨论 …… 115
◇ 实训应用 …… 117
第6章 广告创意 …… 118
6.1 广告创意概述 …… 120
6.1.1 广告创意内涵 …… 121
6.1.2 广告创意的特征 …… 122
6.2 广告创意的方法 …… 125
6.2.1 "二旧化一新"创意法 …… 125
6.2.2 "水平思考"创意法 …… 126
6.2.3 "头脑风暴"创意法 …… 127
6.3 广告创意表现 …… 130
6.3.1 广告创意表现概述 …… 130
6.3.2 广告创意表现的原则 …… 130
6.3.3 广告创意表现战略 …… 133
◇ 本章小结 …… 134
◇ 关键概念 …… 135
◇ 课后思考与练习 …… 135
◇ 案例讨论 …… 136
◇ 实训应用 …… 137
第7章 广告媒体策划 …… 138
7.1 广告媒体的概念与类型 …… 139

7.1.1 广告媒体的内涵 …… 139
7.1.2 广告媒体的类型 …… 141
7.2 主要广告媒体分析 …… 142
7.2.1 报纸广告 …… 142
7.2.2 电视广告 …… 143
7.2.3 杂志广告 …… 144
7.2.4 广播广告 …… 145
7.2.5 邮寄广告 …… 146
7.2.6 户外广告 …… 147
7.2.7 招贴广告 …… 147
7.2.8 其他广告媒体 …… 148
7.3 广告媒体策划的基本内容 …… 148
7.3.1 广告媒体策划的概念 …… 149
7.3.2 广告媒体策划的特征和原则 …… 149
7.3.3 广告媒体策划的程序和内容 …… 151
7.4 广告媒体选择策略 …… 153
7.4.1 广告媒体的选择 …… 154
7.4.2 广告媒体的组合 …… 154
◇ 本章小结 …… 155
◇ 关键概念 …… 155
◇ 课后思考与练习 …… 155
◇ 案例讨论 …… 156
◇ 实训应用 …… 163
第8章 网络广告 …… 164
8.1 网络广告概述 …… 165
8.1.1 网络广告的含义 …… 165
8.1.2 网络广告的形式及其演变 …… 166
8.1.3 网络广告的特点 …… 168
8.1.4 当前我国的网络广告 …… 170
8.2 网络广告的设计与发布 …… 171
8.2.1 网络广告的设计 …… 171
8.2.2 网络广告的发布 …… 175
8.3 网络广告发展存在的问题及对策 …… 177
8.3.1 网络广告的现状分析 …… 178
8.3.2 网络广告发展中的危机 …… 178

8.3.3 网络广告的发展对策 …… 180
◇ 本章小结 …… 182
◇ 关键概念 …… 182
◇ 课后思考与练习 …… 182
◇ 案例讨论 …… 183
◇ 实训应用 …… 184
第9章 广告文案创作 …… 186
9.1 广告文案概述 …… 187
9.1.1 广告文案的概念 …… 187
9.1.2 广告文案写作的前期准备 …… 188
9.1.3 广告文案的创作程序 …… 189
9.1.4 广告文案的基本结构 …… 190
9.1.5 不同媒介的广告文案在结构上的区别 …… 190
9.2 平面广告文案的创作 …… 192
9.2.1 报纸广告文案的创作 …… 192
9.2.2 杂志广告文案的创作 …… 195
9.2.3 招贴海报广告文案的创作 …… 199
9.2.4 直邮广告文案的创作 …… 200
9.3 电波广告文案的创作 …… 201
9.3.1 电波广告概述 …… 201
9.3.2 广播广告文案的创作 …… 203
9.3.3 电视广告文案的创作 …… 206
9.4 广告文案创作技巧 …… 209
9.4.1 广告文案创作法则 …… 209
9.4.2 广告语的写作 …… 209
◇ 本章小结 …… 214
◇ 关键概念 …… 214
◇ 课后思考与练习 …… 214
◇ 案例讨论 …… 215
◇ 实训应用 …… 217
第10章 广告制作实务 …… 218
10.1 平面广告制作工艺 …… 219
10.1.1 平面广告的制作流程 …… 219
10.1.2 平面广告的图形制作 …… 222
10.1.3 平面广告的文字制作 …… 227

10.1.4 平面广告的版面编排 …… 234
10.2 影视广告制作的基础知识…… 238
10.2.1 影视语言 …… 238
10.2.2 影视画面的专业术语 …… 239
10.3 电波广告的制作程序…… 241
10.3.1 广播广告的制作程序 …… 241
10.3.2 电视广告的制作程序 …… 242
◇ 本章小结 …… 244
◇ 关键概念 …… 244
◇ 课后思考与练习 …… 245
◇ 案例讨论 …… 245
◇ 实训应用 …… 247
第 11 章 广告效果测评 …… 248
11.1 广告效果的概述 …… 249
11.1.1 广告效果的含义 …… 249
11.1.2 广告效果的类别 …… 250
11.1.3 广告效果的特性 …… 252
11.1.4 广告效果测评的意义 …… 253
11.2 广告传播效果的测评 …… 254
11.2.1 广告表现效果的测评 …… 255
11.2.2 媒体接触效果的测评 …… 257
11.2.3 心理变化效果的测评 …… 261
11.3 广告经济效果的测评 …… 265
11.3.1 广告经济效果的定义 …… 265
11.3.2 广告经济效果测评的方法 …… 266
◇ 本章小结 …… 269
◇ 关键概念 …… 269
◇ 课后思考与练习 …… 269
◇ 案例讨论 …… 270
◇ 实训应用 …… 270
第 12 章 广告管理 …… 272
12.1 广告管理的组织机构 …… 273
12.1.1 广告管理的方法 …… 274
12.1.2 广告监督管理 …… 276
12.2 广告管理的基本内容 …… 278

12.2.1 广告管理的含义和特性 …… 278
12.2.2 广告管理的内容 …… 281
12.2.3 广告准则和广告审查 …… 285
12.3 对广告经营者和广告客户的管理 …… 290
12.3.1 广告客户 …… 290
12.3.2 广告经营者 …… 291
12.4 对广告价格的管理 …… 291
12.4.1 代理费制度 …… 291
12.4.2 服务费制度 …… 292
12.4.3 成果回报制度 …… 293
12.4.4 三种方式混合的制度 …… 294
◇ 本章小结 …… 294
◇ 关键概念 …… 294
◇ 课后思考与练习 …… 295
◇ 案例讨论 …… 295
◇ 实训应用 …… 296
附录A 中华人民共和国广告法 …… 298
参考文献 …… 304

第1章

广告概论

【本章导读】

在现代社会中，广告不仅是企业的经营手段，而且已经演变成一种重要的信息传播现象和社会文化现象。广告如同空气、水和阳光一样存在于我们的生活之中，与我们朝夕相伴。通过本章的学习，我们不仅要掌握广告的概念、广告的构成要素、广告的功能和作用及广告的分类；而且我们还要了解广告与传播学、营销学、心理学和公共关系等相关学科的关系；了解广告的历史和现状；对广告的发展趋势也要有总体和科学的把握。

【学习目标】

知识目标

1. 掌握广告的概念、构成要素、功能和作用；
2. 熟悉广告的分类；
3. 理解广告与相关学科的关系；
4. 了解广告的历史、现状与发展趋势。

技能目标

1. 培养学生识别不同类别广告的能力；
2. 激发学生欣赏分析广告作品的兴趣。

【引例】

新奇士广告的发展史❶

1893年，60名美国橘农组织了一个协作社——后来的加利福尼亚水果种植者协作社，他们的目的是在市场中赢得更大的份额并协助相应的分销商。1907年，他们聘请了一个广告公司帮他们创造了新奇士（Sunkist）这个品牌。今天的新奇士种植者公司是世界上最大的橘农协会，年销售额超过8亿美元。翻看一下公司的广告档案，你更能体会到"新奇士"的诱人之处。

1907年的柑橘发货量已达协作社创立之初的6倍，为了增加这种"娇贵"产品的消费，

❶ 资料来源：阿伦斯. 当代广告学. 丁俊杰，译. 7版. 北京：华夏出版社，2001.

协作社拿出一万美元做了第一条广告，诉说“柑橘”投放市场，到处都是“吃柑橘利健康，到加州挣钱忙”的海报。广告活动的结果是柑橘销量提高了50%，于是协作社的董事们提高了广告的预算。1908年秋，他们在产品包装上贴上了新商标——新奇士（见图1-1），协作社从此扬名世界。当市场饱和，柑橘无处可卖时，新奇士与广告公司合作推出了一个绝妙的新主意：喝一只橘子。他们生产了榨汁机，然后推出广告（见图1-2），告诉人们如何在自己家中榨鲜橘汁，从而改变了市场对柑橘的需求模式。新奇士公司第一个把柑橘引入日本市场，越来越多的人尝试、喜欢、需求柑橘，越来越多的杂货店进这种品牌的产品。新奇士不断利用广告来扩大产品用途，如获取人体所需的维生素C（几十年一直如此），还曾向妇女推销柠檬，宣称柠檬是使女性头发更加柔顺光滑的良方（见图1-3）。

图1-1 “新奇士”柑橘商标

图1-2 “新奇士”榨汁机广告

图1-3 “新奇士”洗发广告

最让人难忘的是新奇士的电视广告（见图1-4）：为了找到最好的橘子，有些顾客对每一个橘子又挤、又摇、又端详，让有经验的老店员不明所以。在他看来，你只需转一下手腕，上面有“新奇士”三个字，你就拿，没错！

图1－4　“新奇士”的电视广告

【问题引入】

1. 加利福尼亚水果种植者协作社是如何发展壮大的？
2. 通过上述案例分析广告对商家而言具有哪些功能？

1.1　广告的概念与构成要素

在当今社会，广告作为信息传播现象、营销手段、社会文化现象存在于我们的社会生活中。人们在现实生活中每天都要接触大量的广告，也无法回避广告。当你翻开报纸、杂志，打开广播、电视、网页，甚至是走在大街上，映入眼帘的、充斥在耳边的总是无处不在的各类广告。正如美国广告大师大卫·奥格威（David Ogilvy）所言：“这个世界是由空气、水和广告组成的。”可以毫不夸张地讲，广告已成为现代人生活的一部分，广告已渗入每一个人的生活，弥漫在每一个人的生活空间。广告在现代商业社会中发挥着越来越重要的作用，它不只传播商品信息，同时也改变着人们的消费习惯，影响着人们的价值观念和文化走向。

1.1.1　广告的概念

美国著名的心理学家斯柯特在1903年就对广告理论和广告定义进行了探讨。他在《广告理论》一书中写道：“任何一项重要的实际事业都需要有一个理论的基础。”因此，学习和从事广告工作，首先必须弄懂什么是广告。对于这个既是广告理论，又是广告实务中的基本问题，却历来众说纷纭，在国内外还未形成一个统一、公认的解释。但是应该承认，广告的定义是随时代的变迁而不断变化的。

早期的“广告”一词源于拉丁语Adverture，原意是“大喊大叫，以引起注意”。中古英语时代（约1300—1475年）演变为英语中的广告Advertise，其含义是“使某人注意到某件事”，再以后其含义拓展为“通知别人某件事，以引起别人的注意”。直到17世纪中后期，英国开始了大规模的商业活动，广告一词因此也得以流行，受到人们的关注。Advertise又进一步转化为具有静态意义的“Advertisement”和具有动态意义的“Advertising”，其含义分别特指“广告作品”和“广告活动”。

在我国古汉语中，没有广告这个词，《康熙字典》和《辞海》都没有“广告”一词。大约在20世纪20年代，“广告”一词被翻译、引入我国。中文“广告”一词，广义地讲，可以把它看作是“广而告知”的简语；狭义是指非义务性的商业宣传活动或宣传载体（宣传品）。

1948年，美国市场营销协会（AMA）对广告做了如下定义：“广告是可确认的广告主以有偿的方式进行的有关构思、产品、服务的非个人接触的提示或促销。”

1982年，Wright等从传播学的角度对广告做了如下定义：“广告是通过大众传播媒体所控制的或能识别的信息或劝说。”这一定义强调了传播的概念。

1986年，Dunn和Barban从市场营销和传播学的角度对广告做了如下定义：“广告是可确认的企业或非营利机构或个人以某种方式通过各种不同的媒体向特定群体的受众提供信息或劝说的、付费的、非个人接触的传播。”他们在这里把广告的范围扩大到了非营利机构（如政府机构、政党、学校、教堂等）或个人。

1992年，Bovee和Arens从综合的角度对广告做了如下定义：“广告是可确认的广告主通过不同的媒体传递有关产品、服务或思想信息的事实上劝说性的传播，而这一传播一般是付费的，是非个人接触的。”

1995年，《中华人民共和国广告法》对广告做了如下定义：“广告是指商品经营者或者服务提供者承担费用，通过一定媒介和形式直接或者间接地介绍自己所推销的商品或者所提供的服务的商业广告。”这个定义包含5层意思：

① 广告是一种有偿的信息传播活动。传播的内容可以是有形商品，也可以是无形商品；

② 广告的传播方式是社会化、群体化的传播，而不是个人传播；

③ 广告的传播对象是社会大众，而不是个人；

④ 广告是通过各种媒体以单向或双向的方式进行传播的；

⑤ 广告的目的是为了促进营销活动的实现。

1.1.2 广告的构成要素

从上述人们对广告概念的种种界定中，可以看出，广告一词虽然人人皆知，不过要下一个明确的定义，却因人而异。但是，不论人们从哪个角度来理解广告，对广告构成要素的认识却是基本相同的。一般而言，广告是由广告主体、广告信息、广告媒介和广告受众4个基本要素构成的，缺一不可。

1. 广告主体

广告主体是指广告的倡议者、策划者、制作者和发布者，如广告主、广告代理商等。在广告活动中，广告主是广告的投资者，广告代理商是咨询、代理广告业务的专业性经营组织。一般而言，大多数的广告主都会委托广告代理商代理其广告业务，包括广告调查、广告规划、广告创作与制作、媒介选择与效果评价。但是广告主必须控制两个决策：广告目的和广告预算。控制了这两项决策就基本控制了整个广告活动。

2. 广告信息

广告信息是指广告制作发布者想告诉消费者的基本内容。在广告宣传中，需要向公众传递的信息很多，如企业的产品信息、管理信息、人才信息及整体形象信息等。但是由于受到大众传播媒介的时间或版面的限制，广告制作者必须对广告信息进行精心的挑选，从而使广告内容意图明确、特点鲜明，具有较强的说服力和感染力，进而影响消费者的购买行为，产生较好的市场效应。

3. 广告媒介

广告媒介是传播广告信息的物质载体，是影响公众价值观念和心理活动的桥梁，它起着沟通广告主与消费者双方信息的作用。广告媒介在整个广告活动中的地位是举足轻重的，是广告活动的主要参与者之一。

今天的广告媒介日益走向多元化，广告使用的媒体已经超过百种，因此加强对广告媒体的了解和研究，跳出四大媒体的樊篱，开阔视野，特别是研究网络带来的传媒格局的新变化，提高整合媒体的科学性和有效性已经成为广告业进一步发展的重要课题。

4. 广告受众

广告受众是指广告的接受者，即广告的对象。广告受众可以是个人也可以是群体。任何广告都是针对一定的广告受众进行的，广告受众是广告信息传播的目的地。广告受众是实际决定广告信息传播沟通活动是否成功的关键因素，他们对广告传播起着制约、决定作用。正如李奥贝纳所言："一个广告在没有印刷出来、没有播映出来、没有张贴出来，或在一切应该刊播的方式应用之前，并在尽到它应该发挥的传播作用之前，它就不是一个广告。"只有当受众将广告信息译成对他有意义的信息时，交流才算开始。因此，在广告传播中，应该重视广告受众的能动作用，以公众需求为导向、以公众心理为依据，策划出符合公众接受机制的广告作品，从根本上提高广告活动的市场影响力。

广告的 4 个构成要素相互关联，彼此制约，是一个有机的整体，同时接受市场环境的影响。其互动关系见图 1－5。

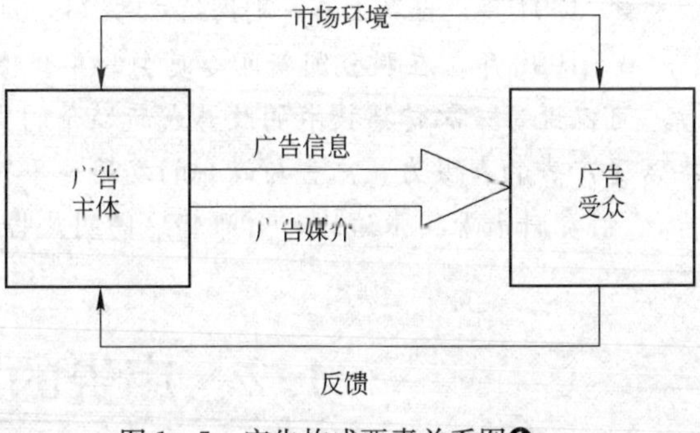

图 1－5　广告构成要素关系图❶

❶ 资料来源：何修猛．现代广告学．5 版．上海：复旦大学出版社，2004：15.

【小知识】

与广告相关的业务与技术的发展

- 1827年，人类发明了摄影技术。
- 1836年，法新社率先发布收费广告。
- 1841年，美国的帕默在费城创建了第一家专门代理《米勒》报纸广告的公司。
- 1858年，连接欧美两大陆地的跨洋电缆铺设，大大便利了信息的传送与接收。
- 1888年，伊斯曼在美国推出了现代意义上的照相机，取名“柯达”。
- 1895年，电影在法国吕米埃勒兄弟手中问世。
- 1903年，美国西北大学校长、心理学家瓦尔特·狄尔·斯柯特出版了专著《广告原理》。
- 1907年，英国的《每日镜报》第一次在报纸上发表照片替代了插图。
- 1917年，美国人卡尔马斯发明彩色电影。
- 1917年，法国人吕西安·莱维发明无线电收音机。
- 1922年，美国出现第一家商业广播电台。
- 1936年，最早在英国出现了电视台。
- 1951年，彩色电视在美国出现。
- 1954年，第一个半导体收音机问世。
- 1973年，彩色复印机在美国问世。
- 1974年，美国出现盒式录像磁带。
- 1982年，日本的索尼公司研制出便携式摄像机。
- 1987年，飞利浦公司和宝丽金公司推出激光唱盘。
- 1990年，互联网在美国被商业化地用于商家和个人交换电子邮件及传输计算机文件。
- 1994年，世界上第一则网络广告（Banner）出现在美国《热线杂志》（Hotwired）上。
- 1998年，在联合国新闻委员会的年会上，正式提出了“第四媒介”的概念。

可以说每一次传播技术的改善或新媒介的出现都极大地拓展了广告生存的空间，同时也丰富了广告的表现力。广告与媒介的发展是平行的。

资料来源：张浩达，萧雁蛰．简明广告学实用教程．北京：北京大学出版社，2004.

1.2 广告的功能和作用

随着经济的高速发展，广告在社会生活中的地位日益重要，广告对经济、社会文化、传播媒体、消费者及企业的生存和发展的影响与日俱增。广告的功能也在向多元化、全方位拓展。

1.2.1 广告的功能

广告的功能是指广告的基本效能，也就是指广告以其所传播的内容对传播对象和社会环境所产生的影响。研究广告的功能实际上就是研究广告能达到什么目的。

1. 经济功能

广告是市场经济的产物，广告的繁荣和水平的提高得益于市场竞争。在广告的各种功能中，经济功能是其最基本的功能，无论是对消费者还是对工商企业，广告都能对其产生一种强有力的刺激作用。对消费者而言，广告能够刺激其购买欲望，为满足其需求提供各类信息；对企业来说，广告有助于企业及其产品走入千家万户，有助于企业与公众建立良好的关系，有助于企业改进产品质量和服务，从而促进市场经济的发展，繁荣市场，加快技术创新和产品的更新。

2. 社会文化功能

广告的社会文化功能主要表现在社会公益广告和企业公关广告对社会文化的影响和教育。现代许多企业通过对社会公众进行宣传教育的公益广告和宣传企业形象的公关广告的形式来提高企业的知名度和美誉度，从而在社会公众心目中树立良好的企业形象。尤其是那些受到法律限制而不能在主要媒体上发布广告的企业，如烟草或酒类等公司，更是乐于用这样的广告形式来宣传企业和产品。

3. 传播功能

广告的传播功能表现在广告主体通过大众媒体，将企业的产品和服务方面的信息传播给目标受众的过程，且这种传播是一种单向的传播过程。这是传统媒体广告的不足之处，但即使如此，广告在商品信息传递中的作用仍是不可替代的。广告对促进全社会范围内商品流通，对人与人之间的沟通交流，对促进经济的发展有着重要的作用。

4. 引导功能

广告引导着人们的消费观念和消费行为，具有很强的引导功能。在现代社会，广告已经成为人们获取有关产品或服务信息的最主要的渠道之一，消费者在日常生活中的消费行为越来越多地依赖于广告。

1.2.2 广告的作用

在现代社会中，从广告水平可以看出一个国家经济发达的程度和一个民族文明的水平。据世界广告组织统计，目前全世界每年用于广告的开支达2 000亿美元。而我国，在目前国民收入和社会商品零售额以每年15%左右速度上升的同时，广告营业额则以每年30%左右的速度增长，这不仅说明了我国经济正在迅猛发展，同时也表明广告业在我国经济发展中所起的作用也越来越重要。

1. 广告对市场经济发展的作用

广告作为市场经济的产物，对推动商品经济的发展，促进社会的繁荣，以及社会资源的合理配置等方面都起着重要的作用。因为在市场经济条件下，只有信息的广泛流通，才能使社会资源接近最优的配置水平，而广告在信息传播过程中起着关键的作用。

2. 广告对社会文化的作用

广告与人们的日常生活息息相关。近些年，随着广告媒介的多样化，越来越多的户外广告出现在我们的视野中。户外广告对城市的亮化、美化起着重要的作用。户外广告在装点城市街道的同时，也丰富了人们的文化生活，带动了城市第三产业的蓬勃发展。

3. 广告对信息传播媒体发展的作用

现代广告必须依附于媒体，没有媒体的传播，就不可能有广告的存在。而媒体的存在和发展又需要大量资金的支持，其来源主要是广告收入。因此，广告和媒体可谓是同生存、共繁荣，相互促进，相得益彰。

4. 广告对消费者的作用

广告对于消费者的影响作用主要表现在三个方面：一是在市场经济环境下，由于广告的影响力和渗透力的加强，使其很自然地成为消费者获取商品信息和知识的重要途径；二是由于广告的引导功能，广告对于消费者的消费观念、消费行为和消费结构都有很大的影响；三是由于很多广告不以商品特征为主要诉求内容，而试图从商品的特征与企业的理念中找到共容之处，来带动商品的宣传和企业形象的树立。因此，这些理念的阐释对公众就会产生影响甚至警示作用。例如，爱多 VCD 的广告语“我们一直在努力”，其实就是一种生活态度的写照。它的作用也许超越了广告信息的传递，而上升为对人的生活态度的影响。

5. 广告对企业的生存和发展的作用

西方广告界有句格言：“推销产品不做广告，犹如黑夜之中送秋波。”企业在生产和经营过程中，是以经济效益为自己的核心目的。在市场竞争日趋激烈的环境下，企业要想在竞争中生存和发展，就必须灵活地运用市场营销策略，而市场营销核心的策略就是 4P（Product，Price，Place，Promotion）策略，而广告则是促销策略的重要手段之一，也就是说，企业通过广告来达到促进商品交换的目的。

【小资料】

美国全国电台电视广播公司协会会长哈罗德·费洛斯雷在 20 世纪 50 年代后期就预言，假如广告突然停止，那将使美国 2 700 家电台和 400 家电视台关闭，许多报纸和杂志社倒闭或是缩小规模，价格上涨，失业人数大幅度增加，许多人会争取进入制造业和运输业。证券交易所倒闭，价格巨涨。它摧毁美国的速度比原子弹或氢弹更快。

资料来源：http://www.adgift.cn/advertise0001.htm.

1.3　广告的分类

广告分类适当与否，直接关系到广告目标能否实现。只有适当、合理的分类才能为广告策划提供基础，为广告设计与制作提供依据，从而使整个广告活动正常运转，取得最佳效益。广告的分类方法很多，可以从多个角度对其进行划分，依据不同的标准可以划分出各具特色的类型来。

1.3.1　根据传播媒体分类

根据媒体的形式对广告进行分类是最常见的广告分类方法，没有媒介物，广告无法传播。依据此标准可将广告分为印刷媒体广告、电子媒体广告和其他媒体广告三类。

1. 印刷媒体广告

印刷媒体广告主要是指通过印刷品传递广告信息的广告形式，主要包括报纸广告、杂志广告、图书广告、招贴广告、传单广告、产品目录、组织介绍、车（船）票广告、包装广告、挂历广告等。印刷媒体广告传播范围广、易于保存，比较适合于消费品及部分工业品的宣传。

2. 电子媒体广告

电子媒体广告主要是指借助电波而做的广告，随着电子技术的高速发展，新兴的电子媒体层出不穷，电子类广告也是日新月异，比较常见的有广播广告、电视广告、电影广告、网络广告、电子显示屏幕广告、霓虹灯广告、手机广告等。电子媒体广告传播速度快、传播范围广，具有生动、形象、突出等特点，所以效果很好。

3. 其他媒体广告

其他媒体广告是指利用其他媒体发布广告信息的广告形式。如实物广告、橱窗广告、赠品广告、路牌广告、车体广告、烟雾广告、人体广告等。

随着科技的发展，广告新媒体在不断地被开发和利用，只要是能够实现良好传播效果的媒体，都可以作为广告的媒体。

1.3.2　根据广告内容分类

根据广告内容分类，可将广告分为商业广告和公关广告两类。

1. 商业广告

商业广告是广告中最常见的形式，商业广告是以推销产品为目的，其主要内容是传播信息，如产品名称、商标、质量、功能、价格、购买方法、地点等内容，通过介绍产品各方面的信息，来促使消费者购买。

2. 公关广告

公关广告是一种以增进公众对企业的了解，提高企业的知名度和美誉度，使企业活动得到公众信任并以促进合作为目的的广告。公关广告主要是以介绍企业为主，向社会和公众提供的是企业的发展目标、经营方针、员工素质、荣誉等方面的信息，间接介绍企业的产品。

【小思考】

请看“麦当劳”的两个电视广告，并从中体会商业广告与公关广告的区别。

广告1：一家三口——年轻的爸爸妈妈带着一个小婴儿，来到“麦当劳”柜台前，笑容可掬的服务员用甜美的声音向其推荐“麦香猪柳汉堡”套餐，并说仅售“16块8”。爸爸、妈妈都惊讶其物美价廉，分别用惊喜的语气重复：“16块8?”“16块8!”这时，妈妈怀中显然未学会说话的婴儿也突然用惊奇的语气说：“16块8?!”

广告2：室内，窗前一个摇篮在摇，篮中的婴儿很有规律地笑一声、哭一声，笑一声、哭一声，镜头拉开，观众可以发现，随着摇篮摆动的节奏，摇篮摇起来，婴儿看到窗外“麦当劳”的大“M”字，高兴得直笑；当摇篮摇过去，婴儿看不到“麦当劳”的标志时，就哭了。因此，我们才会看到这个婴儿一会儿笑、一会儿哭的情景。

资料来源：魏翠芬，王连廷. 公共关系理论与实务. 北京：北京交通大学出版社，2007.

1.3.3 根据广告的表现形式分类

根据广告的表现形式分类，可以将广告分为图片广告、文字广告、表演广告、说词广告和综合性广告五类。

1. 图片广告

图片广告是指以写实或创作的形式来表现信息内容的广告形式，包括摄影广告和信息广告。

2. 文字广告

文字广告是指以文字创意来表现广告诉诸内容的广告形式。文字广告能够给人以形象和联想的余地。

3. 表演广告

表演广告是指利用各种表演艺术形式，通过表演者的艺术化渲染来达到传播信息的目的的广告形式。

4. 说词广告

说词广告是指利用语言艺术和技巧来影响社会公众的广告形式。大多数广告形式都会采用游说性的语言，重点宣传企业或产品中某一方面或某一点的特性，在特定范围内利用夸张手法进行广告渲染。

5. 综合性广告

综合性广告就是把几种广告的表现形式结合在一起，以弥补单一艺术形式不足的广告。

1.3.4 根据广告的阶段性分类

产品处在生命周期的不同阶段，企业一般会采取不同的广告策略。因此，根据广告的阶段性，可分为认知性广告、竞争性广告和提醒性广告三类。

1. 认知性广告

认知性广告又称为倡导性广告，目的在于向市场开辟某一类新产品的销路或某一新观念的导入，此类广告主要就是向消费者介绍产品的各方面情况，提高消费者对产品的认知程度，产生初步需求。因此，认知性广告主要适用于产品的引入期。

2. 竞争性广告

竞争性广告又称比较性广告，是一种以说服为目的的广告，使消费者对某种品牌的产品加深印象，刺激选择性需求。因此，竞争性广告一般适用于产品的成长期或成熟期。

3. 提醒性广告

提醒性广告又称备忘性广告，是指在产品销售达到一定阶段之后，产品已经成为大众熟悉的产品，经常将产品的名称提示给大众，提醒他们不要忘记这个产品，刺激重复购买。如“今年过节不收礼，收礼还收‘脑白金’”这句广告词，可谓是提醒性广告的典范。因此，提醒性广告适用于进入成熟期或衰退期的产品。

除上述分类之外，广告还有许多其他分类标准。如根据广告传播范围分类，可分为全国性广告、区域性广告和国际性广告；根据广告主分类，可分为制造商广告、批发商广告和零售商广告；根据广告受众对象分类，可分为消费者广告和商务广告；根据广告时间分类，可分为均衡广告和时机广告；根据广告诉求分类，可分为感性广告和理性广告；根据广告目的分类，可分为营利性广告和非营利性广告；根据广告产生效果的快慢，可分为时效性广告和迟效性广告等。

1.4 广告学与相关学科的关系

广告学是在许多边缘性学科的基础上发展起来的一门综合性的独立的学科体系，很少有哪一门学问能像广告学这样包罗万象。现代广告作为社会科学的多学科交叉融合的产物，作为一门独立学科，它有其特殊的矛盾和规律。因此，我们有必要弄清广告学与几门相关学科之间的关系。

1.4.1 广告学与传播学的关系

广告本身就是一种传播。没有传播，广告的目的就无从实现，也就失去了存在的基础。所以在与广告发生联系的众多学科中，传播学与广告学的联系最为密切。

传播学是广告学的理论基础。广告具有传播信息的基本职能，广告学作为传播学研究中的一项内容，必须以传播学所阐明的基本理论为指导。例如，传播学所阐明的关于传播的5W模式——“who，says what，through which channel，to whom，with what effect”。5W模式反映了大众传播的基本过程，奠定了传播学研究的基本范畴。后来被广告学界所借鉴，则奠定了现代广告传播研究范畴的基本框架。即广告主研究、广告信息研究、广告传媒研究、广告受众研究和广告效果研究等五大范畴。另外，传播学研究方法及其基本特征都为广告学研究提供了科学的依据。广告学是在传播学所揭示的信息传播整体运动的一般规律的基础上，进一步研究广告领域的特殊矛盾和特殊规律。两者的不同之处在于：传播学以理论研究为重点，广告学则以实务研究为重点。

1.4.2 广告学与营销学的关系

广告大师奥格威曾经说过：“我们的目的是销售，否则便不是做广告。”这是迄今为止对广告运作的目的最为经典同时也是最为准确的表述。这里的“销售”在当代更多地被“营销”所代替，但是营销不过是基于更为科学的观点和看法，其本质仍然是销售。因此，广告最基本的功能就是起沟通生产企业与消费大众桥梁的作用。但是广告也绝非只是营销学中促销阶段的一种方式。广告在自己的发展过程中，已经远远超出了销售这个狭隘的范围，广告已经发展成为社会生活多方面信息的传播手段。

广告学与营销学的区别主要体现在两者的研究对象不同。营销学是把消费者及其需求作为研究的出发点和中心内容，广告学则把信息传播的过程和效果作为研究对象。因此，广告只是营销学研究的一个内容，市场也只是广告活动天地中的一个场所。当然，必须承认，由于经济是社会发展的基础，因此，广告最重要的作用表现在传播经济信息方面，是为提高经济效益服务的。正如赫斯特所言：“假若你的产品够好，即便你仍在渺无人迹的深山里，消费者也会开一条路通向你家；但是，假若你希望这些消费者超过某一数量，你则需要自己开创一条高速公路，而这条高速公路就是广告。”

1.4.3 广告学与心理学的关系

心理学研究的是人们在社会活动中心理现象发生、发展的规律。心理学是广告学研究的理论基础之一。科学的广告必须遵从心理学的规律。广告学与心理学有着密切的联系，一则广告从策划、制作到发布，都会遇到一系列的心理学问题。广告的成功与否取决于它是否符合广告对象的心理。广告主必须了解广告受众微妙的心理活动，知道什么让人厌恶反感，什么又能引人入胜；知道什么能够创造利润，什么又会导致产品滞销……因为在当今这个信息势如潮涌，浩如烟海的时代，为了帮助消费者迅速高效地选用所需要的信息，广告主必须深入研究广告受众的心理，策划和制作出更高水平的广告，才能刺激消费者的购买欲望。

1.4.4 广告学与公共关系学的关系

公共关系是社会组织通过传播沟通的手段来影响公众的科学和艺术。在现代社会，公共关系和广告可谓是市场营销的双轮，都在为企业营销服务，在一些出色的营销策划中，公共关系与广告一前一后，各显神通，往往能获得理想的效果。

尽管公共关系学与广告学有着紧密的联系，但二者也有着本质的区别：公共关系与广告虽然都属于传播的范畴，但公共关系涉及的是一个企业所有的传播问题，强调的是一种双向的沟通，而广告所涉及的主要是企业商品的销售和劳务的推广，是一种单向的传播；广告是企业通过各种媒体来宣传自己产品的特色，刺激消费者购买欲望的营销手段，是直接以推销产品为目的的，而公共关系则是通过形式各异的活动，展示企业或产品的形象，从而使公众对其产生好感，是以树立企业形象为目的的。前者是“说自己的好话”，后者是“让别人说你的好话”；此外，在市场竞争中，企业是通过广告信息的传播，来争夺市场，争夺消费者，而公共关系则主要着眼于尽量协调企业与各类公众的关系，强调沟通，避免摩擦，增进理解，促进和谐，通过提高企业的知名度和美誉度来树立企业的良好形象。

【小案例】

上海三菱电梯有限公司在成立一周年之时发布新闻：凡与上海三菱电梯公司同日出生的本市小公民，均可获得一份生日礼物，并由总经理亲自颁发礼品。当时同济大学著名园林建筑家陈从周教授的儿子陈丰在美国不幸身亡，而陈丰的女儿恰与三菱同日诞生，公司总经理登门拜访陈教授并向他孙女赠送生日礼物。此举引得各报刊记者纷纷专访报道。这一招出奇的公关活动就近期目的来说，让公众看到三菱如此热心为下一代投资，树立了实力雄厚的企业形象；从长远目的来讲，与三菱同龄的人自会永远记得三菱公司。

资料来源：http://www.emkt.com.cn/article/10/1036.html.

广告学除了与上述相关学科有着密切的联系之外，还与统计学、社会学、美学、语言学，以及涉及广告制作技术的计算机学、电子学、编辑学、摄影学等学科都有着紧密的联系，这足以说明广告学是一门综合性很强的边缘学科，其他学科的理论介入广告学，为广告学的优化和全方位拓展，提供了有利而充分的条件。

1.5 广告的历史与发展

广告起源于何时何地，广告是如何发展的，关于广告历史方面的这些问题是广告学的一个重要组成部分。因为这个问题不仅是广告界争论不休的问题，而且弄清和把握广告的历史，有利于更深层次地理解广告的内涵，有利于探索当今广告的发展状况和今后的发展趋势。

根据对不同时期人类进行广告宣传所依赖的主要媒体的研究，大致可以将世界广告的发展历史分为三大阶段：即以口头吆喝，实物展示和商标牌号为主要形式的古代广告时期，以报纸杂志等印刷类广告媒体为主的近代广告时期，以广播、电视和网络等电子类广告媒体为主的现代广告时期。

1.5.1 古代广告时期

公元前几千年，世界各文明古国，如古代的埃及、印度、希腊和中国，在分别由原始社会向奴隶社会发展的过程中，由于生产力的发展和社会分工的出现，导致了剩余产品的产生。人们为了把这些剩余产品交换出去，就必须把产品陈列在市场上，同时，为吸引他人的注意，势必需要叫卖、吆喝，而这种实物陈列和口头叫卖的形式也就成了最早的广告。现代集贸市场的吆喝声和摆放的货物便是这种广告形式的遗存。

口头广告发展到后来，用工具来代替吆喝或者两者配合使用，产生了声响广告，如卖布商人的拨浪鼓、货郎担子的小铜锣、卖油的油梆子等。据历史记载，在世界文明古国古埃及、古巴比伦、古希腊、古罗马等大街上也经常会见到一路吆喝叫卖的商贩和奴隶贩，他们一边吆喝一边拍卖奴隶和牲畜。这种叫卖声也伴有韵律和各种不同的声响。

自从文字发明后，便开始有了文字广告。英国伦敦博物馆内现存有一张抄写在羊皮纸上的广告。据考证，它是公元前3000年左右，古埃及的一张寻找一个出走奴隶的广告。按现在的标准，它可以算是一则“寻人广告”。

考古学家在发掘2 000年前被火山爆发所掩埋的意大利庞贝古城遗址时，发现街边建筑物的墙壁和柱子上刻满了各种广告文字和图画，招牌幌子随处可见，酒店挂有常青藤，牛奶房画有许多奶牛，茶馆画有一只大大的水壶，而面包房外面有骡子拉磨磨面的图案，可见招牌广告在当时的古罗马已经相当盛行。这也是迄今为止能够找到的、人类最早从事商业广告活动的实物例证。

在中国，北宋时期张择端的名画《清明上河图》则展示了当时汴京繁华的市景和众多的商店招牌林立的景象。据统计，画面上仅汴京城东门外附近十字路口，就有各家商店设置的招牌、横匾、竖标、广告牌等30余块。这些广告图文并茂，生动形象，毫无疑问，这种招牌广告的使用对于当时的商业活动肯定起到了极大的促进作用。

【小资料】

著名的全聚德烤鸭店，始创于1844年，原先是一家干鲜果店的招牌字号，叫“德聚全”，其意思是“以德取财”。1862年商店易主，老板杨全仁见招牌字号中“全”字与其名暗合，于是把牌号倒过来以“全聚德”为自己的招牌字号，取其“全仁聚德、财源茂盛”之意。

资料来源：李宝元. 广告学教程. 北京：人民邮电出版社，2002.

综观这一时期的广告形式，无论是口头广告、声响广告、实物展示或是招牌广告，都是处于最初的萌芽状态的广告。因此，这一时期的广告具有以下三个特点：其一，广告的表现形式简单；其二，用手工抄写或口头传播；其三，传播范围小且速度慢。

1.5.2 近代广告时期

前工业化时期的几项重大发明为近代广告的发展提供了前提条件。中国人发明了纸和印刷术；1275年，欧洲人开始创办造纸厂；1445年，德国人谷登堡（1400—1468年）发明了金属活字印刷，标志着人类广告史从原始古代的口头、招牌、实物广告传播时代进入印刷广告的新时代，活字印刷术也促进了大众媒体的诞生。这一时期，报纸媒体及报纸广告大行其道，杂志广告日渐出现，广告业发展初具规模。

1. 印刷广告的出现

1472年，英国人威廉·坎克斯顿创办了一家印刷所，印出了第一本英文书（系法译英小说集）和推销该书的广告。他将这张广告张贴在伦敦大街沿途的教堂门口，这张广告长17.5厘米，宽12.5厘米，该广告主要内容是告知市民如何廉价获取宗教仪式书籍。这则广告被大多数广告专家认定为是最早的印刷广告。

2. 大行其道的报纸媒体与报纸广告

17世纪的工业革命使广告进入到了报纸广告大行其道的大发展时期。

1609年，德国出现了世界上最早的报纸，叫《Aviso and Relation》。

1622年，第一份英文油印报纸《每周新闻》在伦敦出版。在同年的报纸上，首次刊登了一则书籍广告。

1631年，德奥夫拉斯特·勒诺杜创办了法国第一份官方报纸，并把报纸与“商业美女”结合起来，开创了法国报纸广告的先河。

1650年，英国的《每周新闻》的“国会诉讼程序”栏目刊载了一则寻马悬赏启事。广告历史学家亨利·桑普逊认为这是世界上第一篇名副其实的报纸广告。

1666年，《伦敦报》正式开辟报纸广告专栏。这是世界上第一个报纸广告专栏，此后各报竞相仿效。

1704 年，美国创办发行了第一份报纸——《波士顿新闻通讯》，并发布了一则向广告商们推荐报纸作为宣传媒介的广告。

到 1830 年，美国已有报纸 1 200 多种，且大多数都刊登广告；英国在 1837 年有 400 多种报纸，刊出广告 8 万余条。但这一时期受报纸发行量的限制，广告影响力较小。

直到 19 世纪后期，世界上最有影响力的报纸相继创刊，大量的新报纸层出不穷，总发行量成倍递增。形成一大批著名的大报，如英国的《泰晤士报》和《每日邮报》，美国的《太阳报》和《纽约时报》，日本的《朝日新闻》和《读卖新闻》，以及法国的《镜报》等。这些报纸的主要收入都来源于广告，广告成为沟通产销信息的主要手段。如在 1840 年《泰晤士报》每天刊登 400 条广告，《纽约时报》62%的篇幅为广告，这些都为报纸提供了巨大的经费支持。这个时期广告传媒加速大众化，广告业迅速发展。

进入 20 世纪以后，报纸广告发展更为迅速。随着广告刊载数量的增多，一份报纸的版面越来越多，报纸广告涉及从政治、军事、经济、文化，一直到个人生活的各个领域，如订婚、嫁娶、求职、供职、租房、家教、育儿、计点工等。在西方经济发达国家，有的报纸周末版的信息容量竟然达五六十万字，而其中有很大部分为广告信息或与广告有关的宣传信息。报纸广告在西方社会生活中的影响与作用可见一斑。

3. 杂志及其他媒体广告的出现

在报纸发行的同时，杂志也陆续出现。1645 年，名为《The Weekly Account》的杂志第一次使用了广告栏，专门刊登广告。杂志的大发展是在第二次世界大战以后，世界处于稳定发展之时，各个专业领域和综合性领域的发展，客观上都需要进行交流和传播。像德国的《明镜》，美国的《时代》，日本的《读卖周刊》等都成为世界性的重要杂志。同时，大量趣味性、知识性、娱乐性的杂志不断出现，并且与广告传播结合在一起，从而形成了现代杂志广告。

1706 年，德国人阿洛依斯·望菲尔德发明了石印技术，开创了印刷五彩缤纷的招贴广告的历史。

1827 年，人类发明了摄影技术。1853 年，美国纽约的《每日论坛》首次用照片为一家帽子店做广告，开创了广告使用摄影技术作为重要表现手段的先河。1907 年，英国的《每日镜报》第一次在报纸上发表照片替代了插图。

1891 年，Coca-Cola 公司在投产 5 年之后摄制了世界上最早的挂历广告，现在的收藏价值高达 5 000 美元。

1913 年，英国空军少校萨维奇组织了烟雾空中广告试验。1922 年，他在英国一个赛马场上空举行了首次表演，飞机在空中利用烟雾写下了“Daily Mail”（《每日邮报》）字样。

这一时期，户外广告也得以发展，马车、汽车的车身广告、酒店的广告牌、身着有广告内容衣服的广告人，以及彩色海报等形式的户外广告也是随处可见。

17 世纪，英国出现了广告代理店，这是当时社会对广告需求不断增加的结果。1841 年，帕尔默在费城开办了世界上最早的广告公司，通过向客户收取服务费的方式，在报纸上承包版面卖给客户。到 19 世纪末，美国建立的广告代理公司约有 1 200 家，标志着广告代理业走向成熟。

中国近代广告发展的最显著标志是报刊广告的出现。鸦片战争前后，外国传教士在中国创办了一批教会报纸。1872 年 3 月 23 日，英商美查在上海创办了中文报纸《申报》，1949 年 5 月终刊。它是我国历史上最悠久、影响最大的商业性报纸，也是在外国人创办的报刊中第一家由中国人主执笔政的报纸。《申报》广告版面逐年增加，一般都在 50%以上，主要为外商广告。

19 世纪末，华人报纸相继创刊，在 1895 年至 1898 年的三四年间，全国共创办了 32 种主要报纸，这些报纸多数刊载国货广告。由于资本竞争激烈，报纸刊数及广告版面迅速增加，广告代理也随之出现，最早的是以报馆广告代理人和版面买卖人的形式出现，后来演变为各种广告社、广告公司的形式。

到辛亥革命前后，全国报刊达 500 余家，之后短短两三年内达到千余家。一些主要杂志，如《生活周刊》、《东方杂志》、《妇女杂志》及《新青年》、《每周评论》、《湘江评论》、《天津学生联合会报》等都刊登过广告。报刊广告得到大规模的发展，标志着我国近代广告的发展进入了一个新的历史时期。

这一时期广告具有以下特点：①广告制作水平和质量有了较大的改善和提高；②报纸、杂志和其他媒体广告的出现和新技术的广泛应用；③广告代理业形成，并逐步走向成熟；④广告传播覆盖面广，传播速度有了较大的提高，且影响面较大。

【小资料】

世界印刷史上的重要年代

1041 年，中国发明了泥字印刷术，毕昇又发明了改进的活字排版印刷术。

1422 年，威廉·考克斯顿把印刷术引入英国。

1436 年，德国人谷登堡用活字印刷术印刷《圣经》。

1462 年，德国美因茨遭到忠于拿骚大主教的军队进攻。印刷工匠逃离了这座城市并把他们的技术带到了世界各地。

1798 年，英国斯坦厄普伯爵发明第一台全铁印刷机。

1798 年，布拉格出生的发明家阿洛伊斯·塞尔费尔发明了平板印刷术。

1814 年，德国 KBA 公司创始人之一的弗里德里希·柯尼希发明以蒸汽为动力的印刷机，被用于印刷《泰晤士报》。

1838 年，戴维·布鲁斯在纽约首次研制成功机械铸字机。

1886 年，奥特马尔·默根特勒发明整行铸排机。

20 世纪 70 年代，卷筒纸胶印技术被广泛应用，大范围内取代了凸版印刷。

20 世纪 80 年代，在电脑辅助下手动照相排版印刷。

20 世纪 90 年代，随着互联网的广泛使用，数字印刷技术逐渐发展。

资料来源：参考消息，2000－06－04.

1.5.3 现代广告时期

人类在进入 20 世纪后，科学技术不断发展，新发明、新创造不断涌现，随着广播、电视、计算机等大众媒体的出现，广告业也进入了蓬勃发展的现代时期。其重要标志是电子广告问世，广告媒体日趋多样化，各种广告行业组织相继成立，广告理论研究不断深入，广告业成为现代信息产业群体中的中坚力量。

1. 电子媒体的出现，带来媒介多样化

世界上最早开办广播电台的是美国。1920 年，威斯汀豪斯公司在匹兹堡开办 KDKA 广播电台，这是美国第一家领取营业执照的电台。1922 年，美国又创建了首家商业电台 WAAF，成为世界上最早开播广告业务的电台。1926 年，美国建立了最早的广播网——“全国广播电台（NBC)”，到 1928 年美国通过无线电广播的广告费用已达 1 050 万美元，1930 年美国已经有一半的家庭收听广播广告。继美国之后，其他国家也相继建立了广播电台。这些电台都设有商业节目，主要播放广告。

中国在 1927 年创办了自己的广播电台并开播广告，新新公司在上海开办一座 50 瓦的电台，播送行市、时事、音乐和广告。同年，天津、北京也先后开设电台，至 1936 年，上海已经有华资私人电台 36 座，外资电台 4 座，国民政府电台 1 座，它们基本依靠广告维持。

世界上第一座电视台是 1936 年在英国建立的。美国开始设立电视台是 1939 年，但直到 1941 年才开播商业电视。尤其是在 20 世纪 50 年代彩电发明之后，电视以其独特的优势在广告媒体中独占鳌头。

中国的第一座电视台——北京电视台在 1958 年 5 月 1 日试播，9 月 2 日正式开播。10 月 1 日，上海电视台建成，这标志着电视广告媒体在我国出现。

广播和电视媒介的出现打破了印刷媒介一统天下的局面，与报纸、杂志等媒介平分秋色。而且随着科技的发展，又出现了层出不穷的广告新媒介，如霓虹灯、激光、投影、卫星、电子等，广告媒介也日渐进入了现代人类的生活空间。

进入 20 世纪 90 年代，随着电脑科技的发展，传播业也发生了巨大的变化。自 1994 年世界上第一则网络广告（Banner）出现在美国《热线杂志》（Hotwired）上以来，网络广告发展迅速。在 1998 年联合国新闻委员会的年会上，正式提出了“第四媒介”的概念，有人称之为“新媒介”或“网络媒介”。网络媒介的出现使广告经营规模在全球范围内形成了“无国界”的扩张之势。

【小资料】

电视媒体的诞生

电视是当今最具影响的大众传播媒介，它的出现是20世纪最重大的科技成果之一，是人类文明发展史上的奇迹。

● 电视的发明

1926年1月27日，苏格兰发明家约翰·贝尔德在伦敦的实验室里向英国皇家学院的院士们展示了一种通过无线电传送活动图像的机器，贝尔德将发明称为“电视”。此时活动图像的传播距离仅为一米左右，发射和接受的设备十分粗糙，声音时有时无，图像断断续续，而且模糊不清。但是院士们看罢大为振奋，一致认为贝尔德完成了科学史上的一次伟大发明。

● 电视研制成功

到20世纪20年代后期，对电视技术的研究出现了高潮并取得突破。继英国的约翰·贝尔德最先宣布发明了电视技术之后，美国的法恩斯也于1927年宣布电视研制成功。此后日本滨松高等工业学校教授高柳健次郎也在其研究报告中公布了他的研究成果。与此同时，德国的鲍尔·尼泊寇、前苏联的弗拉基米尔·斯威里金相继发明了扫描圆盘和阴极射线管，使电视技术进入电子化时代。

● 第一座电视台

1929年秋，约翰·贝尔德和英国广播电视公司合作，进行了大量的试验，终于将活动画面和声音配合起来进行了传送。此后不断改进传送方法，提高声像质量，建成了世界上第一座电视台。1936年11月2日，英国广播公司在伦敦亚历山大宫建成的第一座公共电视台播放了第一次电视节目。

● 中国第一座电视台诞生

1958年5月1日，中国第一座电视台——北京电视台开始试验广播，从9月2日起正式广播。

● 彩色电视机的问世

1953年美国研制出彩色电视系统。50年代末和60年代初，法国和联邦德国等欧洲国家也相继研究出各自的彩色电视系统。70年代彩色电视系统逐渐普及。

资料来源：国际广告，2001（9）：80-90.

2. 广告经营走向现代化

随着市场经济活动和广告业的发展，国际广告界各种行业性的组织相继成立。1938年，国际广告协会（IAA）成立，会员来自70多个国家和地区。1978年，亚洲广告协会联盟成立。此外，颇具影响力的世界性行业组织世界广告营销公司（WAM）也宣告成立。

由于市场竞争的日趋激烈，一些企业在广告活动中开始注重广告策略的运用，委托广告公司全面代理广告策划和制作业务。代理佣金制的确立加速了广告业的发展，使广告业从媒体的依附地位，发展成为能够独立创造巨大价值的信息化产业。正如美国历史学家大卫·波特所言："现代广告的社会影响力可以与具有悠久历史传统的教会及学校相匹敌，广告主宰着宣传工具，它在公众标准形成中起着巨大的作用。"

3. 广告理论研究逐步深入

广告业的不断发展对广告理论的形成提供了动力和需求。1901 年，美国西北大学心理学家斯科特首次提出要把广告运动与工作的实践发展成为科学。1903 年，他撰写了《广告原理》一书，为广告学的建立奠定了基础。第二次世界大战后，科技的发展与四大媒体的争雄，也直接推动了现代广告学科体系的确立，出现了一大批广告理论著作，学者们从社会学、传播学、心理学、经济学和营销学等不同角度对广告理论进行了深入的探讨，从而使广告学成为了一门独立的具有完整体系的综合性学科。

1.5.4 全球广告业的发展趋势

从目前国际广告业的发展来看，全球广告业的发展呈现以下几种趋势。

1. 传播媒介的多样化

在现代社会，随着科技的不断创新和人们思想观念的不断变化，广告传播媒介已经变得多种多样，任何一种实体都可能成为广告传播的媒介。

2. 广告活动国际化

任何一个国家的广告活动都属于世界广告活动的重要组成部分，随着世界上各个国家和地区的经济发展，全球市场也向统一的市场发展，因此，出现了大量的国际广告活动。

3. 广告管理日益规范化

各国政府通过立法管理等形式规范和约束广告公司的行为，同时各国政府还设立专职的管理机构从事广告管理。各种行业性的广告组织也纷纷成立。这一切都使全球广告业保持着健康良好的发展势头。

4. 广告服务的综合化

现代广告不断运用科学理论和先进的技术，推动着广告活动朝着全方位、立体化、综合化的方向发展。广告公司、调查公司和公共关系公司逐渐出现了日益融合的趋势。例如，世界上最著名的两大公共关系公司——博雅公司和伟达公司，就分别隶属于美国汤逊广告集团和扬·罗比凯广告公司。

5. 广告理论研究不断创新

在广告理论的发展上，广告学的分支和边缘交叉学科越来越多，多种学科的研究方法和理论都被引入到广告学的分析之中，各类艺术形式也与广告进一步结合，从而出现了一系列广告理论的研究方向和新的课题。

【小思考】

十个为什么

(1) 为什么现在的广告越来越多？

(2) 为什么我们对交通规则广告越来越麻木？

(3) 为什么我们觉得当今社会广告盛行这种现象越来越合理？

(4) 为什么我们认为广告里的东西就是时尚？

(5) 为什么我们觉得广告不可信而购物时又以它为参照？

(6) 为什么广告在我们头脑中的地位无形中越来越重要？

(7) 为什么大公司、大企业都争先恐后地做广告？

(8) 为什么他们在广告活动方面的投资越来越大？

(9) 为什么中国的广告公司越来越多？

(10) 为什么你也有兴趣来学习广告？

资料来源：张浩达，萧雁蛰. 简明广告学实用教程. 北京：北京大学出版社，2004.

本章小结

广告如同空气、水和阳光一样存在于我们的生活之中，与我们朝夕相伴。广告在现代商业社会中发挥着越来越重要的作用，它不只是传播商品信息，同时也改变着人们的消费习惯，影响着人们的价值观念和文化走向。本章主要介绍了广告的基本概念，广告的构成要素，广告的功能和作用，广告的分类，以及揭示了广告与传播学、营销学、心理学和公共关系等相关学科的关系，同时对广告的发展历史及未来的发展趋势做了深入的阐述。

关键概念

广告　广告主体　广告媒介　广告受众　广告功能

课后思考与练习

1. 填空题

(1) 一般而言，广告是由________、________、________和广告受众4个基本要素构成的，缺一不可。

(2) 根据广告内容分类，可将广告分为________和________两类。

(3) 广告学是在________所揭示的信息传播整体运动的一般规律的基础上，进一步研究广告领域的特殊矛盾和特殊规律。

(4) 1903年，美国西北大学心理学家斯科特撰写了________一书，为广告学的建立奠定了基础。

2. 判断题

(1) 广告是一种有偿的信息传播活动。 (　　)

(2) 广告是以个人传播为主要传播方式。 (　　)

(3) 竞争性广告一般适用于产品的成长期或成熟期。 (　　)

(4) 中国近代广告发展的最显著标志是电视广告的出现。 (　　)

3. 简答题

(1) 简述广告的功能和作用。

(2) 依据不同的标准可以将广告划分为哪些类型？

(3) 简述广告学与公共关系学的主要区别。

(4) 从目前国际广告业的发展来看，全球广告业的发展呈现哪几种趋势？

案例讨论

米勒啤酒公司成功的广告策略

米勒啤酒历史悠久。第二次世界大战前，大多数啤酒公司生产黑啤酒，而米勒啤酒是一种颜色较淡、重量较轻、价格较昂贵的啤酒，颇受上层社会饮酒者的喜欢。公司的市场占有率维持在第四、第五位。但在其后的20年中，整个啤酒行业都转向生产淡啤酒，巴德维瑟公司、施里茨公司和帕布斯特公司等在市场居领先地位的公司也都推出了与米勒啤酒公司类似的产品。米勒啤酒市场占有率下降到了大约第八位。

面对强大的竞争对手，米勒公司首先进行了大量的市场调查。他们发现啤酒的最大消费者是年轻人，男性，且主要是蓝领工人。同时发现，这些蓝领工人是在酒吧间里和同伴一起喝酒，而不是在家里和妻子喝酒。更值得注意的是，作为当时主要消费者蓝领工人，几乎没有引起人们的重视。各啤酒公司广告刊登的都是一些与蓝领工人的生活格格不入的东西，如在市场上居于领先地位的巴德维瑟公司在其广告上刊登这样的画面：在某宅邸幽雅的游泳池旁举行的社交餐会上，上流社会富有的绅士淑女们喝着“巴德维瑟”牌啤酒。所有主要品牌的啤酒广告所描绘的生活方式都与主要消费者蓝领工人的生活方式大相径庭。

米勒公司利用了别的厂家广告的弱点，向市场发起了强大的广告攻势。米勒的广告对石油工人、铁路工人、钢铁工人、消防队员和渔业工人的工作大加赞赏，把他们描绘成健康的干着重要工作并为自己是班组一员而感到自豪的工人。每天下班回家前，在酒吧间里谈论着一天的工作成绩，是对他们辛勤工作的最好赞赏。此外，米勒公司只在电视上做广告，这是蓝领工人乐于接受的宣传媒介，并集中在他们喜爱的体育节目时间播出。在一年的时间里，米勒公司的市场占有率从第八位升至第四位，随后又升至第二位，向巴德瑟公司发出了挑战。

为了再接再厉，米勒公司又利用具有特色的广告，向市场上推出一种新产品——保健啤酒，即米勒莱特啤酒。过去，啤酒行业曾数十次试图销售保健啤酒，但均以失败而告终。米勒公司坚信米勒莱特啤酒会成为新明星。

米勒抓住酒徒的心理，利用广告加强了宣传，力图使其成为男性的象征，选择了与酒徒意气相投的演员、体育明星来做广告，并同样只在电视上的体育节目时间中播出。其广告画面描述如下。

● 它是男人的世界。广告中出现的仅有的妇女，要么是招待员这样的配角，要么是对饮酒男人表示钦佩的女性。她们很少作为饮酒者的伴侣出现。

● 广告中出现的男性是一群正在开怀畅饮的男性。

● 他们都喝得很多，周围总有许多空酒瓶。

● 广告的大多数场景是酒吧间，也有一些在保龄球场或棒球场。

● 广告中有这样一个吵吵闹闹，但很幽默的争论：人们之所以喝莱特啤酒，到底是因为它有不使人被撑饱的感觉，还是因为它味道绝妙呢？这个幽默的争论不仅给广告增添了效力，而且能使人感到，莱特是一种真正的啤酒，而不是某种掺了水的啤酒。

● 通过广告，米勒公司成功地向三个市场推销“好生活”和“莱特”这两种啤酒。第一个市场是重要的，即面向年轻人、男性及蓝领工人。第二个市场是面向老工人，他们已经不再能像过去那样纵情豪饮了，因此莱特啤酒正好迎合他们的需要。莱特啤酒也打开了第三个市场，即妇女市场，这种啤酒吸引其与丈夫一起喝酒。

通过以上成功的广告策略，米勒啤酒公司在美国市场占有率高达50%以上，位居榜首。

资料来源：李东进. 现代广告学. 北京：中国发展出版社，2006.

讨论题：

1. 米勒啤酒公司的广告活动为什么能够取得巨大的成功？
2. 结合本案例，根据所学的知识谈谈你对广告的功能和作用的认识。

实训应用

（一）实训项目

收集、欣赏分析并分类汇总各类广告作品。

（二）实训目标

1. 培养学生识别不同类别广告的能力。
2. 激发学生欣赏分析广告作品的兴趣。
3. 了解广告的分类体系及广告的基本功能。

（三）实训指导

由实训负责教师事先制定实训指导书，成立实训指导小组，明确实训指导教师的职责与实训指导要求。

（四）实训组织

1. 将全班同学分为若干小组，每组5～6人，按照实训要求全面、典型地收集广告作品。
2. 每组明确每位同学的分工与职责，利用课余时间在一周内完成并提交作业。
3. 在指导教师的指导下，依据所学理论知识对所收集到的各个广告作品进行分析。
4. 各小组相互交流实训心得，并填写本次实训报告。

（五）实训考核

实训成绩考核主要从实训工作表现和实训成果两个方面进行。其中，工作表现的分值占总成绩的40%，实训成果占总成绩的60%。工作表现的具体内容包括工作的纪律性、主动性、责任感和创造性，实训成果从对广告作品的判定、分析和实训报告的撰写状况来考核。

第2章 广告心理

【本章导读】

通过本章的学习，使学生树立“科学的广告术是依据心理学法则的”这一基本观念，明确学习广告心理的意义，知道只有了解广告受众的心理特点和规律，采用准确的广告诉求点和恰当的广告诉求形式，以及合理地运用广告心理的各种策略，才能取得预期的广告效果。

【学习目标】

知识目标

1. 了解广告受众心理活动过程；
2. 熟悉广告受众心理的基本内容；
3. 理解广告心理策略；
4. 掌握各种广告心理诉求形式。

技能目标

1. 培养学生遵循广告受众心理设计广告的意识；
2. 灵活运用各种广告心理策略，增强广告的感染力；
3. 能够准确判定各种广告作品的诉求形式。

【引例】

可口可乐的中国本土化广告❶

从20世纪80年代初开始的十几年来，可口可乐在广告宣传上基本采用配上中文解说的美国电视广告版本，这种策略一直沿用到1998年。随着中国软饮料市场的飞速发展，可口可乐的市场营销策略在1999年发生了显著的变化。可口可乐自1999年开始，在中国春节推出的贺岁广告“风车篇”，其广告以中国东北地区村民庆祝农历新年为题材摄制，并供全球播放。片中欢笑的孩子及迎风转动的风车寓意吉祥，象征新年的好景象，表达向全世界华人恭贺新年的一片心意。它向全球的华人传达一个信息：农历新年不仅是展望未来的时候，也是家人团聚、温馨喜悦的时刻。此广告中展现的全部外景是在黑龙江省的一个小村庄内拍摄

❶ 资料来源：http://column.chinabyte.com/220/2532720.shtml.

的，而且广告中的全部人物角色也全都来自这个村庄。在 2000 年，可口可乐推出其广告新作“舞龙篇”，由于龙是中国传统的吉祥物，舞龙更是中国传统节日的庆典节目之一，因此广告一经播出，随即就受到了广大公众的好评。2001 年新年，可口可乐又演绎出一场完美的深具中国文化特色的广告风暴：推出全新的具有中国乡土气息的“泥娃娃阿福贺年”广告片。此片以一个富有中国特色的北方小村庄为场景，并用一对极具人性化的泥娃娃全家喜迎新年的中国文化为主题，用全家饮用可口可乐来衬托祥和、愉悦的喜庆氛围。广告片中所有的造型场景都采用了黏土工艺，使得整体画面感觉更加生动、流畅。此外，可口可乐还制作了一系列恭贺中国新春佳节的平面广告（见图 2-1）。

图 2-1　可口可乐新春广告海报

可口可乐贺岁片选择了典型的中国情境，运用对联、木偶、剪纸等中国传统艺术，通过贴春联、放烟花等民俗活动，来表现中国浓厚的乡土味。可口可乐俨然成了中国本地产品，而这种乡土形象，确实达到了与中国消费者沟通的效果。因此，在这一系列广告播出后，中国的消费者更加认同了可口可乐的品牌形象。

【问题引入】

1. 你对可口可乐的中国本土化广告有何评价？
2. 在中国，可口可乐推出的一系列广告迎合了消费者什么样的心理需求？

2.1　广告受众心理分析

广告的最终目的是要通过信息的传播，说服消费者自觉自愿地购买商品或服务。因此，要想加强广告的效果，就必须了解广告受众的各种心理现象及活动规律，重视广告受众心理的分析，根据广告受众的心理特性和心理需求，制定出科学的心理影响策略，这样才能提高广告宣传的科学性和艺术性。有一句名言说得好："科学的广告术是依照心理学法则的。"一语道出了广告心理学的价值。

2.1.1 广告受众心理活动过程

广告心理是心理学的一个分支。心理学是研究心理现象、心理规律的科学。广告心理是指广告受众在接受广告信息时所产生的一系列心理活动，包括感性的、理性的、情感的和意志性的、个体性的或社会群体性的等心理现象和心理规律。

根据心理学理论分析，人的心理活动包括认知、情感和意志三个方面。认知是人的大脑对客观事物的表面属性和内在联系进行反映的心理过程。当客观刺激物作用于人的眼睛、耳朵等感观器官时，人的认知过程便由此开始了。它涉及感觉、知觉、记忆、想像和思维等活动。情感是客观事物能否满足人的主观需要所产生的一种内部体验过程。人的情感主要包括喜、怒、哀、欲、爱、恶、惧七情，情感的性质和程度会随着对客观事物的了解发生变化，人的心理会受到个人情感及社会情感的共同影响。意志则是为实现既定目标而表现出来的有目的地、自觉地支配和调节自己行为的心理活动。

认知、情感和意志这三个过程相互联系、互相促进、统一在一起，使公众逐步深化对企业形象和商品形象的认识。因此，广告活动必须要以广告受众的认知、情感和意志过程为策划线索，遵循广告受众的心理变化特性及发展规律。

1. 广告受众的认知过程

认知过程是广告受众为了弄清企业或商品形象而产生的心理活动。当一则广告作用于广告受众的感官时，广告受众就会通过记忆、思维、想像等一系列复杂的心理过程，形成对某个企业或商品的理性认知。广告受众对企业或商品的认知有一个基本的过程。首先企业广告宣传活动会以鲜明的特征吸引公众的注意，然后在广告宣传的影响下，强化、巩固公众对企业或商品的印象，在公众对企业或商品有了比较丰富的感性认识，并对这些感性认识进行分析、综合后，再判断出企业的性质、发展战略目标和商品的整体形象。因此，广告宣传对公众施加影响的基础就是认知过程，其结果就是引起公众的高度注意、强化广告受众的记忆。

2. 广告受众的情感过程

广告受众在接触广告时，会根据自己的需求、动机、兴趣和信念等个性心理特征，对广告或广告中的商品或企业产生喜欢或讨厌，满意或不满意、愉快或不愉快等方面的情感体验，这就是广告受众的情感过程。广告受众的情感过程会对其购买行为产生决定性的作用。因此，广告宣传的一个重要任务就是要及时地将广告受众从认知过程转化为情感体验过程，使广告受众在需求心理上认同企业及其商品，为完成意志过程创造出良好的前提条件。

3. 广告受众的意志过程

从本质上讲，广告受众的意志过程就是其消费行为的决策过程。广告受众在自己对企业及其商品的认知和情感体验的基础上，明确购买目的，克服各种困难，将计划付诸实施，这个自觉地确定购买目标并力求实现的心理过程，就是广告受众的意志过程。如果广告受众不能完成意志过程，就不可能购买企业提供的商品或服务，因而也就不可能实现广告宣传的基本目标。因此，企业在广告宣传中，要加强对广告受众的心理影响，以坚定广告受众对企业及其商品的意志信念，促成广告目标的实现。

总而言之，广告受众的认知过程、情感过程和意志过程是相互关联，互为一体，它们互相依赖、促进、调节、制约着广告受众的心理。从某种意义上讲，广告宣传活动就是不断地对广告受众施加心理影响的过程。

2.1.2 广告受众心理的基本内容

从静态角度考察，广告受众心理的基本内容包括：广告受众的感觉和知觉，这是认知消费对象的起点；广告受众的记忆和思维，它在感觉和知觉的基础上，形成对商品信息的认知和经验；广告受众的注意和想像，它巩固并丰富所接受的商品信息；广告受众的情绪和情感，它在实践活动中产生和发展，与人的社会需要及意识紧密相关，促成或干扰消费行为。

1. 广告受众的感觉和知觉

感觉和知觉是人类认识客观世界的最基本形式。感觉和知觉统称为感知，是广告作用于广告受众心理活动的起点。

(1) 感觉

感觉就是当外界事物作用于感觉器官时，人脑对特定对象的个别属性的直接反映。如看见的颜色和光线、听到的声音、嗅到的气味、品尝到的味道、触摸到的东西等，这些都是感觉的反映。人类不仅感受到外界的事物，而且还可以感受到自己体内器官的状态，例如，疼痛、饥饿、干渴等。感觉过程非常简单，但却是人类认识世界的基础。

广告受众的感觉过程，是指商品直接或间接作用于其感觉器官并加以刺激而引起的过程。在这一过程中，广告受众可以借助人类的五大感觉器官——视觉、听觉、嗅觉、味觉和触觉来接受各种广告信息，这些信息通过人的神经系统，从感觉器官传递到大脑中，由此产生对商品表面的、个别的、孤立的心理反映。所以有经验的广告主在设计、制作广告作品时都会千方百计地突出企业或商品的特性，以强化对广告受众的感官刺激，为其留下深刻的印象，从而获得良好的宣传效果。

(2) 知觉

知觉是在感觉的基础上，借助已有的知识经验，经过人脑的加工（选择、组织和解释），对客观对象整体属性的反映。知觉是一个比较复杂的心理过程。感觉是对客观刺激的个别属性的直接反映；而知觉则是选择、组织和解释客观刺激，使之成为一个有意义的、连贯的现实映像的过程。图 2-2 是一个斑点图，我们直接看到的是一些离散的图块，这是感觉到的东西。而从这些离散的图块上，我们判断它是一匹马，这是从感觉信息中推得的知觉。正是以知识、经验为基础的理解作用，使我们填补了画面信息的不足：把对象知觉为一个有意义的整体。从这一定义可以看出，广告受众的知觉决定着广告的效果及其记忆和后来的市场购买情况。因此，广告宣传要通过对广告受众的视觉、听觉及其他感官的刺激，使他们更好地知觉广告的内容，使之对广告的认知和理解更加深入，对广告商品形成良好的印象。当然广告受众对广告商品的知觉速度、准确度、清晰度和知觉内容的充实程度往往又会受到个体先前的经验、知识、态度、情绪等因素的影响。

图2-2 斑点图

【小知识】

错觉在广告中的应用

错觉是对客观事物不正确的知觉，是在客观事物刺激下，产生的一种歪曲主观的知觉。错觉是由物理的、生理的和心理的多种因素引起的。其中事物受到并存的其他刺激的干扰，是形成错觉的主要原因；人的主观因素如经验、情绪、年龄和性别等对错觉的形成也有重要影响。例如，用手去比较一斤铁和一斤棉花的重量，常常感到铁比棉花重；在火车上候车，临近的火车开动时，常常以为是自己乘坐的火车在动。

错觉的种类有许多，在广告中最常用到的是视错觉，如透视错觉。1956年霍尔茨·舒赫尔牌汽车的两张推销广告照片，两张广告的标题与文案完全一致，整个画面的布局也相似，只是两张广告中，一张是模特站在汽车的后侧面拍摄的，另一张是模特站在汽车的前方拍摄的。这样车子本身的大小虽未改变，但由于照片透视却造成了错觉。即模特站在汽车前面的照片，人物突出，汽车显得较小；而模特站在汽车后侧面的广告照片则汽车显得较大，人物较小。

在广告中可以通过拍摄角度等技术手段来制造视错觉。还可利用物体制造视错觉，如商店店面不大，但在墙上装上大镜子，即可产生空间扩大的错觉。在包装及广告画面设计中也常利用视错觉，相同容积的两个小盒，一个是正方形，一个是菱形，菱形就好似大于正方形。同样容积的两个塑料瓶，瘦高状比矮胖状显得容量要大。还有一些厂家，故意使容器的底部向里凹陷，从而增加容器的高度，给消费者造成容量大的视错觉。

在视错觉中，还有颜色错觉。例如，法兰西共和国的国旗由蓝、白、红三种色带组成。人们总认为这三种色带的宽度是相等的，其实不然。蓝、白、红之比为30∶33∶37。据说，法国国旗最初是按1∶1∶1的比例分配这三种颜色的，可是却给人一种三种色带并不一样宽的错觉。

上述这些错觉规则常常在广告设计中被综合使用，而在销售活动中，错觉的应用更广泛。如对重量错觉的应用。台湾某茶店，经营有方，在称茶叶时，只许一次放少量的茶叶在秤中，之后再逐量增添，而不许一次放入多出消费者购买重量的茶叶，再一次次减少。老板发现，如果一次放了超过消费者所要重量许多的茶叶，再一次次减少会使消费者感到这样可能会缺斤短两，而如果每次少放，之后再添加，则会使消费者较放心。可见错觉规则已被精明的商家充分利用了。

资料来源：江波. 广告心理新论. 广州：暨南大学出版社，2002.

2. 广告受众的记忆和思维

(1) 记忆

记忆是一个人过去的经验、感受在其头脑中的反映。广告的记忆就是一个人过去接触过的广告在其头脑中的反映，是人脑积累经验的功能表现。人的记忆一般经历识记、保持、再认和回忆三个过程，其中识记和保持是前提，再认和回忆是结果。只有识记准确、保持牢固，再认和回忆才能实现。人们对广告的记忆过程也与此相同。

在广告活动中，广告识记是广告记忆的开端，广告受众就是通过看、听和接触广告，在人脑皮层上形成客观事物之间的暂时神经联系，来记住广告信息的。

保持是对头脑中识记内容的保存和巩固。只有在头脑中得以保持的信息，日后才能回忆起来。因此，在广告传播中，广告必须保持一定的重复率，才能使广告受众在反复的感知过程中把广告信息牢固地保持下来。

当曾经见过的广告再度出现时能够加以识别是广告的再认；能够回想起来过去见过的广告是广告的回忆。再认和回忆都取决于人们对旧广告信息的识记和保持的程度。因此，在广告设计和制作时，要注意为广告受众实现广告再认和回忆提供必要的线索，如企业标志、商品商标、广告语等，通过强化这些要素的宣传，加强人们对广告信息的识记，以便更好地促成再认，引起回忆，巩固广告效果。

(2) 思维

思维是在表象、概念的基础上进行分析、综合、判断、推理等认知活动的过程，是认知活动的高级阶段，是依靠语言来进行的。语言对思维起储存、指示、感应等作用。在商业活动中，销售现场的广告宣传、营业员的语言都会对消费者产生一定的刺激作用，引起他们的思维活动。反过来，广告主体可以通过把握消费者思维程度，运用恰当的广告手段来达到商业活动的预期目的。

3. 广告受众的注意和想像

(1) 注意

所谓的注意，指的是心理活动或意识对一定对象的指向与集中。注意本身不是一个独立的心理过程，而是感觉、知觉、记忆、思维等心理过程的一种共同特性。任何心理过程，总是开始于人们把注意力集中指向特定的事物。吸引广告受众的注意是广告产生效果的基础，广告要想对消费者发生作用，前提是首先必须在众多广告中脱颖而出，引起消费者的注意。

正如广告界流传的一句名言："让人们注意到你的广告，就等于你的产品推销出去一半。"如果一则广告无法引起人们的注意，那么这则广告就是失败的。

心理学根据引起和保持注意时有无目的性和意志努力的程度，把注意分为无意注意和有意注意。无意注意是事先没有预定目的，也不需要付出努力的注意。如我们逛商场时，可能事先没有打算买什么东西，但看到商店新颖的广告海报，抢眼的商品包装，或很多人正在抢购某商品时，往往我们的注意力就会被吸引。有意注意是有预定的目的，需要付出努力的注意。如急需购买某品牌汽车的消费者，会刻意寻找、搜集相关的广告信息，并在众多的同类商品中，把注意力集中于期望的品牌上，这就属于有意注意。

根据广告作用心理历程的AIDMA模型，即广告作用于广告受众的心理过程一般可分为以下5个阶段：A——Attention，吸引注意；I——Interest，引发兴趣；D——Desire，激发欲望；M——Memory，强化记忆；A——Action，促成行动。由这个模型中可以看出，"吸引注意"是发挥广告作用的第一步，也是至为关键的一步。从广告受众的心理方面讲，广告能否吸引受众的注意是其成败的心理基础。只有引起了广告受众的注意，才有可能对广告信息进行全面的审视和探究，从而全面、深刻和准确地认知广告信息。所以，从这个意义上讲，"吸引注意"是广告成功的前提和条件。

(2) 想像

想像，就是在已有知识经验的基础上，在头脑中建立新事物形象的心理过程。想像是人所特有的一种心理活动，人们通过想像，可以扩充知识，理解事物，创造发明，预见行为。想像中的事物可以是过去的、现在的和将来的事物，也可以是现实中根本不存在的事物或者形象，如孙悟空、猪八戒、唐老鸭、米老鼠、小狗史努比等。

想像可分为再造想像和创造想像。依据语言的描述或图示，在人脑中形成相应的新形象的过程，叫做再造想像；不依据现成的描述，而独立创造新形象的过程，称作创造想像。再造想像和创造想像有很大差别，但是它们之间却又难以截然分开。对于广告设计者来说，所构思的新形象是创造想像的结果；而对于广告受众来说，依据广告作品中的描述或图示，在脑中再造设计构思的形象，则是再造想像的结果。

广告的成功离不开广告设计者的创造想像，也离不开广告受众的再造想像。新颖独特的创造想像是吸引受众注意力、增强广告感染力的前提；而广告受众通过再造想像，才能正确领会广告所描绘的产品性能、用途等信息，并由此唤起一定的情感体验，从而形成一定的广告态度、品牌态度和购买意向。

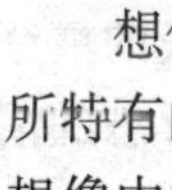

【小案例】

北京某房地产公司打出广告"远眺西山的文化豪宅"。广告中除了效果图，还有文字描述。

喜欢在图书馆里习惯地深思，

隔着看见透着禅意的山水、竹林的神韵，鱼儿在水里戏弄着樱花的倒影……

仿佛能进入村上春树的世界，能和余秋雨心灵对谈……

在××（某商品房小区名称）精致的室内装修、学知的会所配套、涵养的园林气质，从内而外都充满着精装人文的味道……

生活在这里，看得见文化的精装修。

这则广告充分地诉求受众的想像。一是描述具体的景象——图书馆、山水、竹林、鱼儿、樱花的倒影，充分调动受众头脑中的具体表象，营造一个令人轻松愉悦的环境；二是对心理感受的再造——通过提及很多读者都喜欢的村上春树、余秋雨来突出文化的氛围，让受众仿佛感受到阅读大师的文化作品时的心灵触动。

资料来源：王诉，管益杰. 现代广告心理学. 北京：首都经济贸易大学出版社，2005.

4. 广告受众的情绪和情感

情绪和情感是十分复杂的心理现象，西方心理学著作常常把无限纷繁的情绪和情感统称为感情。这样，感情的概念就包含了心理学中使用的情绪和情感两个方面，二者从不同的角度来表示感情这种复杂的心理现象。

（1）情绪

情绪是与有机体的生理需要相联系的体验。如进食之后所引起的满足的体验，危险情境所引发的恐惧的体验及搏斗时所引发的愤怒的体验等。这些体验往往伴随着生理的变化和外部表现。当人们生理上的需要得到满足时，产生积极的情绪体验，反之可能产生消极的情绪体验。同样，广告受众在接受广告时，对广告形式及其宣传的广告商品会产生不同形态的情绪体验，这些情绪体验就是广告受众对广告商品的主观态度。

（2）情感

情感是人类在社会历史进程中所产生的与社会性需要相联系的体验，如道德感、集体感、荣誉感、责任感、美感、求知欲、亲情、友情等。它们都是人们在社会生活条件下所形成的高级情感，具有社会历史性。由于情感大都与人的社会需要相联系，情感的性质常与稳定的社会事件的内容方面密切相关。因此，情感一般具有较强的稳定性和深刻性。如有创意的广告作品，以及橱窗布置、商品陈列、服务态度、商业信誉等，都能满足消费者的物质和精神生活的需要，使之产生愉悦、赞赏、幸福等肯定的情感，从而促进经常性的购买行为。

2.2 广告心理策略

广告要想取得预期的宣传效果，就必须根据广告受众的心理特性和心理需求，分析广告受众的心理，制定出科学而合理的广告心理策略，运用心理影响技巧来强化广告作品的感染力。

2.2.1　吸引注意策略

吸引公众对广告的注意，是广告产生效果的基础，是策划广告最基本的心理策略之一。很多时候，人们对广告是不特意地加以注意的，即广告受众对广告以无意注意为主。因此，为了吸引公众对广告的注意，特别是无意注意，在广告设计时应该有效地运用以下几种方法。

1. 增加广告的刺激强度

心理物理学的研究表明，刺激要达到一定的强度才能引起有机体的反应。刺激强度越高的信息，越能引起公众的注意。因此，在广告策划中，应该增加广告的刺激强度。这也是为什么一些企业明知道电视广告时间越长、报纸广告版面越大，费用也越贵，但还是选择长时间和大版面的广告的原因。

当然，增加广告的刺激强度，还可以通过广告的色彩、声音、字体的设计等方面来诱发视觉和听觉对广告受众的影响，从而提高广告作品的刺激强度。美国一项调查表明，在报刊广告中增加一种颜色（如套红），比黑白广告增加 50%的销售额，全色广告的收益比黑白广告高出 70%。再如闪烁的霓虹灯广告，不断变换其字体与图案，就比固定不变的广告更能吸引受众的无意注意。

2. 使用对比的手法

在广告中，还常用对比的手法达到吸引广告受众注意的目的。对比指的是知觉对象与知觉背景之间的差异。也就是说，在同一刺激物中突出部分特点，或者在不同刺激物之间进行鲜明的对比，都容易引起人们的无意注意。例如，洗衣粉、洗洁精等产品的广告就比较喜欢使用对比手法，将同类产品的效果进行比较，以突出自己产品的性能。又如，某防晒化妆品广告，以海滩泳池作背景，一个游泳者背部一半使用防晒露，另一半没有使用，皮肤的反应有明显的不同，这种对比就显示出此种化妆品的功效。

3. 加强广告的新奇感

求新求异是人类的本性，一旦受众对某类广告习以为常、熟视无睹时，对它的反应也将淡漠，因此新奇是提升广告吸引力的强心剂。在广告设计中，谋求与众不同，追求新奇独特，是吸引公众注意的基本技法。

【小案例】

“伟嘉猫粮”根据世界权威机构——“威豪宠物护理与营养中心”多年的研究成果，制作了世界上第一部“给猫看的”电视广告片。该广告片的创作人员发现原有的猫粮广告从来都是在同猫咪的主人进行沟通，诉求方式单一，因此他们找到了一个崭新的视点，直接拍一个让猫看的广告片。该广告片的创作人员，在威豪动物专家的指导下，选出最令猫咪感兴趣的影像和声音素材，再加入“伟嘉猫粮”产品的信息，拍摄成片。在广告播出后，大约有

60%的猫咪对此广告片有不同程度的反应，从耳朵的耸立等微小反应到少数猫咪跳到电视机屏幕前的强烈肢体反应，表明此广告片把它们深深吸引。虽然猫咪记不住这个猫粮的品牌，只是对这则广告片有些积极的肢体反应，但猫咪的主人也会明白，拍摄这则广告片的猫粮品牌一定是真正了解猫咪行为的行家里手，对其产品当然会信赖有加。此广告片最早于英国播出，获得成功后又依次在法国、德国等欧洲国家及美国、南非播放，所到之处，皆引起轰动。

资料来源：徐小娟. 100个成功的广告策划. 北京：机械工业出版社，2002.

4. 增强广告的艺术性

人类对美的追求始终存在着，美的东西容易引起人们的注意。而艺术可以给人们带来美的享受，可以满足人们追求美的需要，因而只要增强广告的艺术性，提升广告作品的艺术品位，自然可以吸引受众的注意。

广告的艺术性应是创意新颖、不落俗套；表现技巧精湛，声音、图像、文字配合得当。如动听的广告歌曲、富有趣味的故事情节、恰当的广告模特等，都能调动广告受众的情绪，达到吸引其注意的目的。

5. 利用悬念吸引注意

听广播评书的时候，说书先生总是在紧要关头戛然而止："欲知后事如何，且听下回分解!"给听众留下一个悬念，使得听评书的人总是期盼着下次播出时间的到来。广告中也经常利用这种手法，让受众对广告从被动的状态转为主动的状态，吊起他们的胃口，让他们主动地去注意悬念的结果。这种广告形式是利用语言刺激来达到注意目的的一种广告形式，一般是通过系列广告，由粗至细、由部分到整体，或者说是通过广告系列的不断发展，得以逐渐完善和充实。在报刊广告中，此类悬念广告经常大片留空，引起的一个直接的心理效果是受众的好奇心。在好奇心的驱使下，受众可能更加注意去寻找信息或信息的线索，这无疑有利于无意注意向有意注意的转化，并加深对已有信息的记忆。

【小案例】

我国上海的民族资本家黄楚九策划的"小囡牌"香烟广告，堪称是利用悬念手法吸引受众注意的范本。20世纪初，黄楚九成立了大昌烟草公司，推出了"小囡牌"香烟，并将其外孙曾维棋的头像印在烟盒上。为了使"小囡牌"香烟与各种洋烟竞争，他在广告上大做文章。当时，国内商人的广告意识十分淡薄，不愿把钱花在产品的宣传上，而他则独具慧眼，见报纸上每天都充满洋烟广告，便把上海的大报如《申报》、《新闻报》等同时包下第一版作全版广告，一连五天刊登整版篇幅的香烟广告，其内容为：第一天，整版为光秃秃的一只大红蛋，没有只言片语；第二天，报纸同一版面的整版广告上只出现了一条翘着的小发辫；第三天，报纸同一版面上的广告中，出现的是一个梳着小辫子的惹人喜爱的胖娃娃图像；第四天，广告中梳着小辫子的胖娃娃身上戴着肚兜，头上多了一条套红标语"祝大家早生贵子"；直到第五天，几家报纸同时报道大昌烟草公司开张的消息，"小囡牌"香烟正式问世，公司特向大家报喜祝贺，并公告随烟奉送一只红蛋。广告一刊出，一下子便引起上海公众的关注，黄楚九很快赚得几十万元，从此确立了他在中国烟草业中的地位。

资料来源：http://www.emkt.com.cn.

6. 选择恰当的时空位置

广告的时间位置，以电视、广播广告为例，通常在收视率、收听率较高的黄金时段播出的广告，更容易被受众所注意。电视广告一般在正式节目播出之前播放效果较好，节目结束后次之。插播广告中，排在首播和末播的效果最好。

广告的空间位置，以报刊广告为例，是指广告所占整个报刊版面的比例，又指广告本身面积的大小。心理学家斯特朗（E. K. Strong）曾以心理实验方法，对广告面积大小和广告注意程度的关系作了研究，其结果是：如果1/4页广告的注意值为100，那么1/2页广告的注意值为156，全页广告的注意值为240。由此可见，一般来说，大幅面的广告比较容易引人注意，但不等于说广告版面越大越好，而且，广告的尺寸和得到的注意率不一定完全成正比（见表2-1）。

表2-1 广告版面大小不同引起的注意率❶

版面大小/cm^2	大小比率	注意率/%	版面大小/cm^2	大小比率	注意率/%
19.25	1	9.7	115.50	6	43.4
38.50	2	16.5	134.75	7	50.2
57.75	3	23.3	154.00	8	56.9
77.00	4	30.0	173.25	9	63.9
96.22	5	36.7	192.50	10	70.4

2.2.2 增强记忆策略

广告主除了希望其广告能够有效地吸引受众的注意外，还希望受众能够永久地记住其广告信息，起码能在一定时间内留存。因此，提高受众对广告作品的记忆程度，成为策划广告的基本心理策略之一。为了增强受众对广告的记忆，应该遵循以下的三条原则。

1. 广告内容适度重复的原则

要提高广告受众对广告的记忆效果，一个重要的原则就是将广告信息不断地加以重复。重复不仅可以加深广告受众对广告内容的记忆，而且根据社会心理学的研究结果，随着对一个中性刺激接触次数的增多，被试者对其亲切感也会随之增加。但是，广告重复次数越多，

❶ 资料来源：川久胜. 广告心理学. 汪志龙，译. 福州：福建科学技术出版社，1985.

广告费用也越高，并且广告重复次数过多也可能引起受众的厌烦情绪。因此，应该适度地重复广告信息，帮助广告受众识记广告中的信息，并且保持对这些信息的有效记忆。

广告的重复应从经济和技巧上通盘考虑，尽可能做到以最少的支出，取得最大的效果。一般来说，广告通常采用的适度的重复形式有三种。

① 对广告中的主题部分加以重复。如曾经在各地电视台热播的广告片——“康师傅对辣方便面”。它选用《欢乐颂》为背景音乐，以欢乐颂的音乐旋律，利用“辣”和“啦”的谐音，不断重复“辣”的概念，最后用一句旁白点明主题“要吃辣，找康师傅，对辣”。

② 在同一媒体上进行系列广告宣传。系列广告是指用不同的广告内容和情节表现同一广告主题。通过连续的系列广告，既可以加深广告受众对品牌的印象，又可以使其对产品有一个全面的认识。例如，曾获香港 4A 广告创作金帆奖的爱立信企业形象系列广告“父子篇”、“健康篇”、“教师篇”、“爱情篇”和“代沟篇”，虽然情节不同，但都是传达了“电信沟通，心意互通”这一主题。

③ 利用多种媒体进行广告传播。当今是一个信息时代，广告媒体众多，除了报纸、杂志、电视、广播四大传统媒体之外，还有互联网、灯箱、路牌、霓虹灯、橱窗、招贴等广告媒介。如果可以将有关的广告信息在多种媒体或媒介上呈现，那么就可以使广告受众分别在不同的时间、不同的地点、不同的活动中，利用不同感官接受同一品牌的广告信息，从而大大增强广告受众对广告的记忆效果。

2. 广告信息数量恰当的原则

心理学研究表明，学习的材料越多，遗忘的速度越快。人们容易记住较少的信息，容易淡忘内容较多的信息。广告是一种短时的记忆，广告中所传播的信息只有简短、易懂才能获得较好的记忆效果。国外广告心理学的研究发现，广告标题在 6 个字以下，读者的回忆率为 34%，6 个字以上时，则只有 13%。电波广告时间有限，转瞬即逝，其文字说明更应简洁。但遗憾的是，现在国内很多商家却试图在十几秒的广告时间内把所有的情况都告诉受众，看起来好像充分利用了时间，实则广告过后人们什么也没有记住。

一些经典的广告作品都是遵循这一原则的。首先看广告宣传语，金利来“男人的世界”，飞利浦“让我们做得更好”，美的电器“原来生活可以更美的”，波导手机“手机中的战斗机”等，无不是简洁明了，字字千金。再看两则经典的雀巢咖啡平面广告作品，亦无不简洁明了。雀巢咖啡“金鱼篇”（见图 2－3），一条金鱼闻到雀巢咖啡浓浓的香味时忍不住要冲出鱼缸的画面，简洁、生动，使人过目不忘。雀巢咖啡“汤匙篇”（见图 2－4），整个画面就是一把盛满咖啡粉的小汤匙，图案的左上方标有雀巢的品牌标志。整个构图简洁明了，意义明确，给人以强烈的视觉冲击力和非常高的记忆度。

3. 广告形式新颖独特的原则

新颖独特的信息刺激强度较高，记忆比较牢固。在广告策划中，选择创意新颖独特的广告形式，不仅有利于吸引受众的注意，而且也是提高广告记忆度的一个有力的手段。广告形

图 2-3 雀巢咖啡“金鱼篇”

图 2-4 雀巢咖啡“汤匙篇”

式的新颖独特应当包括以下三个方面。

一是广告表现形式新颖独特。例如，晚安床垫利用压土机来压床垫，结果床垫丝毫未损的事实来说明其质量好，并把这一事件作为电视广告的表现素材，配以一句非常富有震撼力的广告语——“晚安床垫，压出来的名牌”，给受众留下了深刻印象。

二是广告媒体形式新颖独特。例如，选择人体的某部位做广告（见图 2-5），利用鸡蛋做广告（见图 2-6），以及在空中做广告（见图 2-7）等。媒体形式新颖独特的广告都能达到非常高的记忆度。

图 2-5 肚皮广告

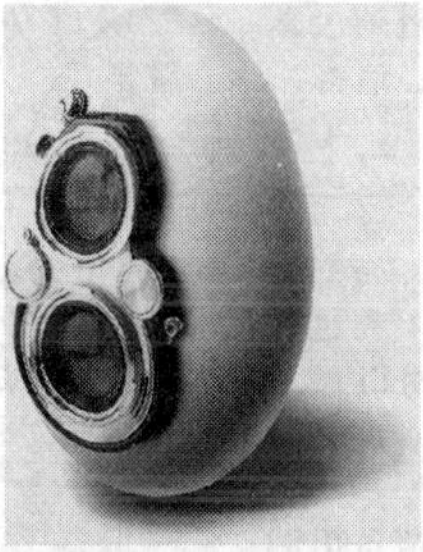

图 2-6 鸡蛋广告

图 2-7 空中广告

三是广告编排形式的新颖独特。例如，一般来讲，报纸广告排版形式都是矩形的，因此，我们描绘其面积大小，用整版、半版、1/4 版、1/8 版来表达，也就是说，版面造型是很规整的，但诺基亚 8250 在香港推出时，设计的报纸广告就打破了这种常规的排版形式，而是把这一型号手机的各种款式的图案毫无规律地插到报纸娱乐版的各个部分，从而起到了很好的记忆效果。

2.2.3 诱发受众需求策略

广告不仅要吸引受众的注意，增强受众对广告的记忆度，更重要的是要通过广告宣传对受众心理施加刺激，诱发受众的需求，从而产生消费行为。因此，在具体的运用中，其策略技巧主要体现在以下的4个方面。

1. 准确了解受众的消费需要

人的行为都是在某种需要心理和动机心理支配下产生的。受众对商家不仅有物质性的需要，期望商家提供物美价廉的商品和优质的服务，而且还希望满足其精神方面的需要，希望商家实事求是、诚实守信、平等待人、尊重受众的意见和舆论等。

这就要求在进行广告宣传时要注意两者兼顾，既要满足受众物质方面的需要，又要满足受众精神方面的需要，两者不可偏废。当然，在进行广告策划时，还应调查受众在当前市场消费中的需要变化趋势及其内在规律，考虑其他影响受众需要的各种因素，从而选择受众最敏感和最关注的需要作为广告宣传的切入口，突出重点，使受众获得一种全方位的满足。

进入21世纪后，消费者的需要心理发生了新的变化，关于这些问题，已有专家进行研究，其研究结论见表2-2。

表2-2 现代消费者的需要心理特征❶

项　目	期望指标	项　目	期望指标
健康、安全方面的需要	身心健康；回归大自然；逃避公害；保护家庭；爱护物品；能安心消费	嗜好方面的需要	喜欢好吃的食物；重视时髦的服饰；模仿流行性产品；喜欢标新立异；有意改变生活习惯；喜欢改变生活空间
环境改善方面的需要	个性化生活；具有社会地位感；适当的休闲；生活具有意义；丰衣足食；良好舒适的环境；爱用天然材料	自我提高方面的需要	拥有更多的游乐时间；有超人一等的优越感；参加创造性的活动；提高自身的学识、涵养；企图探究自己的根；希望参加社会公益服务
情绪方面的需要	和谐的社会关系；尊重感情；坦诚；爱护珍稀动植物；具有冒险性；生活充实	价廉物美方面的需要	开源节流；价格公正合理；物品经久耐用；喜欢使用高科技商品；避免浪费；物品的使用简单、便利

2. 积极诱发受众的合理需要

商家应该采取主动策略，通过广告宣传积极诱发受众对企业、商品产生合理的需要。受众只有在两个前提条件相结合的情况下才能产生强烈的需要心理：一是公众感到缺乏某种东西，有不足之感；二是期望得到某种东西，有求足之欲。需要就是这两种状态共同形成的心

❶ 资料来源：何修猛. 现代广告学. 5版. 上海：复旦大学出版社，2004：233.

理需要。如果没有外在刺激物，受众就可能感觉不到缺少某物，没有不足之感就不会有求足之欲，也就没有需要心理。由此可见，需要的产生是一个自发的过程，而且需要的方向和强度也是自发的。

3. 引导受众把需要心理转化为消费动机

受众的需要是其消费行为的基础和根源，但它并不直接支配、驱动受众的消费行为。可以说，动机是促使受众消费的直接原因。当今社会消费者的消费动机多种多样，包括求实动机、求新动机、求优动机、求名动机、求廉动机、求美动机、求简动机、习惯动机、嗜好动机和攀比动机等。商家只有通过广告宣传等外在刺激，激发出受众对某种商品的心理需要后，再及时地宣传此商品的性能优势、价格优势、品牌优势等内容，为受众提供理想化的目标物品对象，把需要心理转化为消费动机，这样，才能有效地引导受众的消费行为。

4. 不断刺激受众产生新的需要

当受众的某种需要满足之后，企业应该设计新的产品，策划新一轮的广告宣传，使受众在新层次上产生“不足之感”和“求足之欲”，引导受众不断地进行需要的自我更新。对于企业来说，这就是在创造新市场。因为在广告的影响下，很多商品的生命周期会缩短，受众就会寻求新的替代品，市场的有效需求就会扩大，这为企业的可持续化发展提供了良好的经营基础。

2.3 广告心理诉求

所谓诉求，是指诉以愿望或需要，博得关心或共鸣，最终达到诱发购买的目的。广告诉求，是指广告主运用各种方法，激发广告受众的潜在需要，形成或改变广告受众的某种态度，告知其满足自身需要的途径，促使其出现广告主所期望的购买行为。显然，广告诉求能否达到预期目的，与广告主是否透彻地了解、娴熟地把握广告受众的心理息息相关。因为，尽管广告所宣传的产品种类繁多，但它总是通过人（广告受众）而起作用的。对广告受众心理的任何方面的忽视，都将招致广告效果锐减，甚至是完全失败。

广告心理诉求的基本目标是：诉诸感觉，引起需求；赋予特色，激发兴趣；创造印象，诱导欲望；加强记忆，确立信息；坚定信心，促成购买。

一般来说，广告诉求方式可以分为三种：理性诉求方式、情感诉求方式和暗示诉求方式。

2.3.1 广告的理性诉求

理性诉求指的是广告诉求定位于受众的理智动机，通过真实、准确、公正地传达企业、产品、服务的客观情况，使受众经过概念、判定、推理等思维过程，理智地作出决定。也就是说理性诉求是以商品功能或属性为重点的诉求方式。在广告中突出强调自己的商品所具有的特性或优越性，通常是提出事实或进行特性比较。例如，大宝护肤品的广告“要想皮肤好，早晚用大宝”、保健品黄金搭档的广告“花一样钱，补五样”、王老吉的广告“怕上火，喝王老吉”等都是采用了理性诉求的方式，达到了很好的广告宣传效果。

在广告实践中，如何判断一个广告是否使用了理性诉求手段，这就涉及理性诉求标志的问题。有人指出，只要一个广告中包含以下 14 条关于产品的事实性信息线索中的一个或一个以上时，该广告就是理性诉求广告。这些线索有：价格；质量；性能；配料；销售的时间、地点及联系的电话；特价销售；口感；营养；包装；售后服务；产品安全特点；独立研究（即由独立研究机构进行的研究）；公司研究（即由广告主进行的研究）；新产品的概念。

1. 理性诉求的心理策略

从心理学角度看，理性诉求广告要想达到预期的最佳效果，必须科学地运用以下策略。

(1) 要有简短有力的论点

广告学家指出：做广告要考虑两个要素，一是够不够直接，二是够不够犀利。因为文字广告不可能很长，形象广告呈现的时间也很短。除了费用的因素外，受众也不可能花很多的时间与精力去细品某则广告。因此，无论从哪个角度来看，在广告宣传中都有必要拟定一个简短有力的论点，即说服受众的重点。并且，这个论点的确定不能是随意的，也不能是一相情愿的，应当经过反复推敲和论证，得出最能代表当前阶段品牌诉求主题的话，只有这样广告才能出现震撼人心的说服力量。

(2) 注意阐述与论点相符的论据

无可否认，消费者对厂商有一种天然的怀疑与抗拒心理。因此，厂商的说辞再动人、再有道理，他们也不见得真正相信。“卖瓜的不说瓜苦”这一心理定式无时无刻不在起作用。受众更想看到、也更愿相信的是强有力的论据。因此，在理性诉求广告中，广告主在说产品好的同时，不要忘记加上“为什么好”，理性的论据比漫天说好更重要，也更有说服力。

我们在做论据的时候，可以用精确的数据说话，让人听来更为真实可信。如号称西裤专家的九牧王，其论据是：108 道工序，30 次熨烫，800 万条人体曲线，23 000 针缝制。这样专业的西裤你不想穿吗？又如，“鸿星尔克”运动鞋的论据为：GDS 减震系统，360 度空气循环系统，300 万个活性透气孔等。这一系列专业名词和数据引出了“科技运动装备”的差异定位。且不说此广告诉求的真实性及是否与其他产品的同质化，但此举一出，确确实实让受众对其产品产生了较高的信赖度，由此鸿星尔克也将诸多对手远远地甩在后面。

(3) 运用双向信息交流，增加可信度

所谓双向信息交流，是指广告主在大力彰显产品优点的同时，也要说出产品的一些不足之处。这样可以有效地消除受众对商业性色彩的广告宣传所持有的不相信或半信半疑的态度，从而增加其对广告宣传内容的可信度。例如，有人曾将同一型号的汽车做了两则广告，一则广告说：“这种汽车的内把手太偏后了一点，用起来不顺手，但除此之外，其他地方都很好。”另一则广告中没有这一条，全部讲优点。结果受众大部分都相信前一则广告。细加分析，前一则广告的成功乃是由于采用了“欲擒故纵”的手法。消费者不是具有怀疑心理吗？好的，我先对你的这一心态予以满足，坦诚相告产品的不足之处，使你的怀疑烟消云散，然后再展开正面攻势，这样就可长驱直入，攻占消费者的心理世界。

2. 理性诉求的方法

在现代广告中，产品科技含量不断增加，使用功能多样化、复杂化，同时受众文化层次也普遍提高，因此，理性诉求在广告中的运用越来越普遍和重要。

理性诉求的基本思路是：明确传递信息，以信息本身和具有逻辑性的说服力加强诉求对象的认知，引导受众进行分析和判断。理性诉求的内容多种多样，但在实际运用中，具体的诉求方法主要有以下几种。

(1) 阐述重要的事实

当广告集中传达产品特性、性能、购买利益时，阐述最重要的事实并做利益承诺是最常用的方法。阐述的语言要求精练、准确。经常采用直接陈述、提供数据佐证、列图表、与同类产品对比等方法，提供给受众产品信息。例如，舒肤佳香皂主要强调其“杀菌和长时间抑制细菌再生”，其广告就是一个小孩在游泳池受到不洁环境的影响，然后一家庭主妇出现，提出细菌危害家人健康，而舒肤佳则可以杀菌和抑制细菌再生，所以舒肤佳才是最佳的选择。广告正是通过这种方式告诉消费者如果购买宝洁产品会获得什么样的利益，以达到劝说消费者购买的目的。

(2) 解释说明

在传达产品特性时，广告还可以做一系列的特性演示并示范功能和效果，从而加深受众的理解。提供的成因或示范均可以以图文结合的方式展现，增加可信度。而提出疑问并解答的方式可以有效地将受众的关心点引向广告的诉求重点。例如，海尔药业为了推销自己的海尔采力，不厌其烦地对人们进行亚健康科普教育，从而使亚健康观念深入人心。

(3) 理性比较

比较主要采用理性诉求的方式进行，和竞争对手做比较，以凸显自身优势。既可以含蓄地比较，不指明品牌，也可以针锋相对地比较。优势品牌通过比较可以展示自身的优势；弱势品牌通过比较可以提升品位，展示独特处。例如，著名的阿司匹林就曾经遭到过泰诺的挑战。泰诺在广告中说：“有千百万人是不应当使用阿司匹林的。如果你容易反胃或者有溃疡，或者你患有气喘、过敏或因缺乏铁质而贫血，在你使用阿司匹林前就有必要先向你的医生请教。阿司匹林能侵蚀血管壁，引发气喘或者过敏反应，并能导致隐藏性的胃肠出血。”结果泰诺一举击败了老牌的阿司匹林，成为首屈一指的名牌止痛退烧药。

(4) 观念说服

理性诉求还可以就本产品或服务给受众带来一种新的消费观念、产品选择观念、企业的理念或者观点等方面进行深入的诉求。可以从正面来阐述自己的新观念或理念，也可以反驳旧有的错误观点。例如，李维斯牛仔裤广告制造了黑色代表流行的理念。牛仔裤的正统颜色无疑是蓝色，但是李维斯却推出了黑色牛仔裤。广告是这样的：在一个歌舞厅门口凡是穿蓝色牛仔裤的人不得入内，但是一个帅气的小伙子却因为身穿黑色牛仔裤而备受歌舞厅的欢迎。中国商务通的“呼机、手机、商务通一个都不能少”的广告无疑也是成功运用观念说服手法的代表之作。

2.3.2 广告的情感诉求

如果说理性诉求方式是经由人们的理性知觉通道将信息传递到大脑中枢，那么，情感方式则是通过非理性知觉通道传输到大脑中枢。这条通道较之理性知觉通道要短得多，也直接得多，因而传递速度也就快得多。并能够更加深刻地“印刻”在人们的心里，产生巨大的感染力与影响力。如果说理性诉求是一种“晓之以理”的广告诉求方式的话，那么情感诉求就是一种“动之以情”的广告诉求方式。

情感诉求是指针对受众的心理、社会或象征性需求，表现与企业、产品、服务相关的情感和情绪，通过引起受众情感上的共鸣，引导受众产生购买欲望和行为。在一个高度成熟的社会里，消费者的消费意识也日益成熟，他们追求的是一种与自己内心深处的情感和情绪相一致的“情感消费”。在广告创意中有效地运用情感诉求，以亲切、柔和的广告画面，自然流畅的广告语言，诚恳的广告诉求，去打动消费者的情感，这样不仅能够强化人们对企业产品的好感，而且更有助于人们建立对企业产品的忠诚度。因此，以情感为诉求重点来寻求广告创意是当今广告发展的重要趋势。

1. 情感诉求的心理策略

唐代大诗人白居易曾经说过：“感人心者，莫先乎情……上自圣贤、下自愚骏、微及豚鱼、幽及鬼神，群分而气同，形异而情一，未有声入而不应，情交而不感者。”在广告中运用情感诉求的方式不仅是重要的，也是可能的。通过采用一些情感诉求的策略，以达到影响受众的心理，实现购买行为的目的。具体来说，广告情感诉求的心理策略有下述几种。

(1) 以充满情感的语言、形象、背景气氛作用于消费者需求的兴奋点

每个人的内心都会有自己的精神兴奋点，一旦触发了他的需求兴奋点，其情绪必然高涨，而情绪高涨则满足需要的行为也将更快、更强烈地出现。这当然是广告主最希望看到的现象了。为了达到这种状态，广告制作者必须从受众的角度去思考和挖掘，抓住受众的精神兴奋点去诉求，从其需求入手，把产品与某类需求紧密相连，使得受众一出现这类需求便想到此产品，则广告就取得了良好的促销效果，达到了广告主最大最终的希望。情感诉求正是诉求产品能满足受众某类需要，自然能实现上述效果。例如，361°的“想玩更要敢玩”和贵人鸟的“敢想敢动”，其目的就是为了唤起年轻族群敢拼、敢闯、敢做的精神；柒牌男装一句“男人，就要对自己狠一点”，就是以令“都市骑士”们为之动容。

(2) 增加产品的心理附加值

作为物质形态的产品或服务，本来并不具备心理附加值的功能，但通过适当的广告宣传，这种心理附加值便会油然而生。正如美国广告学者所言：“广告本身常能以其独特的功

能，成为另一种附加值。这是一种代表使用者或消费者，在使用本产品时所增加的满足的价值。”因为人类的需要具有多重性，既有物质性的需要又有精神性的需要，并且这两类需要常处于交融状态，即物质上的满足可以带来精神上的愉悦；精神上的满足又以物质作为基础，有时可代替物质上的满足。因此，产品质量是基础，附加值是超值，多为精神上的需要，受众更乐意购买有超值的产品。因为购买这类产品可得到双份满足——物质上的满足与精神上的满足。

人类的如此心态，便给广告制作者辟出了一个发挥聪明才智的广阔空间。如果经由广告宣传，使产品增加了并非本来固有的附加价值，那么受众就有一种超值享受的感觉，在进行购买抉择时，“心理天平”势必向这类产品倾斜。

许多杰出的情感诉求广告都是在这一方面痛下工夫。例如，麦氏咖啡“情浓意更浓”，小霸王游戏机“望子成龙”，丽珠得乐“其实，男人更需要关怀”等，无不是以“动之以情”的方式来打动广告受众。

(3) 利用“晕轮效应”

晕轮效应是社会心理学中的一个概念，它是指某人或某物如果被认为具有某种优点，往往也会被认为其具有其他许多优点。人们在认识人或事物时，经常会把某一特征推广为整体印象。比如，公众认为某些运动员在运动场上是杰出的，他们往往还会赋予这些运动员许多不属于运动方向的专长。这些本不属于他们的专长宛如月亮旁的晕轮，故而称之为“晕轮效应”。许多企业不惜重金聘请体育界、娱乐界的明星甚至是政界人物为自己的产品做广告，从理论上来分析，就是想借助晕轮效应的威力来达到产品促销的目的。

晕轮效应之所以能具有良好的促销效果，从心理学的角度来看，其原因是公众对某些明星人物有挚爱之情，他们的行为直接影响到公众，使得公众爱明星之所爱，喜明星之所喜，自然，也就会“购”明星之所“购”了。公众通过与明星购同类产品，在心理上便把明星身上的优点转移到自己身上，于是，便对明星所用之物，所推荐之物趋之若鹜了。如喜欢周杰伦的人购买可比克薯片，喜欢郑伊健的人购买风影洗发露等。

2. 情感诉求的方法

情感诉求在广告中具有极大的魅力和说服力，在实际运用中，情感表现应注意克服庸俗的感情投入，要使情感自然融入广告诉求点。现代受众比较青睐的情感诉求方法主要有以下几种。

(1) 美感

今日的受众已不仅仅追求物质满足，他们在要求广告能告之他们信息的同时，还要求具有艺术性和娱乐性，以满足其心理上的审美需要，所以，没有震撼的艺术感染力的广告是很难与受众产生情感共鸣的。众多的广告活动表明，具有极强的艺术性和表现力的广告总是容易引起受众的注意与兴趣，起到引导消费的作用。因为它使人们在获得信息的同时得到了美的享受，正因为具有艺术表现力，它才能营造一种生机勃勃、富于情趣的意境，才能极大地增强广告作品的吸引力和感染力。因此，一则令人赏心悦目的广告，可以使人心情舒畅，给人带来美的享受，获得以情动人的效果。

例如，“ABSOLUT 伏特加酒”的传奇广告（见图 2-8），以瓶形作为所有广告创作的基础和源泉——“ABSOLUT 酒瓶是永远的主角”，来诠释 ABSOLUT 的核心价值——纯净、简单、完美。在其系列城市广告中，其经典的瓶形化身为世界各地的各种物体，无论是在罗马、维也纳、日内瓦、伦敦，还是在阿姆斯特丹、马德里、里斯本、巴塞罗那，目之所及皆可化作伏特加酒的象征物，ABSOLUT 通过伟大的广告创意渗透入消费者生活的每个细节。如此智慧的表达方式不仅获得了众多广告人的认可，更重要的是，它打动了每一位消费者。

图 2-8 “ABSOLUT 伏特加酒”的传奇广告

（2）幽默感

莎士比亚说：“幽默和风趣是智慧的闪现。”幽默广告的表现手法使人发笑，产生兴奋、愉快等情感体验。当今社会商品经济高度发达，大量的信息符号通过广告向社会传播，使受众目不暇接，在一定程度上已显现饱和状态，受众在精神上产生了保护性抑制情绪。在这种情形下，广告采用幽默诉求的方法，可有效缓解受众精神上的压抑情绪，排除其对广告所持的逆反心理。使受众在一种轻松、愉快、谐趣的氛围中自然而然地接受广告所传递的商业信息，并完成对商品的认识、记忆、选择和决策的思维过程，从而更有效地达成广告的宣传目的。麦柯克伦·施皮曼研究机构也曾对 500 则电视广告做过调查，结果表明，逗人发笑的广告更容易记忆，而且更具有说服力。

目前在美国黄金时段播出的广播和电视广告中，幽默广告分别占 30.6%和 24.4%。在其他国家，幽默广告所占的份额也不少。在戛纳国际广告节上获奖的作品中，也有不少是采用幽默诉求的手法。它们超越了民族语言和接受心理的障碍，成为普遍受欢迎的广告诉求方式。

【小案例】

在马来西亚柔佛州的交通要道上有不少幽默式交通广告，有一则广告文案如下。

阁下：

驾驶汽车时速不超过 30 英里，您可饱览本地的美丽景色；

超过80英里，欢迎光顾本地设备最新的急救医院；

上了100英里，那么请放心，柔佛州公墓已为你预备了一块挺好的墓地。

此广告幽默的警告，别出心裁，独具匠心。其中并无星点警告性语言，也没有片言惩罚的字样，但大凡读过此广告的人都会禁不住拍案叫绝，相信这则交通广告要比我们常见到的“超速行驶，罚款××元”的广告更具说服力。

资料来源：http://www.kancr.com/article/gexing/info-8691.html.

但幽默广告本身具有一定的风险。如果幽默广告与产品特点结合不恰当的话，受众会因为幽默的无趣而对产品产生厌恶感。如果没有不同凡响的创意，不如退而求其次，用一种更保险的方法来制作广告。换言之，幽默广告需要广告主有更高的想像力、知识、经验和道德感。同时，不是所有的产品都适合做幽默广告。一般而言，感情需求性产品（如快餐、甜点、软饮料等）多用幽默广告促销。如一则餐馆广告是这样的：“请来本店用餐吧！不然你我都要挨饿了。”一语双关，使人发出会心的微笑。然而，与生命、财产有关的产品或服务则不宜用幽默诉求，如药品、保险产品等。因为人们认为金钱、财产、生命和死亡都不是被取笑的对象，应当严肃对待，而不应被当作儿戏。

(3) 亲热感

亲热感反映着肯定的、温柔的、短暂的情感体验，它往往包含着生理的反应及有关爱情、亲情、友情的诉求。广告画面中人物的亲热关系，如深情的恋人、嬉戏的母子、互勉的朋友等，都容易使受众产生同感，引起共鸣。

贵州青酒“喝杯青酒，交个朋友”、德芙巧克力“与朋友分享”、好丽友蛋黄派“好丽友，好朋友”，这些都是以友情为诉求点，都在诉诸热诚无羁的友情，深受消费者的青睐。而神威药业“五福心脑康”的电视广告则以“关爱老人的健康”为诉求点，以“孝心”来引发中国人内心深处的亲情，产生了较好的效果，从而从“病例实证式”、“专家证言式”、“理性说理式”的广告中脱颖而出。此外，戴比尔斯（De Beers）“钻石恒久远，一颗永流传”和依波路表（Ernest Borel）“浪漫时刻，一生相伴”则是以爱情为诉求的典范之作。

【小案例】

美国贝尔电话公司的一则广告如下。一天傍晚，一对老夫妇正在进餐，这时电话铃响起，老妇去另一房间接电话，回来后，老先生问：“谁的电话？”老妇回答：“是女儿打来的。”又问：“有什么事？”回答：“没有。”老先生惊奇地问：“没事？几千里打来电话？”老妇呜咽道：“她说她爱我们！”俩人顿时相对无言，激动不已。这时，旁白道出：“用电话传递你的爱吧！”

这则广告从最易引起人们共鸣的亲情入手，通过远在千里之外的女儿用电话向年迈的父母传达爱心而赋予电话以强烈的情感色彩，营造一种浓浓的亲情，最后水到渠成地推出要宣传的企业——贝尔电话公司。整个过程自然得体，情真意切，有很强的感染力。

资料来源：http://blog.5d.cn/user8/newsea/200601/203077.html.

(4) 恐惧感

优秀的广告能打动受众的心灵，在心理层面上造成震撼力和影响力。这种“打动”、“震撼”、“影响”，不仅来自正面诉求，也来自反面诉求，利用人们普遍存在害怕、担忧、担心的心理，在广告创意中运用和发展恐惧诉求，这正是国内外不少广告大师的创作手法。

所谓“恐惧”诉求，是指通过特定的广告引起受众害怕、恐惧及其有关的情感体验，从而使受众渴望追求一种解救，自然就引向广告推荐的产品。广告主通过它来说服消费者，改变其态度与行为。从心理学角度来看，恐惧诉求广告，其恐惧的强度在于与商品或服务之间的关联性。如果恐惧的强度太小不足以引起受众的注意，而强度太强则会导致受众的逃避。对于与生命密切相关的商品或服务，应用强度大的恐惧诉求广告；而对一般的商品或服务，则多以比较弱的恐惧来传播。如“奥普浴霸”曾采用恐惧强度较弱的广告来传达其电器的专业性：“因为专业，所以安全。”

【小案例】

奥美广告公司（中国台湾地区）创意总监孙大伟先生为美商保德信人寿保险公司所做的“智子篇”就是一个比较有效的恐惧诉求广告。广告依据一份空难书信而设计。文案如下。

“日航123航次波音747航班，在东京羽田机场跑道升空，飞往大阪，时间是1985年8月15日下午6点15分，机上载着524位机员、乘客及他们家人的未来。”

“45分钟后，这班飞机在群马县的偏远山区坠毁，仅4人生还，其余520人已成为空难的统计数字……”

“在空难现场一个沾有血迹的袋子里，智子女士发现了一张令人心碎的信条。在惊慌失措呼天抢地的机舱里，为人夫为人父的谷口先生写下了给妻子的最后叮咛：智子，请好好照顾我们的孩子。就像他要远行一样。”

“你为谷口先生难过吗？还是为人生的无常而感叹？免除后顾之忧，坦然面对人生，享受人生，这就是保德信117年前成立的原因。走在人生的道路上，没有恐惧，永远安心——如果你与保德信同行。”

资料来源：http://www.tianyablog.com/blogger/post_show.asp.

目前，恐惧诉求广告应用最广泛的是在公益广告领域，因为它往往可以改变人们早已固定形成的行为模式和观念。如戒烟。虽然“吸烟有害健康”的道理人人都懂，可是并不一定能引起人们对生命的关注。有一则运用恐惧诉求传播戒烟的公益广告可以说是比较成功的：随着香烟的燃烧，鲜红的肺部逐渐变黑，把死亡的恐惧呈现给人们看。此广告用真实的客观的事实说明了吸烟对人体造成的危害，一经播出，反映强烈，效果非同寻常。

2.3.3 广告的暗示诉求

波兰心理学家认为：“暗示的含义就是一个人不用命令和理性的思考就对另一个人的信仰、观点和决定产生某种影响。在受到暗示影响时，人们不能控制它对自己的影响，而且也缺乏自己的行为动机。对暗示的易接受性叫暗示性。总之，暗示性是一种使人在无足够的动机甚至在相反的动机的情况下完成某些行动时的状态和特征。许多专家认为，暗示起作用不仅可以不顾个人的意志，甚至可以违反个人的意志。”

在广告创意中，运用暗示诉求的方式，向受众暗示这种商品代表着什么，选择这种商品的人品位怎样、生活怎样。在广告中出现一种高贵、优雅、成功……总之是令人向往的形象，受众在看广告的同时自然会渴望成为广告中所描绘的那个优秀的形象，这就会使受众似乎在莫名其妙、不知不觉之中接受某种观念、某种情绪、某种行为模式，进而表现出暗示者所希望的行为。暗示诉求削弱了“王婆卖瓜”的嫌疑，既不直接陈述产品的功能，也不讲产品带给人的精神内涵，而是以第三人称的姿态陈述关于其品牌、企业或领导所发生的事，而这样的事通常具有巨大的渗透力。

【小案例】

TAHAN 女装的广告创意如下。TAHAN 女装，心绪在流行中沉醉，由人匆匆跟随，单调的色彩让个性也褪色，难道真的要融入其中？我想要一杯红酒，爱上自己的感受，享受“TAHAN”时光，不管红尘万重，其实我，很从容。

在时尚的变换中，在都市的喧嚣中，女人都渴望一份从容，是不是拥有 TAHAN 时装就可以拥有一份从容呢？广告的文案对消费者做了淡淡的暗示，让追求时尚的女士可以找到自信的从容。

资料来源：http://hi.baidu.com/wonlange/blog/item/3cdd98511304882743a75b6a.html.

具体而言，暗示诉求方式的心理策略主要有以下两种。

其一，“不著一字，尽得风流。”也就是说，不是用直接的陈述，而是通过其他语言与形式的暗示，表述出自己的意图，让消费者在潜意识中自觉地得出结论。例如，美国饮料市场是可口可乐与百事可乐的天下，“七喜”欲插足其中难度很大。在精心策划后，他们做了一则这样的广告：“汽水饮料有两种类型，一种是可乐，另一种是非可乐，而七喜饮料即属于后者。”从表面文字看它只是陈述一个事实，但所暗示的信息是，如果你要喝非可乐饮料，那就是“七喜”；并且，将“七喜”与可口可乐、百事可乐放在一起，亦使人们形成一个印象，“七喜”与可口可乐、百事可乐属于同一档次的两种不同类型的饮料。这则广告乍看上去平淡无奇，实质上具有很强的心理冲击力。

其二，利用群体压力进行暗示。人类有一种天然的愿望，那就是尽可能地与周围的人保持一致。这在社会心理学家阿希的“群体压力”实验中得到了最为清晰的体现。的确，在群体压力的作用下，人们有时甚至得出与自身判断相左的认识与行为。在广告说服中，如能巧妙借助群体压力的话，那将比自己站出来声嘶力竭地叫喊要好得多。

“××产品全国销量第一。”这不仅是陈述事实，也不仅是对自身成就的夸耀，实际上，它最大的功效可能也是厂商的真正目的就是暗示其他消费者：这是大部分人的选择，如果你相信大部分人的看法通常是有道理的，那么就请购买我们的产品吧。一般人们的心态是：与众多的人有相同的选择出错的概率低，即使是错了，由于大家一起错，心理也平衡。再就是利用群体压力的方式制造时尚，迫使消费者“就范”。在这方面一个成功的范例就是“海飞丝”洗发香波的广告。这家公司通过一场旷日持久的广告宣传，制造了一种时尚，使用低价劣质洗发水会有头屑，有头屑者难以进入高层次社交圈，这引起了欲成为绅士、淑女者的恐慌，而要从这种恐慌中解脱出来则必须使用“海飞丝”。于是，美国海飞丝洗发香波的广告走俏一时，成为少男少女们扮靓显阔的必需品。

古人云：大凡用计者，非一计之可孤行，必有数计以襄之也。理性诉求、感情诉求和暗示诉求虽各有千秋，但这三种诉求方式并非是彼此不相容的，经过精心的策划，它们可以和谐地统一于一则广告之中，三者经常相互渗透，在很多情况下被穿插使用。它们也可以于不同的产品生命周期、不同的传播媒体或针对不同的目标市场消费者，分别用不同的诉求方式来达到更好地宣传产品、促进购买行为的目的。它们之间没有优劣之分，在广告宣传的实际运作中主要选用哪一种方式的唯一标准就是看它是否能够最贴切、最充分地表现产品，最能与这一产品的潜在消费者的心理相契合。

本章小结

本章从心理学的角度分析了广告受众的认知、情感和意志三个方面的心理活动过程；从静态的角度考察了广告受众的感觉和知觉，记忆和思维，注意和想像，情绪和情感等广告受众心理的基本内容；在了解了广告受众的心理特点和规律后，提出了吸引注意、增强记忆和诱发受众需求的广告心理策略；阐述了与受众心理交互作用的三种广告诉求方式：即理性诉求方式、情感诉求方式和暗示诉求方式。

关键概念

广告心理　认知过程　情感过程　意志过程　感觉　知觉　记忆　思维　注意　想像　情绪　情感　广告心理诉求　情感诉求　理性诉求　暗示诉求

课后思考与练习

1. 填空题

(1) 根据广告心理学理论分析，广告受众的心理活动包括________、________和________三个方面。

(2) 人的记忆一般经历________、________和________三个过程。

(3) 一般来说，广告诉求方式可以分为________、________和________三种。

2. 判断题

(1) 从本质上讲，广告受众的心理认知过程就是其消费行为的决策过程。 ( )

(2) 知觉是对客观刺激的个别属性的直接反映。 ( )

(3) 需要是产生相应消费行为的根源和基础。 ( )

(4) 吸引公众对广告的注意是广告产生效果的基础，公众接受广告信息时，有意注意要多于无意注意。 ( )

3. 简答题

(1) 简述广告受众心理的基本内容。

(2) 在广告设计时应该有效地运用哪些方法来吸引受众对广告的注意？

(3) 简述理性诉求的心理策略。

(4) 简述情感诉求的方法。

案例讨论

怀孕的男人

地球已不堪承受人口的急剧膨胀，衣食住行、公共设施和教育等都已无法赶上人口暴增的需求。具有远见卓识的国家和地区，早已运用传播媒介向群众进行计划生育的宣传教育。

常见的宣传计划生育的海报，大多是把妇女作为宣传对象，把计划生育的主要责任放在妇女一方：画面上是多子女的母亲，背上驮一个，怀里抱一个，手里拉一个，后面跟一个，神情疲惫，行动艰难，而她的凸出的肚子，羞惭地告诉人们“我又有了”。而正面宣传的海报，往往是突出孩子：活泼可爱的孩子，手捧鲜花，投向父母的怀抱，广告词是：“还是一个孩子好！”

20世纪70年代，英国家庭计划指导会为推广节育而设计的计划生育海报却一反传统的观念，宣传对象不是女性，而是男性。这位男士，左手撑着腰，右手摸着肚子，十足像个怀孕的妇女。广告词是："假如怀孕者是你，你是否会更谨慎?"

这张海报一刊出，立即引起强烈反响，产生了很好的效果。

在中国，宪法明文规定，"夫妇双方有实行计划生育的义务"，但是，一些统计数字表明，已婚育龄妇女中采取避孕措施的占69.2%，男性仅占12.6%；女性输卵管结扎的占7.4%，男性输精管结扎的只占3.9%。长期形成的封建观念，有意无意地还在起作用。如在农村中，不论生育还是不能生育，生多还是生少，生男还是生女，似乎责任都在女方。因此，在宣传计划生育时，从这张以男士为对象的海报中，我们可以得到一点启示。

资料来源：徐小娟. 100个成功的广告策划. 北京：机械工业出版社，2002.

讨论题：

1. 这则广告使用的是什么诉求方式?
2. 请结合本案例，谈谈你对这种广告诉求方式的看法。

实训应用

(一) 实训项目

观看近一周内央视热播的10条广告，分析每条广告的心理策略及其诉求方式。

(二) 实训目标

1. 熟悉各种广告心理策略在广告实例中的运用。
2. 能够准确判定每条广告作品的诉求方式。
3. 通过分析广告作品，正确判定广告作品的诉求方式。

(三) 实训指导

由实训负责教师事先制定实训指导书，成立实训指导小组，明确实训指导教师的职责与实训指导要求。

(四) 实训组织

1. 将全班同学分为若干小组，每组4～5人，利用课余时间观看央视广告。
2. 在指导教师的指导下，依据所学理论知识对观看的广告作品进行分析。
3. 各小组相互交流实训心得，并填写本次实训报告。

(五) 实训考核

实训成绩考核主要从实训工作表现和实训成果两个方面进行。其中，工作表现的分值占总成绩的40%，实训成果占总成绩的60%。工作表现的具体内容包括工作的纪律性、主动性、责任感和创造性，实训成果从对广告作品的分析及实训报告的撰写情况来考核。

第3章 广告调查

【本章导读】

广告调查，是围绕着广告活动而展开的所有的调查工作，它从属于市场调查，是市场调查的重要组成部分。广告调查是广告工作的开端，是广告工作的基础。通过本章的学习，我们不仅要掌握广告调查的概念、作用和内容，广告调查的步骤和方法及广告调查问卷的设计，而且我们还要了解广告调查报告书的写作。

【学习目标】

知识目标

1. 了解广告调查的概念和作用；
2. 掌握广告调查的内容；
3. 明确广告调查的步骤和方法。

技能目标

1. 培养学生广告调查问卷设计的能力；
2. 学会广告调查报告书的写作。

【引例】

第一不重要，赢利才是真[1]
——2000年3月网站电视广告调查

对于差不多每天有两家网站问世的当今互联网时代来说，随之而来的“IT网站第一之争”已露出端倪，不管是宣称或者尚未宣称自己是“第一”的网站，肯定都铆足了劲，欲纵横驰骋一番或准备一决雌雄。“一枝独秀不是春，百花齐放春满园”，只要拥有自己的特色内容，同类型的网站是允许共存的，不过，共存需要一个衡量标准，那就是你是否能够赢利，只要能够赢利，就有生存下去的理由。搞些耸人听闻的大话，夸大其词，一副置别人于死地而后生的架势，也违背了互联网的精神。“第一不重要，赢利才是真”，这也是避免“泡沫经济”发生的共知原则。

---

[1] 资料来源：http://www.a.com.cn/cn/mtyj/mtggjc/2001/dy-bgit.htm.

由北京经略智成信息咨询有限公司与中国广告协会和国家统计局城市社会经济调查总队主办的中国电视广告监测系统，在2000年3月份对全国34个大中城市的150家电视频道（中央台、省卫视台、省台到市台和主要省市有线台）进行广告播出状况监测。监测时间为每天18：00—0：30。

3月份，有25个品牌的网站在全国32家电视频道上投播了广告。本月共计播出1 008次，广告总时长达21 719秒，估计这些企业为此至少投入广告费用约5 505 817元。电视广告的强大的感染力和煽动性也吸引不少网企，随着联想FM365的代言人谢霆锋的4月18日“谁为我心动”所设的悬念，将其推到了高潮，见表3-1。

表3-1　2000年3月网站电视广告播出费用排序前十名品牌明细表

品　牌	费用/万元	次　数	时长/秒
中华网	146.40	86	2 420
安吉之科技网络	128.46	40	1 710
经视网站	53.61	218	2 390
鲨威体坛	42.38	65	1 095
海南电视台互联网站	39.61	71	3 542
找到啦	31.84	57	285
天泉网上超市	28.92	205	5 820
网易	27.90	12	360
易趣网	6.35	27	705
亿唐网	6.04	24	720

【问题引入】

1. 什么叫广告调查？试述广告调查的作用与意义。
2. 根据案例设计一份广告调查问卷。

3.1　广告调查的概念和作用

要在广告的经营活动中立于不败之地，要使广告信息准确而有效地传达给公众，要使企业在市场竞争中处于优势地位，都需要周密的思考和系统的策划。然而所有的广告战略和策略的制定，又离不开对产品、市场、消费者及整个社会环境的把握。而准确的把握只能来自周密的调查，所以，在现代广告活动中，对各种情况的调查研究成了制定广告战略和策略的基本前提。

3.1.1　广告调查的概念

广告调查，又称广告运作中的市场调查，是围绕着广告活动而展开的所有的调查工作，它从属于市场调查，是市场调查的重要组成部分。它的基本任务是提供与广告有关的资讯以作为广告决策的依据。

美国市场营销协会给市场调查下的定义：市场调查具有一种通过信息将消费者、顾客和公众与营销连接起来的职能。这些信息有助于识别和确定营销机会及评估营销活动，监督营销业绩，从而促进了人们对营销过程的理解。

市场调查与广告调查的区别在于以下三个方面。

① 调查的目的主要有两个。一是为了了解有关市场及市场营销的事实真相；二是为广告主制定营销决策提供有力的依据。

② 调查对象都与市场营销有关。可以是消费者的现状和市场需求，也可以是企业的营销环境和营销状况，还可以是促销情况和广告效果等。因此，具体的调查对象可能涉及消费者、生产者和经营者，也可能涉及相关的企业和广告媒介等。

③ 市场调查必须遵循科学性和客观性的原则。调查员应该自始至终保持客观的态度去正视事实，接受自然的调查结果。不允许带有任何主观的意愿或偏见去从事调查活动。采用科学的方法去设计方案、采集数据和分析数据，从中选择有效的、有代表性的信息资料。

而广告调查是指伴随着广告活动而进行的一切调查活动。广告调查常用于发展策略及确定产品概念，其研究结果有助于广告主对产品概念的界定，也有助于广告主选择目标市场。通过广告调查活动，广告主能够研究出广告所要传达的信息是什么。

市场调查与广告调查又是什么关系呢？从上面的叙述中不难看出两者在研究目的、研究对象及研究方法上都有着相当密切的关系。两者之间的主要区别和联系如下。

第一，所谓的广告调查是属于市场调查的一部分的。

第二，从目的上看，市场调查是出于整体的市场营销决策和运作，而广告调查则是为某一局部目标而进行的。

第三，从调查对象方面，广告调查的对象有一些限定。

第四，在调查的方法和原则上两者是共通的。

广告调查的主要目的在于收集有关广告活动的信息，使各种广告活动踏实、周详，并尽量避免广告费用的浪费。鉴于广告为推广产品的一种手段，而推广产品又被视为营销传播的一部分，因此，按传播的过程可以将广告调查的构成要素分为以下几方面。

1. 有关广告主的调查

对广告主的调查，也就是对广告客户的调查，主要包括对企业本身和与竞争同行业有关的广告诉求、广告出稿活动的调查。

2. 有关广告信息的调查

有关广告信息的调查，主要是研究广告表现及广告的诉求对目标顾客产生何种反应，或是否对目标对象产生可能影响，大致可以分为事前调查和事后调查。

3. 有关广告媒介的调查

各种广告媒介都具有不同的特性，同时还要兼顾产品特性和广告的表现形式，选择适当的媒介，才能使广告收到最大的效果。因此，有关媒介的调查，也是广告调查领域不可忽视的课题。

4. 有关广告受众的调查

广告受众的调查，目的在于了解广告对于目标受众造成了什么样的影响，目标受众对广告所持的心态，以及目标受众因广告所产生的态度和行为的变化。

3.1.2 广告调查的作用

广告调查，作为企业通过广告活动获得成功的前奏曲，其作用是显而易见的。

1. 广告调查为编制广告计划提供科学的依据

要想把广告计划建立在可靠的科学的基础上就必须对产品或服务的对象，也就是市场、商品、消费者等情况进行调查研究，这是制订广告计划的前提，而这正是广告调查的核心内容。所以，广告调查是制定正确的广告目标，编制符合实际的广告计划的基础和依据。

2. 广告调查为指导广告设计提供具体的资料

广告主题的产生，广告创意的新颖，不是工作人员坐在屋中想出来的，它建立在对市场、产品、消费者行为、营销策略的研究之上，建立在对大量的具体资料的分析之上，这些具体资料，要靠广告调查工作给予提供。因此，可以说广告调查工作虽然不是进行具体的广告设计，但是，它却为广告设计提供了大量的具体资料，保证了广告设计工作顺利进行。

3. 广告调查为做好广告预算提供了重要的参考数据

如果说广告目标指的是广告要干什么，广告战略指的是应该怎么干，广告预算就是指在多大规模上干。广告预算既不是数额越多越好，也不是数额越少越好，它建立在广告调查中提供的符合实际的参考数据上。因此，可以说只有全面深入而又正确地进行广告调查，才能为正确制定广告预算提供重要的参考数据。

4. 广告调查为测定广告效果提供决策性意见

一则广告推出以后效果如何，是成功还是失败，这要通过广告调查所获得的大量具体材料和数据来进行判断。测评广告效果，可分为事前测评、事中测评和事后测评。不论是哪一阶段的测评，这些成功与失败的判断及评价资料，全靠广告调查提供。

综合上述，我们可以得出这样的结论：广告调查是广告工作的开端，是广告工作的基础，如果把广告活动比作一部交响乐章，那么，广告调查就是乐章的前奏曲。

【小资料】

国外广告调查的产生与发展

国外广告调查经历了初期的调查研究和现代的调查研究萌芽及广告调查研究大发展三大阶段。

1. 初期的调查研究

早在 19 世纪，广告领域就出现了调查研究。

初期的调查研究，在调查内容上比较单一，缺乏系统性。在调查的方式上所采用的大多是经验性和简单性的方法。广告调查研究工作缺乏连续性和完整性，在手段上缺乏一定的科学性。

2. 现代的广告调查研究萌芽

第一次世界大战以后，市场调查和广告调研开始出现了显著的进步。1918 年，哈佛大学销售学教授丹尼尔·斯达奇（Daniel Starch）开始研究检测广告文案的识别方法。几乎在同一时期，印第安纳州大学统计学教授乔治·盖洛普（George Gallup）也研究和实践着文案检测的方法。1929 年，盖洛普应雷蒙·罗必凯的邀请来到纽约的扬·罗必凯广告公司建立了第一个广告公司内部的调研部。斯达奇和盖洛普在 20 年代中所做的研究，为现今文案检测提供了基本概念，如文案的“受读程度”和“被理解程度”仍然被当今广告界沿用。

3. 广告调查研究大发展阶段

第二次世界大战后，广告市场调查研究进入到一个全方位发展时期。出现了“消费者动机和行为调查”、“细分市场和确定目标市场调查”、“产品调研和产品定位调查”、“广告目标和广告策略调查”等广告调查理论。

资料来源：http://www.gzoaa.com/pub/showArchive.jsp? aid=12949.

3.2　广告调查的内容

广告调查主要包括以下几个方面的内容。

3.2.1　广告环境调查

广告环境是指广告活动所处的总体环境，主要指自然环境、政治环境、产业环境、商品环境、文化环境等方面。通过对上述各环境系统的调查，可以比较准确地判断各种环境对广告活动所产生的影响，使广告策略服从于广告环境。

3.2.2 广告市场调查

广告市场调查范围比较广泛。这里主要是指与广告活动密切相关的市场情报的调查。包括调查市场需求规模的大小、需求变化趋势、销售变化趋势、产品销售渠道、市场占有率等情况。广告活动是市场活动的一部分，而影响市场活动的因素是多方面的，其中主要是受产品本身、产品价格、销售渠道和促销手段的影响。

3.2.3 广告对象的调查

广告对象指的是产品的消费者，广告信息的接受者。广告对象的调查包括两方面的内容。

1. 消费者一般情况调查

消费者是“上帝”，围绕“上帝”所做的调查是最复杂的，也是最有意义的。对消费者所做的调查要根据调查目的的不同而区别对待。一种新产品上市，我们对消费者所做的调查往往是出于研究特定消费者的目的，就是从所有消费者的意见中分析出符合本产品需要的特定消费群。而当我们对已经选择好的特定消费群进行调查的时候，就首先要对消费者的一般情况进行了解。这主要包括消费者的年龄、性别、民族、职业、文化程度、婚姻状况、家庭情况、收入水平等一些基本情况。对这些基本情况的掌握是消费者研究过程中的首要问题，它有很强的指导意义。

2. 消费者的购买行为及消费心理的调查

消费者在购买过程中的一系列活动，统称为购买行为。消费者的购买行为是消费者不同心理现象在购买过程中的客观反映。有人把消费者购买商品时的心理分为以下几种：习惯型购买、理智型购买、经济型购买、冲动型购买、想像型购买、不定型购买。还有人把消费者购买商品前后的心理归纳为以下 8 种：自尊、求实、求新、求美、求廉、求荣、求速、求名。我们对消费者的调查就要深入到这些问题里面去，研究消费者的购买能力、购买决策情况（谁是购买者、谁是决策者、谁是使用者）、购买动机及购买习惯，还有消费者对企业产品的使用情况、态度和印象程度及影响消费者购买的种种因素等。许多企业的市场调查活动在这一方面下了很大工夫，都获得了很有价值的资料。

3.2.4 广告产品的调查

1. 产品生产情况

产品生产情况主要包括产品生产的历史、生产工艺过程、制作技术等。有些名牌产品的悠久历史就是吸引消费者的一个重要因素。

2. 产品质量

产品质量，包括产品的原料、材料、性能和可靠程序等。产品的原料是决定产品质量的一个重要因素。如云南的“大重九”香烟，所以受到人们的青睐，与它选用上等云南烤烟制成有关；湖南的“白沙液”酒，是直接取用有名的白沙古井水。

3. 产品外观

产品外观是否优美，包装是否精良，与销售情况的好坏大有关系。销售实践证明，那些采用上好的原料、材料制成的商品，却往往由于外观“傻、大、黑、粗”，包装原始粗俗，装潢极不讲究，在市场上失去了竞争力。

4. 产品价格

产品价格对商品的销量和企业的利润有直接而重要的影响，也是广告竞争活动的重要因素。产品价格有时因地区、季节等不同而不同，因此，在产品调查中决不可忽视价格这项重要内容。

5. 产品分类

产品的基本分类可分为生产资料和生活资料。生产资料又可细分为原料、辅助材料、设备、工具、燃料动力；生活资料又可细分为便利品、选购品、特殊品、待觅购品。分清各种产品的类别，对广告设计、制作、广告决策及媒体选用都有重要意义。

6. 产品体系

产品体系是指广告产品在相关产品中所处的地位。产品体系可分为主次关系和配合关系。主次关系，如皮鞋和鞋油；配合关系，如针和线。

3.2.5 广告竞争对手的调查

众多企业在同一个目标市场上，往往有一个甚至多个竞争对手，只有知己知彼，才能制定出战胜对手、获得市场优势的决策。对竞争对手的调查包括以下内容。

① 同行业竞争对手的数量与规模，竞争对手是直接竞争者还是间接竞争者。

② 竞争对手的整体营销情况。包括竞争对手的产品或服务的知名度，经营历史、产品质量、性能、样式、包装、品牌和商标及财政情况；产品或服务的市场占有率及生命周期等。

③ 竞争对手的广告活动。包括广告的主题、创意、表现、媒体的运用、播出的时间、频率、广告费用等。

3.2.6 广告媒体的调查

广告媒体的调查，就是在广告发布之前，对广告媒体的功能、特点、收费标准、实际状况所做的调查，掌握各个广告媒体的经营状况和工作效能。

对印刷媒体的调查主要包括发行份数、读者层、读者率、发行周期、信誉等方面。

对音像广播媒体的调查主要包括视（听）率、达到率、传播区域等方面。

对其他媒体的调查，如售点广告、交通广告、路牌广告、邮寄广告等，要根据广告媒体的不同特点，进行分析与调查。

3.2.7 广告效果的调查

广告效果的调查，又称广告效果的测评，就是通过科学的方法和手段研究广告的效果及广告达到这一效果的过程。它一般包括事前、事中、事后测评三个阶段。事前测评，就是在广告计划实施之前，先对广告创意、广告作品和广告媒体组合进行评价；事中测评，就是在广告活动实施过程中，直接调查受众对广告计划各个环节的反应，以便及时发现问题，随时予以纠正；事后测评，就是在广告活动告一段落之后，对广告目标实现情况的检测，它是广告效果、销售效果和社会效果的全面调查，这种调查，既是前段广告活动的总结，又为下一个广告战役打下坚实的基础，提供科学的依据。

【小资料】

影响我国广告业市场调查的因素

从我国现阶段广告业的市场调查状况来看，影响和制约广告调查发展的因素有：

① 不合理的市场竞争体系；

② 广告主与广告公司落后的经营意识；

③ 广告主与广告公司落后的广告意识；

④ 广告创意人员的观念误区；

⑤ 对广告效果测评的轻视；

⑥ 科技水平和人才资源的制约。

资料来源：http://blog.sina.com.cn/s/blog_4c542943010009rm.html.

3.3 广告调查的步骤与广告调查报告书的写作

3.3.1 广告调查的步骤

1. 确定调查主题和调查内容

在开展调查之前，将调查的对象和具体的调查内容确定出来。要求目标明确，内容具体、简洁。

2. 拟定调查计划及安排人员培训

调查计划包括调查的目的和要求、调查的项目、调查的对象、调查的方法、调查人员的分工和注意事项；另外还应估算调查成本，预计调查时间，推断调查完成的最后日期，明确提交报告的最后期限。

3. 设计调查问卷

这是整个调查工作的重要环节。因此，问卷设计需要精心安排，严格组织。

4. 实施调查

这是落实调查计划，完成调查工作的最主要环节。在调查中一定要按计划进行，同时，还要注意在实地调查中进一步补充和修正计划。通过观察法、实验法、问卷法等方法收集第一手资料。

5. 调查资料的分析整理

运用科学的统计分析方法进行。

6. 提出调查报告

这是广告调查的最后一步，它是总结调查成果，为拟定广告计划、做出广告预算打下坚实的基础。

调查报告按不同的需要分为综合性报告、专题性报告、研究性报告、说明性报告。

3.3.2　广告调查报告书的写作

1. 广告调查报告的种类

① 给广告业务最高主管人的汇报，内容应尽可能简明扼要。

② 给广告设计制作部门的技术资料报告，资料要尽可能详细完整。

2. 广告调查报告的内容

① 题目：包括调查题目、报告日期、为谁制作。

② 摘要：调查过程概述。

③ 序言（调查目的）：简要说明调查动机、要点和所要解答的问题。

④ 正文（调查结果分析）：包括调查方法、取样方法、关键图表和数据。

⑤ 结论与建议：对调查目的和问题的解答和可行性建议。

⑥ 附录：资料来源、使用的统计方法、附属图表、公式、附属资料及鸣谢等。

3.4　广告调查的方法

广告调查的方法就是指广告调查人员在调查过程中了解情况、搜集各种信息资料所采用的具体途径和方法。

广告调查的方法很多，每一种方法各有其优点和不足之处，在实际操作中，运用哪一种方法效果最好，取决于广告调查的目的和调查的具体内容。并且广告调查者往往是将各种调查方法组合起来使用，以获得更准确的调查结果。

广告调查如果按资料来源进行区分，可分为文献调查和实地调查两大类。

3.4.1 文献调查

企业在经营过程中常常需要了解市场行情、国民经济发展情况等信息，这些信息很难从消费者那里得到，文献调查法能很好地帮助企业获取这方面的信息。

1. 概念

所谓文献调查法，就是指通过寻找文献搜集有关市场信息的调查方法，它是一种间接的非介入式的市场调查方法。

2. 文献调查法的优点

与其他收集市场信息的方法一样，文献调查法也需要建立严密的调查计划，并对将要利用的文献进行真实性、可用性的检查，这样才能保证调查的系统性和可靠性。但作为一种独立的调查方法，又有其自身固有的优点。

① 适用范围广。现存的文献种类繁多，囊括各种类型的市场信息。通过文献进行各种类型的市场调查包括从描述性调查到解释性调查；从一般性市场调查到专项市场调查；从国内的市场调查到国际市场调查等。

② 文献调查受控因素较少，可以做到省时、省费用并获得较精确的调查结果。与实地调查方法相比，文献调查的对象是不会自行变化的，这样就可以使调查过程更具机动性和灵活性，而不必担心操作失误而完全丢失调查效果。从获得资料的花费上看，一般优于实地调查的方法。

3. 文献种类

文献调查的对象是文献，这就需要对文献的种类和来源有深入的了解。从我国目前实际情况来看，有关市场信息的文献种类包括以下几方面。

① 国家统计局和各级地方统计部门定期发布的统计公报、定期出版的各类统计年鉴，这些都是权威性的一般综合性资料文献。

② 各种经济信息部门、各行业协会和联合会提供的定期或不定期信息公报。这类文献或数据定向性较强，是市场调查中文献的重要来源。

③ 国内外有关报纸、杂志、电视等大众传播媒介。这些传媒提供种类繁多、形式多样的各种直接或间接的市场信息，它们是文献调查中主要的查找对象。

④ 各种国际组织、外国驻华使馆、国外商会等提供的定期或不定期统计公告或交流信息。

⑤ 国内外各种博览会、交易会、展销订货会等营销性会议，以及专业性、学术性会议发放的文件和资料。

⑥ 工商企业内部资料，如销售记录、进货单、各种统计报表、财务报表等。

⑦ 各级政府部门公布的有关市场的政策法规，以及执法部门有关经济案例。

⑧ 研究机构、高等院校发表的学术论文和调查报告等。

文献调查所涉及的文献种类、格式一般较多，对其整理分析是一项核心工作。基本要求是紧密围绕调查目的，依据事先制订的分析计划，选择正确的统计方法和指标。这与其他调查方式获得资料的分析方法基本一致。在此主要介绍一种将定性资料转化为定量资料的技术，即所谓"内容分析方法"。

内容分析方法是对载于报纸、杂志中有关定性类文献给予定量分析处理的一种方式。其基本操作过程如下。

首先，找出最能代表某类现象的"关键词"。

其次，计算出在文献中"关键词"出现的频数、位置及字体的面积，并给予不同的权重。例如，频数的权重为 0.5。位置的权重分别为：第一版 0.2，非第一版 0.1。字体面积的权重为：标准三号字或更大的为 0.3，四号字为 0.2，五号字及以下为 0.1。

再次，加权平均处理。通过加权平均处理就可以比较清楚地看到各类现象所占的比重。

采用这种整理分析方法，可以简化定性文献的分析处理工作，并使处理资料的过程标准化。

在市场调查中，文献调查方式有着特殊的重要作用，常被作为搜集资料的首选方式，或者说，所有的市场调查都始于收集现有文献资料，只有当现存资料不能提供足够的依据时，才考虑实地调查。

随着我国信息市场的完善和统计法规的健全，以及出版印刷行业的发展，文献调查方法的应用将会更加广泛，其重要性也会更加明显。文献调查法已越来越受到调查研究单位和委托调查单位的重视。

3.4.2 实地调查

实地调查是在周详严密的架构之下，由调查人员直接向被访问者搜集第一手资料的相互来往过程。第一手资料又称为初级资料，是指首次搜集到的资料。

实地调查常用的有以下三种方法。

1. 观察法（Observational Method）

观察法是指研究者根据一定的研究目的、研究提纲或观察表，用自己的感官和辅助工具直接观察被研究对象，从而获得资料的一种方法。科学的观察具有目的性和计划性、系统性和可重复性。

在科学实验和调查研究中，观察法具有以下几个方面的作用。

① 扩大人们的感性认识。

② 启发人们的思维。

③ 导致新的发现。

观察法的类型，根据不同的划分角度可以有不同的分类，如根据是否借助仪器可分成直接观察与间接观察；根据观察地点可分为实地观察和实验室观察；根据观察结果可分为量的观察与质的观察等。这里着重介绍几种实际运用较多的观察方法。

(1) 抽样观察法

包括时间抽样观察法、场合抽样观察法和阶段抽样观察法。

① 时间抽样观察法

时间抽样观察法是指专门观察和记录在特定的时间内研究对象行为表现的一种方法。例如，进行课业负担现状的观察，就选择下课时间、午休时间和下午课余时间三段时间进行观察，统计和记录这些抽样时间内在教室里做作业的人数，从而做出分析判断。

② 场合抽样观察法

场合抽样观察法是指有意识地选择某个自然场合，观察研究对象行为表现的一种方法。例如，进行学校卫生面貌的观察，可以把厕所作为反映学校卫生面貌的抽样场所，进行观察，并由此分析学校卫生状况。

③ 阶段抽样观察法

阶段抽样观察法是指观察者选择某一阶段，对观察对象的状态进行观察的一种方法。例如，观察学校全面贯彻教育方针的现状，可以选择期末考试阶段，因为这是检验学校是否全面安排和实施教育方针的典型的阶段。

运用以上方法，必须注意抽样的科学性，以保证观察结果能符合总体情况。

(2) 追踪观察法

这是一种长期、系统、全面地观察研究对象发展过程的方法，目的在于获得对象发展变化过程的材料，以便研究发展变化的规律性。这种方法常常用在对特殊对象的个案研究上，是一种实验观察类型。

例如，进行女中学生的学业负担和焦虑情绪的相关性研究，这就确定了在较长时间内（如一年），对一定数量女中学生的学业负担情况（规定几个统一标准）和焦虑情绪（确定几个指标的不同程度级）进行系统全面的观察和记录。这样就可以获得有关的发展变化过程的材料，为研究其相关性提供依据。

(3) 隐蔽观察法

在观察中，观察者对被观察者的影响是一类通病，从而不同程度地影响了观察材料的真实性。在对人进行观察时，为了使观察对象自然、放松，往往通过单向透光玻璃、电视、纱幕或潜视系统等进行观察，使观察对象不知不觉，这就是隐蔽观察法。从实际条件出发，采用这种方法常常不具备条件，但是，这种理论方法却是观察者应十分重视的。

(4) 综合观察法

客观事物都是相互影响、相互联系、相互制约的，要成功地对某一事物进行观察，必须将几种有关的观察方法有机地结合起来，才能获得最有价值的观察材料，才能找出事物发展的规律。

这种综合观察有两层意思：一是指对某一具体观察对象进行观察时，要把眼光扩展到同观察对象有关的各个方面、各个因素上；二是指在观察某一观察对象时，不单是使用一种观察方法，而是根据具体情况，把几种相关的观察方法有机地结合使用。

进行实际观察时，除了充分选用观察的不同途径和方法之外，还必须注意遵循观察的原则，即可观察性原则、客观性原则和典型性原则。

2. 实验法（Experimental Method）

由调查人员用实验的方式，将现象放在某种条件下观察以获取情报。例如，食品的品尝，就是采用了实验法。

(1) 实验法的优点

① 实验法的结果具有一定的客观性和实用性。它通过实地实验来进行调查，将实验与正常的市场活动结合起来，因此，取得的数据比较客观，具有一定的可信度。

② 实验法具有一定的可控性和主动性。调查中，调查者可以成功地引起市场因素的变化，并通过控制其变化来分析、观察某些市场现象之间的因果关系及相互影响程度，是研究事物因果关系的最好方法。

③ 实验法可提高调查的精确度。在实验调查中，可以针对调查项目的需要，进行合适的实验设计，有效地控制实验环境，并反复进行研究，以提高调查的精确度。

(2) 实验法的缺点

① 市场中的可变因素难以掌握，实验结果不易相互比较。由于市场现象与自然现象相比，随机因素、不可控因素更多，政治、经济、社会、自然等各种因素都会对市场发生作用，因此，必然会对检验结果产生影响，完全相同的条件是不存在的。

② 实验法有一定的限制性。实验法仅限于对现实市场经济变量之间关系的分析，而无法研究过去和未来的情况。

(3) 几种常用的实验方法

① 前后无控制对比实验，即指事前对正常情况进行测量记录，然后再测量记录实验后的情况。进行事前事后对比，通过对比观察了解实验变化的效果。如外观设计变动的前后无控制对比实验，见表3-2。

表3-2 外观设计变动的前后无控制对比实验

实验单位	实验前销售额/元	实验后销售额/元	变 动
A	2 000	2 400	+400
B	1 300	2 200	+900
C	2 600	3 400	+800
D	5 900	8 000	+2 100

② 前后有控制对比实验。在同一时间周期内，随机抽取两组条件相似的单位，一组作为实验组，另一组作为控制组（即非实验组与实验组作对照比较的），在实验后分别对二组进行测定比较。如新包装前后有控制对比实验，见表 3－3。

表 3－3 新包装前后有控制对比实验

组　别	实验前一个月销量/件	实验后一个月销量/件	变动量
实验组（A、B、C）	X_1＝1 000	Y_1＝1 600	600
控制组（E、F、W）	X_2＝1 000	Y_2＝1 200	200

③ 控制组、实验组对比实验。即同一时间内对控制组与实验组进行对比的实验调查法。其中，实验组按给定实验条件进行实验，控制组按一般情况组织经济活动。如控制组、实验组销量对比实验，见表 3－4。

表 3－4 控制组、实验组销量对比实验

组　别	一个月销量/件	组　别	一个月销量/件
实验组（A、B、C）	X＝500	控制组（E、F、W）	Y＝400

④ 完全随机对比实验。如随机地选取几个商店做销售对比实验，见表 3－5。

表 3－5 随机地选取几个商店做销售对比实验

季　节	不同价格下的销量/件		
	5.50 元	6.00 元	6.50 元
1	200	100	160
2	170	140	210
3	230	210	100
4	250	190	130
总　计	850	640	600

⑤ 分组随机对比实验。研究者除了考察基本自变量因素的影响外，还可将某个主要的外部因素孤立起来研究。如商店规模不同的情况下的销量对比实验，见表 3－6。

表 3－6 商店规模和价格条件下的销量对比实验

商店规模	不同价格下的销量/件		
	5.50 元	6.00 元	6.50 元
大于 10 万元	1 360	930	900
6 万～10 万元	690	620	510
小于 6 万元	430	260	210
总计	2 480	1 810	1 620

3. 问卷法（Survey Method）

将要调查的资料设计成表之后，让接受调查的对象将自己的意见或回答，填入问卷中，它是统计调查方法的一种。问卷法是一种间接的、书面的访问，调查者一般不与被调查者见面，而由被调查者自己填答问卷。根据调查目的设计好问卷是做好调查工作的关键。

一份完美的问卷，必须是问题具体，重点突出，使被调查者乐于合作，能准确地记录和反映被查者回答的事实，而且便于资料的统计和整理。问卷法省时、省力、匿名性强。但调查质量难以保证，并要求被调查者有一定的文化水平。

(1) 按照问卷发放的途径分类

① 当面调查。即亲自登门调查，按事先设计好的问卷，有顺序地依次发问，让被调查者回答。

② 通信调查。是将调查表或问卷邮寄给被调查者，由被调查者填妥后寄还的一种调查方法。这种调查的缺点是：问卷的回收率低。

③ 电话调查。是指按照事先设计好的问卷，通过电话向被调查者询问或征求意见的一种调查方法。其优点是取得信息快，节省时间，回答率较高；其缺点是询问时间不能太长。

④ 留置调查。指调查人员将问卷或调查表当面交给被调查者，由被调查者事后自行填写，再由调查人员约定时间收回调查问卷的一种调查方法。这种方法可以留给被调查人员充分的独立思考时间，可避免受调查人员倾向性意见的影响，从而减少误差，提高调查质量。

(2) 调查问卷的结构

一份完整的问卷，一般由说明词、收集资料部分、被调查者基本情况的资料部分、计算机编码、作业证明记载等 5 部分构成。

① 说明词。一般在问卷的开头，或者作为问卷的附信。目的是让被调查人了解调查的意义，引起重视和兴趣，争取支持与合作。

② 收集资料部分。它是问卷设计最重要的部分，是使用问卷的目的所在。这一部分设计得如何，关系到该项调查有无价值和价值的大小。收集什么样的资料，是通过语句设计来表示的，包括调查的问题和回答的方式等内容。

③ 被调查者基本情况的资料部分。被调查者包括两大类，一是个人，二是单位。如果被调查者是个人，其特征分类资料包括性别、年龄、文化程度、职务或技术职称、个人或家庭收入、民族等项；如果被调查者是企事业单位，则包括行业类别、资金、营业额、营业面积、经营商品种类、职工人数等项目。

④ 计算机编码。开展问卷调查时，计算处理工作量一般比较大。所以，在问卷上设计计算机编码，当取得第一手资料后，便于使用计算机处理、汇总、分类、排序、分析等。

⑤ 作业记载证明。它主要是调查人与被调查者的记载。如调查人的姓名、调查时间，被调查者的姓名或单位名称、地址。采用匿名性调查则不写被调查者姓名。作业记载证明在于说明该项作业完成情况、调查人的责任，从而有利于检查、修正调查资料。

(3) 调查问卷的题型

一般而言，问卷的题型有三种：问答题、单项选择题、多项选择题。简单说明如下。

① 问答题。直接提出问题，问题本身并不揭示任何暗示的答案，让被调查者自由发表自己的看法。

② 单项选择题。一般设置相互对立的两个答案，让被调查者选出其中一项。

③ 多项选择题。一般设置三个以上的答案（答案的多少视情况而定，可以多达十余个），让被调查者选出其中的一项或多项。

(4) 构造问句时应注意的问题

① 拟定的问句要使被调查人容易理解其含义。问句应当是常见的、含义明确的字，尽量避免用生僻、暧昧和模棱两可的字。如“也许”、“好像”、“可能”等词。

② 问句要使被调查者能够回答并且愿意回答问题，不要询问对方不了解、难以回忆、专业性太强的问题，避免涉及私人生活。

③ 拟定的问句要有明确的界限。能够量化的问题，应当规定明确的数量界限。对何时、何地、何人、何事等都要规定明确的范围。

④ 问句语气和内容要适合调查总体内各阶层的被调查者。如问句中使用过于专业化的术语，使不具备本专业知识的人在作答时容易产生不满。只有适合调查总体中的各个阶层，被调查者的回答率才可能高，才能收到预期的效果。

⑤ 问句要能协助被调查者表达自己的意见。问句的排列顺序要有系统性，最好是把被调查人认为是最容易回答而且具有趣味性的问题排在前面；而把可能引起被调查者不愉快或困扰的问题排最后。另外，问句的排列还要易于调查后的资料整理和分析的顺利进行。

⑥ 问句要问得具体，一般一个问题只包含一个内容，不要一题多问。

⑦ 问句要客观，避免使用带诱导性和倾向性的词句。如果被调查人按某种暗中提示作答，就不能反映真实意愿。例如，“许多人认为海尔冰箱性能确实良好，您的印象如何?”这一提问的本身已经包含了明显的倾向性，是在让被调查人回答“印象好”。

⑧ 问句的数量要适中。一般在10～20个题之内，让被调查人能在10～20分钟之内填答完毕。

【小案例】

关于收看电视广告的调查问卷

大小朋友们好！你在家喜欢看电视广告吗？喜欢不喜欢看呢？好不好看呢？如果你喜欢看，请你来做以下的问卷，如果你不喜欢看，也请你来回答，好吗？回答时画一下你选择的选项即可。在此感谢各位大小朋友们！回答时最好能写明你的年龄。电视广告调查问卷（截止时间：2008年2月6日上午12时）

1. 你经常看电视广告吗?
(1) 经常看，每天必看
(2) 偶尔看，碰到就看
(3) 几乎不看，遇到广告立即更换频道
2. 你喜欢看电视广告吗?
(1) 非常喜欢
(2) 有点喜欢
(3) 一点也不喜欢
(4) 不喜欢也不讨厌
3. 你有让你父母买过广告中介绍的商品吗?
(1) 几乎没有
(2) 有一点
(3) 经常有
如果有，你的父母答应你的要求并购买吗?
(1) 不答应，没有购买
(2) 答应，购买了
(3) 在我的坚持下勉强答应，勉强购买
4. 你的父母对你经常看电视广告所持的态度是:
(1) 不让我看，马上换频道或关电视
(2) 随便我看，不干涉、不管
(3) 和我一起看，一道分析广告的利弊
如果选择“(1)”，“不让你看”是因为:
(1) 怕我会受广告的影响，比如今后要他购买广告中的产品
(2) 浪费时间，没有意思，不值一看
(3) 怕我模仿广告中的不好的内容，怕我学坏
(4) 怕广告影响我们的生活
如有其他原因，请简单列出。
5. 在生活中，你会突然从嘴里冒出几句烂熟于胸的广告词吗?
(1) 经常会的
(2) 好像说过一点
(3) 没有
6. 你认为电视广告有哪些好的方面和不好的方面?
(1) 可以开阔眼界、增长知识、了解产品等
(2) 丰富的画面、悦耳的声音、变幻的色彩、生动的形象、朗朗上口的广告词给人以审美享受

(3) 产品广告的宣传，能给购物起指导作用。如可以让父母买广告产品

(4) 产品广告中的夸大宣传容易误导消费者

(5) 广告所起的舆论导向作用，易成为人们追求的目标和社会风尚，甚至成为社会群体的行为准则

(6) 容易让人盲目模仿和崇拜广告中的形象，容易盲目接受广告产品

7. 你认为电视广告给你的生活带来什么样的影响?

(1) 让我从中了解了某种商品，可以给我们的购物消费等起指南作用

(2) 看广告已成为一种习惯

(3) 容易给我们心理暗示，影响或左右我们的生活方式和消费心理，如饮食、消费、就医、求学等

(4) 容易不知不觉地模仿广告中的行为，崇拜广告中的形象，影响孩子的言行举止，改变生活习惯、做人准则、道德认知、价值观、情感世界等，给孩子的价值观和人生观带来混乱

8. 你认为请谁来做广告的形象最佳?

(1) 少年儿童

(2) 卡通人物

(3) 与广告内容相关的专业权威人士

(4) 体育界明星

(5) 娱乐界（影视等）明星

注：选择时请说明你的理由。如有其他原因，请另作说明。

9. 你喜欢哪类广告?

(1) 公益广告（非营利广告，如提倡节约用水、环保意识、热爱生命等）

(2) 商业广告（营利广告，如产品介绍、企业介绍，意在扩大宣传，促销）

10. 在未来，你希望多出现什么样的电视广告?

(1) 公益广告，如提倡节约用水、环保意识、热爱生命等。

(2) 商业广告，如产品介绍、企业介绍等。

11. 你对我国现阶段的电视广告有何看法或建议吗?

本章小结

广告调查，是围绕着广告活动而展开的所有调查工作，它从属于市场调查，是市场调查的重要组成部分。广告调查与市场调查在调查方法和原则上是共通的，二者的主要区别是服务对象的不同。市场调查服务于整体的市场营销决策；而广告调查服务于某一阶段目标或单一目标，通常都是围绕具体的广告活动而做的。另外，市场调查往往比广告调查的范围更

广，广告调查一般对调查对象有所限定。本章主要介绍了广告调查的概念、作用和内容，以及广告调查的步骤和方法；揭示了广告调查问卷的设计；并在此基础上，简单阐述了广告调查报告书的写作。

关键概念

广告调查　文献调查　观察法　问卷法　实验法

课后思考与练习

1. 选择题

(1) 广告调查与市场调查的主要区别和联系在于（　　）

A. 广告调查属于市场调查的一部分

B. 从目的上看，市场调查是出于整体的市场营销决策和运作，而广告调查则是为某一局部目标而进行的

C. 从调查对象方面，广告调查的对象有一些限定

D. 调查的方法和原则上两者是共通的

E. 广告调查就是市场调查

(2)（　　）指调查人员将问卷或调查表当面交给被调查者，由被调查者事后自行填写，再由调查人员约定时间收回的一种调查方法。

A. 留置调查　　B. 当面调查

C. 电话调查　　D. 通信调查

(3)（　　）是专门观察和记录在特定的时间内观察对象的现象和过程的一种方法。

A. 时间抽样观察法　　B. 场合抽样观察法

C. 阶段抽样观察法　　D. 追踪观察法

2. 填空题

(1) 广告调查如果按资料来说进行区分，可分为________和________两大类。

(2) 广告对象的调查包括两方面的内容：________和________。

(3) 观察法根据是否借助仪器可分成________与________两类。

3. 判断题

(1) 广告媒体的调查，就是在广告发布之前，对广告媒体的功能、特点、收费标准、实

际状况所做的调查，掌握各个广告媒体的经营状况和工作效能。（　）

(2) 广告调查不属于市场调查的一部分。（　）

(3) 问卷法是指将要调查的资料设计成表之后，让接受调查对象将自己的意见或回答，填入问卷中。（　）

4. 简答题

(1) 试述广告调查的内容。

(2) 广告调查的实施包括哪些主要步骤？

(3) 简述实验法的优点。

案例讨论

保健品广告市场调查报告

- 药品：市场空间非常大 很需要广告支持 渠道和品牌建设成为“重点”

我国已成为世界上发展最快的医药市场之一，医药经济已进入高速增长阶段。目前，我国医药行业集中度已出现提高趋势，购并活动活跃，可以预见，兼并重组将出现高潮。

药品零售终端将成为制药企业营销争夺的重点。药品零售连锁业近来不断发展，市场份额逐步增加，使得不少制药企业纷纷将营销的目光转向连锁药店，将其作为药品消费的终端去占领。谁掌握了终端，谁就掌握了市场。

与此同时，随着药品价格的公开透明，价格战不会成为医药行业主要的竞争手段。药品行业的主要竞争力将主要表现在高科技开发带动的产品质量升级，以及在广告支持下的品牌建设。

《现代广告》杂志社认为，如果不出现政策性变化，2006 年药品广告将继续成为广告市场的重要力量之一。在 2006 年 CCTV 黄金资源招标中，医药行业已比往年有了明显强劲的表现。天然药品、生物药品和非处方药及企业品牌将成为医药广告的主力。但是，虚假和违规医药广告可能也会继续寻找媒体监管的边缘，搅浑医药市场。医药广告监管力度会继续加强，这也成为优质企业品牌建设的较好时机。

访谈对象——深圳某国内知名医药企业认为，国家对医疗广告限制较多，2006 年的广告投入应当更立足于对品牌知名度的提升，但药品的主要品牌竞争力还在于提升产品质量、科技含量，以及看谁能够掌控渠道。这家广告主表示，2006 年阶段性扩张主要表现在渠道的扩张，重点建设自己的连锁药店，争取用三年时间扩增到 3 000 家连锁店，销售网络要下沉，主要向三线城市和农村发展。对于渠道链长、利润分配空间小的保健品，将尝试新的销售模式，砍掉中间环节，进行直销。

● 医疗：市场空间惊人 浊清开始分流 欲“堵”还“疏”考验监管能力

2005年，医疗广告有惊无险差点叫停，但医疗广告的市场需求和百姓需求只增不减。与健康有关的产业都已成为国民经济新的增长点，公办医疗机构虽然半遮半掩，但无法回应每年快速增长的医疗费用。医疗信息不对称也是导致医患诚信危机的一大根源。消费者需要健康的医疗广告帮助提供更多有效的医疗信息，但却没有能力分辨信息的真假。

《现代广告》杂志社认为，2006年医疗广告市场从整顿开始走向规范，增长势头明显，但仍需严格把关。外资、公办、私营医疗机构竞争加剧，医疗广告重点应放在品牌建设上。

访谈对象——深圳某股份制医院广告投放以传统媒体为主，新兴媒体为辅。传统媒体广告费用占总广告投放费用的90%，新兴媒体费用占10%。新兴媒体主要选择手机短信、网络广告。另外还有少部分的户外、交通工具广告、DM广告、售点广告。大量选择电视媒体“垃圾时段”对消费者大量、重复介绍一个清晰的概念。为宣传品牌知名度，医院进行公关活动，争取与媒体保持良好关系，进行正面报道。

资料来源：点金药网，http://www.em-cn.com/Article/200703/140960.html.

讨论题：

1. 谈谈为什么药品行业的主要竞争力将主要表现在高科技开发带动的产品质量升级，以及在广告支持下的品牌建设?

2. 谈谈医疗广告市场的趋势。

3. 拟写一份有关保健品广告调查报告书。

实训应用

(一) 实训项目

企业应如何更好地利用市场调查为自己的广告活动服务?

(二) 实训目标

1. 熟悉广告调查的作用与意义。

2. 了解广告调查的内容。

3. 学会广告调查问卷的设计。

(三) 实训指导

由实训负责教师事先制定实训指导书，成立实训指导小组，明确实训指导教师的职责与实训指导要求。

(四) 实训组织

1. 将全体同学分成若干小组，每组5～6人，并指定一位同学为组长。采取组长负责制查阅资料和调查所选定的企业。各组在查阅资料和调查目标企业前做好登记记录，以免重复。

2. 每组根据调查计划设计一份调查问卷，在各组交流的基础上，在教师的指导下，开展实地调研。

3. 每组根据统计分析的结果撰写广告调查报告书。

4. 各小组相互交流实训心得，并填写本次实训报告。

(五) 实训考核

实训成绩考核主要从实训工作表现和实训成果两个方面进行。其中，工作表现的分值占总成绩的40%，实训成果占总成绩的60%。工作表现的具体内容包括工作的纪律性、主动性、责任感和创造性，实训成果从调研成果和广告调查报告书的撰写及实训报告的填写情况来考核。

第4章

广告预算

【本章导读】

在目前激烈的竞争环境中，广告预算是做好广告管理不可或缺的重要环节。本章介绍了广告预算的意义和内容，并在此基础上，详细阐述了广告预算的编制程序和方法，以及广告预算的分配策略。

【学习目标】

知识目标

1. 了解广告预算的概念、编制程序；
2. 掌握编制广告预算的主要方法。

技能目标

1. 对影响广告预算的主要因素的认识；
2. 学会根据市场和企业实际情况，选择适当的广告预算编制方法和分配策略；
3. 了解广告预算的实务操作，编制广告预算书。

【引例】

“美国商品推广展览”的广告费用[1]

1998年，美国商务部与中国台湾地区远东百货公司合作，先后在台北、台中、高雄三地连续举办“美国商品推广展览”，激起了民间选购美国商品的高潮。主办这次展览与销售的远东百货公司，先派专人到美国去采购了价值40万美元的货品，而这些货品在展销期间全部售完了，每天的营业额平均有100万元新台币之多。这次展览能获得这样的成功，原因是事先制订了简洁有力的广告计划，并且把计划执行得有系统、有重点。在展览期间，在报纸等广告上同时列出三个富有意义的展览主题：①宣传展出登陆月球成功的太空人的形状，太空人所穿的太空衣及太空火箭模型，题为“本世纪的壮举”；②宣传展出太空人自月球带回来的月球岩石，题为“本世纪的瑰宝”；③宣传展出美国式的婴儿用品及绅士淑女服饰、家庭电器等，题为“本世纪的生活”。

---

[1] 资料来源：赵兴元，金立其，刘红一. 广告原理与实务. 大连：东北财经大学出版社，2006.

除了高格调的广告表现以外，同时值得一提的是这次广告的设计单位——远东公司开发部，设计了一个很有创意的广告性标志，并很好地推出了这个标志，使得许许多多的消费者都在这个标志的吸引下，踊跃参观并购买。这个标志被设计成波浪形，像迎风飘扬的旗帜，上下都是青白红三色组成的宽边，中间只有两行大字：一行是"美国商品推广展览"八个中文字，另一行则是 American Products Exhibition 三个英文词。不论是在海报、路牌、大小型纸质或塑料质的包装上，还是在宣传服务车的两旁、百货公司的大门口、火车上旅客用的清洗袋上、公共汽车的车厢广告上、公司内售货员胸前所挂的名牌上、服务员的臂章上、橱窗布置上、电视广告上、电影院的幻灯片上，全部印有或漆有这个标志，使消费者在任何场合都能看到这个标志，印象不断加深。

这个标志设计得简洁有力，而在所有媒体上整齐划一的使用更值得鼓掌叫好。这是深深懂得形象技巧的杰出做法，显得极有系统、有重点、有魄力。在展览揭幕之前，先造成许多观众迫不及待地等待展览早日开幕的心理，也可以列为这次广告宣传中成功的一点。美国商务部长来台的实况及美国小姐来台北的欢迎场面，均在报纸和电视新闻上进行了宣传，使观众事先就有了不少印象。美国小姐在展览揭幕前，先到高雄、台中等地的观光活动和为高雄、台中两地的远东百货公司所布置的"美国商品预展橱窗"的剪彩，均在事前就在各地造成了轰动。

此外，在展览开幕前的一段时期，将上述印有标志的各种包装纸与包装袋在台北、高雄、台中三地有计划性的使用，又不断地加深了观众们的印象，促使大家在开幕后主动地前往参观。对"美国商品推广展览"的这次广告做法，也许会有不少人认为"广告费用花了不少吧"！根据调查，这家百货公司在这个计划上所花的广告费用，在其营业总额中尚不到3%，为数实不算多。其原列的广告预算是4%左右。但由于其广告的成功运用，使营业总额超出了预计。广告预算的百分比在营业额中自然也随之降低了。

【问题引入】

1. 什么叫广告预算？试述广告预算的内容。
2. 根据案例谈谈影响广告预算的因素。

在现代企业广告管理的整个系统中，包含着许多重要因素，其中尤其值得重视的应是广告预算。因为广告管理或策划的中心任务是以尽可能少的经费达到尽可能好的广告效果，而广告预算在营销费用中往往比重很大，不仅直接影响每种产品的效益，而且直接影响企业整体效益。在本章中，我们将集中探讨企业在决定与分配广告预算中的一些实际问题，其中包括广告预算的概念，影响广告预算的主要因素，广告预算的编制程序、编制方法，广告预算分配策略，以及广告预算书的编写。

4.1 广告预算的概述

4.1.1 广告预算的概念与作用

1. 广告预算的概念

广告预算是企业投入广告活动的费用开支计划，它规定计划期内从事广告活动所需要的经费总额和开支范围，是企业广告活动得以顺利进行的保证。从微观经济角度看，广告预算是企业销售计划与广告计划的一个有机组成部分，是企业经济活动中的一个重要环节。现代企业不但将广告预算纳入企业的营销计划中，而且将其作为提高企业与产品声誉的一项重大投资，某些西方企业的广告费用占其销售总额的30%～50%。

编制广告预算，可以合理地解决广告费与企业利益的关系。对一个企业而言，广告费既不是越少越好，也不是多多益善。广告活动的规模和广告费用的大小，应与企业的生产和流通规模相适应，在发展中求节约。在正常的情况下，商品的销售量与广告的相对费用是成反比的。由于广告促进了商品销售，也就促使生产成本和销售成本降低，也包括单位广告成本的降低，因此，广告宣传费用的投入是由利益产生的。但是从经济学的角度来考察，任何现实投入都存在着边际产出的问题。也就是说，广告的费用同样应该适度，过度的投入不但不会使投入产出比增加，相反会引起投入产出比的降低，使产品的生产和流通成本增加。因此，广告宣传也必须掌握适度原则。

把广告费用的支出当作一种浪费，这是一种浅见；而只管做广告，不问其经济效益，盲目投入广告费，也是一种愚蠢的行为。因此，科学地制定广告预算，是实施有效的广告宣传所要求的。

【小知识】

广告经费和广告预算的区别

广告经费和广告预算是两个截然不同的概念。广告经费是广告主已经就拿出多少钱来用于广告活动做了决定，但并没有确定实际将要支出多少；广告预算则与之不同。广告预算实际上就是一个对如何安排、使用广告经费做出具体、详尽的资金使用计划。虽然广告经费具体数目难以确定，但与制定广告预算相比要容易得多。正是由于这个原因，许多广告主都不制定广告预算，其后果是不难预见的，由于企业中没有规定具体哪一个或哪一些人来负责广告经费的使用，广告主也就无法对如何使用广告经费做出具体安排，其最终结果只能是广告费支出数额不少。

众所周知，在一般情况下，一种产品的销量和广告经费是成正比的，即广告主投入的广告经费越多，产品销量也就越大。与之相比，广告预算既有相同之处亦有所区别。

资料来源：http://www. tobaccochina. com/management/intelligence/marketing.

2. 广告预算的作用

① 广告预算不仅是广告计划的重要组成部分，而且是广告计划实施的重要保证。

广告计划的实施，要以广告预算来支持。科学的、合理的广告预算，保证了广告计划的各项得以实施，控制了广告费用的安排与开支，在这种控制下可以合理地使用经费来完成广告计划的各项任务，使广告目标得以实现。否则，计划失去控制，广告目标也无法实现。

② 广告预算使广告经费增强了计划性。

科学合理的广告预算，可以使广告费用的投入保持适度，避免盲目投入所造成的浪费，使已经投入的经费有计划地事先分配，以便让有限的广告经费满足多方面的需要。有计划地使用广告经费是广告预算的主要目的。

③ 广告预算是评价广告效果的经济指标。

评价广告效果的主要标准是看广告活动在多大程度上实现了广告目标。广告预算对广告经费的使用提出了明确的目标，可以进一步使广告活动的每一具体步骤尽可能地达到较为理想的效果。由于广告预算对广告经费的每一项具体开支都做出了明确的规定，这样在广告实施结束后，就可以比较每一项具体的广告活动所花费用与所取得的效果，所以，广告预算可以为广告效果的评价工作提供科学的依据，用以评价广告活动的经济效益。

④ 广告预算使广告活动更有效率。

通过广告预算，广告经费的每一项开支都有了合理的安排，可以发挥更大、更有效的作用，为企业带来更大的效益。没有预算，滥用广告经费，无节制地开支，是无法保证广告效益的。广告投入如果不能为企业带来效益，就意味着企业的无效投入。只有科学合理的广告预算，才能保证广告活动的每一项内容尽可能地达到理想的效果。

【小知识】

广告预算的种类

广告预算可以按不同的标准分类。

① 按广告计划期长短可分为长期广告预算和短期广告预算。

② 按广告计划期限范围大小可分为总的广告预算和单一商品的预算。

③ 按产品所处生命周期阶段，可以分为新产品广告预算和成熟产品广告预算。

④ 另外，按不同广告媒体、不同广告地区，还可以划分多种不同种类的广告预算。

资料来源：http://www. xmquan. com/quan1206 _ topic7533 _ p1. html.

4.1.2 广告预算的内容

广告预算的主要内容是对广告活动费用的匡算。广告预算如何确定，不同的广告主有不同的做法，但关键的是要确定预算中应包括哪些广告费用。有两项广告费用是任何广告主都必须匡算在广告预算中的：一项是广告媒体的购买费用，约占广告费用总额的80%～85%；另一项是广告制作费用，约占广告费用总额的5%～15%。广告费用主要包括以下几个方面。

1. 广告调研费

广告调研费主要包括市场调查、消费者调查、产品调查、调查策划、广告效果检测、购买统计部门和调研机构的资料所支付的费用。广告调研费的重要性应引起广告主的高度重视。

2. 广告设计制作费

根据不同媒体的需要，其设计制作费的标准也有所不同，电视广告的制作费远远高于广播广告和印刷广告，而同一媒体的广告制作费也往往差异较大。

3. 广告媒体费用

指购买媒体的时间和空间的费用。

4. 广告人员的行政经费

包括广告人员的工资、办公、出差、管理等经费。

5. 广告活动的机动经费

这部分经费主要用于公共关系或应付意外情况。这部分经费要根据实际情况来支付，具体数量要依据以往的经验，尤其是要依据上一年度的整个广告活动情况来制定。机动广告费不参加广告经费预算，由广告部门的负责人或企业的营销工作负责人掌握。

以上5部分构成了一般意义上的广告费用。在实际应用中，究竟哪些支出属于广告费用，哪些支出不属于广告费用，历来有争议。目前国际上公认的广告费用开支表，是由美国最权威的广告刊物之一《印刷者墨汁》于1960年刊出的。1981年美国的查尔斯·帕蒂和文森特·布拉斯特通过对100家著名广告公司的调查，验证了该表。该杂志把广告费用的支出划为三大类：列入白表的费用可以作为广告费用支出；列入灰表的费用既可以作为广告费用的支出，也可以不作为广告费用的支出；列入黑表的费用是不能作为广告费用的支出，见表4-1。

表4-1 广告费用分类表[1]

分类		主要费用	
白表	可支出的广告费	广告媒体	报纸、杂志、电视、电台、户外、宣传品、幻灯、招贴、展示、POP等
		制作费	美术、印刷、制版、照相、电台与电视设计、与广告有关的制作费

[1] 资料来源：赵兴元. 广告原理与实务. 大连：东北财经大学出版社，2002：24.

续表

分类			主要费用
白表	可支出的广告费	管理费	广告部门薪金、广告部门事务费、顾问费、推销员费、房租费、广告部门人员的工作差旅费
		杂费	运费、邮费、橱窗展示安装费及其他
灰表	考虑支出的广告费		样本费、示范费、客户访问费、宣传卡用纸费、办公室报刊费、研究调查费
黑表	不得支出的广告费		社会慈善费、旅游费、赠品费、包装费、广告部门以外的消耗品费、潜在客户招待费、从业人员福利费

【小知识】

广告预算与广告计划的关系

广告预算是广告计划的核心组成部分，广告计划的实施要以广告预算来支持。很多企业是根据广告预算来确定和制订广告计划的。但目前流行根据广告计划来确定广告预算，即在预计广告活动的规模之后，依据广告活动的费用要求来编制广告预算，可使企业能够主动地发动广告攻势，强有力地开拓市场与维持市场，强有力地推销产品。但在实际中，只有少数大型企业才这么做。

怎样编制广告预算，匡算出多少广告费总额才算合理，至今仍无科学的、为大家所接受的计算标准。广告预算多了，易造成浪费，少了，则会影响必要的广告宣传活动，甚至影响商品销售，在竞争中处于不利地位。为了使广告预算符合广告计划的需要，在编制广告预算时应从以下 4 个方面考虑。

① 预测。通过对市场变化趋势的预测、消费者需求预测、市场竞争性发展预测和市场环境的变化预测，对广告任务和目标提出具体的要求，制定相应的策略，从而较合理地确定广告预算总额。

② 协调。把广告活动和市场营销活动结合起来，以取得更好的广告效果。同时，完善广告计划，实施媒介搭配组合，使各种广告活动紧密结合，有主有次，合理地分配广告费用。

③ 控制。根据广告计划的要求，合理地、有控制地使用广告费用，及时检查广告活动的进度，发现问题，随时调整广告计划。

④ 讲究效益。广告直接为商品销售服务，因此，要讲究广告效益，及时研究广告费的使用是否得当，有无浪费，随时调整广告预算计划，做到既合理地使用广告费，又保证广告效益。

资料来源：http://www.dzw.gov.cn/book/article_show.asp? id=628.

4.2 影响广告预算的主要因素

广告预算事关广告成败，甚至影响企业的生存与发展，所以企业在业务活动中必须对广告预算进行适当安排。广告预算大小受企业内外诸多因素的影响。

4.2.1 企业的实力

广告是一种风险性很大的投资。在广告费确定以前先要对企业财务作一个估计。企业究竟能够承受多少广告费用，有多少钱可以用于广告。一般来说，大企业的经济实力雄厚，用于广告的支出较多。1981 年，P&G 公司药品和化学品全年销售额高达 120 亿美元以上，广告费用的支出只占 5%左右；而中国冀北暖气片厂 1981 年的毛利润不过 100 多万人民币，广告费支出 15 万元，占毛利润的 15%。两者实力相差很大。前者虽然广告支出绝对值很大，但相对值并不大，所以它的抗风险能力较强。反之规模小的企业，不考虑自己的承受能力，盲目扩大广告投资，就可能血本无归，陷入破产的绝境。

4.2.2 企业的市场地位

各个企业在市场上地位不同，有领先的，有追随的，有拾遗补缺的。不同地位的企业应采取不同的广告预算策略。处于市场领先地位的企业财力雄厚，产品在市场上处于领先状态，市场份额也最大。其他企业千方百计与之竞争。因此，领先者虽然有雄厚的实力，但在商战中也难免顾此失彼。为了保持领先的地位，企业常采用三种策略：扩大总市场、保护市场份额和扩大市场份额。这三个策略均需要较多的广告费用，因此需要更高的广告预算。一些著名的企业虽然居于领先地位，但仍然居安思危，不敢减少广告支出。这些企业广告预算的绝对数是比较大的。

作为市场挑战者的企业在行业中有相当实力，企业决策者雄心勃勃，不安于现状。这些企业的目标是赶上市场领先企业而后取而代之。为此，企业的决策者愿意在广告上加大投入，他们企图以大量广告费的支出换取市场份额。作为挑战者的企业有时会获得成功，更多的则是事与愿违。因此，决策者应该切实分析成功的可能性，避免巨大的损失。在经济发展和繁荣期间，市场需求增加，广告费用的增加会带动销售。广告力度越大，销售增加也越多。在经济衰退期间，市场需求减少，此时以增加广告来夺取较大份额，难度就较大。

市场追随者是规模较小的企业，没有雄厚的实力。这些企业的存在往往有其特殊的条件。这些条件可能会随竞争加剧而逐步改变或消失。在特定条件下，追随者的广告费用较少，但在条件恶劣情况下，追随者也不得不参与竞争。开始参与竞争是比较被动的，往往取决于竞争对手的情况。但是市场追随者在实力增强后，有可能上升到市场挑战者的地位。行业中的一些小企业，常被视为市场补缺者，处于从属地位。它们的生存仅是因为市场上有空缺，这些空缺市场潜力并不大，也无强有力的竞争对手。补缺者在广告方面支出不会很大。

4.2.3 产品生命周期

广告预算的确定本身要考虑到回报。所谓回报，就是产品销量的增加。产品销量增加虽然和很多因素有关，但其重要方面是产品的市场潜力。不同生命周期的产品有不同的市场潜力。众所周知，产品生命周期是客观经济发展的结果，产品的市场潜力并不以人们的意志为转移。如成长期的产品需求增加很快，衰退期产品无多大需求潜力。产品的广告预算应随其不同的生命周期进行分配，而不是企图倒行逆施。不同生命周期的广告预算大致考虑如下。

1. 导入期

新产品刚刚进入市场，消费者对产品一无所知。作为信息传递的广告，要使消费者知道和了解产品，任务非常重。企业要尽全力推出产品，当然希望广告能在最引人注意的地方出现，如电视台的黄金时段、报纸的显著版面、路边招牌的显眼位置等。这些广告常需要很多广告费用，因而需要有雄厚实力作为后盾。但是这些强烈的刺激信息引起的销售额增加却不一定大，所以导入期广告不能只顾眼前，不考虑长远利益。

2. 成长期

在这一阶段，产品在目标市场上已有一定的知名度，一些消费者对产品已建立了初步的品牌认知。产品的销售网络已基本建成，销售利润逐步增加，市场上出现了竞争对手，一部分顾客由于认可产品的质量而对企业形成了一定的品牌忠诚感。企业在这一阶段的广告宣传，已由“信息型”转向“个性诉求型”，广告规模较导入期有所缩小，广告内容侧重于突出产品的特征，使媒体受众产生固定的品牌联想。

3. 成熟期

产品步入成熟期后，市场逐步饱和，产品销量和广告经费支出虽然仍然在增长，但利润的增长已趋缓，在此期间，广告经费从成长期降至的最低点开始重新增长。在这一阶段，市场上曾经持观望态度的消费者已购买了产品，企业的利润达到最大化。由于利润的诱惑，市场上涌现出大量替代品或类似品，竞争达到白热化的程度。由于竞争的加剧，企业的广告费用又开始增加，企业利用多种媒体进行广告宣传，以突出“人无我有，人有我新，人新我全，人全我精”的理念。

在这一阶段，企业进行广告宣传的目的主要有两个。一是维持市场份额。通过各种形式的促销活动诱使广告受众购买本品牌产品。二是扩大产品的市场占有率。

4. 衰退期

当市场饱和时，销售开始低落，产品进入衰退期，此时广告主没有兴趣也没有必要投入大量经费，广告经费开支急剧下降直至终止，产品开始更新换代。许多竞争对手纷纷转产，即使增加产品的广告投入，销售情况也不会得到明显改善。如果企业的产品比较单一，那么企业将处于困境。

目标市场上“广告拥挤度”的大小也影响企业的广告预算规模。广告拥挤度是指单位时间内，某一特定媒体刊播的广告数量。如果广告拥挤度非常大，广告预算较少的企业可能无法抗衡企业间的竞争。只有企业的广告在众多的广告中脱颖而出时，才有可能引起广告受众的注意，激发他们产生购买欲望。

4.2.4 竞争关系

广告是竞争的产物，广告也促进了竞争的发展。广告预算和竞争有关。在广告市场上可以看出竞争的激烈程度。可口可乐和百事可乐为争夺软饮料市场的霸主地位，它们之间的广告战从未停息过。随着市场经济的发展，中国企业之间也存在着激烈的广告战。

为了不在竞争中败北，一些大型企业对广告预算的安排常采取以下策略。

① 保持今年市场份额不低于往年所需的最低广告费。

② 增加广告预算，打破以往平衡状态，力争在商战中处于领先地位。

③ 如果已取得领先地位，仍需维持较高的广告预算，以免在商战中落后。为应对新来者的挑战，还要对广告预算的安排做出重新考虑。

4.2.5 产品目标市场

广告预算对企业来讲是一项投资。投资的目的是赚取更多的利润。利润的来源是成功地出售产品。产品目标市场的规模是决定广告预算的关键。市场规模主要表现在产品的销售量方面，也就是说，产品目标市场的销售量越大，广告预算也越大。

市场规模还与产品性质、投放地区、需求程度等因素有关。可以想像出，一种适合几亿人口的产品和一种只适合几万人口的产品，其市场规模是大不相同的。产品投放在沿海繁华城市和西北高原市场，其效果也有显著差别。竞争对象的实力不同和竞争者的多寡不同，市场潜力也不同。预计未来市场的开拓潜力竞争程度、消费者数量等，对广告预算安排是至关重要的。

4.2.6 媒介和广告代理商的选择

广告的传播必须通过媒介。广告制作还要依靠代理商。广告费用的一部分就是支付给他们制作和播出广告的经费。不同媒介的广告收费也有区别。同时，同种媒介因为时段不同而收费也有区别。为了争取在有利时段播放广告，广告媒介和代理商彼此之间也有竞争，它们的竞争状况也影响广告预算。

4.2.7 企业的促销策略

销售量并不取决于大众媒介，而是取决于人员促销手段。人员促销手段其实在各行业中普遍存在。即使产品竞争非常激烈，也不仅仅依靠单一的媒介促销，还需要人员促销。上海华亭伊势丹是位于淮海路上的日资企业，它的促销不是靠大众媒介而是靠营业推广。安利产品则主要依靠人员促销。

企业间采用的促销手段存在着巨大的差别，不同的促销策略影响着整个促销费用在各种促销手段之间的分配。如果一家企业用在广告以外的促销手段上的费用增加，必然会减少用于广告促销方面的预算。

4.2.8 不可控因素

不可控因素主要包括：经济状况是否景气、有无法律法规制约广告业务活动（如一些国家相继通过法律或法规禁止香烟广告）等。从本质上看，这些因素都是广告主所无法控制的，只能任其自然发展。但广告主在制定广告预算时，应充分考虑各种不可控因素，尽可能地降低不可控因素对拟定的广告活动的影响。

4.2.9 广告的频次

广告频次是在一段时间内，某一广告在特定媒体上出现的次数。次数越多，其广告费用也就越大。广告频次与广告预算呈正比例关系，较多的广告频次需要较多的广告预算。这是因为广告主需要购买媒体广告时间。广告重复出现的次数越多，广告占用的时间也就越多，因此所花的广告费用也就越多。

【小知识】

广告预算的控制和管理

广告预算在付诸实施后，企业和广告代理商就必须加强对广告预算的有效控制和管理。为了保证广告规划的执行，达到预定的广告目标，使广告费用用得适度、合理，减少和避免偏差和失误，对广告预算进行严格的管理是必要的。

1. 控制和管理的前提

广告预算的管理是建立在明确的广告计划的基础上的，计划越具体，越明确，越能进行有效的控制和管理。如果企业不清楚广告规划的目标和广告计划，就不能合理地分配广告预算，更谈不上对广告预算的管理。

2. 广告预算管理的内容

广告预算管理就是以广告计划中的各项目标和指标，去衡量广告预算的执行情况，纠正执行过程中的错误。从广告预算使用看来，管理行为是和广告活动同时开始的，在广告活动的每一个环节，只要有广告费用的使用，就有广告预算的管理。

3. 广告预算管理的组织机构

广告预算管理要由明确的组织机构或专人负责。企业自营广告业务需要由专门机构或专人负责控制和管理广告预算，企业委托广告代理时，除了代理商进行预算管理外，企业也要有效地监督广告预算的使用。

资料来源：http://www.xmquan.com/quan1206_topic7533_p1.html.

4.3 广告预算的编制程序和编制方法

4.3.1 广告预算的编制程序

广告预算由预测、规划、计算、协调等一系列工作组成。广告预算的基本程序大体如下。

1. 确定广告投资的额度

广告策划人员要通过分析企业的整体营销计划和企业的产品市场环境，提出广告投资的计算方法和理由，以书面报告的形式上报主管人员，由主管人员进行决策。

2. 分析上一年度的销售情况

在对下一年度的广告活动进行预算时，应该先对上一年的销售情况进行分析，了解上一年度的实际销售量、销售额是否符合上一年度的预测销售量和预测销售额，在此分析的基础上，预测下一年度的销售情况，以便合理地安排广告费用。

3. 分析广告产品的销售周期

大部分产品在一年的销售中，都会呈现出一定的周期变化，即在某月上升，某月下降，某月维持不变等。通过对销售周期的分析，可以为广告总预算提供依据，以确定产品不同生命周期的广告预算分配。

4. 广告预算的时间分配

根据前面工作得出的结论，确定年度内广告经费总的分配方法，按季度、月份将广告费用的固定开支予以分配。

5. 广告的分类预算

在广告总预算的指导下，根据企业的实际情况，将时间分配已大致确定的广告费用分配到不同的产品、不同的地区和不同的媒体上。

6. 制订控制与评价标准

在完成上述广告费用的分配后，应立刻确定各项广告开支所要达到的效果，以及对每个时期、每一项广告开支的记录方法。

7. 确定机动经费的投入条件、时机、效果的评价方法

广告预算中除去大部分的固定开支外，还需要对一定比例的机动开支做出预算，如在什么情况下方可投入机动开支，机动开支如何与固定开支协调，怎样评价机动开支带来的效果等。

4.3.2 广告预算的编制方法

制定广告预算的方法多种多样，每一种方法都有各自的优点与不足，没有一种方法被公认是完美无缺的，所以，许多企业和广告公司在编制广告预算时，都是根据企业实际情况，采取两种以上的方法。

1. 销售额百分比法

销售额百分比法是一种广泛应用的广告预算方法，又称销售比例法。它是根据一定时期内（通常为一年）销售额的一定比率计算出广告费用总额的方法。这种方法由于计算标准不同，可具体分为以下 4 种。

① 计划销售额百分比法。它是根据对下一年度的预测销售额计算出广告费用的方法。

② 上一年度销售额百分比法。它是根据上一年度或过去数年的平均销售额计算出广告费用的一种方法。这种方法的优点是确定的基础实际、客观，广告预算的总额与分配情况都有据可依，不会出现失误。

③ 平均折中销售额百分比法。它是指折中上述两种方法来计算广告费用的方法。

④ 计划销售增加百分比法。它是以上一年度广告费为基础，再加上下一年度计划销售额增加部分的一定比率来计算广告费用的方法。

下一年度广告费＝上一年度实际支出的广告费＋
下一年度计划增加的销售额×相应的百分率

例如，某公司上年销售额为 1 000 万元，其中广告拨款占 5%，根据这一情况，广告预算就是 50 万元。如果按照市场发展和企业目标，预计销售额提高到 1 500 万元，为开拓市场，广告比率需提高一个百分点，则广告预算应为 80 万元。

销售额百分比法的百分率参数，应视产品、市场环境、营销等实际情况而定。

这种方法适合企业的发展要求，但也有一定的风险。在市场上，有许多因素都是未知的，这些因素对企业经营活动的影响有可能是突发性的，预测在本质上是对事物发展趋势的一种合理推断，而突发性因素常常具有破坏性，它们改变事物发展规律，使市场处于无序状态。例如，经济不景气时，再多的广告宣传也无法阻止产品销售额下降的趋势，在这种情况下，执行预测计划就是一种“非理性”的经营行为。

2. 利润额百分比法

利润额百分比法的计算和销售额百分比法的计算类似，只是用利润额代替了销售额，利润额根据计算口径的不同，可分为毛利润额和净利润额。

这种方法计算上也比较简便，同时使广告费和利润直接挂钩，适合于不同产品间广告费用的分配，但该方法的分配比例不能绝对化。对新上市产品不适用，新上市产品要大量做广告，掀起广告攻势，广告开支比例自然就大。

3. 销售单位法

销售单位法是以每单位产品的广告费用来确定计划期广告预算的一种方法。这种方法以产品销售数量为基数来计算，操作起来非常简便，特别适合于薄利多销的商品。通过这种方式可以随时掌握企业广告活动的效果，与销售额百分比法相似，但不完全一样。任何一种产品都以一定的单位销售，如一辆汽车、一台电视机、一箱饮料等。销售单位法就是以一定数量为单位，规定每一个销售单位上有一定数目的广告费用，这一广告费用乘以总的销售单位数量，就可以得到总的广告费用。

$$\text{广告预算}=\frac{\text{上年广告费}}{\text{上年产品销售件数}}\times\text{本年产品计划销售件数}$$

例如，某饮料生产企业上年销售饮料 10 万箱，广告投入 10 万元。今年计划销售 15 万箱，则广告投入为：10 万元÷10 万箱×15 万箱＝15 万元。

4. 目标达成法

目标达成法又叫任务法。这种方法是根据企业的市场战略和销售目标，确定具体的广告目标，再根据广告目标要求所需要采取的广告战略，制订出广告计划，再进行广告预算。这一方法比较科学，尤其对新上市产品发动强力推销是很有益处的，可以灵活地适应市场营销的变化。广告阶段不同，广告攻势强弱不同，费用可自由调整。由于目标达成法是以广告计划来决定广告预算的，广告目标明确，所以便于检验广告效果，并且既不会造成浪费，又不会使广告经费短缺，但在实践中运用该方法有一定的难度，这就使其科学性和准确性受到影响。因此，应将目标达成法与销售额百分比法结合起来运用，使广告预算切实可行。其公式如下。

$$\text{广告费}=\text{目标人数}\times\text{平均每人每次广告费用}\times\text{广告次数}$$

假设广告目标设定要增加 1 000 名儿童看广告，经调查计算出每增加一名儿童来看广告，平均要花 1 元，一个月预计重复 10 次，则每月广告费为 1 万元。

5. 竞争对比法

竞争对比法是指广告主根据竞争对手的广告费用开支来确定自己的广告预算的一种方法。运用竞争对比法的关键是要了解主要竞争对手的市场地位与广告费用额，计算出竞争对手单位市场占有率的广告投入，再依次来确定企业的广告预算。如果企业想保持与竞争对手相同的市场地位，则可以根据竞争对手的广告费用来确定自己的广告规模；如果企业想扩大地位，则可以根据比竞争对手高的广告费用来匡算自己的广告费用总额。

竞争对比法计算公式如下。

$$广告费用总额=\frac{主要竞争对手的广告费用额}{主要竞争对手的市场占有率}\times 本企业的预计市场占有率$$

例如，竞争企业某商品的市场占有率为40%，它的广告费总额为40万元。1%的市场占有率需要的广告费为1万元。本企业预计市场占有率38%，则广告费至少在38万元以上。

运用竞争对比法，必须有良好的财力基础和销售效益，在竞争中也并非只比花钱多少，而应注重广告活动的实际效果。这种方法主要适合于大型企业。只有竞争激烈时，才适合运用这种方法。

6. 顾客成本预算法

这是一种比较科学地制定预算的方法。它是基于目标市场确定基础上依据顾客成本计算出来的。这里关键是如何确定每个顾客的成本是多少。是根据行业的历史成本来计算，还是在历史数据基础上进行合理推测和预测？抑或是根据现有对手的顾客成本情况进行综合和平均？这里还有一个重要的约束因素，那就是成本的限制。任何一个新企业或新产品，不可能按照行业的顾客成本为标准进行媒介组合和广告投放。

就拿目前比较成熟的空调来说，根据“海尔”、“格力”和“美的”等知名品牌企业所确定的标准顾客成本，每台空调的顾客成本是100～150元左右。想想看，一个新品牌，就算剔除掉品牌的宣传因素，纯粹从产品上来看，每台广告费就要100～150元，如果根据10万台的目标来预测，就要1 000万～1 500万广告费来打开市场。这还不包括对品牌的宣传，同时，在促销品、宣传品、终端展示、渠道建设等方面的费用也绝不比广告少。而且这已经是最低标准成本了。如果广告投入低于最低标准成本，广告信息就无法引起消费者足够的注意，投入于广告中的费用也就浪费了。

这种成本的限制也不是一般的企业所能突破的。当然，对于成熟的企来说，规模越大，分摊的成本就会越少，因为到了一定的规模，标准成本反而呈下降趋势了。

7. 通信订货法

通信订货法是广告主在以邮购广告形式进行广告宣传时，常用的一种编制广告预算的方法。这种方法主要根据某一邮购广告所带来的订货数量测算广告费用。计算公式如下。

$$单位产品的广告费=\frac{产品目录印刷费+邮购广告印刷费+信件邮寄费}{已售出产品的数量}$$

$$广告预算=单位产品的广告费\times 预计销售数量$$

这种方法的优点是广告费用与广告活动的效果直接联系起来，既有利于确保广告预算的动态平衡，也有利于对广告活动进行监控。缺点是计算不够准确。邮购广告的反馈需要一段时间，这就为计算邮购广告效果的测评带来了一定的困难。

8. 武断法

武断法是指企业决策者根据经验或其他方面的知识来确定广告费用总额的一种方法。运用这种方法编制广告预算时，不考虑广告活动所要达到的目标，而是完全根据决策者的判断力来确定企业的广告规模。

这一方法在操作上虽然不甚科学，但许多企业却乐于采用，通常由企业决策人或财务部门经由某种形式的执行判断来代替，主要表现在以下几个方面。

① 企业决策人决定。由企业决策人确定预算，一般是按照可能取得的销售利润来进行分配，将其中一部分划为广告经费。这种状况下，广告策划人员真正要关心的，只是如何分配销售利润，并适当地控制广告，而不是决定广告预算。

② 按承受力支出。采用这样一种预算方法，往往是先由企业决策人估算出公司或某一品牌可以承担的广告预算。采取这一决策的主要因素，通常是希望并相信广告预算作为对品牌的投资能够回收预期的利润值。

③ 竭尽所能投入。这种预算决策往往出现在某种特别的时刻，企业必须依靠广告才能获取市场，或者公司或品牌处于垂亡的边缘，除了广告其他的拯救方法都已尝试过。当此之际，广告预算则与销售额、利润，甚至资金回收毫无关联。其基本意图只是保住市场，或在广告战中战胜竞争对手。这种情况在现实中有很大风险，但运用这种铤而走险的方法出奇制胜的案件也不鲜见。

武断法是一种非科学的决策方式，它常被用于一些中小型企业。在企业中，独断式的经营管理代替了科学的经营决策。这种方法具有较大的冒险性，广告投入与广告效果不具有因果关系。

9. 量力而为法

量力而为法是根据企业的财力可能支出多少广告费来确定广告预算的方法。也就是说，企业能拿多少钱来做广告，而不是看需要多少。由于它不是根据企业的营销目标来制定广告经费预算的，所以很难确定支出的费用是否有效，费用支出后所带来的效果也未必理想。但是这种方法符合“量入为出”的经营原则，因此适用于财力较弱的企业。

10. 计量设定法

计量设定法是一种采用系统分析和运筹学的方法，适用于广告费用大、管理水平高的大型企业。运用这种方法，需将生产、财务等要素一并纳入广告费预算当中，通过建立数学模型加以系统分析，从而求出广告经费的预算。因此，计算结果更合理、更科学、更完善。但简单的计量方法只能看出大致的趋势，若需要真正运用，就必须有较复杂的模拟模型，同时选用大量参数，通过计算机分析，才能得出比较精确、可靠的结论。

以上仅是大家在制定广告预算比较常用的一些方法，当然，除了这些可能还有其他的方法。但实际上，任何一家企业，在做广告费用预算时，都不是单独地使用某一种方法，都是综合地运用了多种方法。

每个企业的具体情况不同，不同的企业只能采用不同的预算方法。正所谓，没有最好的预算方法，只有最合适的预算方法。当然，企业在进行广告预算时，还是要适当地多运用几种方法进行综合考虑和权衡，这样得出的预算，一般来说，才是比较科学的。

【小思考】

为新产品制定广告预算是一个相当困难的问题，因为没有历史资料可供参考，还面临着新的消费者、新的市场及竞争等新情况。所以对新产品或新品牌制定广告预算，需要用与上文所讨论的不同的方法来操作。最普通的就是以回收计划为基础。因为新产品刚投放市场，并没有任何销售收入可以偿付广告费，公司必须在其盈利之前垫付这些费用。因此公司应在新产品确立地位之前，先行投资广告与促销资金，当新产品在市场上达成销售目标并盈利时，才能偿付公司所投资金与此前损失的利润。由于这一偿付周期不太可能在一个预算期间内（通常为一年）达成，所以要制订一个回收计划，广告计划人员要为新产品制订需要多少预算期才能偿付公司所投资金的计划。

① 影响广告预算的主要因素有哪些？

② 不同的预算方法都有什么特点？

③ 新老产品广告预算有什么区别？

资料来源：http:// www. cmic. zju. edu. cn.

4.4 广告预算分配策略与广告预算书的编写

广告主一旦确定了具体的广告经费数额，就要将预算具体落实到每个项目之中。广告预算分配是通过广告预算对广告活动进行组织、协调和控制广告计划实施的手段。根据侧重方面的不同，在广告预算分配时主要采取以下策略：时间分配、地域分配、产品分配、广告媒体分配和广告对象分配。

4.4.1 广告预算分配策略

1. 时间分配策略

时间分配是指广告策划者根据广告刊播的不同时段，具体分配广告费用。根据时间分配广告费用是为了取得理想的广告效果，因为在不同时间里，媒体受众的人数及生活习惯是不同的。广告费用的时间分配策略包含两层含义。

① 广告费用季节性分配。在不同的季节里，由于市场需求情况的变化而要求广告活动的规模有所侧重。

② 广告费用在一天内的时段性安排。在一天的时间内，大多数消费者都表现出其相对明显且固定的生活规律。广告策划者在选用电视媒体进行广告宣传时，应该侧重于18：00—23：00这一时段，因为大多数媒体受众在入睡以前，常常对电视流连忘返，所以这一时段的电视广告具有较高的注意率。因此，广告主的广告费用安排也应该侧重于这一时段。

2. 地域分配策略

地域分配就是将目标市场或市场分割成若干个地理区域，而后再将广告经费对各个地理区域予以平均分配。如城乡间、国内外、南北方等。这种分配简单易行，但无法兼顾各个地理区域的实际情况。为解决与各地区实际情况脱节的问题，广告主通常将某几个地理区域的广告经费拨给其在某特定区域的经营机构，由这些机构再进行重新分配。

例如，M企业在全国销售品牌产品，根据产品的销售情况可以将全国市场划分为A、B、C三个区域市场，M企业计划投入的电视广告费用为3 500万元，M企业电视广告费用的区域市场分配情况，见表4-2。

表4-2 M企业电视广告费用的区域市场分配情况

市场区域分部	占销售总额的比例/%	听众暴露度/千次	每千人成本/元	广告费用/万元	费用比例/%
A	50	32	500.00	1 600	45.70
B	30	28	500.00	1 400	40.00
C	20	10	500.00	500	14.30
总　计	100	70	1 500.00	3 500	100.00

资料来源：赵兴元，金立其，刘红一．广告原理与实务．大连：东北财经大学出版社，2006.

3. 产品（品牌）分配策略

产品分配即广告计划中所要刊登广告的各种商品之间的广告费分配。如果广告计划中列有公共关系广告、企业广告、观念广告，那么也要承担一定比例的广告费。产品分配策略与区域市场分配策略在本质上是相同的，它是指广告策划者根据不同产品在企业经营中的地位有所侧重地分配广告费用。这种分配策略使产品的广告费用与产品的销售额密切地联系在一起，贯彻了重点产品重点投入的经营方针。分配广告费用的依据可以是产品的销售比例、产品所处的生命周期、产品的潜在购买力等。

例如，美国宝洁公司的洗涤类产品有汰渍、快乐、象牙、Gain、Dash、Bold、Dreft、Oxydol、Exa、Solo等品牌，其中象牙品牌是一个成熟品牌，其广告投入可以相应减少一点。Exa、Solo等品牌是新品牌，需要大量的广告来推广，以提高品牌的知名度，其广告费用就需要多一些。日本索尼电器公司的所有产品都只有索尼（SONY）一个品牌，公司在编制广告预算时，就应该采取产品分配法。

4. 广告媒体分配策略

广告媒体分配包括广告计划所规定运用的各种不同类型媒体之间的广告费分配，如四大媒体之间各应分配多少。媒体广告费是广告费中最大的一项，在广告费中应占绝大部分。一般应保证媒体费用在整个预算中占到70%～90%。

5. 广告对象分配策略

按照广告计划中的不同广告对象，如团体用户和企业用户、最终消费者等，分配广告费。团体和企业用户一般可少分，最终消费者应多分。

【小案例】

海尔电脑亿元广告预算50%投向互联网

正值互联网广告十年之际，海尔移动计算机事业部总经理方纯松先生向Chinabyte透露：海尔电脑投放网络广告，门户网站会选新浪、搜狐、网易，电脑专业网站会首选天极。对计算机使用者和购买者产生大的影响力的专业网站，都会成为海尔战略合作伙伴。海尔电脑每年有亿元级的广告投出，其中50%投向互联网。

海尔电脑在广告投放上要比其他传统IT渠道更多一些。海尔集团非常支持海尔电脑的投放政策，其整个新产品的宣传有亿元级的投入，每年随着海尔电脑销量的增加，市场宣传的投入也会增加。

方纯松先生向Chinabyte表示，酷睿首发的网络广告效果非常明显，当时海尔和网站做了沟通确认，对当天用户的点击率做了分析，海尔对结果非常满意。第一天的点击率超过了一亿次。海尔电脑在推广上，以品牌建设、新品的昭示、路演、终端的投放为主。

海尔集团除了与互联网相关的通信、电脑产品外，彩电、空调、冰箱、热水器等系列产品也开始注重网络宣传。从长期来看，海尔会加大互联网广告的投入，因为互联网广告在速度及针对性上，具有传统广告渠道所不具备的优势。

资料来源：http:// net. chinabyte. com.

4.4.2 广告预算书的编写

广告预算通常以广告预算书的形式编写。广告预算书是用文字、图表和数据等形式说明广告活动所需经费和支出计划情况。一般说来，广告预算书包括以下三个部分：表头、表体和表脚。

1. 表头

表头通常包括广告项目、广告时期、广告企业及负责人、广告单位及负责人、广告预算总额、编制人员及日期。

2. 表体

表体是广告预算书的主要部分。表体一般包括预算项目、支出内容、执行时间、费用数额。其中预算项目主要包括市场调研费、广告设计费、广告制作费、广告媒体费、广告单位管理费、广告机动费、促销公关费、其他费用（如邮费、差旅费、劳务费等）。

3. 表脚

表脚通常是对预算书内容和文字的解释与说明。

广告预算书的主体表格通常是按广告费用类别分列的，为全面完整地反映广告费用预算和分配的情况，一般还要将广告预算的分配情况详列出来。

【小案例】

广告预算书示例❶

广告企业________　　负责人________
广告单位________　　负责人________
广告项目________　　期限________
广告经费总额________　　预算员________
日期：________年________月________日

预算项目	开支内容	执行时间	经　费
市场调研费 (1) 文献调查　(2) 实地调查 (3) 分析研究			
广告设计费 (1) 报纸广告　(2) 杂志广告 (3) 广播广告　(4) 电视广告			
广告制作费 (1) 印刷费　(2) 摄制费 (3) 工程费　(4) 其　他			
广告媒体费 (1) 报　纸　(2) 杂　志 (3) 广　播　(4) 电　视			
促销公关费 (1) 促　销　(2) 展　销　(3) 公　关			
服务费用 (1) 工　资　(2) 奖　金　(3) 补　贴			

❶ 资料来源：汪涛. 广告学通论. 北京：北京大学出版社，2004：414-418.

续表

预算项目	开支内容	执行时间	经　费
机动费用			
其他费用			
管理费用			
总　计			

说明：1. ____________

2. ____________

3. ____________

广告预算书初稿完成后，有时还需要对其进行检验。下面我们将提供一种检验广告预算书的方法，见表4-3。

表4-3　检验广告预算书的方法❶

1. 企业目标
(1) 企业的最终目标与目的是什么？(从短期与长期两方面看。)
(2) 为了达到这个目的是否规定了销售活动的任务？
2. 销售目标
(1) 是否决定了基本的销售战略方针？该方针是否得到了认可？
(2) 不同商品的销售计划是否编制好了？
(3) 在销售计划中广告的任务是否已经决定？
3. 现状分析
(1) 国家的经济预测。
(2) 企业资料：
a. 销售状况；
b. 投入资本；
c. 新产品。
(3) 竞争企业的情报：
a. 销售状况；
b. 市场占有率；
c. 投入资本；
d. 投入广告费的情况；
e. 广告数据（资料）、广告表现形式与所利用的媒介物；
f. 新产品。
(4) 企业内部资料：
a. 不同商品，不同市场，销售盈利计划的变化；
b. 包括新产品在内的全部商品的预测及目标；

❶ 资料来源：汪涛．广告学通论．北京：北京大学出版社，2004．

续表

c. 销售网政策与所取得的实际成绩； d. 不同商品，不同市场，不同媒介物广告的实际成绩； e. 商品的质量、价格、销路、市场占有率、盈利率、推销的重点； f. 通过预算及计算实际执行结果的对照，评价广告的实际成绩； g. 关于市场、广告的消费者调查。 4. 广告目标 (1) 广告目标是什么? (2) 这些广告目标是否建立在慎重的现状分析、讨论的基础上的? (3) 是否考虑了与实际广告作业有关的下述领域的最新动向与变化： a. 广告部门的状况； b. 广告公司的状况； c. 广告媒介物的状况； d. 广告原稿制作部门的状况； e. 广告调查的状况。 (4) 广告计划中是否已包含了以下项目： a. 方针； b. 资料（数据）； c. 广告表现方案； d. 媒介物选择。 5. 关于广告预算 (1) 为广告预算内的各项经费规定的明确定义是否得到认可？对于一些责任尚未划分清楚的费用，是否在广告部门、销售部门及公共关系部门之间进行了充分协调? (2) 关于起草广告预算的分工与责任清楚了吗? (3) 有关预算总额的界限与负责部门是否明确? (4) 基本广告预算表的形式是否决定了？预算表是否包括以下的细目： a. 按商品划分； b. 按市场划分； c. 按媒介物划分； d. 按费用（媒介物、制作、调查、杂费、机动费）划分。

本章小结

在目前激烈的竞争环境中，广告预算是做好广告管理不可或缺的重要一环，本章介绍了广告预算的概念，并在此基础上，详细阐述了广告预算的编制程序和方法、影响广告预算的主要因素及广告预算分配策略和广告预算书的编写。

关键概念

广告预算　目标达成法　量力而为法　竞争对比法　顾客成本预算法

课后思考与练习

1. 选择题

(1) 以每单位产品的广告费用来确定计划期广告预算的方法叫作（　　）。

A. 目标达成法　　B. 销售单位法

C. 利润额百分比法　　D. 销售额百分比法

(2) 采用系统分析和运筹学的方法确定广告预算的方法叫作（　　）。

A. 顾客成本预算法　　B. 量力而为法

C. 通信订货法　　D. 计量设定法

(3)（　　）是指广告策划者根据广告刊播的不同时段，来具体分配广告费用。根据时间来分配广告费用是为了取得理想的广告效果，因为在不同时间里，媒体受众的人数及生活习惯是不同的。

A. 时间分配策略　　B. 地域分配策略

C. 广告对象分配策略　　D. 广告媒体分配策略

2. 填空题

(1) 影响广告预算的主要因素包括________、________、________、________、产品目标市场、媒介和广告代理商的选择、________、不可控因素和________9个方面。

(2) ________是按照广告计划中的不同广告对象，如团体用户和企业用户、最终消费者等，分配广告费。团体和企业用户一般可少分，最终消费者应多分。

(3) ________是指广告主根据竞争对手的广告费用开支来确定自己广告预算的一种方法。

3. 判断题

(1) 美国专业广告杂志《印刷者墨汁》杂志，将广告费用分为白、灰、黑三色表，白表代表可支出的广告费，灰表代表考虑支出的广告费，黑表代表不得支出的广告费。（　　）

(2) 利润额百分比法是指企业决策者根据经验或其他方面的知识来确定广告费用总额的一种方法。（　　）

(3) 广告预算是广告计划的核心组成部分，广告计划的实施要以广告预算来支持。 ( )

4. 简答题：

(1) 广告预算分配有哪几种方法？

(2) 简述决定广告预算的一般方法。

(3) 在编制广告预算时应考虑哪几个方面的问题？

案例讨论

案 例 一

广东市场一直是方太厨具的优势市场，也是规模市场，在确定2002年广告费用的时候，营销系统经过调研和讨论，初步确定其比率稍低于全国平均比率。但最后讨论认为：由于其销售规模大，按全国平均比率预算，广告费用绝对值很高，又考虑到广东市场是一个成熟市场，广告的作用已经开始下降，但同时由于众多的竞争对手一直在准备抢夺这块市场，对手的对抗性系数很高，在确定广告费用时就得考虑这一因素的影响而留一部分机动费用，因此，在最终确定广东市场的费用时，就又适当地调高了其比率。

讨论题：

1. 谈谈方太厨具采取哪种广告预算的编制方法？
2. 讨论广告预算的作用。

案 例 二

非常可乐在确定广告费用预算时，就参照了可口可乐和百事可乐的广告投入。先确知可口可乐和百事可乐的年度销售目标，再明确其广告投入，两者对比可以确定其比率，然后非常可乐根据企业自身的战略发展目标和销售目标，按此比率进行初步预算，然后在此基础上，适当地增加一定的比率，同时，在全国的个别市场区域和个别月份，适当地错开可口可乐和百事可乐的锋芒，避实就虚。这样制定费用预算和进行广告投入，就非常有针对性和打击力。

讨论题：

1. 谈谈非常可乐采取哪种广告预算的编制方法？
2. 拟写一份有关非常可乐的广告预算书。

实训应用

(一) 实训项目

建立一个5人小组，小组中的每一个成员均被派出调查一个广告公司。搜集广告预算资料，了解广告预算的编制方法和分配策略。

(二) 实训目标

1. 熟悉广告预算的编制方法和分配策略。

2. 学会编写广告预算书。

(三) 实训指导

由实训负责教师事先制定实训指导书，成立实训指导小组，明确实训指导教师的职责与实训指导要求。

(四) 实训组织

1. 将全体同学分成若干小组，每组5～6人，并指定一位同学为组长。采取组长负责制查阅资料和调查所选定的广告公司。各组在查阅资料和调查广告公司前做好登记记录，以免重复。

2. 每组根据调查计划设计一份调查问卷，在各组交流的基础上，在教师的指导下，开展实地调研。

3. 每组根据统计分析的结果撰写一份广告预算书。

4. 各小组相互交流实训心得，并填写本次实训报告。

(五) 实训考核

实训成绩考核主要从实训工作表现和实训成果两个方面进行。其中，工作表现的分值占总成绩的40%，实训成果占总成绩的60%。工作表现的具体内容包括工作的纪律性、主动性、责任感和创造性，实训成果从调研成果和广告预算书的撰写及实训报告的填写情况来考核。

第5章

广告策略分析

【本章导读】

广告策略是实现、实施广告战略的各种具体手段与方法，是战略的细分与措施，是广告创作的基础，是广告策划的根本。本章我们在了解广告策略类型的基础上，分析广告的产品策略、目标市场策略及媒体策略，掌握这些内容有助于广告策划的顺利进行。

【学习目标】

知识目标

1. 了解广告策略的类型；
2. 掌握广告策略中的产品策略、目标市场策略及媒体策略；
3. 明确如何进行广告策略分析的方法、过程。

技能目标

1. 培养学生分析广告策略的能力；
2. 对广告策略中的各种具体类型的认识；
3. 学会创作广告策略的方案。

【引例】

每个企业都要给董事长买一辆劳斯莱斯吗❶

每个企业都要给董事长买一辆劳斯莱斯吗？关于这个话题可以谈很多东西。这是一个谨慎的投资，投资的结果是提升公司的公众形象，尽显企业尊荣。在英格兰销售的许多劳斯莱斯（见图5－1）和宾利（见图5－2）轿车是由企业购买，供高级主管们使用。英国商业界流传着一句话："将劳斯莱斯或宾利带入合作关系。"究竟是什么使劳斯莱斯成为世界首选的主管用车呢？请看下列事实。

- 最长的保修期

劳斯莱斯车族的保修期是所有汽车中最长的。很多花在买车上的钱在5年甚至更短时间内就见不着效果了，于是汽车的报废期也就开始了。您要么卖了旧车换一辆新的，要么勉强

---

❶ 资料来源：大卫·奥格威. 奥格威谈广告. 曾晶，译. 北京：机械工业出版社，2003.

再开几年。买劳斯莱斯能大幅度降低经常更换新款车的频率，而每次新款车的改进都要消耗您的金钱。用这些浪费在换车上的钱，公司足以再买一辆劳斯莱斯了。

图 5-1　劳斯莱斯图片

图 5-2　宾利图片

● 无预期折扣

劳斯莱斯的车主不必担心汽车样式每年的变化，只有专家才能看得出车是昨天还是 5 年前买的。劳斯莱斯人不搞那套自私、不负责任的“预期折旧”策略。保养费低，劳斯莱斯经销商遍及全国，服务不成问题。

● 董事长将更长寿

每天早晨派劳斯莱斯到家里接董事长，他会以更好的状态出现在办公室。一整天，他都可以免受在街上打的之苦。晚上，用劳斯莱斯送他回家，他可以在车上处理事务，或打个盹。这样，董事长将表现得更出色，也会更长寿。

● 避免出风头

一辆主管的用车，像他的办公室一样，影响着公众对公司的印象。劳斯莱斯意味着品位、节制和注重品质，它是所有豪华车当中最不招摇的。

● 内心满足的原因

拥有这么精美的汽车内心会感到十分满足。驾驶劳斯莱斯，注视着它，哪怕是闻着皮革的气味，都是一位成功的企业主管难以抗拒的享受。对驾驶劳斯莱斯持不同看法的董事长们不妨选择宾利。除了散热器以外，宾利与劳斯莱斯几乎一模一样，还便宜 300 美元。如果您希望试驾劳斯莱斯或宾利，请来信或致电经销商或纽约洛克菲勒大厦劳斯莱斯公司。

其他两种主管用车：长舵手室银云Ⅱ系列；幻影（见图 5-3）V7 豪华旅行车。

图 5-3　劳斯莱斯幻影元首级

【问题引入】

1. 这则劳斯莱斯汽车平面广告文案中使用的广告策略是什么？

2. 恰当使用广告策略对企业经营有什么作用？

广告策略是企业在广告活动中为取得更好的广告效果而运用的手段和方法。市场经济条件下，市场竞争日趋激烈，作为企业竞争手段之一的广告不仅数量繁多，而且形式多样，广告策略是企业广告活动成功与否的关键，是企业参与竞争，开拓市场，促进销售的有利武器。企业在广告活动中，应善于运用广告策略，适应特定的市场环境，提高广告的效果，增强企业的竞争力。广告策略的运用，主要应解决以下问题。

1. 沟通信息、促进销售

制作合适的广告策略，通过广告策略适时介绍、宣传、报道产品信息，不仅能够及时地满足消费者需求，也为生产者的产品打开销路，从而促进生产。

2. 激发需求，诱导消费，引导消费潮流

在广告策略里，通过对商品和服务各种特点的介绍，可以吸引人们的注意力，使其对商品和服务产生兴趣，诱导消费者购买，并让消费者因购买广告中的产品而感到满足。

3. 树立企业形象，融洽与公众关系

企业通过广告手段着力宣传产品质量及营销理念转变的情况，在消费者心中树立良好的企业和产品形象，缩短与用户情感距离，这是争夺顾客、战胜竞争对手的重要方法。

在企业的广告策略中，常见的有四大类：广告产品策略、广告目标市场策略、广告媒体策略和广告实施策略。

5.1 广告产品策略

广告产品策略是广告策略的第一个层次，也就是说，在广告策略的使用过程中，只有合理利用了广告的产品策略，才有后面其他工作的开展。一则广告是否成功，关键在于广告所诉求的产品是否符合消费者的需求，产品的定位策略是否合适，广告诉求中关于产品的概念是否让消费者产生强烈的占有欲。而消费者对广告产品的占有和满足程度是经常受到广告的刺激和影响的。所以，广告产品策略是引导和刺激消费者需求的重要策略之一，是广告策略的第一个层次。广告产品策略主要包括产品定位策略、产品生命周期策略、新产品开发策略及产品包装和商标形象策略等。本书主要介绍产品定位策略和产品生命周期策略。

5.1.1 产品定位策略

在进行产品定位时，心中必须想着特定的目标市场，并将产品置于一定的前景之中。定位是通过创造某一特定人群需要的产品来细分市场，或在不改变产品本身的情况下通过有吸引力的特色广告来满足特定人群的需求以细分市场。定位是使产品适合购买者生活方式的另一种表达方式。它是根据以下两种方式细分市场：一是制造一种产品去迎合特定人群的需求；二是确认并宣传现有产品中满足特定人群需求的特征。而广告产品定位策略是指在广告中通过突出产品符合消费者心理需求的鲜明特点，确立商品在市场竞争中的方位，促使消费者树立选购该商品的稳固印象的策略。

广告产品定位策略的具体运用主要分为两大类：实体定位策略和观念定位策略。

1. 实体定位策略

所谓实体定位策略，就是在广告宣传中突出商品的新价值，强调与同类商品的不同之处和所带来的更大利益。实体定位策略又可分为功效定位、品质定位、市场定位、价格定位等。

（1）功效定位

功效定位是在广告中突出商品的特异功效，使该商品在同类产品中有明显区别，以增强选择性需求。它是以同类产品的定位为基准、选择有别于同类产品的优异性能为宣传重点的。如百事可乐的宣传，就以不含咖啡因为定位基点，以区别于可口可乐。

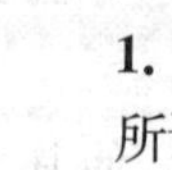

【小案例】

美国亚特兰大市一名叫潘伯顿的业余药剂师以柯树籽和柯树叶为基本原料，经过多次试验，制成了一种具有兴奋作用的健脑药汁。这便是美国最初上市的可口可乐。但刚刚上市的可口可乐的销量很低，潘伯顿也非常焦急。

有一天，一位头痛难忍的病人请求服用健脑药汁。店员在配药时，本应向瓶内注入自来水，实际上却误注入苏打水。病人一饮而尽。待店员醒悟过来感到束手无策之时，病人的头痛却止住了。店中众人禁不住连声称“妙”。潘伯顿颇受启发，立即往健脑药汁中加入一定量的苏打水，并在“包治神经百病”的广告旁边，填上了“甘醇可口、益气壮神”等赞语。可口可乐奇迹般地从一种药剂，摇身一变而成为风行世界的上等饮料，其销量与日俱增。

资料来源：喜乐麦克. 水煮后三国. 北京：台海出版社，2004.

(2) 品质定位

品质定位是通过强调产品具体的良好品质而对产品进行定位。如美国的多芬（DOVE）香皂是把能够保持皮肤润泽的美容效果作为重点的定位。

(3) 市场定位

市场定位是市场细分策略在广告中的具体运用，它将商品定位在最有利的市场位置上。市场细分可以根据地理细分、人口细分、心理细分、受益细分、行为细分等多种因素进行划分。在市场细分的基础上，企业为自己的市场选定一定的范围和目标，以满足一部分人的需要，这即为目标市场。例如，多芬香皂被定位为女士香皂，就是这种定位的具体运用。再如，“小霸王学习机”定位于 6～12 岁的儿童市场，其“你拍一，我拍一”的拍手歌，言语风格完全儿童化，其内容也是有关儿童游戏和学习的。

(4) 价格定位

价格，作为市场活动中的一个重要因素，既能反映市场上供求情况的态势，又能成为调节供求矛盾的主要杠杆。对于商品企业来说，准确恰当地制定价格，是促进销售和拓展市场的基本策略之一。所以，价格也会作为一种重要的促销因素来加以宣传。价格定位则是因商品的品质、性能、造型等方面与同类商品相近似，没有什么特殊的地方可以吸引消费者，在这种情况下，广告宣传便可以运用价格定位策略，使商品的价格具有竞争性，从而击败竞争对手。

2. 观念定位策略

观念定位是指突出商品的新意义，改变消费者的习惯心理，树立新的商品观念的广告策略。具体有两种方法：逆向定位和是非定位。

(1) 逆向定位

逆向定位是借助于有名气的竞争对手的声誉来引起消费者对自己的关注、同情和支持，以便在市场竞争中占有一席之地的广告产品定位策略。大多数企业的商品定位都是以突出产品的优异性能的正向定位为方向的，但逆向定位则反其道而行之，在广告中突出市场上名气响亮的产品或企业的优越性，并表示自己的产品不如它好，甘居其下，但准备迎头赶上；或通过承认自己产品的不足之处，来突出产品的优越之处。这是利用社会上同情弱者和信任诚实的人的心理，故意突出自己的不足之处，以唤起同情和信任的手法。

【小案例】

有一则国外著名的获奖影视广告，创意是这样的：某人手拿一只高级的照相机在不停地拍照，内藏闪光灯不停地闪烁，突然，闪光灯不闪了，几次按动快门都没有反应，于是将照相机放在桌上，然后顺理成章地从相机里取出电池，接下来发生了令所有人都想不到的动作——毫不犹豫地扔掉照相机，再换一个新的照相机，然后不慌不忙地装上刚才换下来的旧电池，等到再拍时，闪光灯又接二连三地闪起来了。当所有人都凭经验把照相机闪光灯不再工作的原因归结为电池用完了时，广告的精彩之处就显现出来了——用逆向思维的方法倒因为果。让所有人在惊叹之余，不得不佩服主创人的特殊思路。

资料来源：喜乐麦克. 水煮后三国. 北京：台海出版社，2004.

(2) 是非定位

是非定位则是从观念上人为地把商品市场加以区分的定位策略。最有名的例子是美国的七喜（7UP）汽水。他们在广告宣传中运用是非定位策略，把饮料分为可乐型和非可乐型饮料两大类，从而突破可口可乐和百事可乐垄断饮料市场的局面，使企业获得空前成功。广告的产品定位策略，同样可用于企业定位、劳务定位。它是根据企业的营销策略、商品差别化、市场细分化、产品生命周期阶段等状况，确定广告最有利的诉求位置的一种有效策略。该策略应用的好坏，直接影响到广告效果。

5.1.2 广告产品生命周期策略

任何一种产品在市场上的销售情况和获利能力都不是固定不变的，而会随着时间的推移发生变化。如同人一样，也有一个出生、成长、成熟、衰退的过程，随着这种周期的过程变化，企业的营销策略也应该做相应的改变，以维持并伺机延长产品在市场上的寿命。产品处在不同的生命周期发展阶段，其工艺成熟程度、消费者的心理需求、市场竞争状况和市场营销策略等都有不同的特点。因此，广告目标、诉求重点、媒介选择和广告实施策略也有所不同。

在产品的导入期和成长期前期，新产品刚进入市场，产品的品质、功效、造型、结构等都尚未被消费者所认知。在这一阶段里，广告宣传以创品牌为目标，目的是使消费者产生新的需要，执行开拓市场的战略。这是广告宣传的初级阶段。在这一阶段，用告知为主作为广告策略，突出新旧产品的差异，向消费者介绍新产品的有关知识，使消费者对新产品有所认识，从而引起兴趣，产生信任感，并大力宣传产品的商标和品牌，不断扩大知名度。其目的在于运用各种与促销相结合的广告手段，争取更多的早期使用者，再逐步过渡到普及产品。在广告的初期阶段，应该投入较多的广告费，运用各种媒介，配合宣传，造成较大的广告声势，以便新产品迅速打入市场。

广告的中期阶段，产品进入成长期后期和成熟期。由于新产品获得消费者承认，销售量急剧上升，利润已有保证，同时，同类产品也纷纷投入市场，竞争日益激烈。尤其是在产品进入成熟期后，产品工艺稳定，消费者已形成使用习惯，产品销售达到顶峰，新产品变成普及产品，同类产品竞争激烈。在这一阶段，广告以保品牌为目标，巩固已有的市场和扩大市场潜力，展开竞争性广告宣传，引导消费者认牌选购。广告诉求必须具有强有力的说服力，突出本产品同其他同类产品的差异性和优越性，巩固企业和产品的声誉，加深消费者对企业和商品的印象。广告的对象则转化为广大消费者。

在产品进入饱和期和衰退期之后，产品供求日益饱和，原有产品已逐渐变成老产品，新的产品已逐步进入市场。这一时期的广告目标，重点放在维持产品市场上，采用延续市场的手段，保持产品的销售量或延缓销售量的下降。其主要做法是运用广告提醒消费者，以长期、间隔、定时发布广告的方法，及时唤起注意，巩固习惯性购买。诉求重点应该突出产品的销前和售后服务、保持企业信誉、稳定产品的后期使用者。

5.2 广告目标市场策略

目标市场是指工商企业在细分市场的基础上，经过评价和筛选所确定的作为企业经营目标而开拓的特定市场，即企业渴望能以某种相应的商品和服务去满足其需求，并为其服务的那几个消费者群体。

广告目标市场策略是指在企业已经决定的目标市场中选择全部或部分消费群体进行广告重点诉求的策略。广告主要在广告目标市场策略的选择过程中做出一定的牺牲。咨询顾问杰克·特鲁特说："当你将目标锁定在某类产品的一部分细分市场上时，就会使自己逐渐地具有自身的特色，从而成为受到这部分细分市场青睐的产品。例如，百事是属于年轻人的品牌，雪弗兰·克尔维特（Corvette）则属于那些希望永葆青春的人，花冠（Corolla）啤酒的目标群体是那些刚刚起步的职业人士，而保时捷（Porsche）的对象则是事业有成的人。当你追逐另一个细分市场时，你很可能同时也将原有的顾客赶跑了。无论如何，你都不能太过贪婪，而应当坚定地保持自己的产品风格或特色，保护好现有的细分市场。"其实他的意思很明显，在选择了一个广告细分的目标市场以后，企业就应该针对这个目标市场进行广告诉求，而不能求多求全，大而全反而会失去所有的诉求对象。

广告目标市场策略主要包括三个具体策略：目标市场定位策略、广告促销策略和广告心理策略。

5.2.1 广告目标市场定位策略

所谓目标市场定位策略，就是企业为自己的产品选定一定的范围和目标，满足一部分人群需要的策略。任何企业，无论其规模如何，都不可能满足所有顾客的要求，而只能为自己的产品销售选定一个或几个目标市场，这就是所谓的市场定位。企业的目标市场定位不同，销售策略不同，广告策略也不一样。目标市场是广告宣传有计划地向指定市场进行传播活动的对象。因此，在制定广告策略时，必须依据企业目标市场的特点，来确定广告对象、广告目标、媒介选择、诉求重点和诉求方式等。

企业选择目标市场是在细分市场的基础上进行的，商品市场按消费者的需求和满足程度来分，有同质市场与异质市场两类。同质市场是消费者对商品的需求有较多共性、消费弹性小、受广告影响不大的商品市场。一些生活必需品就是属于这一类型。异质市场则与同质市场相反，它是指顾客对同类产品的品质和特性具有不同的要求、强调商品的个性、消费弹性较大、受广告的影响也较多的商品市场。绝大多数商品市场都属于异质市场。在满足消费者需求时，不仅要考虑到生理上的需要，还要考虑心理上的需要，而生理上的需要可能有一定的限度，心理上的需要则是变幻莫测的。因此，在同类商品市场上，企业可以依据消费者生理上和心理上的需求及企业自身的经营条件，将市场细分成许多子市场，然后再依据目标市场的特点，制定企业的营销策略，并采取相应的广告策略。由于市场可以细分，在市场经营和广告宣传中就可以运用不同的策略手段，争取不同的消费者。依据市场来制定销售策略，一般可分为无差别市场策略、差别市场策略和集中市场策略三大类。针对不同的情况，广告策略也应采取相应的形式：无差别市场广告策略、差别市场广告策略和集中市场广告策略。

1. 无差别市场广告策略

无差别市场广告策略是在一定时间内，向同一个大的目标市场运用多种媒介搭配组合，做同一主题内容的广告宣传。这种策略一般应用在产品引入期与成长期初期，或产品供不应求、市场上没有竞争对手或竞争不激烈的时期，是一种经常采用的广告策略。它有利于运用多种媒介宣传统一的广告内容，迅速提高产品的知名度，以达到创立品牌目的。

2. 差别市场广告策略

差别市场广告策略则是企业在一定时期内，针对细分的目标市场，运用不同的媒介组合，做不同内容的广告宣传。这种策略能够较好地满足不同消费者的需求，有利于企业提高产品的知名度，突出产品的优异性能，增强消费者对企业的信任感，从而达到扩大销售的目的。这是在产品进入成长期后期和成熟期后常用的广告策略。在这一时期，产品竞争激烈，市场需求分化较突出。由于市场分化，各目标市场具有不同的特点，所以广告设计、主题构思、媒介组合、广告发布等也都各不相同。

3. 集中市场广告策略

集中市场广告策略是企业把广告宣传的力量集中在已细分的一个或几个目标市场的策略。此时，企业的目标并不是在较大的市场中占有小的份额，而是在较小的细分市场中占有较大的份额。因此，广告也只集中在一个或几个目标市场上。采取集中市场广告策略的企业，一般是本身资源有限的中小型企业，为了发挥优势，集中力量，只挑选对自己有利的、力所能及的较小市场作为目标市场。

这三种广告策略既可以独立运用，也可以综合利用，灵活掌握，主要是根据企业的基本情况而定。

5.2.2　广告促销策略

广告促销策略是一种紧密结合市场营销而采取的广告策略，它不仅告知消费者购买商品的收益，以说服其购买，而且结合市场营销的其他手段，给予消费者更多的附加利益，以吸引消费者对广告的兴趣，在短期内收到即效性广告效果，有力地推动商品销售。广告促销策略包括馈赠、文娱、中奖、公益、体育赞助等促销手段的运用。

1. 馈赠广告

馈赠广告是一种奖励性广告，其形式很多，如广告赠券、折价购买或赠送小礼品等。食品、饮料和日用品的报刊广告多用此法。具体的形式多采用折价购买或附赠小件物品。这个办法既可以扩大销售，又可检测广告的阅读率。除广告赠券外，广告与商品样品赠送配合也是一种介绍商品的有效方法，但费用很高。例如，某企业的印刷广告上有“持此广告可优惠”、“买一赠一”等，这都属于馈赠广告。

2. 文娱广告

文娱广告也是广告促销的常用策略，如出资赞助文艺节目和电视剧、广播剧的制作等。例如，《北京人在纽约》的赞助商之一就是宝洁公司，随着电视剧的热播，该公司及其产品也随之扬名。此外，如猜谜、有奖征答等，也是文娱广告的有效形式。

3. 中奖广告

中奖广告是一种抽奖中奖形式的广告推销手段，在国外很流行，也具有一定的效果。但我国不少地区搞得过热，《中华人民共和国反不正当竞争法》对此有具体的制约措施。

4. 公益广告

公益广告是把公益活动和广告活动结合起来的广告策略。通过关心公益，关心公共关系，开展社会服务活动，争取民心，树立企业形象，从而增强广告的效果。能给人一种企业利润取之于社会、用之于社会的好感。例如，雕牌的“妈妈洗脚篇”电视广告，由于“妈妈洗脚篇”成了永远的经典，那么雕牌也会被人永远记住。

5. 体育赞助广告

体育赞助广告是近几年时兴起来的做法，通过赞助运动队、赞助体育比赛、在比赛场地周边设置广告牌、赞助体育用品等，以提高企业或产品的知名度和影响力，这是一种有效的广告手段。如日本电气公司原来并不很出名，该公司在 1982 年开始赞助戴维斯杯网球赛后大获成功，提高了该公司在国际上的知名度，出口销售额翻了一番。该公司把赞助体育比赛看作一本万利的事。其负责人说：“如果看一看效益与费用的比例，对于这种工作谁也不会撒手的。”

5.2.3 广告心理策略

广告的作用与人们的心理活动密切相关，而广告的促销心理策略，则是运用心理学的原理来策划广告，诱导人们顺利地完成消费心理过程，使广告取得成功。

广告活动中常用的心理学原理有需要、注意、联想、记忆、诉求等。

需要是人们进行实践活动的原动力。人们之所以购买这种商品，而不购买别的商品，就是由于这种商品能够满足他们的某种需要。广告的促销活动不但要告诉人们有关商品的知识，而且要说明这种商品是符合他们的需要的。当人们认识到这种商品对于他们的价值，即符合他们的某种需要时，他们才会购买。成功的广告，就是首先掌握了人们的需要，并针对人们的需要确立广告诉求的重点。

需要是广告诉求定位的主要依据。同是一个商品，它有许多属性，而只有那些最能满足需要的诉求定位才能导致购买行为，使广告获得成功。消费者不仅对商品的使用价值有所要求，而且要求获得心理上的满足。广告要同时掌握人们对商品实用价值和心理价值的需要，才能获得成功。同时，广告还必须能引发需要和刺激需要，通过对潜在需要的激发，使消费者产生物质欲求，并加强其信心，排除障碍，促使购买。这也是我们现在所说的广告指导消费的作用。

引起人们的注意，是广告成功的基础。广告若不能引起注意，肯定要失败。因为注意是人们接触广告的开端，只有注意了广告，才能谈得上对广告内容的理解。在广告设计中有意识地加强广告的注意作用，是广告的重要心理策略。广告引起人们注意的方法有多种，主要是扩大空间面积，延长广告时间，突出广告色彩，增强广告的艺术化和使广告具有动态感等。

广告的时间和篇幅都是有限的，仅靠直接印象取得的广告效果也是有限的。只有通过各种手段，激发有益的联想，才能加强刺激的深度和广度。这是有意识地增强广告效果的重要手段。

联想能够使人们扩大和加强对事物的认识，引起兴趣，使消费者产生愉悦的情绪，对形成购买动机和促成购买行为有重要影响。在广告中，主要运用接近联想、连续联想、相似联想、对比联想、记忆联想和颜色联想等。

广告运用记忆原理，使人们在实现购买时能记起广告内容，并起到指导选购的作用。要考虑不同的广告对象的记忆特点来策划广告，要尽可能按需要的、注意的、有趣的、形象的、活动的、联想的、易于理解的和反复的等要求来设计广告，使人容易留下深刻的印象，保持记忆，便于回想。

诉求是指外界事物促使人们从认知到行动的心理活动。广告诉求就是告诉人们有哪些需要，如何去满足，并敦促他们去为满足需要而购买商品。广告诉求一般有知觉诉求、理性诉求、情感诉求和观念诉求等多种。广告心理策略实质上就是对这些诉求的灵活运用。

5.3　广告媒体策略

媒体一词译自英语的“Media”。从传播学的角度看，媒体是指那些传达、增大、延长人类信息的物质形式。或者说，媒体是人体的延伸，是人用来传递信息和获取信息的工具、渠道、载体、中介物或技术手段。也可以理解为，从事信息的采集、加工制作和传播的社会组织，即传播机构。而用来向消费者传递广告信息的媒体，就是广告媒体。

广告的媒体策略，在实质上，是根据广告的产品定位策略和目标策略，对广告媒体进行选择和搭配运用的策略。广告媒体策略是指企业根据广告对象（企业或产品）的特点制定广告媒体目的，并确定实现这些目的的途径。它是企业运用各种媒体进行广告宣传活动的指导方针。

广告媒体使用策略是实现媒体目的的途径，用以说明媒体目的是如何实现的。广告媒体使用策略主要包括：广告媒体地区上的分配策略和时间上的分配策略。

5.3.1　地区上的分配策略

广告媒体分配策略所使用的地区分配策略主要有三种类型：广告预算完全投入到全国性媒体上；全国性媒体与地方性媒体结合使用；只使用地方性媒体，或者在国内相当大的部分使用地方性媒体。为了正确地选择媒体地区分配策略，企业要对品牌销售和产品类别销售的情况进行分析，常用的方法有以下两种。

1. 品牌发展指数法

该方法用来说明某品牌产品销售与某类产品销售关系，以显示在整个市场中该品牌在何处销售多，在何处销售少。其计算公式如下。

$$\text{品牌发展指数}=\frac{\text{某品牌产品销售比重}}{\text{某类产品的销售比重}}$$

如果品牌发展指数大于 1，则表明某品牌产品的销售比重大于该类产品的销售比重，同时，该品牌在当地的成长潜力小；指数小于 1，表明某品牌产品的销售比重小于该类产品的销售比重，而该品牌在当地的成长潜力大。品牌销售如果配合类别销售，广告费用可与产品在目标市场上的销售状况相一致。如果品牌销售与类别销售之间有较大的偏差，企业应慎重考虑。通常的做法是，先确认有成长潜力的地区市场，再对其进行广告投资。

例如，某品牌在北京地区的销售比重为 24%，该类产品的销售比重为 25%，其品牌发展指数为 0.96，表明其品牌发展潜力大，应该进行该品牌的广告投资。

2. 品牌与类别对比法

将不同地区某品牌产品的销售趋势与该类产品的销售趋势进行比较，以确定广告媒体在地区上的使用情况。通常，将不同的目标市场根据表 5-1 的标准进行分类，以决定是否在该地区进行广告宣传。

表 5-1 品牌与类别对比标准

品牌发展 \ 产品类别发展	低	高
高	品牌强但消费者花费低 增加的广告投入无效果 寻求增加类别购买频次	品牌销售与类别销售已达饱和 增加的广告投入无效果 维护市场地位的广告投入 保护市场需求的广告投入
低	销售旺季限制广告 无销售能力潜力品牌疲软 支援推广活动以避免配销疲软	竞争激烈，品牌相对疲软 增加的广告投入可能有效果 在销售旺季增加广告频次 寻求密集的广告推出活动

5.3.2 广告媒体的时间策略

1. 广告在媒体上的推出时间策略

广告在媒体上的推出时间策略，主要是相对于商品进入市场的时间，一般有拖拉推出策略、即时推出策略和延时推出策略三种方式。

(1) 拖拉推出策略

广告推出的时间早于商品进入市场的时间，用广告拖拉出商品，目的在于事先制造声势，先声夺人。商品尚未投放市场，由于广告的作用，给消费者制造悬念，形成渴望，让消费者翘首以待。等到商品上市之时，即可形成旺销。

此种方式适用范围较广。首先，适用于新产品的推出，声势在前，商品在后，能够刺激消费者的好奇心，激发其购买动机。其次，适用于老产品更新换代或部分改进后重新上市。使消费者“未见其物，先闻其声”，唤起新的消费欲望。最后，适用于季节性商品在旺季到来之前。提前做广告，能先入为主，抢先占领消费者的记忆空间，一直延伸到旺季的到来，使消费者始终有较深刻的印象。特别是市场竞争比较激烈的产品，拖拉推出应用更多一些。

需要注意的是，广告推出的时间与商品上市的时间间隔不可过长，否则将失去拖拉的意义和作用。

(2) 即时推出策略

广告推出的时间与商品推向市场的时间相同。选择这种推出广告时间的方式最适合于老产品、供求平衡或供应稍紧张的产品。目的在于告知，见到广告，就可买到产品。但此种方式不适应竞争激烈的情况。

(3) 延时推出策略

推出广告的时间晚于商品进入市场的时间，此种方式用得不多。一般情况下，适用于没有把握的新产品。商品先行上市试销，根据销售情况做广告，且针对性强。另外一种情况，就是在商品上市后，先做试探性广告，看情况再决定是否做广告。

2. 广告媒体使用的时间安排策略

广告媒体使用的时间安排策略还可以划分为长期安排策略和短期安排策略。

(1) 长期安排策略

广告策划者必须决定将一年的广告按季节性和预期的经济发展来安排时间。假如某产品销售的 70%产生于 5 月—10 月的温暖月份，则广告策划者可有三种选择。

第一，广告主可顺着季节的变化调整广告支出。

第二，可按产品季节变化的相反方向来安排广告支出。

第三，全年平均使用广告预算。

与上述三种选择相适应，常用的确定广告媒体使用进度的方法有先多后少法、滚雪球式渐次加强法和水平支出法三种。

(2) 短期安排策略

短期安排策略是指将一组广告暴露分配在一段时间内，以达到最大效果。短期安排必须考虑以下因素。

第一，购买者频率。指新的购买者在市场上出现的频率。该频率越高，则广告接触这些新顾客的次数就应该更加连续。

第二，购买频率。指在一定时间内，一般购买者购买某产品的次数。购买频率越高，则广告也更加连续。

第三，遗忘率。指购买者忘记此品牌的速度。遗忘率越高，则广告就应该更加连续。

5.3.3　广告时机策略

利用媒介发布广告，还要善于利用和把握各种时机。广告的时机，是在时间上与广告商品、市场行情及人们的注意程度等有关的一系列机会。

1. 商品时机

利用商品与时机的内在联系，巧妙地发布广告信息。例如，飞亚达手表的广告，选择了中央电视台晚间 7 时《新闻联播》前的瞬间时段，“飞亚达为您报时”，就得到了较高的收视率。

2. 重大活动时机

即抓住并利用重大活动时机推出广告。涉及全国甚至全世界注意的重大活动，如体育比赛、文艺演出、会议等，新闻媒体和受众的关注度高，是推出广告的良好时机。

例如，奥运会历来都是广告商重点注意的时机，许多企业都愿意把巨额广告费投放在奥运会期间。又如，1999 年，上海举办“中国：未来 50 年”的《财富》论坛，这样的世界瞩目盛会，也招引了许多广告。

【小案例】

1957年，美国总统艾森豪威尔生日那天，美国首都华盛顿的主要干道上树立着巨型彩色标语牌："欢迎您，尊贵的法国客人！""美法友谊令人心醉！"整洁的售报厅上悬挂着许多精制的美、法两国的小国旗。报厅主人特意设计绘制的"今日各报"的广告牌上，美国"鹰"和法国"鸡"干杯的画面及"总统华诞日，贵宾驾临时"和"美国人醉了"等各报大标题，吸引着络绎不绝的路人。白宫周围人山人海，人们笑容满面，挥动着法国小国旗，期待前来华盛顿庆贺的法国"贵宾"光临。

当"贵宾"出现时，人们惊呆了。"贵宾"是谁呢？他既不是政府要员，也不是社会名流，而是两桶法国白兰地。

这项颇具新意的广告方案，其重点主要包括以下几点。

① 广告宣传的基点是法美人民的友谊，整个规划的主题是"礼轻情谊重，酒少情谊浓"。

② 择定的宣传时机是美国总统艾森豪威尔的67岁诞辰日。

③ 赠送两桶窖藏达67年的白兰地酒，用专机送到美国，并为之支付巨额保险费。酒桶特邀法国著名艺术家特别设计制作。

④ 总统诞辰日那天，在白宫花园里举行隆重的赠送仪式，由4名英俊的身着法兰西服饰的法国青年抬着两桶名贵的白兰地正步前行，步入白宫。

尽可能广泛地利用法美两国的媒介进行宣传，传播程序是先法国再美国，由内地向外地辐射。

这项耗资巨大的广告规划立即得到公司最高决策者的批准，并获得法国政府的赞赏和支持。白兰地酒厂立即展开了大规模的宣传。于是，美国公众在总统诞辰日一个月之前就分别从不同的媒介上获得了上述信息。对法国白兰地产生了浓厚兴趣。一时间，法国白兰地成了美国人街谈巷议的热门话题，送酒仪式更加强了人们的关注。当这两桶富有意义的美酒登场亮相时，群情沸腾，欢声四起，有些人甚至大声唱起了法国国歌《马赛曲》。从此，法国白兰地堂而皇之地摆上了美国的国宴和家庭的餐桌上。

这次广告活动策划成功的元素之一就是利用了最佳时机推出法国白兰地，取得了意想不到的绝佳效果。

资料来源：魏翠芬，王连廷. 公共关系理论与实务. 北京：北京交通大学出版社，2007.

3. 黄金时机

黄金时机即抓住"黄金时间"，把握人们记忆"最珍贵瞬间"的策略。电视和广播的"黄金时间"，就是观众收看和收听电视和广播节目的高峰时段。在黄金时间，观众收视节目的注意力比较集中，易于接受信息，记忆率较高。但广告费也比较昂贵。如中央电视台《新闻联播》后到天气预报之间的时段，就是一个黄金时段。所以，很多企业都不惜重金，争取抓住这一时机，在这一时段播出广告。

4. 节令时机

节令时机是节日和季节为商品销售带来的时机。节假日往往是人们大量消费的时期，会形成销售的旺季，要善于抓住这销售旺季前的机会发布广告。属于季节性的商品，也会在季节交替之时产生销售旺季。在销售旺季前的一段时间就是广告的良好时机。抓住节令时机发布广告，要考虑安排恰当的提前量，但又不要使广告的持续时间过长。

5.4　广告实施策略

广告的实施策略主要有广告差别策略、系列策略和时间策略等。

5.4.1　广告的差别策略

广告的差别策略是以发现差别和突出差别为手段、充分显示广告主企业和产品特点的一种宣传策略，包括产品差别策略、劳务差别策略和企业差别策略等三方面内容。

产品差别策略，是突出产品的功能差别、品质差别、价格差别、花色品种差别、包装差别和销售服务差别的广告宣传策略。因为产品的上述差别可以是新旧产品间的差别，也可以是同类产品间的差别，因此，广告的产品差别策略是具有竞争性的。运用广告差别策略时，首先要发现该产品的功效差别，在设计制作广告作品时要突出它的功效差别，给予消费者能够获得某种利益的鲜明印象。

劳务差别策略的基本原理与产品差别策略相同，主要是突出和显示同类劳务中的差别性，从而说明本企业的服务能给消费者带来更多的方便与利益。

企业差别策略包括企业设备差别、技术差别、管理水平差别、服务措施差别和企业环境差别等在内的各项内容。

产品差别策略、劳务差别策略和企业差别策略是在实践中运用较多、效果也较好的差别策略。此外，心理差别策略和观念形态差别策略等也较为常用。

5.4.2　广告系列策略

广告系列策略是企业在广告计划期内连续地和有计划地发布有统一设计形式或内容的系列广告，不断加深广告印象、增强广告效果的手段。广告系列策略的运用，主要有形式系列策略、主题系列策略、功效系列策略和产品系列策略等。

广告形式系列策略是在一定时期内有计划地发布数则设计形式相同、但内容有所改变的广告策略。由于设计形式相对固定，有利于加深消费者对广告的印象，增加企业的知名度，便于在众多的广告中分辨出本企业的广告。这种策略的运用，适宜内容更新快、发布频度大的广告，如旅游广告、文娱广告、交通广告和食品广告等。

所谓广告主题系列策略，是指企业在发布广告时依据每一时期的广告目标市场的特点和市场营销策略的需要，不断变换广告主题，以适应不同的广告对象的心理欲求的策略。

功效系列策略则是通过多则广告逐步深入强调商品功效的广告策略。这种策略或是运用不同的商品观念来体现商品的多种用途；或是在多则广告中的每一则都强调一种功效，使消费者易于理解和记忆；或者结合市场形式的变化在不同时期突出宣传商品的某一用途，起到立竿见影的促销作用。

产品系列策略则是为了适应和配合企业系列产品的经营要求而实施的广告策略。产品系列策略密切结合系列产品的营销特点进行，由于系列产品具有种类多、声势大、连带性强的特点，因而在广告中可以灵活运用。

5.4.3 广告的时间策略

广告的时间策略，就是对广告发布的时间和频度做出统一的、合理的安排。

广告时间策略的制定，要视广告产品的生命周期阶段、广告的竞争状况、企业的营销策略、市场竞争等多种因素的变化而灵活运用。广告的时间策略运用是否得当，对广告的效果有很大影响。

广告的时间策略在时限运用上主要有集中时间策略、均衡时间策略、季节时间策略、节假日时间策略等 4 种；在频度上有固定频度和变动频度两种基本形式。

1. 集中时间策略

集中时间策略主要是集中力量在短时期内对目标市场进行突击性的广告攻势，其目的在于集中优势，在短时间内迅速造成广告声势，扩大广告的影响，迅速地提高产品或企业的声誉。这种策略适用于新产品投入市场前后，新企业开张前后，流行性商品上市前后，或者在广告竞争激烈时刻，以及商品销售量急剧下降的时刻。运用此策略时，一般采用媒介组合方式，掀起广告高潮。

2. 均衡时间策略

均衡时间策略是有计划地反复对目标市场进行广告的策略，其目的是为了持续地加深消费者对商品或企业的印象，保持消费者的潜在记忆，挖掘市场潜力，扩大商品的知名度。在运用均衡时间策略时一定要注意广告表现的变化，不断予人以新鲜感，而不要长期地重复同一广告内容，广告的频度也要疏密有致，不要予人以单调感。

3. 季节时间策略

季节时间策略主要用于季节性强的商品，一般在销售旺季到来之前就要开展广告活动，为销售旺季的到来做好信息准备和心理准备。在销售旺季，广告活动达到高峰，而旺季一过，广告便可停止。这类广告策略要求掌握好季节性商品的变化规律。过早开展广告活动，会造成广告费的浪费，而过迟开展广告活动则会延误时机，直接影响商品销售。

4. 节假日时间策略

节假日时间策略是零售企业和服务行业常用的广告时间策略。一般在节假日之前数天便开展广告活动，而节假日一过，广告即告停止。这类广告要求有特色，要把商品的品牌、价格、服务时间及不同寻常之处等信息突出地、迅速地和及时地告诉消费者。

广告的频度是指在一定的广告时期内发布广告的次数，在策略上可根据实际情况需要，交替运用固定频度和变化频度的方法。

固定频度策略是均衡广告时间常用的时间频度策略，其目的在于实现有计划的持续广告效果。固定频度法有两种时间序列：均匀时间序列和延长时间序列。均匀时间序列的广告时间按时限周期平均运用。如时间周期为 5 天，则每 5 天广告一次，若为 10 天，则每 10 天广告一次，以此类推。延长时间序列是根据人的遗忘规律来设计的，广告的频度固定，但时间间隔越来越长。

变化频度策略是广告周期里用各天广告次数不等的办法来发布广告。变化广告频度可以使广告声势适应销售情况的变化。常用于集中时间广告策略、季节与节假日广告时间策略，以便借助于广告次数的增加，推动销售高潮的到来。

变化频度策略有波浪序列型、递升序列型和递降序列型三种方式。波浪序列型是广告频度从递增到递减，又由递减到递增的变化过程，这一过程使广告周期内的频度由少到多，又由多到少，适用于季节性和流行性商品的广告宣传。递升序列型则是频度由少到多，至高峰时戛然而止的过程，适用于节日性广告。递降序列型是广告频度由多到少、由广告高峰跌到低谷，在最低潮时停止的过程，适用于文娱广告、企业新开张或优惠酬宾广告等。

上述各种广告时间策略可视需要组合运用。如集中时间策略与均衡时间策略交替使用，固定频度与变化频度组合运用等。广告时间策略运用得当，既可以节省广告费，又能达到理想的广告效果。这是广告策略中极为重要的一环。究竟一个商品广告在一种媒介上投放几次，才可以使人们记住它，这一问题的研究目前还处在摸索阶段，但目前也有研究表明至少是 6 次，即一个人接触同一个广告 6 次便会记住这个广告。如果有关此类问题的研究有所突破，将会使广告的刊播工作在更加科学、合理、有效的轨道上运行。

本章小结

广告策略是企业在广告活动中为取得更好的广告效果而运用的手段和方法。

在企业的广告策略中，常见的有四大类：广告产品策略、广告目标市场策略、广告媒体策略和广告实施策略。

关键概念

实体定位策略　观念定位策略　无差别市场广告策略　差别市场广告策略　集中市场广告策略　固定频度策略　变动频度策略

课后思考与练习

1. 名词解释

(1) 功效定位

(2) 产品系列策略

2. 填空题

(1) 广告目标市场策略主要包括三个具体策略：________、________和广告心理策略。

(2) ________是以发现差别和突出差别为手段，充分显示广告主企业和产品特点的一种宣传策略。

(3) 广告的时间策略在时限运用上主要有________、________、________和节假日时间策略等4种。

3. 判断题

(1) 欲望能够使人们扩大和加强对事物的认识，引起对事物的兴趣，使消费者产生愉悦的情绪，对形成购买动机和促成购买行为有重要影响。　(　)

(2) 黄金时机即抓住“关键时机”的策略。　(　)

4. 简答题

(1) 研究广告策略有什么作用与意义？

(2) 广告策略有哪几种形式？

(3) 广告产品策略有哪几种类型？

(4) 广告目标市场策略有哪几种类型？

(5) 广告媒体策略有哪几种类型？

(6) 广告实施策略有哪几种类型？

案例讨论

脑白金广告策略分析

在很多人看来，脑白金广告一无是处，更有业内人士骂其毫无创意、“土得令人恶心”。有趣的是，就靠着这在网上被传为“第一恶俗”的广告，脑白金创下了几十个亿的销售额，在 2001 年，更是每月平均销售额高达两亿，“巨人”史玉柱也翻了身，再次踌躇满志地重出江湖。土广告打下大市场，不是用偶然性能解释的。对其广告策略进行剖析，对我们一定能有不少启示。

- 定位礼品 VS 曲线救国

20 世纪 70 年代，A·莱斯和 J·屈特提出了奠定他们营销大师地位的广告定位论。他们认为，广告应该在消费者心智上下工夫，力争创造一个心理独有的位置，特别是“第一说法、第一事件、第一位置”等，创造第一，才能在消费者心中造成难以忘记的、不易混淆的优势效果。而“今年过节不收礼，收礼只收脑白金”的广告语就抢占了这么一个独一无二的定位——既有与传统送烟酒等“不健康礼品”一分高下之意，又从把目标市场定位在具有保健效果的其他保健品中凸显出来！正是这充满霸气地同礼品画上的等号，塑造出脑白金与众不同的形象，使得消费者想到礼品，不由就想到脑白金。在我们这样一个礼仪之邦，礼品市场有多大？这个等号的价值又有多大呢？其实，脑白金敢于画这个等号也只是洞悉了一个简单事实：由于我国经济水平的限制，保健品本就存在“买的不用，用的不买”的购买者与使用者分离的现象，保健品需求变成购买力在很大程度上是间接的。至于功效颇有争议的脑白金，走直接道路更加困难，所以礼品定位真是不得不走的“曲线救国”之路。

- 感性路线 VS 理性路线

因为是保健食品的缘故，按法律规定，脑白金不能在广告中宣传治疗功效。所以，脑白金除在软文广告中打打擦边球以外，其他广告对功用的宣传力度都很小。作为不可避免的结果，脑白金购买者对其持信任态度仅为 6.2%。也就是说，大部分消费者怀疑其功效却还趋之若鹜。态度与行动背离的这种现象用传统的“广告→认知→态度→购买行为”的消费者行为学模型是无法解释的。是消费者不理性？非也！美国营销学家米盖尔·L·雷认为，某些产品，消费者没有获取其信息的动机或缺少分析产品信息的能力，在这种消费者低参与度的情况下，广告就能超越态度改变而直接诱发购买行为，即“广告→认知→行为”。用于礼品的脑白金，购买者往往关心的是其档次、蕴含的祝福，甚至包装等，对其功效反而并不太关心了。这很容易理解，俗话说礼到情意到，礼品送出去就发挥了对购买者的价值了，至于到了最终使用者那里效果如何，就是厂家的责任了。况且，对于这些医药保健药品，普通老百姓也确实没有能力参详透彻。所以脑白金作为消费者低参与度产品，出现态度与行为的分离也就不奇怪了。

● 集中诉求 VS 升华卖点

广告之父大卫·奥格威一直告诫广告人，广告一定要谨守单一诉求。可惜许多广告人总是置其忠告于不顾，只恨不得把商品的一切卖点都罗列于广告之上。经验已经证明，成功的广告总是只向消费者承诺一个利益点，因为消费者从一个广告里只能记住一个强烈的概念。如英国政治家丘吉尔所言：说得越多，领悟得越少。少说些、锁定焦点，才能带来较高的广告效果。脑白金广告虽简单，却也谨守了这一金科玉律，只通过姜昆、大山及后来的老头、老太太等的表演，形象地传递出以脑白金为礼物可达到收礼者开心的效果。想想看，如果脑白金广告中不仅宣传自己是送礼首选，还孜孜不倦地讲解自己有改善睡眠、润滑肠道的好处，消费者恐怕也难以清晰地记得"收礼只收脑白金"了。

● 频频亮相 VS 有效展露

重复是记忆之母。刘易斯·卡罗尔的《猎鲨》中有这么一句："我已经说过三遍了，无论什么，只要我说过三遍，就是真的！"这用来描述广告的投放效果似乎也很合适。广告专家艾尔文·阿肯保姆曾在1977年提出了有效展示（Effective Exposure）的概念，指出广告展示存在一个下限，低于这个下限，广告信息与消费者就无法建立牢固的联系，广告就会浪费。研究同时发现，同样的广告播放多次会增加20%～200%的记忆率。尤其是消费者低参与度的产品，广告展示的频次需要更高才能达到诱发购买的目标。脑白金绝对是认识到了这一点，极有魄力地一年就在广告上甩出十几亿。显然，没有媒体上的高投入、高投放，其广告显然达不到满意的效果。但是重复也要注意时机和次数的适当。据研究，广告展示的频次增加到一定程度，很可能引发消费者的负面心理，反而拖产品销售的后腿。

● 阳春白雪 VS 下里巴人

常有商贩以"洋气"来形容自己卖的衣服设计超凡脱俗、卓尔不群。这也是许多广告人追求的目标，"土气"则成了大忌。在消费者被浩如烟海的信息包围的今天，平庸单调的广告是很难引起消费者注意、达到广告效果的。故而有些广告人就沉溺于别出心裁、哗众取宠的效果，结果往往是消费者记住了广告，却忽视了是什么产品的广告，广告创意人的声誉提高了，产品的销售却不升反降。以世界级的CLLO大奖为例，历届大奖作品的广告主中，将近一半在获奖后破产或是更换了广告人，因为设计太过阳春白雪的广告并没有帮助销售。还是奥格威说得好："商品为什么一定要广告呢？如果能卖出东西，我希望消费者记住广告中的产品而不是记住了广告本身。"创意必须与广告受众的欣赏水平、审美观、消费心理等相适应，即必须有度，否则就会让广告受众不知所云，就只能孤芳自赏了。按"黑猫白猫，能抓住老鼠就是好猫"的说法，我们也可以说，"洋广告土广告，能促进销售就是好广告"。衡量创意好坏得用市场说话，千万别用专家的眼光替消费者做判断，毕竟广告是服务于产品的。脑白金的CF片，无论是"大山版"，还是"老头版"，都是直白、土气，但却很有生活气息，易于理解，成为促进销售最好的力量。因而从广告服务产品的角度说，脑白金广告是成功的。当然，若由主张处理方式同内容同等重要的广告大师威廉·伯恩巴赫评判，恐怕他还会要求脑白金广告在创意上多下点工夫，以取得更好的效果。

脑白金的广告并不完美，应该说存在一定缺陷。在几年的市场开拓中，没有注意培养品牌的内涵价值，知名度高而美誉度不高，导致缺少忠诚消费者。如今市场上出现愈来愈多企图在礼品市场瓜分蛋糕的公司，脑白金的定位优势已经大大减弱。如海王金樽在春节前喊出了“不送礼品送新意”的口号、某 PDA 厂家叫着“送礼就送××短讯王”等，无疑是针锋相对地向脑白金叫板。海王金樽们或许正击在脑白金的软肋之上，因为崇尚时尚性的礼品市场，总是喜新厌旧的。在众多新品的冲击下，脑白金还能凭借它的土广告坚守住阵地吗?

资料来源：http://www.emkt.com.cn/article/82/8230.html.

讨论题：

评价脑白金的广告策略，找出相应的启示。

实 训 应 用

(一) 实训项目

选择一个企业为其做一份原有广告策略分析，并提出改进的广告策略。

(二) 实训目标

1. 能找出已有广告策略的优势与劣势
2. 能根据企业的实际情况制定新的广告策略
3. 学会制订广告策略策划方案

(三) 实训指导

由实训负责教师事先制定实训指导书，成立实训指导小组，明确实训指导教师的职责与实训指导要求。

(四) 实训组织

1. 将全体同学分成若干虚拟广告部，每部 5～6 人，明确分工。职位可分为广告部部长、文案、媒介联络员、调查分析员、美工、设计等。
2. 每部设计一份广告策略策划书。
3. 各部相互交流实训心得，并填写本次实训报告。

(五) 实训考核

实训成绩考核主要从实训工作表现和实训成果两个方面进行。其中，工作表现的分值占总成绩的 40%，实训成果占总成绩的 60%。工作表现的具体内容包括工作的纪律性、主动性、责任感和创造性，实训成果从广告策略策划书的撰写及实训报告的填写情况来考核。

第6章

广告创意

【本章导读】

广告创意是广告策划的灵魂。本章我们在了解广告创意概念的基础上，分析广告创意的原理、广告创意的几种经典方法及广告创意的具体表现，以便在广告策划中有精彩的创意。

【学习目标】

知识目标

1. 了解广告创意的含义和原则；
2. 掌握广告创意的原理、方法和表现；
3. 明确广告创意的过程。

技能目标

1. 培养学生分析广告创意原理的能力；
2. 培养学生掌握广告创意的几种经典方法和表现；
3. 学会进行在广告策划中进行广告创意。

【引例】

给消费者一个不一样的中秋❶

春节、端午、中秋等传统民俗节日一直是白酒行业最为重要的消费旺季，是每一个白酒品牌都不会放过的扩大销售和强化宣传的有利机会，同时也是世俗文化最为张扬盛行的时候。如何在这些节日中去差异化地表达水井坊品牌文化，尤其是其中的高雅特质，怎一个“难”字了得！

经历了无数次的头脑风暴之后，水井坊寻找到了独有的节日推广之路——在世俗文化气息浓厚的传统节日中利用文化的不同层次和不同内容，有针对性地去展现、演绎水井坊的“高雅”，给消费者一个不一样的中秋。

在如此高度同质化的以“团圆”为主要诉求的中秋促销活动中，水井坊为中秋寻找到不

---

❶ 资料来源：http://www.86wed.com/html/chuangyianli/2007/0906/1207.html.

一样的文化表达——高雅的中秋佳节，水井坊代表的是小众的、高尚的贵族格调。中秋赏月是大家都要做的一件事吧，但不同的人有不同的赏法。《东京梦华录》就曾记载："中秋夜，贵家结饰台榭，民间争占酒楼玩月。"而此时对于那些文人雅士、达官贵人们来说，中秋已不再仅仅是团圆，更是借酒述怀、彰显高洁的良机。"一片冰心在玉壶"，且用"水井坊"来接住吧，接住中秋之夜的冰莹月色，接住值此佳节的优雅情怀（见图6-1）。

这即是中秋文化中的另一面，是一种借月、借酒而寄情的精神层次的展现，是中秋文化中有别于传统民俗节日世俗性的"风雅"表达和性格。而这也正是水井坊的中秋广告活动所带给消费者的不一样的中秋感觉，它不再是仅仅有团圆祈福习俗的中秋，更是充满着情感抒发、精神寄怀的"高雅"的中秋。

水井坊作为中国酒文化塑造最出色的品牌之一，无论是其古朴典雅的外包装、浑然天成的圆润酒瓶、醇厚淡雅的芳香酒品，还是源自"风、雅、颂"系列（见图6-2）的品牌形象，水井坊从产品本身到平面广告的内容、风格都无不散发着"雅"的气质和特性。于是，水井坊的雅文化和中秋的"高雅"自然而然地结合在了一起，在水井坊的中秋广告运动中展现出一个不一样的中秋。

图6-1 水井坊2006中秋广告

图6-2 水井坊"风雅颂"广告

水井坊的高雅中秋是这样的：带着淡淡的暗青色的皎月，现于两座重彩的山峦之间，那种仿佛在眼前，又像在天边的感觉油然而生；不同于水井坊以往暗红色基调的青色山峦和山峦间淡白的流云，让人感到那说不出的风雅、高洁，心中的思绪喷涌而出。而"月上风雅"的主题呈于画中，以一字"上"将中秋的月与水井坊的"雅"巧妙地结合在一起，中秋之雅了然于题，此中风韵与思绪已不能用只言片语来形容，真的是"只可意会而不可言传"。

"月圆之际，仲秋和风，雅兴顿起；美酒细酌，醉花醉月，情难自已。叹水井坊：六百年陈香不绝，醉了前人醉今人！"对照"月上风雅"的主题，我们也学了古人把酒赏月、吟诗作句，如此古色古香的文案挥笔而就，紧紧地抓住中秋的"把酒行风雅"，借中秋来烘托水井坊的“雅”。

“金玉之华美，木石之才情，皆可入礼；锦绣之文章，珠玑之音韵，总可成颂。曰水井坊：千古风流，自成礼颂!”本就是一次以中秋促销为核心内容的广告运动，我们总不能抛弃地面活动而不顾，于是乎再故作一次“风雅”，借“礼颂”将水井坊的雅文化与中秋买酒送礼结合在一起。

细品两段文字，明月、晴空、美酒……高洁、风雅之意油然而生，仿佛自己也有着不输于先贤的文采风华，也想趁此中秋佳节把酒吟诗一番了。至此，主题、画面、细文，无不展现着水井坊和中秋的“高、雅”，将一个不一样的高尚的中秋呈现于消费者面前。

【问题引入】

1.“水井坊”所使用的创意方法是什么?

2. 从案例中找出“水井坊”创意的新颖独特之处?

3. 从“水井坊”创意案例中，可以看出广告创意在企业营销中的作用是什么?

6.1 广告创意概述

创意是广告的灵魂，广告创意是对广告人能力的挑战，它要求广告作家要思考而不能乞求于灵感，要遵循一定的创意原则。现代传播学和市场营销理论的发展，为广告创作注入了科学的内涵和新的活力，从而丰富和发展了现代广告创意策略。

制定广告策略之后，广告活动就进入了实质性的创意阶段。此时，广告创作者要考虑的是如何充分、艺术性地表达阐释广告主题的问题。成功的广告战略首先来自不同凡响的创意。创意是引起消费者注意，激发消费者购买欲望的驱动力。

例如，1934 年老舍先生为促销自己的作品而做的一则广告，真可谓是妙趣横生的广告佳作。现摘录如下。

《老舍幽默诗文集》不是小说，什么也不是。

《赶集》是本短篇小说集，并不是去赶集。

《离婚》是本小说，不是提倡离婚。

《小坡的生日》是本童话，又不大像童话。

《二马》又是本小说，而且没有写马。

《老张的哲学》是本小说，不是哲学。

很显然，老舍先生创作这则广告是为了向读者推出自己的作品，他抓住读者的好奇心理，幽默风趣地展开“推销”，达到了很好的广告效果。

6.1.1 广告创意内涵

随着我国经济持续高速增长，市场竞争日益激烈，竞争不断升级，商战已开始进入“智”战时期，广告也从以前所谓的“媒体大战”、“投入大战”上升到广告创意的竞争，“创意”一词成为我国广告界最流行的常用词。“creative ”在英语中表示“创意”，其意思是创造、创建、造成。“创意”从字面上理解是“创造意象”之意，从这一层面进行挖掘，则广告创意是介于广告策划与广告表现制作之间的艺术构思活动，即根据广告主题，经过精心思考和策划，运用艺术手段，把所掌握的材料进行创造性的组合，以塑造一个意象的过程。简而言之，即广告主题意念的意象化。

为了更好地理解“广告创意”，有必要对广告主题、意念、意象、表象、意境作一下解释。

1. 广告主题

广告主题是广告所要表达的中心思想，也就是广告为达到某种目的所要说明和所要传播的基本观念。策划广告和做文章一样，必须有一个主题思想，或称为“中心思想”。广告主题贯穿于广告之中，使组成广告的各要素有机地组成一部完整的广告作品。因此，广告主题的策划是广告策划的重要内容，也是广告是否成功的关键之一。那么，广告主题来源于什么呢？它来自客观事实，来源于广告主提供的商品或劳务信息，来源于对市场、企业、消费群体和社会环境的调查。确定广告主题的信息和材料包括以下内容：产品状况、企业状况、市场状况、消费者状况、竞争对手状况及社会环境状况。

所以，广告创作人员要深入生活，了解产品特性、消费者特性及其需求欲望、接受信息传播的特点及市场营销环境等，在掌握大量素材的基础上，把分散的、不连贯的材料创造性地融为一体，加工提炼，挖掘出具有较高立意的、符合商品特点和消费者需求特性的主题。

广告主题确立后，为了更好地表现主题，还要注意以下几点。

① 诉求明确。广告主题设计首先要考虑的问题就是：“这个广告要说明什么？”也就是说，广告主题设计一定要反映出较明确、较直观的广告诉求，通过明确的诉求激发消费者的购买欲望，或为消费者的购买行为寻找恰当的理由。如果主题设计体现不出明确的广告诉求，就难以达到广告的目的。

② 主题要单一。在选择广告主题时，尽可能做到一个广告一个主题，或一系列广告一个主题。

③ 表达主题要突出重点，不要面面俱到，集中一点诉求是获得最佳效果的方法之一。主题的重点过多，诉求力就会下降。

④ 不要轻易改变广告的诉求重点。根据人们累积记忆的规律，诉求重点只有不断重复，人们才会记住广告的意念。

⑤ 表达要准确。不着边际是今日广告创作常见到的毛病。为防止这种现象的出现，应根据“意在笔先、以文传意”的要求来表达主题。

⑥ 表达主题的语言要通俗易懂，尽可能大众化，运用具体的、生动的、感人的形象语言来表现广告主题思想。

2. 意念

“意念”指念头和想法，在艺术创作中，意念是作品所要表达的思想和观点，是作品内容的核心。在广告创意和设计中，意念即广告主题，它是指广告为了达到某种特定目的而要说明的观念。它是无形的、观念性的东西，必须借助某一有形的东西才能表达出来。任何艺术活动必须具备两个方面的要素：一是客观事物本身，是艺术表现的对象；二是用以表现客观事物的形象，是艺术表现的手段。而将这两者有机地联系在一起的构思活动，就是创意。在艺术表现过程中，形象的选择是很重要的，因为它是传递客观事物信息的符号。一方面必须要比较准确地反映被表现事物的本质特征，另一方面又必须能为公众理解和接受。同时形象的新颖性也很重要。在广告创意活动中，创作者也要力图寻找适当的艺术形象来表达广告的主题意念，如果艺术形象选择不成功，就无法通过意念的传达去刺激、感染和说服消费者。

3. 表象

符合广告创作者思想的可用以表现商品和劳务特征的客观形象，在其未用作特定表现形式时称其为表象。表象一般应当是广告受众比较熟悉的，而且最好是已在现实生活中被普遍定义的，能激起某种共同联想的客观形象。

4. 意向

在人们头脑中形成的表象经过创作者的情感体验和理解作用后，渗透着创作者的主观情感和情绪，并经过一定程度的联想、夸大、浓缩、扭曲和变形，最后转化为意象。

表象一旦转化为意象便具有了特定的含义和主观色彩。意象对客观事物及创作者意念的反映程度是不同的，其所能引发的受众的感觉会有差别。用意象反映客观事物的格调和程度即为意境，也就是意象所能达到的境界。

意境是衡量艺术作品质量的重要指标。

6.1.2 广告创意的特征

1 新颖独特

广告创意要以新颖独特为生命，模仿他人的创意，抄搬他人的语言，就没有多少价值。广告只有标新立异，才能吸引大众的注意力，给消费者留下深刻的印象。因此，广告必须推陈出新，针对人们存在的各种心理包括逆反心理、好奇心理等，刻意求新，力求不落俗套。

【小案例】

美特牌丝袜将使任何形状的腿变得美丽异常

画面如下。这个广告开头时镜头对准一双形象优美穿着长筒丝袜的腿，一个柔美的女性声音告诉观众："下面这个广告将向美国妇女证明美特牌丝袜将使任何形状的腿变得美丽异常。"随着画外音，镜头慢慢顺着腿往上移动，观众好奇地看到这个模特儿穿着绿灰色短裤、棒球队员汗衫，最后发现穿这双丝袜的竟是个男性——著名棒球运动员乔·纳米斯！他笑眯眯地对着大吃一惊的观众说："我当然不穿长筒女丝袜了，但如果美特女丝袜能使我的腿变得如此美丽，我想它也一定能使你的腿变得更加漂亮。"

这个广告是用男性模特儿推销女性用品——美特牌丝袜，这是反常手法的巧妙运用。其创意是：男人的腿穿了丝袜都如此美丽，何况女人呢？商品的对象是女人的腿，广告却用男人的腿的异常美丽来衬托，这除了造成新奇刺激外，更把美特牌丝袜的魅力夸大到无以复加的程度，给人留下深刻印象。

资料来源：http://www.54CEO.net.

2. "意"与象交融

前面已述，"意"是广告人的用意、意图、想法、观念等，可是这些东西要是赤裸裸地直接表达出来，那不是好的广告，更不是好的创意。好的创意广告应"意"与象交融互渗、浑成一体。象，即形象，用形象来体现"意"。

美国有一幅早期广告画让人历久难忘。这家公司专门制造各种罐装的汤汁。他们以儿童作为主要营销对象，因此，这家公司的广告招贴画的创意也充分利用了儿童的意象。广告画上，3个淘气的三四岁的女孩。第一个女孩手持点燃的蜡烛说："我困啦！我要睡觉啦！"第二女孩用手拽第一个女孩的上衣，轻声说："慢，等一会儿！你闻闻，什么香味？"原来身旁第三个女孩正在开罐头，鲜汤的香味已经扑鼻而来……广告语："它以一种灿烂的火花般的感觉吸引着孩子们！"

这个广告的"意"是"孩子们都喜欢，都被吸引，都离不开啦！""象"是"三个孩子临睡时还想喝一勺鲜汤。"意融于象，真是天衣无缝。据说，这张广告画不仅吸引了无数的孩子，而且也使做妈妈的乐于购买，起了很好的促销作用。

3. 具有吸引力

广告创意具有吸引力，即要吸引消费者的注意。注意是人的心理活动对外界一定事物的指向与集中。广告只有先引人注意才有可能诱发消费者购买的欲望。所以，引起消费者注意是广告创意成功的基础，也是广告创意的基本特征。如美国广告大师威廉·伯恩巴克所说："我常常拿'在一个人的头上站着一个人'的广告印在一页广告上能够吸引人的注意为例。但是，除非你在卖一种能防止从那个人的口袋中掉出东西的商品外，它就不是一个好的广告，此外，就是用你的创造力，你的吸引力，以及你的聪明才智来促进你商品的优点，并使其易于记忆。"

"如果你不用这种方式来做，好了，第一，你没有吸引力使人来看你的这页广告。因此，不管你在广告中说了些什么，你都是在浪费金钱。

如果你这样做了，而它并不与你的商品发生关联，那么你就制造了愤恨，因为人们会感到看你的广告便陷入了你的阴谋诡计。

你必须做的是借使用可能最经济而又具有创造性的方法，去吸引人们，并使他们接受你所销售的事物。现在这是桩难事，这是使人焦急得出汗的事。这要去工作。”❶

为了使广告创意能引起广大群众的注意，而且是一种自然而然发生的、不需要任何意志上努力的无意注意，广告工作者的经验是：要捉住大众的眼睛和耳朵。

【小案例】

可口可乐电视广告片

美国可口可乐在英国播放的一则电视广告片就是以善于捉住大众的眼睛和耳朵而著称的，在英国引起了轰动效应，获得了极好的广告效益。该广告片表现一次核战争后，幸免于难的美国核动力潜艇“自由女神号”的全体官兵，成了最后的一部分人类。潜艇穿过密布战争遗痕的海洋，驶向故乡美国。战斗警报突然拉响，水兵们又迅速奔向各自的岗位，“自由女神号”重新变成一座战斗堡垒。旧金山已遥遥在望，刚才收到的神秘电台讯号变得越来越清晰，但它时有时无，让人难以捉摸。潜艇浮上水面，排列在甲板上的水兵向这个被毁灭的城市默默致哀。组建的突击队在指挥官杰克逊少将的指挥下登陆，悄悄地向一座超级市场的废墟接近，少将感到恐惧和痛苦，脑海里充满了战前与女友来此购物的情景，如今战争已夺去了她的风韵和银铃般的欢笑……当神秘的讯号又出现时，伏在断墙残垣后的突击队员果断地冲进了破楼。一梭枪弹射击后，他们惊愕地发现，既没有敌人，也没有任何战争设施，有的只是一架放在窗边上的发报机和一个被窗帘挂住了的饮料罐。每当海风吹入，窗帘浮动，饮料罐就被带着撞向发报机，从而在键钮上无意识地敲打出时断时续、毫无规则，因而也无法破译的讯号。

一场虚惊过去了，面对眼前的场景，官兵们啼笑皆非，相对无语。此时，镜头越来越推近饮料罐。当它占满整个屏幕画面时，人们看到，原来那个惹是生非的是“可口可乐”饮料罐。最后推出广告语：“当整个人类毁灭时，可口可乐仍然存在。”

广告创意以超现实的想像，强有力地表达了可口可乐在市场上和人众心中不可动摇的地位，创造了震撼人心的力量和巨大的感染力。使广告和产品印象深深打入观众的心灵。

资料来源：http://idea. cnad. com/html/special/.

4. 构想单纯

所谓构想单纯，是指创意完全围绕着一个主题进行构思，不允许其他概念介入，以免造成干扰，冲淡主题效果或给人造成散乱的印象。单纯主题显得清晰、明了、鲜明、突出，容易给人留下深刻的印象，并有利于这种印象的长期保留。同时，也有利于具体设计作品时提高技术成分的表现效率，使表现技法达到简洁明快的效果。

---

❶ 资料来源：海金司. 广告写作艺术. 北京：中国友谊出版公司，1995.

6.2 广告创意的方法

广告创意追求的是新颖独特、别具一格。遵循一定的方法、运用适当的技巧是广告创意获得圆满成功的根本保证。百余年来，无数广告人通过他们的辛勤探索，总结出许多切实可行、行之有效的创意方法。所以，了解、掌握、运用这些方法，无疑会对后来者的广告实践产生巨大的促进作用。

6.2.1 “二旧化一新”创意法❶

亚瑟·科特勒的“二旧化一新”创意法是在研究人的心志作用对创意的影响时提出的。这种被称之为“创意的行动”的构想，在实践过程中对创意的形成和发展影响很大，因而人们也就当作一种广告创意方法倍加推崇而大量应用。

“创意的行动”其实质就是“二旧化一新”，其含义是：新构想常出自两个相抵触的想法的再组合，而这种组合是以前从未想到的。即两个相当普遍的概念或想法、情况甚至两种事物，把它们放在一起，会神奇地获得某种突破性的新组合。有时即使是完全对立、互相抵触的两个事物，也可以由“创意的行动”和谐地融为一体，成为引人注目的新构想。

大印象减肥茶有一则以“来点果汁还是大印象”为标题的平面广告，图中是两个不同形状的杯子，一只杯子下半部分很圆，像胖胖的肚子，杯里插着一根吸管，表明是果汁；一只杯子中间窄，两头圆，像是女性完美的曲线，杯口悬下来的细绳标签上印着大印象的标志。文案是：“不一样的效果源自不一样的选择。”这则广告以常见的两种杯型曲线隐喻饮用该品牌减肥茶带来的神奇效果，让人一目了然而又饶有兴味，是引人注目的新构想。

詹姆斯·韦伯·扬在《产生创意方法》中提出创意的基本原则：一是创意完全是把原来的许多旧要素重新组合；二是必须具有把旧元素予以新组合的能力。他认为真正优秀、有广告创作能力的人士都具有的独特性格是：第一，没有什么题目是他不感兴趣的；第二，“二旧化一新”创意法的条件和基础是有丰富的知识和经验积累。“二旧化一新”也就是“旧元素，新组合”。旧元素的多少，往往决定新组合产生的可能性。

依据“二旧化一新”的基本原则，有限的元素通过不同的组合，可以形成无限新的构思。如澳大利亚一家航空公司为了吸引游客乘坐本公司的飞机，打出了“下雨天，免费旅游”的广告。就一般生活常识而言，下雨与旅游几乎是一对不可调和的矛盾。旅游者大多热衷于选择晴天出门，而天气的变化特别是遇上刮风下雨等恶劣天气，往往会使人改变出行计

❶ 资料来源：饶德江．广告策划与创意．武汉：武汉大学出版社，2003.

划。此创意将两个互相抵触的事物组合在一起，形成“下雨旅游”的新构想。这个表面看来违反常规、不合情理的荒唐组合却产生了极佳的广告效果。虽然广告内容里附加有“下雨时间不满三天，旅游者不能享受免费优待”的条款，但该航空公司的年营业额仍增加了30%，且连续数年长盛不衰。其奇迹便来自于“二旧化一新”的广告创意，来自互相矛盾的两个元素的奇妙组合。

6.2.2 “水平思考”创意法

“水平思考”创意法是由英国心理学家爱德华·戴勃诺提出的，本意是“管理上的水平思考法”，并不是用于广告创意。在广告实践中，广告创意人员和广告学者逐渐发现，水平思考法能极大地促进、激发广告创意的产生，于是便将其移植到广告创作中，使其成为广告创意的有效方法。

水平思考法是与垂直思考法相比较而存在的。

垂直思考法是指传统逻辑上的思考法，明显特点就是思考的连续性和方向性。连续性指的是思考从某一状态开始，直接进入相关的下一状态，如此循序渐进，直到最终解决问题，中间不允许中断。方向性则是指思考问题的思路或预先确定的框架不得随意改变。正是由于这种思考方法注重事物之间的逻辑联系，习惯于在一定思路的引导下，在一个固定的范围内向上或向下运动，故人们称之为“垂直思考法”。

对于水平思考法，爱德华·戴勃诺博士曾说：“大多数人，过于重视旧知识与旧经验，根据所谓的旧经验，逐渐产生了‘创意’。这就是以垂直思考法观察或思考某一件事。这种思考方法，往往阻碍‘创意’的产生。与其利用垂直思考法去产生创意，不如用水平思考法来得有效。水平思考法就是完全脱离了既存的概念，对某一件事情重新思考与检讨的一种方法。”

【小知识】

垂直思考法与水平思考法的差异

垂直思考法是选择性的，水平思考法是生生不息的；

垂直思考法只在有了一个方向时才移动，水平思考法的移动是为了产生一个方向；

垂直思考法是分析性的，水平思考法是激发性的；

垂直思考法按部就班，水平思考法可以跳来跳去；

垂直思考者必须每一步都正确，水平思考者则不；

垂直思考法为了封闭某些途径要用否定，水平思考法则无否定；

垂直思考法要集中排队不相关者，水平思考法欢迎新东西闯入；

垂直思考法类别、分别和名称都是固定的，水平思考法则不必；

垂直思考遵循最可能的途径，水平思考探索最不可能的途径；

垂直思考是无限的过程，水平思考则是有限的过程。

资料来源：饶德江. 广告策划与创意. 武汉：武汉大学出版社，2003.

6.2.3 “头脑风暴”创意法

头脑风暴法是由美国创造学家A·F·奥斯本于1939年首次提出，1953年正式发表的一种激发性思维的方法。

头脑风暴法出自“头脑风暴”一词。头脑风暴（Brainstorming）最早是精神病理学上的用语，是对精神病患者的精神错乱状态而言的，现在转而为无限制的自由联想和讨论，其目的在于产生新观念或激发创新设想。

在群体决策中，由于群体成员心理相互作用影响，易屈于权威或大多数人的意见，形成所谓的“群体思维”。群体思维削弱了群体的批判精神和创造力，损害了决策的质量。为了保证群体决策的创造性，提高决策质量，管理上发展了一系列改善群体决策的方法，头脑风暴法是较为典型的一个。

采用头脑风暴法组织群体决策时，要集中有关专家召开专题会议，主持者以明确的方式向所有参与者阐明问题，说明会议的规则，尽力创造融洽轻松的会议气氛。一般不发表意见，以免影响会议的自由气氛，由专家们“自由”提出尽可能多的方法。

1. 头脑风暴法的激发机理

头脑风暴何以能激发创新思维？根据A·F·奥斯本本人及其他研究者的看法，主要有以下几点。

(1) 联想反应

联想是产生新观念的基本过程。在集体讨论问题的过程中，每提出一个新的观念，都能引发他人的联想。相继产生一连串的新观念，产生连锁反应，形成新观念堆，为创造性地解决问题提供了更多的可能性。

(2) 热情感染

在不受任何限制的情况下，集体讨论问题能激发人的热情。人人自由发言、相互影响、相互感染，能形成热潮，突破固有观念的束缚，最大限度地发挥创造性思维能力。

(3) 竞争意识

在有竞争意识情况下，人人争先恐后，竞相发言，不断地开动思维机器，力求有独到见解，新奇观念。心理学的原理告诉我们，人类有争强好胜心理，在有竞争意识的情况下，人的心理活动效率可增加50%或更多。

(4) 个人欲望

在集体讨论解决问题的过程中，个人的欲望自由，不受任何干扰和控制，是非常重要的。头脑风暴法有一条原则：不得批评仓促的发言，甚至不许有任何怀疑的表情、动作、神色。这就能使每个人畅所欲言，提出大量的新观念。

2. 头脑风暴法的要求

（1）组织形式

参加人数一般为5～10人，最好由不同专业或不同岗位者组成。

会议时间控制在一小时左右。

设主持人一名，主持人只主持会议，对设想不作评论。设记录员1～2人，要求认真将与会者的每一种设想不论好坏都完整地记录下来。

（2）会议类型

设想开发型：这是为获取大量的设想、为课题寻找多种解题思路而召开的会议，因此，要求参与者要善于想像，语言表达能力要强。

设想论证型：这是为将众多的设想归纳转换成实用型方案召开的会议。要求与会者善于归纳、善于分析判断。

（3）会前准备工作

① 会议要明确主题。会议主题提前通报给与会人员，让与会者有一定准备。

② 选好主持人。主持人要熟悉并掌握该技法的要点和操作要素，摸清主题现状和发展趋势。

③ 参与者要有一定的训练基础，懂得该会议提倡的原则和方法。

④ 会前可进行柔化训练，即对缺乏创新锻炼者进行打破常规思考，转变思维角度的训练活动，以减少思维惯性，从单调、紧张的工作环境中解放出来，以饱满的创造热情投入到激励设想活动中去。

（4）会议原则

为使与会者畅所欲言，互相启发和激励，达到较高效率，必须严格遵守下列原则。

① 禁止批评和评论，也不要自谦。对别人提出的任何想法都不能批判、不得阻拦。即使自己认为是幼稚的、错误的，甚至是荒诞离奇的设想，亦不得予以驳斥；同时也不允许自我批判，在心理上调动每一个与会者的积极性，彻底防止出现一些“扼杀性语句”和“自我扼杀语句”。如“这根本行不通”、“你这想法太陈旧了”、“这是不可能的”、“这不符合某某定律”及“我提一个不成熟的看法”、“我有一个不一定行得通的想法”等语句。只有这样，与会者才有可能在充分放松的心境下，在别人设想的激励下，集中全部精力开拓自己的思路。

② 目标集中，追求设想数量，越多越好。会议以谋取设想的数量为目标。

③ 鼓励巧妙地利用和改善他人的设想。这是激励的关键所在。每个与会者都要从他人的设想中激励自己，从中得到启示，或补充他人的设想，或将他人的若干设想综合起来提出新的设想等。

④ 与会人员一律平等，各种设想要全部记录下来。与会人员，不论是该方面的专家、员工，还是其他领域的学者，以及该领域的外行，一律平等；各种设想，不论大小，甚至是最荒诞的设想，记录人员也要认真地将其完整地记录下来。

⑤ 主张独立思考，不允许私下交谈，以免干扰别人的思维。

⑥ 提倡自由发言，畅所欲言，任意思考。会议提倡自由奔放、随便思考、任意想像、尽量发挥，主意越新、越怪越好，因为它能启发人联想出好的设想。

⑦ 不强调个人的成绩，应以小组的整体利益为重，注意和理解别人的贡献，人人创造民主环境，不因多数人的意见阻碍个人新的观点的产生，激发个人追求更多更好的主意。

(5) 会议实施步骤

① 会前准备：参与人、主持人和课题任务三落实，必要时可进行柔性训练。

② 设想开发：由主持人公布会议主题并介绍与主题相关的参考情况；突破思维惯性，大胆进行联想；主持人控制好时间，力争在有限的时间内获得尽可能多的创意性设想。

③ 设想的分类与整理：一般分为实用型和幻想型两类。前者是指目前技术工艺可以实现的设想，后者指目前的技术工艺还不能完成的设想。

④ 完善实用型设想：对实用型设想，再用头脑风暴法进行论证，进一步扩大设想的实现范围。

⑤ 幻想型设想再开发：对幻想型设想，再用头脑风暴法进行开发，通过进一步开发，就有可能将创意的萌芽转化为成熟的实用型设想。这是头脑风暴法的一个关键步骤，也是该方法质量高低的明显标志。

(6) 主持人技巧

① 主持人应懂得各种激发设想的技法，会前要向与会者重申会议应严守的原则和纪律，善于激发成员思考，使场面轻松活跃而又不失头脑风暴法的规则。

② 可轮流发言，每轮每人简明扼要地说清楚一个创意设想，避免形成辩论会和发言不均。

③ 要以赏识激励的词句语气和微笑点头的行为语言，鼓励与会者多出设想，如说“对，就是这样！”“太棒了！”“好主意！这一点对开阔思路很有好处！”等。

④ 禁止使用下面的话语。如“这点别人已说过了！”“实际情况会怎样呢？”“请解释一下你的意思。”“就这一点有用。”“我不赞赏那种观点。”等。

⑤ 经常强调设想的数量，如平均3分钟内要发表10个设想。

⑥ 遇到人人皆才穷计短的情况，出现暂时停滞时，可自选休息方法，如散步、唱歌、喝水等；或发给每人一张与问题无关的图画，以求从图画中获得灵感。然后再进行几轮头脑风暴。

⑦ 根据课题和实际情况的需要，引导大家掀起一次又一次脑力“激波”。如课题是某产品的进一步开发，可以从产品改进配方思考作为第一激波、从降低成本思考作为第二激波、从扩大销售思考作为第三激波等。又如，对某一问题解决方案的讨论，引导大家掀起“设想开发”的激波，及时抓住“拐点”，适时引导进入“设想论证”的激波。

⑧ 要掌握好时间，会议持续一小时左右，形成的设想应不少于100种。但最好的设想往往是会议要结束时提出的，因此，预定结束的时间到了可以根据情况再延长5分钟，这是人们容易提出好的设想的时候。在延长的时间里再没有新主意、新观点出现时，头脑风暴会议可宣布结束或告一段落。

6.3 广告创意表现

6.3.1 广告创意表现概述

广告创意表现就是将广告创意概念进行符合特定媒体语言的再创造，完成特定的信息编排与传达效果的创意执行过程。创意仅仅是头脑中的一个构思，是一种思维活动。假如思想中的东西“五彩缤纷”，可是仅在大脑中转悠，或者仅仅把它形成文字，它还不是创意表现。现在很多大型、现代化运作的广告公司，在向客户提案时，依然选择使用一些速写来表现整个创意构思。而真正到了进行广告作品表现的时候，那才是一个实实在在的物化的过程，是一个创意的执行的过程，不是头脑中的构思，也不是那个速写，这也就是创意在先、表现在后。

创意的执行过程不仅仅是再创造，还是完成特定信息的编排以传达效果的过程。信息的编排是要把所有的关于广告创意的这些信息重新编排，表现出来。不论创意是在计算机上、纸上还是在非线性的编辑器上完成，总之，这些信息的编排就是一个物化的过程。强调的是一个传达的效果。这些信息包括图像、声音等元素。这些元素都要通过专业人员来把它物化，然后形成一个广告作品，这个才能叫做创意的执行过程。

广告表现就是将广告创意概念进行符合特定媒体语言的再创造，完成特定的信息编排与传达效果的创意执行过程。广告表现的过程不仅涉及基本的艺术表现技巧，更涉及传统与现代的传媒技术和信息处理技术。同时这里还强调了广告表现的创造性，这个创造性主要是来自于对媒体传播的优势和传播制约的利用，所以广告表现是广告创意的物化和延伸。

6.3.2 广告创意表现的原则

广告创意表现有多种表现形式，而广告诉求是其灵魂，科学的广告诉求是依照心理学法则的，要想成功地进行广告创意，就必须理解消费者在做出某一特定行为时的反应过程。传统的反应过程模型见表 6-1。

表 6-1 传统的反应过程模型

阶 段	AIDA 模型	效果层次模型	创新扩散模型	信息处理模型
认知阶段	注意	注意、了解	意识	展示、注意、理解
情感阶段	兴趣、欲望	喜欢、偏好、确信	兴趣、评价	接受、记忆
行为阶段	行动	购买	试用、采纳	行为

在上表中 4 个反应过程模型中，AIDA 模型最初是用来反映销售人员在推销过程中必须引领消费者经历的各个阶段。在这个模型中，购买者要依次经历注意、兴趣、欲望、行动 4 个阶段。推销人员必须先抓住消费者的注意力，然后引起他们对公司产品或服务的兴趣。强烈的兴趣会使消费者渴望拥有或者使用该产品。AIDA 模型的行动阶段包括使消费者做出购买的行动以后结束此销售。因为这个模型，同广告对消费者进行影响的过程极其接近，因而广告创意表现首先应遵循这一法则。

1. 引起注意

行为科学研究表明：一幅广告要对消费者起作用，首先要引起他们的注意。如果广告不能吸引人的眼球，特别是不能引起目标受众的注意，那么广告就等于白做了。因而，广告表现首先要能够抓住人们的眼睛和耳朵。好的广告能在消费者无意识的状态下吸引其注意力。

“吸引人的注意力”、“被人们所注意”、“有很大的吸引力”……不管你怎么表达，这是广告的主要创意目标。现今的广告必须十分努力以吸引人们的眼球。仅靠广告策略——定位、产品诉求及人口学和消费心理方面的数据是不够的。显然，只有吸引了人们的注意力后你才能让人相信你所推销的东西。换句话说，人们只能见到广告后才去读它。记住：在一个媒体中，你的广告是和其他广告或节目一起去争夺读者的眼球。不幸的是，媒体中的绝大多数广告是不为人们注意的。

广告要获得成功，势必要有力地执行所有的创意要素——画面、标题和文案。由于创意并不是科学，因此我们从研究中无法得知哪一种创意的手段最行之有效。研究只能大体上告诉我们什么样的东西能成功，但没有准绳来衡量可以取得重大突破的广告创意。一张图片抵得上千言万语，但我们运用插图不只是为了吸引注意力。插图必须和销售概念有很密切的关系。使用惊世骇俗的画面仅仅是为了吸引注意力通常是一种错误的做法。如果卖的是钉子而主要画面却是一位身穿比基尼泳装的女人，所使用的性感形象与产品毫无关系。那你就是在愚弄人：既然我们吸引了你的注意力，就请买我们的钉子吧。因为大多数人不喜欢被愚弄，他们会讨厌你的广告——进而会讨厌你的产品。

吸引人的注意力有几种基本方式。

① 统一。所有富有创意的广告都有统一的设计。布局必须考虑到整体性，所有的构成部分（文案、美术、标题、标志等）要相辅相成，以营造一种整体、统一的效果。

② 协调。美术设计人员通过选取相互配合的要素来达到协调。这个过程与化妆很相似，什么样的肤色搭配什么样的色彩。布局图需要协调以便取得效果。字体、字号、插图等不应有太多的变化。

③ 顺序。广告应该布局有序以便人们阅读时能从左至右、从上至下。各要素的顺序有助于从结构和凝视动作上指引视线。合理安排各要素，以便读者的目光能如你所愿的那样阅读广告。普通的排列为“Z”字形或“S”字形。

④ 强调。强调就是将重点集中到某一要素（或一组要素）上使之突出，首先需要在插图、标题、标志、文案等要素中选择需要强调的部分或画面。如果你给这些要素或画面同等

的强调，到头来也就什么也没强调。

⑤ 对比。尺寸、形状和风格需要有所不同以增加活力，从而使广告从视觉上显得不沉闷。将平面广告的字体设计为黑体、斜体或使用拉长的字体会将人们的注意力吸引到某个字或词上，在字体之间形成对比。对比使布局显得更为有趣。

⑥ 平衡。所谓平衡，指的是控制各要素在广告中的尺寸、风格、重要性和位置。达到平衡的各要素在人们的眼中显得可靠而且自然。可以通过检查广告的左半部和右半部之间的关系来测试平衡。

⑦ 色彩。色彩是获得注意力的办法，在大多数的情况下，彩色广告比黑白广告更能吸引人们的注意力。事实上，有些产品的广告只能做成彩色的。家庭装修、食品、服装和辅料及化妆品等产品如果采用黑白广告，就会失去它们的大部分诉求。但是，在彩色广告泛滥的今天，有的情况下黑白广告却能从彩色漩涡中凸显出来。

⑧ 空白。有时候设计人员头脑里满是插图，却忘记了空白也是非常重要的设计手段。使用空白的基本原则是将其编排在广告的外围。广告中部使用过多的空白会干扰阅读者的视线，破坏广告的整体性。

2. 激发兴趣

吸引了消费者的注意力，还要唤起他们的兴趣，即让消费者能继续看下去，并对广告的内容产生兴趣。

为了引起兴趣，广告往往要针对消费者的需要进行诉求，其方法是。

① 突出商品给消费者带来的利益。

② 针对人体生理需要进行诉求，如冬季寒冷时需要保暖服饰。

③ 情感诉求，如化妆品、时装等方面的广告强调使用后对异性的吸引力。

④ 健康诉求，如药品等广告强调产品对人体健康的益处。

⑤ 社交诉求，如节日礼品广告。

⑥ 娱乐诉求，一些家电产品，往往强调它们在提供娱乐上的作用。

⑦ 慈爱诉求，为了迎合父母喜爱子女的天性，在儿童用品广告中，突出父爱母爱，这样就能打动消费者的心。

3. 刺激欲望

在消费者对广告产品产生浓厚兴趣时，更要充分运用多种表现方法，对其进行劝说，不失时机地进一步刺激其得到该产品或服务的欲望。

① 提供保证，表明购买此产品可以给消费者带来好处。

② 突出产品质量。

③ 宣传这种商品在顾客中受欢迎的情况。

④ 突出表现社会名流也使用此商品的信息，利用名人效应。

⑤ 如果不购买此商品，可能会产生怎样的消极后果，一般是采用比较的方法。

4. 导致购买行为

广告的最终目的，是劝说消费者购买广告所宣传的商品或服务。为了达到这一目的，广告创意表现常常劝说消费者迅速采取购买行动。如马上购买则可以享受各种优惠，规定优惠购物的期限等。

6.3.3 广告创意表现战略

1. 一般战略

一般战略不特别强调与竞争商品的差异，或商品如何优越，只说明商品的特长。这种战略常用在特别创新的商品，在该商品范畴里竞争者少，几乎属于独占的品牌。

2. 先下手战略

氰胺公司孕妇保健药“宝纳多”最先打出“一人吃两人补”的标题，其实任何孕妇保健药都有这种功能，可是“宝纳多”最先打出。那么和它竞争的同类品，就被视为次等商品。商品的功能无大差异时，此种方法最为重要。本战略最忌讳的是：某品牌先说出具有某一功能，其他品牌随后也说具有同样的功能。

3. USP 战略

USP 表示独特的销售主张或独特的卖点。USP 是罗塞·里夫斯（Rosser Reeves）在 20 世纪 50 年代首创的，他当时是美国 Ted Bates 广告公司董事长。里夫斯比较早地意识到广告必须引发消费者的认同。他认为，USP 是消费者从广告中得到的东西，而不是广告人员硬性赋予广告的东西。

USP 战略需要找出产品独具的特点，然后以足够强大的声音说出来，而且要不断地强调。

USP 是广告发展历史上最早提出的具有广泛、深远影响的广告创意理论，它的意思是说：广告中必须包含一个针对消费者提出的销售主张。这个主张要具备三个要点：一是要有利益承诺，强调产品有哪些具体的特殊功效和能给消费者提供哪些实际利益；二是独特，这是竞争对手无法提出或没有提出的；三是广告要强而有力，要做到集中，是消费者很关注的。

【小案例】

美国一出版商有一批滞销书久久不能脱手。他灵机一动，给总统送去一本。忙于政务的总统不愿与他多纠缠，便回了一句：“这本书不错。”出版商便大做广告：“现在有总统喜欢的书出售。”于是，这些书被人抢购一空。不久，这个出版商又有书卖不出去，就又送一本给总统，总统上过一次当，就说：“这本书糟透了。”出版商又做广告：“现在有总统讨厌的书出售。”不少人出于好奇争先抢购。当出版商第三次送书给总统时，总统接受了前两次的教训，便不做任何答复。出版商却大做广告：“现在有总统难以下结论的书，欲购从速。”居然又被抢购一空。

资料来源：喜乐麦克. 水煮后三国. 北京：台海出版社，2004.

4. 品牌印象战略

主张品牌印象战略者，是奥美广告公司的David Ogilvy先生，他认为威士忌、香烟、啤酒这类商品，竞争者间不易看出多大的差异，如何转化广告创意表现，是主要课题。因此Ogilvy先生主张，树立品牌威信，保持消费者对品牌的长期好感，从竞争品牌中确立自家品牌的优越地位。这种战略构想，必须长期使用某一象征，借以强调高级感、高品质，多用名人或有个性的人做象征人物。采用品牌印象战略也必须以营销作为基础。

5. 商品定位战略

商品定位的观念，源于20世纪70年代，自20世纪80年代以后，“定位”一语，逐渐与“品牌印象”被用作统一内容。但“定位”与“品牌印象”不同之处是，前者有竞争的意味。消费者面对洪水般泛滥的广告，已无法辨认商品的好坏，所以才有商品“定位”的理论问世。所谓商品定位，是指诉求别家未有的独特之处。该独特之处是消费者所需要的，是商品的特性。如巧克力棒，它被定位于“饿着肚子加班时的简速食品”，这与其他品牌的巧克力棒以儿童为诉求阶层相比较，是十分独特的，同时也符合商品对象的需求。商品定位战略一言以蔽之，就是在于发现商品在印象图中最适当的位置。

6. 共鸣战略

共鸣战略，是利用消费者日常记忆的生活体验，在其所记忆的场面重现时，促使消费者记忆该商品的战略。如电视广告里，在一个爽朗的晨曦中，将牛奶类的食品倒入咖啡里的情景，这种广告表现是共鸣战略绝佳的案例。这种战略，并非特别强调商品利益，是把商品使用的情景与消费者的生活体验相融和的一种战略。共鸣战略常被用在生活形态分析上。按照生活形态描述使用该商品情景，最适合采用本战略，如父亲用录影机为孩子录影的广告，就是根据生活形态而制作的。

7. 感性战略

视觉冲击、前卫派、超现实主义等广告表现，都属于感性战略。这种广告表现大都属于仪表印象的组合，经常让消费者震惊。为了比竞争对手的广告更为醒目所做的广告表现，都属于感性战略。来用这种广告表现战略，加诸于消费者情绪的影响，商品往往给人一种耳目一新的感觉。因此，广告表现并非完全依据调查的资料，而广告创作者的直觉或创造力往往成为展开战略的原动力。

本章小结

创意是广告的灵魂，是介于广告策划与广告表现制作之间的艺术构思活动，即根据广告主题，经过精心思考和策划，运用艺术手段，把所掌握的材料进行创造性的组合，以塑造一个意象的过程。简而言之，即广告主题意念的意象化。

广告主题是广告所要表达的中心思想，也就是广告为达到某项目的所要说明和所要传播的基本观念。策划广告和做文章一样，必须有一个主题思想，或称为“中心思想”。

广告创意的方法有“二旧化一新”创意法、“水平思考”创意法和“头脑风暴”创意法。

广告创意表现就是将广告创意概念进行符合特定媒体语言的再创造，完成特定的信息编排与传达效果的创意执行过程。

广告创意表现战略有一般战略、先下手战略、USP 战略、品牌印象战略、商品定位战略、共鸣战略、感性战略。

关 键 概 念

广告创意　广告主题　广告创意表现

课后思考与练习

1. 名词解释

(1) USP 策略

(2) 头脑风暴法

(3) 先下手策略

2. 填空题

(1) 广告创意的方法有________、________和“头脑风暴”创意法。

(2) ________是广告所要表达的中心思想，也就是广告为达到某项目的所要说明和所要传播的基本观念。

(3) ________、________、超现实主义等广告创意表现，都属于感性战略。

3. 判断题

(1) 头脑风暴最早是精神病理学上的用语，指精神病患者的精神错乱状态而言的，现在转而为无限制的自由联想和讨论，其目的在于产生新观念或激发创新设想。　(　　)

(2) 感性战略，是利用消费者日常记忆的生活体验，在其所记忆的场面重现时，促使记忆该商品的战略。　(　　)

4. 简答题

(1) 广告主题确立后，为了更好地表现主题，应该注意哪些问题？

(2) 广告创意的特征有哪些？

(3) 广告创意的方法有哪些？

(4) 头脑风暴法的激发机理是什么？

(5) 风暴法的要求是什么？

(6) 广告创意吸引人的注意力有哪几种基本方式？

案例讨论

全球通客户体验 VIP 感觉

广告主角：体验式的情景画面

当全球通“专家品质，信赖全球通”、“关键时刻，信赖全球通”的品牌主张逐渐退出媒体，而代之以更实际的主张时，一组平面广告创意似乎传达着全球通新的营销策略。一直以来，网络信号质量和网络覆盖率都是全球通的竞争利器，但当竞争对手的网络优化工作不断提升及新业务不断降价时，全球通依然要建立差异化的品牌认知才能够确立竞争优势，于是提升服务、增加品牌的附加价值成为全球通营销策略的新的落脚点。中国移动的一家品牌传播公司的客户经理分析了其策略背景。

在这种情况下，“广告创意要做的就是将全球通的品牌驱动力表现出来，并传达给目标客户，于是创意选择了大客户经理、1860 人工坐席和 12580 增值服务作为诉求内容。”中国移动某分公司的一位品牌经理说，“但创意表现用的是体验式的表达方式，通过情景式的画面告诉目标客户，全球通可以为客户提供更多的服务和具有增值价值的业务，最终让客户感受到作为一个全球通客户的尊贵和超值。当然这组广告创意仅仅是全球通营销策略转变的一个开端。”

对于藏在手机里的这个看不见的移动通信客户，中国移动就是希望广告能够带给全球通客户更多的客户体验，广告的表现手法力图通过情景模式和最典型化的情节来加深目标受众的客户感知和心理体验。但客观地讲，无形的移动通信品牌要想让客户实实在在地感受到品牌新主张并不是一个容易的过程，因为产品是无形的，服务是看不见的，其传播难度要比常规产品大很多，所以现在的电信营销采用的多为体验式的手段，广告也不例外，全球通的系列广告基本上都是用典型化的场景和故事来叙述一个服务带给客户的利益和感受，通过模拟故事的形式传达出现场服务的感受和体验，从而提前感受到全球通品牌的 VIP 感觉。

点评：全球通的平面广告也是在明确品牌驱动力的基础上，营销策略的一个较为集中的诠释，一组系列广告共同传达着全球通品牌新的主张和承诺，力图建立全球通在客户中的差异化品牌定位。

启示录：营销时代，广告创意越来越多地增加了策略性的思考，天马行空的广告创意已经越来越没有市场，但必须看到，营销策略和广告策略常常需要依赖紧密的逻辑和理性思考；对企业而言，策略既是创意前的深入分析和思考，也是创意后的总结与发现，好的创意本身就包含着策略的思考和策略的延伸，因此，创意和策略可以是互动的，通过市场检验出来的策略才是最有生命力的策略。

资料来源：http://hi.baidu.com/nona13/blog/item/ec2a9e01e64f940a7aec2c5d.html.

讨论题：

1. 案例中全球通进行广告创意的策略是什么？
2. 本案例给了我们什么启示？

实训应用

(一) 实训项目

选择一个企业为其进行创新性广告创意。

(二) 实训目标

1. 能找出已有广告创意的优势与劣势。
2. 能根据企业的实际情况确定新的广告创意。
3. 学会利用各种广告创意战略进行不同形式的广告创意，并写出具体创意内容。

(三) 实训指导

由实训负责教师事先制定实训指导书，成立实训指导小组，明确实训指导教师的职责与实训指导要求。

(四) 实训组织

1. 将全体同学分成若干虚拟广告部，每部 5～6 人，明确分工。职位可分为广告部部长，文案，媒介联络员，调查分析员，美工，设计等。
2. 每部每人创意一则新的广告，择优作为本组成绩。
3. 各部相互交流实训心得，并填写本次实训报告。

(五) 实训考核

实训成绩考核主要从实训工作表现和实训成果两个方面进行。其中，工作表现的分值占总成绩的 40%，实训成果占总成绩的 60%。工作表现的具体内容包括工作的纪律性、主动性、责任感和创造性，实训成果根据广告创意及实训报告的填写情况来考核。

第7章

广告媒体策划

【本章导读】

广告媒体是广告信息的载体，是广告主与广告对象之间起媒介作用的物质手段，也是生产者与消费者之间的桥梁，没有这个工具或载体，广告信息就无法传播，也就不存在广告。本章我们意在了解广告媒体的规律，从而充分发挥其作用，通过有效的策划活动使广告信息能够顺利地传递给消费者。只有对媒体有一个十分清晰的认识，广告媒体策划才不致陷入盲目的境地。因此，要想取得广告最终成功的效果，就必须了解广告媒体。

【学习目标】

知识目标

1. 了解广告媒体的含义和特点，认识其作用与意义；
2. 掌握广告媒体的策划心理，能够客观地分析和运用不同的传媒方式；
3. 明确大众传媒的特点，通过有效的选择和组合使广告能够成功地传达。

技能目标

1. 培养学生分析广告媒体种类的能力；
2. 能够对主要媒体传播的特点进行认知；
3. 学会制订有效的广告媒体策划实施方案。

【引例】

广东电信“爱宽I动”广告[1]

2006年2月10日的《羊城晚报》C7版上刊登了广东电信“爱宽I动”的广告，全文如下。

绿色上网，健康成长。

这个假期，和孩子一起上网！

怎样让孩子度过一个成长快乐的假期？您关心的就是广东电信关注的。我们特别推出为学生量身定做的“假期宽带”套餐。

宽带逢寒暑假即可不限时包月，其余时间灵活计费；套餐还提供了绿色上网功能，过滤不

---

[1] 资料来源：http://bbs.lqcn.cn/thread-35805-1-1.html.

良信息；更有名师云集的同步课堂。宽松又安全的网络，使学生能够畅享网络乐趣又不影响学业。

孩子开心您放心，就用假期宽带！

【问题引入】

1. 广东电信为何选择报纸作为该广告发布的媒介？
2. 怎样认识不同媒体的优势和局限性？

7.1　广告媒体的概念与类型

广告媒体是广告主用以向消费者传播商品或服务信息的工具。在现代广告中凡是能负载广告信息、在广告信息传播中起中介作用的物质都可以称为广告媒体。媒体是英文 Media 的音译，它的意译为媒介。广告媒体是运输广告信息、达成广告目标的一种物质技术手段。也就是说，凡是能在广告主与广告对象之间起媒介作用的物质都可以称之为广告媒体。

7.1.1　广告媒体的内涵

1. 界定广告的概念

当今世界，人们整日生活于广告的包围圈之中。迄今为止，广告已经是文化空间最为强大的符号系统之一。现代社会，商业广告令人们见多识广。即使没有见到实物，人们仍然意识到了丰富的物质世界。在某种意义上，广告扩大了人们想像生活的空间。广告的活跃及其无与伦比的覆盖面表明，这个符号系统正在公共领域扮演着一个愈来愈重要的角色。而广告角色的转变，正是通过媒体这种实在的物质手段实现的。

美国广告学家威廉·阿伦斯对广告下的定义为："广告是由可识别的出资人通过各种媒介进行的相关产品（商品、服务和观点）有偿的、有组织的、综合的、劝服性的非人员的信息传播活动。"据此得出的传统媒体广告定义为：传统媒体为宣传其产品、服务或观点，有组织有目的地通过自身及其他媒介发布相关信息的非人员的传播活动。在美国，很早以前就有《乡村之声》报社委托"英国广告代理公司"为其报纸进行广告创意与策划。虽然发布在自身媒体上无需付费，但占用的媒体空间是有利可图的，因此可以视为是有偿的。准确描述现象的同时，这一定义还将广告与销售推广（尤其是广告时段或版面的销售）、公共关系等营销方式有效地区别开来。

2. 界定媒体的概念

传播学范畴的媒介一词有两种含义：第一种指的是具有承载信息传递功能的物质的意

思，如电视、广播、报纸等具备了接受者（受众），被称作“大众媒介”，而互联网等新兴的电子通信技术的媒介被称为“电子媒介”；第二种指的是从事信息的采集、加工制作和传播的社会组织，即传媒机构，如电视台、报社等。也有人把媒介和媒体这两个概念进行了细分，他们认为媒介（Medium）指的是语言、文字、印刷、声音、影像等内容信息，而媒体（Media）指的是书本、报纸、杂志、广播、电视等传播媒介及其发行机构。

伴随着人类文明的发展，媒介形态依次经历了语言、图形/文字、印刷、广播、电视、网络、移动通信。每一个新媒介的出现都带来了巨大的传播方式的变革、传播范围的拓展与传播质量的提升。按照时间顺序，后续出现的都可将前者变为传统媒介，为了研究方便，我们把处于这个时代最后出现的互联网络与移动通信称为新媒体，语言、图形/文字由于不利用组织机构排除在外，因此，这里所谓的传统媒体，即印刷媒体（报纸、杂志、书籍等）、广播媒体及电视媒体。

3. 媒体的空间特性

所有媒体信息总是在一定时间内通过一定的空间来传达的。如果没有空间的跨越和移动，媒体信息便不会由媒体所在的空间转移到受众可接触的范围之内，就不会实现受众对媒体符号的解读和接收。正是如此，空间属性是媒体固有的属性。整体来看，任何一种媒体都是流动空间无限性和有限性的对立统一；任何一种媒体都具有无限流动的可能性，但实际却表现出了流动空间的有限性。如全国性报纸可以在全国发行，流通的空间为整个国家的地域之内；而地方性报纸的发行空间则是其所属的行政区域。但不是说地方性报纸没有在更广区域内流动的可能性，而是由于其内容、语言及有关管理法规和政策等方面的原因，决定了它只能在一定区域内流动。互联网也是一个很好的例子。从技术性上来看，互联网是可以全球链接的，它体现出了超区域性，空间限制的作用几乎可以忽略不计。但互联网也具有一定的社会控制特征，即对于不同信息的接收者提出了不同的要求。如内部人士可以通过口令与账号浏览更多的信息，享受更多的服务，而其他人只能浏览被指定的外部信息或普通信息，而这些信息对于浏览者来说即使知道了也构不成太大的相对竞争优势。此时的互联网便具有了自己的空间特点。当然，由于语言、文化及生理因素等原因，互联网上的内容尽管可以被查阅、下载和保存，但由于接收者无法破译电子文本的内容而无法接收其中的信息。这也同样体现了互联网的空间局限性。但不同媒体现实空间的有限性有时是有所不同的，各媒体都有自己的空间特点。如报纸携带方便，且阅读的自由性比较大，有利于读者更好地了解其中的信息，但查阅不便，流动空间小。而广播的接收性也比较好，容易突破空间的限制，一般是一台收音机即可以实现对电波信号的接收，但广播的信息无法保存和查阅，自由阅读性较差，只能根据播音员的播音顺序来接受预定的信息。

电视媒体尽管也能有效地突破空间的限制，并且生动直观，感染性强，但只能定点接收，且携带不方便，自由阅读性差，保存和查阅不便。网络信息也是移动性较差，不能自由接收其中的信息，但覆盖面广，信息丰富，便于保存和查阅，阅读自由性较大。随着移动接收工具的轻便化和网络信息的整合，网络信息接收的空间灵活性会取得较大的突破。

媒体的空间属性告诉我们，媒体所承载的信息只能在其流动空间之内进行传达，其流动空间以外的个体是无法接收和了解其中的信息的。广告媒体所承载的信息只能为其流动的空间内的受众所接受和了解。

4. 媒介产品的特殊性

与一般行业生产出的普通商品及与服务业提供的具体服务不同，传媒行业的产品具有相对复杂的属性。传媒经济是注意力经济，影响力经济。自媒介产生以来，尤其是一对多的大众媒介，具有经济属性和政治属性的双重性质。一方面，媒介组织生产知识产品获取其经营收入；另一方面，其生产出的精神产品经大众消费后能左右人们的意识形态。这就决定了媒介产品产业功能和宣传功能的双重性。进而形成了传媒产品的多层次性。其产品的具体形态有两种：一是媒介的物质本身，如报纸、杂志、节目等；二是媒介物质产品的附加价值——受众的注意力。前者是可见的，后者是不可见的，但前者是后者的基础。当传媒发展到一定的程度，形成品牌效应后，它便开始拥有第三种产品——无形资产。故传媒出售了三种产品，即物质产品、注意力和无形资产。

5. 广告媒体的概念

广告通过媒体的传播已经在技术上和经济上与文化工业融为一体了。广告媒体随着物质与科学技术的发展而发展。一百多年以前，广播、电视等现代媒体还没有产生，印刷媒体成为主要的媒体形式。近百年来，尤其是近几十年来，随着现代科学技术的飞速发展，广告媒体也不断推陈出新，日益丰富，朝着电子化、现代化、艺术空间化和网络化方向发展。从精神层面上讲，广告的形象传播是一种文化生产。可以说在某种程度上，文化生产的意义并不亚于物质生产。在影像符号如此发达的今天，实物与影像之间的界限愈来愈不重要。广告中的主体愈来愈被标志化和概念化，而这一结果正是媒体自身在技术、形式、内容上不断进步和变化带来的。

7.1.2 广告媒体的类型

现代广告媒体种类繁多，不同的媒体具有不同的优越性和局限性。根据广告活动的目标，选择合适的媒体进行合理的配置，才能尽可能减少广告浪费，实现广告目标。单一的广告媒体有时很难达到预期的传播效果，在现代广告活动中，一则广告信息往往要通过多种媒体进行传播。

广告媒体主要有以下 5 类。

① 电子媒体：电视广告；电影广告；电子显示广告；电动广告牌；扩音机；幻灯机；有线电视；闭路电视；广播广告；激光广告；卫星广告；录像广告；电视报纸；光导纤维广告；电话广告；传真广告。

② 印刷广告：报纸广告；电话簿；杂志；画册、样本；火车时刻表；票证、标签广告；商品目录；商品说明书；宣传小册子；明信片；广告扩页、挂历广告（后 5 者一般是邮寄广

告会采用的类型）。

③ 户外广告：包括广告牌；霓虹灯；海报；招贴；车厢广告；旗帜广告；气球；飞艇、飞机、书面广告、烟雾广告等；模型（大型）；灯箱；广告专用车。

④ 展示广告：陈列；橱窗；门面广告；立式广告；活人广告；展示会（后 3 者一般为售点广告常用的类型）。

⑤ 其他广告：火柴盒；手提袋；包装纸；购物袋；香味广告；实物馈赠广告；礼品广告。

随着广告事业的发展，越来越多的国家和地区在选择广告媒体方面正向混合型方向发展。除四大媒体外，直接邮寄广告和各种形式的户外广告也非常重要，报纸、杂志、广播、电视、直接邮寄、户外广告和网络广告都是现代广告媒体的主流。

7.2 主要广告媒体分析[1]

广告媒体包括报纸、杂志、广播、电视等大众媒体，电子媒体和其他各种广告专用媒体。大众媒体和电子媒体的传播面广，信息传播能力强，是广告信息的主要传播媒体。不过，其他广告媒体如路牌、霓虹灯、邮件、包装等在广告活动中也占有重要的地位。下面就主要的媒体形式进行分析。

7.2.1 报纸广告

报纸广告是以报纸为媒体的广告，是最常见的广告媒体之一。报纸广告是大众传播的一种媒体，报纸与杂志、广播、电视相比，是历史最悠久的广告媒体。在新的媒体相继出现后，报纸虽然受到了一定程度的冲击，但由于报纸具有独特的优势，在世界各国的广告媒体中仍然充当主力。有关资料表明，至 2001 年，我国已有报纸广告经营单位 2 182 家，从业人员达到 22 301 人，广告年经营额为 158 亿元人民币，并且呈现逐年上升的趋势。报纸作为广告媒体有着独特的优势，报纸的优势可从以下几方面体现出来。

1. 发行量大，篇幅多

我国报纸发行量大，有众多的读者，传播面广、覆盖率高，读者层次广泛，具有相对的稳定性。报纸版面大，并具有相当的解释能力，可供广告主充分选择和利用。

2. 时效性强，投递迅速

报纸由于具有特殊的新闻性，新闻与广告混合编排可以提高广告的阅读力，促进广告功

---

❶ 杨帆. 广告设计. 北京：中国商业出版社，1997.

效的发挥。广告传播注重时效，从出版到发布，要求时间快、周期短，报纸具有传播快捷，读者选择性强，不受时间、地点的约束，机动性强，流动性大，便于剪贴存查等优点。

3. 灵活方便，可信度高

报纸的广告版面一般相对稳定，编排灵活，对广告改稿和换稿都比较方便。因为许多报纸是政府和社会团体发行的，报纸的权威性能使读者产生信赖感。

4. 制作费用相对较低

在全国性报纸上刊登一则广告，一次性支付的费用不少，但广告费按发行量的人均率计算，却相对较低。

对于广告宣传，报纸也具有不可克服的缺点：保存性差，寿命短，印刷效果较差。由于报纸出版频繁，每张报纸的生命力很短暂，报纸信息内容庞杂，容易相互干扰。广告消费对象选择性较差，报纸的表现形式单调，一般以黑白为主。随着印刷技术的提高，尤其是彩色印刷及激光排版技术的大量应用使得报纸呈现出越来越清晰多彩的纸面效果，报纸的编排技巧和印刷效果会进一步改善。

【小资料】

最近的一些调查研究发现，报纸是消费者获得房地产和汽车这两种商品的主要信息渠道，其作用远大于电视。一项关于北京居民汽车消费的调查表明，消费者获得信息的主要渠道是：有经验的朋友介绍（45.5%）、报纸广告（43.5%）、杂志广告（27.8%）、电视广告（21.8%）。同样的调查还表明在房地产方面，报纸广告比电视广告重要。

资料来源：黄合水. 广告心理学. 北京：高等教育出版社，2005.

7.2.2　电视广告

电视是一门融视觉和听觉、时间和空间为一体的综合性媒体，具有很强的发展潜力，所以在广告市场上具有很强的竞争力。自从 1936 年英国广播公司（BBC）建成世界上第一座电视台开始，半个世纪以来，这种视听结合的先进传播工具得到了飞速的发展，是目前最具有影响力和最受大众欢迎的传播媒体。随着电视技术手段的不断完善和更新，电视广告的表现手法也日趋新颖、丰富，越来越受到广告主和广告设计人员的重视。

我国的电视起步较晚，从 1958 年在北京建立的第一座电视台到现在只有 40 多年，1973 年才开始试播彩色电视节目，从 1980 年开始播送通过卫星接收的电视新闻。中国内地第一条电视广告是 1979 年 1 月 28 日上海电视台播出的“参桂补酒”广告，同年 3 月 15 日又播出首则外商瑞士雷达表广告。我国中央电视台到 1995 年已办有 5 套节目，现在不包括卫星频道和数字电视已办有十几套节目，覆盖亚洲、东欧、非洲等 70 多个国家和地区。中央电视台一、二、三、五等频道节目覆盖全国，人口覆盖率达 88.2%，观众达 9 亿多，1996 年广告营业额达 90.789 4 亿元人民币，居各媒体之首。

电视的传播形式多种多样，其传播优势主要有以下两个方面。

1. 声形兼备，诉求性强

观众可以看到富有表情和动作变化的动态画面，色彩鲜艳逼真，传真度高，配有优美的音乐，在视觉、听觉上完美地表现广告主题和突出诉求重点。注意力集中，有利于对商品的了解，对观众具有广泛的吸引力和表现力。

2. 传播功能全，穿透力强

由于电视广告多数是在节目中间播出，观众从而被动地接受几秒、几十秒的广告信息，这在客观上具有一定的强制性。由于电视机的普及，观看电视成为人们日常文化生活的主要组成部分。因此，观众对电视广告接触也高于其他媒体，达94%（报纸47%、杂志24%、广播23%）。

电视广告媒体虽然具有以上独特的优势和功效，但同时缺点同其他媒体比较也较为明显。

一是制作复杂，费用高，周期长。一则电视广告需要多方面的配合才能完成，播放时还要支付较高的播出费用，如中央电视台1997年黄金段位播出费达24亿元人民币。1996年某一段位最高播出费达6 666万元人民币，1997年竟上涨到3.2亿元人民币，而且近两年还呈逐渐上升的趋势。电视广告媒体因费用昂贵，一定程度上限制了电视广告的应用。

二是播出时间短，内容受限制，不易记忆，独立性差，传播干扰大。每条广告多则几十秒少则几秒，观众很难留下深刻的印象，只能做简单的商品或信息服务，不能做详细的解释，因时间短，瞬间即逝，不易记忆。广告一般集中在节目前后播放、电视频道多，互相干扰大。

【小资料】

广播、电视、报纸和杂志特点不同，消费者对各媒体广告的态度也不一样。在我国，电视广告在“生动”、“真实可信”、“直观”等8个属性的评价上均优于其他各种广告。但在广告业较为发达的美国，尽管有相当一部分（37%～78%）美国消费者认为电视广告与广播广告、报纸广告、杂志广告提供一样多的信息、同样有趣、具有同样的欺骗性、同样令人不快和讨厌。但是从总体上说：电视广告提供的信息跟广播广告差不多，比报纸和杂志广告少；电视广告略比广播广告有趣，但不如报纸和杂志广告；电视广告的欺骗性比其他三种媒体广告都强；电视广告比其他三种媒体都更让人不快和讨厌。

资料来源：黄合水．广告心理学．北京：高等教育出版社，2005.

7.2.3 杂志广告

杂志广告是指依附于杂志而出现的一种广告形式。杂志是视觉媒体中比较重要的媒体。杂志可以按其内容分为综合性杂志、专业性杂志和生活杂志；按出版周期可分为周刊、半月刊、月刊、双季刊及不定期刊等；按其发行范围又可分为国际性杂志、全国性杂志、地区性杂志等。发行范围广，读者阶层和对象极其明确，阅读率和反复率高，印刷质量高，出版周期长。一般独占版面，形式精美漂亮，容易集中读者的注意力，令读者印象比较深刻。

杂志广告的优点主要体现在以下几方面。

1. 编辑精细、印刷精美

广告版面集中，彩色印刷对产品的质感、形态、空间感都有丰富而完美的表现，对读者具有吸引力，能使其产生高尚的艺术享受。

2. 保存期长，传阅率高

杂志广告没有阅读时间的限制，有效时间长，杂志的利用率高，一份好的杂志，往往被很多人传阅，易于保存，时效相对较长，广告效果也比较显著。

3. 专业性强，广告的目标对象明确

专业性杂志，由于具有固定的读者层面，可以使广告宣传深入某一行业。如科普杂志、医学杂志等技术性杂志，其发行对象是特定的社会阶层或群体。在专业杂志上做广告具有突出的针对性，广告费用较少，能达到较为理想的广告效果。

杂志的局限性有以下几个方面。

一是周期长，时间慢。杂志是定期刊物，制版、印刷、发行周期长，影响广告信息传播速度，不适合时效性较强的广告。二是费用相对较高。与报纸相比，杂志是彩色精印，印刷难度大，制版和印刷纸张费用较高，发行量与报纸比较相对较小，读者人均费用较高。三是专业性强，传播面较窄。由于杂志的读者受到范围的限制，传播面有一定的局限性。又因杂志页数多，广告有可能被忽略，刊登位置没保证，从而造成了时效性差等缺点。

【小知识】

一般来说，有广告信息需要的杂志订户主要是个人和家庭。由于内容多样化，各种杂志的订阅对象也有明显的差别。换个角度说，不同的读者各取所需，分别订阅不同的杂志。在杂志阅读中，读者虽然不以广告为目标，但是杂志广告的位置和印刷优势会使他们自觉或不自觉地观看、欣赏或阅读，这与广播和电视广告强迫受众接受有很大的区别。

资料来源：黄合水. 广告心理学. 北京：高等教育出版社，2005.

7.2.4　广播广告

广播广告是借助有线电波来传递产品或劳务信息的广告。广播是最普通最大众化的广告媒体之一，其表现手法多种多样，如对话、配乐广告、实况录音、相声、快板、广播、短剧、广告歌曲、广告小品等。广播广告已成为消费者喜闻乐见的一种广告形式。广播广告种类有普通广告、特约广告、商业广告、赞助广告、专栏广告等。普通广告可根据播出时间分为 A、B、C 三级。A 级是黄金时段播出，即早晨上班前、中午吃饭时间、下班后及大型节目前的固定时间；B 级广告是上班时间或听众不很集中的固定时间内播出；C 级广告主要是在节目之前随时插播。目前，我国拥有听广播的收音工具达 4 亿多台，由此可见，广播是不会因电视的发展而失去其存在价值的。

广播作为广告媒体有如下优点。

1. 速度快、范围广

广播广告是利用电波来传播信息，电波传播的速度是其他媒体无法相比的，而且不受地域限制，只要在发射功率范围内，人们都可以收听到广播节目或广告信息。

2. 传播时间长，时空限制小

无线电广播的发送时间长，连续播放的节目多，因此可供传播的广告信息量大，选择余地也相应地增强。一则广告可多次或长时间地重复播放，时空限制小。

3. 制作方便，费用低，灵活性强

广播广告的制作比其他媒体更为方便，从写稿到录音合成，在短时间内就可以完成，有的甚至直播，制作简便，费用低廉，灵活性强，可临时插播、修改和补充广告内容。根据不同产品的特点，有针对性地选择适合广播的时间和节目，有选择性地接近目标消费者，其广告播出效果是比较理想的。

广播广告的缺点是：信息消失快，不易保存，播出频道较多，听众不易主动接受信息，注意程度低，受众选择余地小，城市收听率低等。

7.2.5 邮寄广告

邮寄广告又称直接函件或直邮广告（Direct Mail Advertising，DM)。顾名思义，直邮广告就是广告主向所掌握的目标消费者，直接邮寄广告信息的一种特殊广告形式，它包括广告信函、明信片、小册子、单面印刷品、宣传单、通知、产品目录、信中附件等广告形式。邮寄广告在欧美等发达国家应用十分广泛，颇受广告主青睐，在美国是仅次于电视和报纸的第三大广告媒体形式。目前，我国邮寄广告仍处于起步阶段，其前景十分乐观。

邮寄广告具有以下几方面的优势。

1. 针对性强，不受外界影响

广告可以对广告活动进行自我控制，可以随时随地通过邮寄媒体，直接把广告信息送到被选定对象的手中，有的放矢，准确性高，制作简便，杜绝浪费。

2. 灵活性强

邮寄广告不受地区限制，不受篇幅、版面限制，也不受时间的约束，在形式和方法上都具有较大的灵活性。由于邮寄广告的特殊形式，不会引起与同类产品的直接竞争。

3. 选择性强

由于直邮广告是广告主直接邮寄给消费者个人的，可以以准备销售的产品为依据，参照人口统计因素和地域因素，选择具体的目标对象，以保证最大限度地使广告信息为消费者所接受，从而使邮寄广告达到预期效果。

邮寄广告的局限性，主要有以下几个方面。

邮寄广告成本较高，邮寄名单获得比较困难；邮寄广告有时会引起目标受众的反感，被目标受众视为“垃圾邮件”（Junk Mail）；邮寄广告缺少编辑的支持和特色，广告效果直接受到影响。

7.2.6 户外广告

户外广告是指在露天或公共场合通过商业广告形式向消费者进行诉求以达到推销商品或劳务目的的广告总称。户外媒体（Out Door，OD）以特有的广告形式，处于不可忽视的地位，随着户外广告的制作技术和制作材料的不断更新，户外广告的数量和质量也不断提高。这种“全天候”的广告形式，在一定程度上也能反映出该地区经济的发展程度。

户外广告的优势有以下几个方面。

1. 形态多样，适应性强

户外广告形式多样，能适应各种行业对广告发布的需要。观众广泛，影响面宽，注意度高，重复观看的机会多，易形成印象积累效果。

2. 制作费用低，持续性强

由于展示的时间长，户外广告的费用与电视、报刊广告等日益膨胀的广告费用相比，相对要低廉。而且一次性投入，长期受益。

3. 主题醒目，色彩鲜艳，文字简明，易于记忆，让人一目了然

户外广告不受时间和空间的限制，任人随意欣赏，好的户外广告还有益于美化城市环境。据美国专家测算，户外广告中的广告语最多不能超过7个词（英语），过路行人匆匆一瞥时最多能看清7个词，只有在5秒钟内能读完全部信息内容的户外广告，才能产生良好的效果。

户外广告的局限性主要受场地限制，缺乏机动性，影响范围小。广告效果具有一定的局限性，观众选择性差。

7.2.7 招贴广告

招贴广告是指张贴于公共场所的印刷品广告，亦称海报，是所有平面广告中最特殊的一种。它分为商业招贴、公益招贴、艺术招贴、电影招贴和公共招贴五类。商业招贴以直接宣传企业，促销商品及服务，满足消费者需要的内容为题材。如邮政、电信服务、金融信贷服务、企业形象宣传等。公益招贴则是以公益问题为题材所制作的广告。如戒烟、环境与资源保护、呼吁和平、科学教育等。

招贴广告的优势有以下两个方面。

① 引人注目，实施时效较长。

② 发布量大，有广泛的宣传效果。

其画面常采用绘画、摄影、装饰画面或文字图表等表现形式制作，以追求完美的宣传效果为宗旨。

招贴广告的局限性首先是张贴空间受限制，再就是文字字数受限制。

7.2.8 其他广告媒体

其他广告媒体是指那些用得较少，很难归类的媒体。如电影广告、赠品广告、日历广告、手帕广告、餐具广告、气球广告等。这些媒体都有自身的特点，起到了四大媒体所起不到的作用。而且这类广告多属综合利用，广告费用很低廉。这些广告媒体将对消费者起到潜移默化的影响，将会促使更多的广告公司开发和利用这一媒体形式。

另外，作为近几年日益强大的网络媒体，我们将在下一个章节着重介绍，这里就不多费笔墨了。

【小资料】

手机广告的兴起

手机作为一种新型的广告媒体，是近几年随着手机的逐渐普及而发展起来的。手机广告有两种方式：一种是声音信号广告；一种是视觉的短信广告。但是手机广告通常所指的是短信广告。

短信是手机用户之间相互沟通的一种信息传递方式，具有沟通快捷、方便、费用低廉等优点，受到消费者的广泛欢迎。手机短信广告正是基于人们广泛采用这一沟通手段而发展起来的。有统计表明，短信已经成为最被年轻一代看重的手机的基本功能，经常发送信息的年轻人互相戏称为“拇指族”。在日本，手机短信不仅成为广告主争夺的新型媒体，甚至成为接受大学教育的一种方式，通过和互联网的连接，人们在手机上就可以接收到大学课程的PPT，从而完成相关的学业的学习并且还能拿到毕业证书。

资料来源：徐智明，高志宏．广告策划．北京：中国物价出版社，1996.

7.3 广告媒体策划的基本内容

广告媒体策划是一种优先的、提前的、指导性的活动。进行广告活动，必须事先进行策划，必要时广告策划甚至会贯穿广告活动的始终。广告媒体策划是实施媒体活动的纲领，其严格的逻辑性和周密的计划性是现代广告的重要特征。广告媒体策划是一种斗智斗勇的活动，广告人员若能探诸策划之韬略，精于谋算之方法，在现代广告活动中，就能运筹帷幄，决胜千里。没有科学的广告媒体策划，就不会有明确的广告目标，也不会有成功的广告活动。因此，广告媒体策划是广告活动的关键，是广告活动中必不可少的重要环节。

7.3.1　广告媒体策划的概念

广告媒体策划是根据广告主的营销计划和目标，在市场调查的基础上，按照广告活动的整体战略与策略进行前瞻性的运筹规划。对于提出广告媒体决策、实施广告决策、检验广告决策的全过程要有预先的考虑与设想。广告主自己或通过广告代理公司在进行周密的市场调查和环境分析的基础上，利用已经掌握的知识、情报或资料，科学合理地安排广告活动、选择合适的媒体渠道、设定科学的广告目标、选择正确的战略和战术。广告媒体策划，直接决定了广告活动的效果，直接关系到企业的市场效益。所以，广告媒体策划是广告活动中最为重要和关键的一环，也是现代广告运作科学化、规范化的重要标志之一。一般来说，广告媒体策划在广告运作中的地位有以下几点。

1. 广告调查

广告调查是广告运作的起点，通常包括广告媒体环境调查、营销环境分析、消费者分析等。

2. 媒体策划

媒体策划是指进行有效的媒体选择和策划，选择媒体需要考虑很多因素，必须根据目标市场和产品出发，以最少的广告费用达到最佳的广告效果。

3. 广告制作

广告媒体策划决定和指导广告制作，广告制作要求在广告媒体策划确定的基本原则、战略和策略的指导下，进行广告策划意图的构思，为广告整体效果服务。

4. 媒体发布

媒体发布是广告的实施环节，媒体发布的信息效果取决于信息的专门性、可视性和可信性，其中可信性是主要的，专门性和可视性是媒体发布的技巧。发布的主要信息内容是按照广告策划提供的媒体策略和媒体计划，落实具体的广告刊播事宜。

5. 广告效果测评

广告效果测评是广告的监测和反馈环节。广告媒体策划要预先确定测评广告效果的基本原则。广告发布后能否符合企业目标、营销目标、广告目标的是非标准、质量标准、成败标准等内容都属于广告效果测评范围。

7.3.2　广告媒体策划的特征和原则

广告媒体策划为综合性、大规模的广告活动提供策略指导和具体的计划，同时，广告媒体策划的客观特性对广告策划运作提出了特定的要求。这些特征和要求，是广告运作中必须遵循的客观特性和原则。

1. 广告媒体策划的特征

(1) 目的性

在广告活动中有产品目的和企业目的。前者以直接推销和间接推销为目的，后者为扩大企业知名度和提高消费者的信任感，树立企业形象，建立良好的公共关系等为目的。广告主进行广告活动的最终目的是扩大销售，增加利润。

(2) 整体性

广告媒体策划是对广告活动通盘的运筹规划，是一个和谐的、统一的整体。它包括许多环节和内容，广告媒体策划中的广告策略贯穿整个活动的始终，并在统一的策划指导下进行广告运作。在媒体之间、策略之间，不允许相互矛盾、相互制约，任何一个环节出现不应有的偏差，都会直接影响整个广告活动的效果。

(3) 实效性

广告是经济活动，要讲究投入和产出，讲究经济效果。广告策划不是纸上谈兵，而是广告实际运作的指导性规定和计划，是追求实际效果的。这种效果或是商品销售效果，或是树立企业形象的效果，或是追求近期可见和远期潜在的效果等。

(4) 指导性

广告媒体策划对整个广告活动过程和产品销售，都具有指导意义。广告媒体策划的结果，就是广告实施的蓝本。广告业务的运作，要遵循广告策划制定的内容。

(5) 调试性

广告媒体策划不是一成不变的。市场和消费者都在不断地变化，广告媒体策划的决策内容也应该适应这些变化，并且根据变化情况及时地调整。如果忽略了广告媒体策划的可以调试的特性，就必然会导致广告策略的僵化。

(6) 操作性

广告媒体策划不但要为广告活动提供策略指导，而且要为它们提供具体的行动计划，使广告活动能够在策略的指导下顺利进行。

(7) 连续性

广告主的营销活动是一个连续的过程。除非是广告主第一次开展广告活动，否则广告媒体策划总是在以往广告的基础上进行。在发展和修正的前提下，应该保留以往广告策略的合理因素，广告主必须注重与以往的广告策略的内在联系。否则，难以在消费者心中形成统一的品牌印象，影响广告的效果。

(8) 前瞻性

广告媒体策划在保持连续性的同时，必须着眼于未来，以适应未来市场可能发生的各种变化。对前瞻性的把握主要取决于科学的市场分析和预测。因此，广告策划者在进行广告的媒体策划时，不但应该着眼于现实，而且还应该着眼于未来。

2. 广告媒体策划的原则

进行广告媒体策划活动应遵循以下原则和标准。

(1) 求实原则

实事求是是广告媒体策划的基本准则。广告的生命在于真实，不真实的广告迟早会失去目标公众的信任。

(2) 法律道德原则

广告一问世就受到法律的制约和道德的约束。我国的《广告法》中规定："广告内容应当有利于人民的身心健康，促进商品和服务质量的提高，保护消费者的合法权益，遵守社会公德和职业道德，维护国家的尊严和利益。"

(3) 目的性原则

为广告媒体策划而进行的市场调查，必须针对特定的产品、特定的环境、特定的消费者进行；广告策略研讨和决策应该针对企业在市场上所面临的特定形式进行；广告媒体策略应该针对广告媒体特定的传播效果进行。

(4) 整体性原则

广告媒体策划的整体性，要求广告公司在进行策划时，要将各个环节联系起来。应该在统一的组织下，进行合理的分工和密切的配合，以保证各环节决策内容和谐统一。

(5) 创新原则

广告媒体策划中产生的形象，应当给人以新的感受，能使人耳目一新。创新的原则会结合我国的传统精华，同时借鉴西方的表现手法。具体的要求是广告创意要有新招，广告语言要力求新意，表现手法要力求新颖。

(6) 心理原则

根据心理因素特征，抓准目标公众对广告的注意、兴趣、记忆、理想、欲望和行动等心理活动的环节。

(7) 效益原则

用较少的广告费用，去取得较好的广告效果。广告策划要从兼顾消费者和广告主两方面利益的立场出发，对广告预算实行严格的管理。选择好的广告预算方案，可以做到少花钱，经济效益好，同时还能够获得好的社会效益。

7.3.3 广告媒体策划的程序和内容

广告媒体策划是一项有组织、有目的的活动。功能齐全，分工明确、责任清晰、步调一致是完成广告媒体策划任务的基本要求。要达到广告主的要求和实现广告目标，就必须要有一套完整的广告媒体策划。

1. 广告媒体策划的程序

整体广告策划的程序一般由市场调查、研究分析、广告目标的确定、广告策略的制定、广告媒体的确定、广告计划书、广告创作、广告实施、广告调查、总结报告等组成。

在市场调查阶段，必须有目的、有计划、有系统地对影响企业、产品、市场消费和竞争对象及社会换季等有关情况进行收集、整理和科学的分析，找出存在的问题，并提出改进意见。在研究的基础上，制定广告战略，选择有效的媒体，确定广告目标。针对目标市场决定产品的诉求重点，以及广告的表现形式和表现手段，拟定广告计划。这是广告活动的重要环节，也是决定广告成功与否的关键环节。在广告媒体策划的基础上，设计和制作广告，广告作品经过审核评估后才能发布。

2. 广告媒体策划的内容

广告媒体策划是一项综合工程，内容丰富，运作步骤多，涉及很多方面的工作。具体概括为以下几方面。

(1) 调查分析，明确要求

根据市场调查进行认真的分析是广告媒体策划运作的开端，也是后续决策过程的基础。市场调查的方法主要有：观察法、询问法、试验法、内容分析法等。市场调查的核心内容，主要是现状的描述与分析。

(2) 环境分析

市场环境是从事广告活动所面临的各种外部条件的总和。由于广告发布的环境对广告活动有直接或间接的制约和导向作用，所以，首先必须对市场环境进行深入细致的分析研究。这些环境主要包括社会文化环境、经济环境、政治法律环境、科学技术环境、自然地理环境和企业竞争环境及与企业目标、企业营销目标、企业营销有密切联系的广告目标。对市场环境进行分析就是掌握企业内外各方面对广告可能产生的影响。市场环境可以影响和制约广告效果，也可以影响和制约企业营销活动。研究和了解市场环境，是有效开展广告活动的必要条件。

(3) 产品分析

对广告产品或劳务进行深入的了解和研究，掌握其个性，充分挖掘与其他同类主体不同的特点，把握其优势。要从产品的生产历史、生产过程、生产设备、制作技术、原材料使用，以及产品的特征、系统、类别、配套、服务、实用价值、精神价值、生命周期、品牌形象、产品定位进行分析，还要从产品的色彩、风味、规格、式样、包装等方面进行研究。

(4) 消费者分析

广告是市场营销者和目标消费群体进行沟通的手段，并通过有效的媒体方式深入和实现这种交流。对消费者进行分析研究，能有效地把握消费需求和消费行为。消费者包括工商企业、事业单位用户和社会个体消费者。消费者分析为包括消费者自身状况（年龄、职业、性别、家庭、收入、文化、社会阶层）及各种其他对消费者行为能产生影响的因素。消费行为的一般特征主要有考察性、自主性、选择性、诱因性、目的性、持续性和可变性等。

(5) 竞争状况分析

首先要明确企业在竞争中的地位。竞争地位主要根据企业的经营状况、有利条件、选择余地来判定。通常有以下几种竞争地位：支配、强大、有利、稳固、弱小、不能存在和发展的竞争地位。根据市场占有率和影响的不同，企业在市场中的角色也不相同。主要有市场的领导者、市场的挑战者、市场的追随者、市场的拾遗补缺者。

(6) 企业与竞争对手的广告分析

广告是企业之间开展竞争的重要手段。企业与竞争对手的广告分析包括以下内容：广告活动的概况（时间、目的、费用、内容），广告活动的目标市场策略、产品定位策略、广告诉求策略、广告表现策略、媒体组合策略和广告效果，总结竞争对手和自身在广告方面的优势和不足。

(7) 确定广告目标

根据前面的分析结果，确定广告活动的具体目标。广告的目标主要包括：以树立企业形象和声誉为目标，以介绍、说服和提醒为目标，以实际的销售为目标等。

(8) 制定广告策略

广告策略亦称广告信息传播策略。它是在广告信息传播活动中所采用的方式和方法。广告策略主要有产品策略、市场策略、媒体策略和广告实施策略四项内容，其中选择媒体和制订媒体计划是主要部分。

制定广告策略必须首先要解决以下三个问题：①广告的诉求点放在哪里；②广告的形式如何；③广告的目标是什么。

(9) 制订广告计划

广告计划是广告主对开展广告活动的整体和长远的设想及具体的安排。一般的广告活动必须经过分析、计划、实施三个阶段，而广告计划在整个广告活动中是最重要的一环，是企业有计划地进行广告活动的规划，它是检验和总结广告效益的依据。

(10) 确定广告预算

即企业对开展广告活动的投资的概算。广告预算提出了在广告计划期内广告活动可以具体开支的资金数目和具体分配方案。科学的广告预算可以合理地解决广告费与企业利益的关系。

7.4 广告媒体选择策略

现代广告媒体种类繁多，选择的余地越来越大，不同的媒体有不同的优越性和局限性。根据广告活动的目标，选择合适的媒体进行合理的配置，才能尽可能减少广告费，实现最佳的广告目标，因为单一的广告媒体往往很难达到预期的传播效果。在现代广告活动中，一则广告信息往往要通过多种媒体进行传播。因此，要提高广告的传播效果和诉求效果，就必须有媒体选择的策略。

7.4.1 广告媒体的选择[1]

选择媒体必须考虑许多相关联的因素，必须根据目标市场和产品出发，以最少的广告费用达到最佳的广告效果。因为广告费用预算的80%将投向广告媒体，广告媒体的选择是广告效果好坏的关键。所以，在选择广告媒体时要注意以下几方面的因素。

1. 根据传播对象选择媒体

刊播广告的目的是将产品的信息、资料传播给选择的目标消费者。因此必须了解目标消费者的各种不同因素。首先，要对广告媒体进行认真筛选和分析，选出刊播频率最高的广告媒体。然后再根据广告对象的不同年龄、性别、民族、文化水平、信仰、习惯、社会阶层及情趣、要求、偏爱和生活环境等选择合适的广告形式。

2. 根据传播媒体的性质去选择媒体

传播媒体的时间、地域等因素都直接影响到广告的效果。如报纸有日报、周报，杂志有月刊、双月刊，电视有15秒广告和30秒广告，以及广播有A段、B段和C段等。刊播同一媒体不同时段和版位的广告，其效果也不尽相同，如果忽视媒体的时间性和地域性等因素，无疑会使广告宣传黯然失色，甚至毫无效果。

3. 根据产品的特征选择媒体

由于各种产品的性能、特点、使用价值和流通范围都不同，广告宣传的要求也不同。所以必须根据不同的产品属性，采取不同的诉求形式。如耐用消费品和生产资料广告，要向消费者作详尽的文字说明，使其具有深刻、全面的理性认识，因而选择报纸、杂志、样本等媒体比较合适。广播媒体的优点比较适合于需要迅速建立品牌知名度的商品等。

4. 根据市场竞争状况和广告费用支出选择广告媒体

广告媒体是企业之间开展竞争的重要手段。现代市场竞争除了产品质量竞争、技术竞争、价格竞争、服务竞争之外，还扩展到了信誉的竞争。市场竞争的目的在于同竞争对手争夺市场，获得更多的份额。根据市场竞争的性质、规模、特点及生产能力的情况等变化来分析自身竞争者的优势与劣势，针对竞争对手选择最佳的广告媒体、制定最佳的广告媒体策略。

5. 广告单一媒体的运用

单一媒体的选择不包括已有的自营媒体广告。单一媒体的运用，一般是财务不足的小企业短时期使用的。最常用的方法有尝试法和剔除法两种。

7.4.2 广告媒体的组合

所谓媒体的组合，是指在同一时期内运用各种媒体发布内容基本相同的广告，使消费者

---

[1] 资料来源：杨帆．广告设计．北京：中国商业出版社，1997．

接触广告的机会增多，提高产品知名度和市场占有率而采取的全方位、多渠道的媒体策略。在媒体组合中，应以某一种媒体为主，而以其他费用较低的媒体进行展露频次的补充，这样才能收到理想的广告效果。

【小知识】

报纸、电视与广播的组合，可使城市和农村不同文化程度的消费者都能接受广告信息的传播；报纸、电视和售点广告的搭配，可以通过已有的广告印象和现场提醒，提高消费者的购买欲望；以报纸作先导，对产品作全面的宣传，再运用电视广告去进攻市场，报纸和电视的搭配有利于商品的逐步稳固和发展；报纸与杂志的搭配，报纸广告可作为战术性广告进行地区性宣传，杂志广告可作为战略性广告进行更大范围的宣传；在某一特定的地区和比较短的时间内巩固和发展市场，电视、报纸、广播等大众媒体与邮寄广告、售点广告、户外广告的搭配，形成整合宣传攻势，其效果明显。

资料来源：黄合水. 广告心理学. 北京：高等教育出版社，2005.

本 章 小 结

广告媒体是广告信息的载体，是广告主与广告对象之间起媒介作用的物质手段，也是生产者与消费者之间的桥梁。没有这个工具载体，广告信息就无法传播，广告也就不存在。在广告设计前应该熟知广告媒体的规律，使广告媒体充分发挥其作用，使广告信息能够顺利地传递给目标消费者。只有对媒体有一个十分清晰的认识，广告媒体策划才不至于陷入盲目的境地。因此，想要取得广告成功传达的最终效果，就必须了解广告媒体。

关 键 概 念

广告　广告媒体　媒体策划　媒体选择

课后思考与练习

1. 填空题

(1) 广告策略主要有产品策略、________、________和________ 4 项内容，其中选择媒体和制订媒体计划是主要部分。

(2) 广播广告是借助________等诉求来传递产品或服务信息的广告。

(3) 传统媒体广告的定义为：传统媒体为宣传其________、________或________，有组织有目的地通过自身及其他媒介发布相关信息的非人员的传播活动。

(4) 招贴广告可分为商业招贴、________、________、________和公共招贴5类。

2. 判断题

(1) 广告媒体策划对整个广告活动过程和产品，都具有指导意义。 ( )

(2) 广告媒体仅仅是广告主用以向消费者传播服务信息的工具。 ( )

(3) 电视广告大多数在节目中间播出，观众从而被动地接受几秒、几十秒的广告信息，这在客观上具有一定的强制性。 ( )

(4) 研究和了解市场环境，是有效开展广告活动的首要条件。 ( )

3. 简答题

(1) 媒体的概念是什么？媒体具有哪些空间特性？

(2) 广告媒体有哪些形式？

(3) 进行广告媒体策划的过程一般有哪几个步骤？

(4) 进行广告媒体组合时应注意哪些问题？

案例讨论

案例一：广告策划成功的要诀及策划案例分析

1. 如何评判一个广告策划案是否成功

广告的自身是要推销一种商品，这使它本身具有了极强的功利性和实用性；而为了达到这一目的，广告人又竭其所能，赋予了它无穷无尽的表现形式，绘画、音乐、摄影、声像……几乎无所不涉，由此又赋予了广告以艺术的特点，也正因为如此，这一艺术与社会消费心理相结合的产物使得广告策划案是否成功的标准向来众说纷纭，莫衷一是。

目前，流传着这样几种观点，我们不妨来看看。

① 利润观。认为企业是以盈利为目的的，广告策划方案实施结果如果为企业赢得了实在的利润（如销售额的大幅提升等），就是成功的。

② 轰动观。认为广告的目的是要让大众“知道”，因而其成功的标志便是引起了大众关注，造成了轰动效应。

③ 铺路观。认为广告策划要为品牌的长期发展铺路，只有有利于品牌形象的长期建设，才是成功的。

④ 双赢观。认为既推进了企业的自身利益，又树立或完善了企业的社会形象的策划，才是成功的策划。

⑤ 国情观。认为成功的广告策划应立足本国国情（即文化、传统、道德、审美及生活水平等），并得到国人的接受与认同。

以上各观点各有道理，却犯了一个共同的错误——以偏概全，一叶障目了。

一个成功的广告策划，它所达到的效果应当是全方位的，绝不能抓其一点、不及其余或考虑不周，顾此失彼。具体而言，必须做到以下三点。

① 促进了该项商品（产品或服务）的销售。

② 增强了该项商品的美誉度，知名度与忠诚度。

③ 反映了品牌长期的规划策略，促进了品牌的价值提升。

由以上三点来分析一个成功的策划案，发现其目前存在有三大“忌”。

一忌过分强调形式，一味追求轰动效应而忽视了对产品本身的销售诉求。此类广告往往滥用“新奇”手法，也许会给消费者留下好印象，却不知是何产品，而更多的则是不明就里，给消费者云山雾绕之感。

一个广告人首先应是一个极聪明的销售人员，他所运用的各种策略表现手法都是为销售产品服务、且要为企业赢得利润的，这是一个广告策划本身的基本功能，若丢失了这一基本功能，广告策划出来的东西不但会使企业损失大笔费用，更会使整个产品乃至企业走入一种困境。那么，这样的策划案显然是不成功的，虽然它可能建立初步的良好公众形象，但企业生存出现问题，随之而来的仍是负面影响。

二忌只求实用，忽视社会效应。一个人对朋友说什么话，我们可以不管，一个厂长对企业员工说什么，我们也可以不管，但一个产品的销售信息一旦成为广告，并向社会公开发布，它本身已成了一个公众行为，不能忽视社会反应，更不能对社会公益形成破坏。目前在中国各媒介上发表的广告有许多是直白枯燥的或是大喊我是最好、你选择了我就对了的，这种广告的效果，那是不言而喻的。

三忌目光短浅，只顾眼前。企业的运作与品牌的经营是一个长期的过程，而不是短期行为，因而在为一个产品做广告策划时，不仅要着眼于目前的销售，同时还要从企业长远发展规划入手，注意它在该品牌的发展进程中所起的作用。如果以牺牲未来为代价，追求一时的销量，不亚于谋杀品牌，饮鸩止渴。只有既能有效地促进短期销售，又能为品牌和企业的持续发展添砖加瓦，才是一个广告策划的最高境界。

从以上三忌我们可以看出，广告是一门综合了行为艺术、营销、心理等多种学科的科学，而不是靠一个聪明的脑子偶尔灵机一动就可以大获成功的。它的表现手法是灵感与创意，但它的背后却是严谨的系统性科学运作。要使一则广告策划成功，必须做大量的实际工作，要对企业及其产品全面认识，对市场进行了深入的调查与研究，并通过策划的主题、策略、诉求、创意表现、促销效果、品牌树立、社会文化等诸多方面来完成传播，来达到既定目的，只有这时你才可以毫无疑问地断言：这，是一个成功的广告策划案。

2. 如何保障一个优秀的广告策划案成功

一个优秀的广告策划案要取得成功，就像冶炼黄金一样，要经过许多道复杂的工序，同时还要不断地增添催化剂，只有这样才能淬炼出黄金。向消费者有效传达清晰有力的销售信息，提供利益给消费者，并且解决消费者潜在的问题，以达到最后成交的结果，从而实现一个优秀策划案的成功。

要成为一个优秀策划案一般要具备7个因素。

第一个因素是取得客户（即广告主）的支持。其实，客户将产品或服务交与广告公司策划就是支持的开始，是对广告策划人的信任。如何保持客户的支持，并努力实施整个广告运作过程，是一个优秀广告策划案成功的首要条件，要完成此条件应从以下三方面着手。

① 一个明智的广告主应是策划案的积极参与者，不但积极支持整个策划过程，而且积极地在市场上实施。而一个策划人则应处处为客户着想，深思熟虑地进行策划，并为策划案的实施出谋划策。

② 爱客户的产品。广告人要小心翼翼地从客户手中接过这个“婴儿”——产品或服务，并耐心地向其“父母”——客户请教有关这个“婴儿”的一切，倾注感情去“抚养”。

③ 客户往往处于市场第一线，信息灵通，且行业方面的想法可能比广告制作人多，多与客户交流，就会获得客户的支持，吸取更多灵通的信息和更多行销的点子，来使广告策划案增添成功元素。

第二个因素是成本问题。广告策划案之所以优秀，其中一个原因就是能体现最优化原则，即以尽可能少的成本，发挥尽可能大的效果。这些都可在广告媒介和促销的策划上得到体现。

第三个因素是成功的媒介表现。使十万元的媒介费用发挥出相当于百万甚至千万元的效果。在信息爆炸的今天，广告媒体起着推波助澜的作用，几乎是无孔不入，而且新的广告媒体不断涌现。而客户在媒体上的投入是有限的，没有很好的媒介表现，广告表现就会淹没于广告汪洋之中，有声有色，却毫无效果。广告界有一句名言：“我知道有一半的广告投入没有效果，糟糕的是我不知道到底是哪一半。”而媒介策划的责任就是尽可能将这一半缩到最小。

一家国内著名的策划公司给一种减肥用品所提供的策划案中的媒介表现，就很好地体现了最优化原则。当时，还没有减肥用品在晚报的中缝登广告，而且目标消费者是青年女性。在主要阅读对象是青年女性的晚报上登广告，利用中缝的瘦长形状，给人以直接的联想，加上非同凡响的文案创意，效果自然不寻常，这种减肥用品的销量当即直线上升。

第四个因素是促销策略。促销策略应根据产品和市场的实际情况，以最优化组合与广告媒介表现相得益彰。一般而言，增值服务（SP）能为某品牌达成5个基本任务：

① 获得试用产品；

② 以试用品说服初步试用者再购，建立一种购买形态；

③ 增加产品的消费；

④ 消除竞争的推广；

⑤ 影响同类产品。

另一方面，我们也须了解，即使最好的促销计划，也不一定能改变如下状况：

① 促销不能建立忠诚度；

② 促销不能挽回衰退的销售趋势；

③ 促销不能改变“不被接受”产品的现状。

只有将促销用途限制理解透彻，才可以避免成本的浪费，发挥促销的积极用途。

第五个因素是社会因素。它与社会文化因素密切相关。社会的主流文化价值观念如一株花一样，不同的花枝绽放出相同的花，它通过人们与自己的关系，与其他人的关系及与各种机构、社会、自然的关系表现出来。例如，人们与社会的关系可以用生活方式来划分，可分以下几类。

① 创造者。指那些使这个社会体系运转的人。他们是领先者，是进取派，他们集中了各种成功的标志——豪华的住房、昂贵的汽车和讲究的服装。

② 保守者。安于现状以传统为自豪的人。在不断变化的世界里，他们是促进社会稳定的强大力量。

③ 捞取者。他们收取能从社会得到的东西，他们热衷于到官僚和权势的职位上去。

④ 变革者。他们常常是爱提问题的人，通常希望按照他们的看法改变世界。相对于创造者而言，他们生活得比较朴素。

⑤ 追求者。指不断探索以利于对知识更好地掌握和了解，换取更丰富的经验和全面观点的人，即通常所说的知识分子。他们常常创造并传播新思想。

⑥ 逃避者。他们有一种躲避的倾向，什么都不要的倾向。成功的广告策划必须考虑不同的目标消费群的消费心理，广告诉求才会动人心弦，引发共鸣。

第六个因素是要注意各种法律、法规。如《商标法》、《广告法》等。广告策划者也要熟悉其他行业相关的法律，这样才能使策划案拾遗补漏，为迈向成功打下根基。

第七个因素就是具体实施的细节。虽然有时候看起来是小因素，但有时优秀策划案往往就败给这些小因素。如人员素质、场地选择、产品包装及价格、渠道选择、执行配合、公关关系等方面。策划人员的素质是否全面，是一个策划案能否得以有效实施的计量器，指示成功与否的刻度；场地选择是促销活动的直接舞台，事关促销的效果；产品包装是令产品能否在货架上出众而引起消费者注目的关键因素；产品的价格是能否令消费者心中的天平倾斜的重要砝码；渠道的选择是使产品毫无塞车之苦到达消费者手中的重要因素。这种种因素都将影响到一个优秀策划案能否成功，甚至在某些时候起决定作用，是我们作策划时不应忽视的。

一个优秀广告策划案的成功，是由以上几大因素共同支撑而来的。因而，要取得成功，就须将上述几方面因素一块一块地铺垫出一条道路——一条通向优秀广告策划的成功之路。

资料来源：http://www.shineblog.com/user3/no1jixiaoling/archives.

讨论题：

1. 评判一个广告策划案是否成功的要素是什么？

2. 广告媒体策划案目前存在哪三大“忌”？

3. 优秀广告媒体策划案一般要具备的因素有哪些？

案例二：中国台湾地区广告媒介策划

广告媒介是进行广告活动的物质技术手段。广告媒介策划，就是对广告媒介的恰当选择。广告媒介的种类很多，有报纸、杂志、电视、广播、录像、影碟、网络等。广告媒介不同，其广告效果亦不同，在确定广告媒介时，要注意以下几个问题：①广告媒介的收费高与低；②广告媒介的影响层和影响力；③广告媒介的发布时机和效率；④各种媒介的配合；⑤商品的特殊性和销售范围；⑥宣传对象。

中国台湾地区“可口可乐”广告策划对广告媒介进行了详尽的分析，对所选择的媒介在“理由”上进行了详尽的陈述，现转录如下。

广告种类之选择：在地区方面，根据客户之意见，以台湾北部为主，中部及南部为次；在种类方面，我们根据以下两项原则作为取舍标准。

第一、要能为“可口可乐”找到推销之对象。

第二、能最有效地表达“可口可乐”之广告特色及主题。

根据上述两项原则，我们建议，“可口可乐”之推销广告应综合利用以下4种方式。

① 电影：台北市首轮西片或国语片电影院。

② 电视：台湾电视公司。

③ 电台：选择“台北中广电台”及“正声”两电台。

④ 报刊：选择中文报三家，英文报两家及两份畅销杂志。

第一类：电影广告。

以台北市首轮电影院为“可口可乐”广告之主干。理由如下。

① 首轮电影院能吸引我们所需要之对象。

② 首轮电影院能以完备之“声”及“光”，将“可口可乐”广告片中之美丽色彩，活泼形象，动听乐曲，以及广告主题，完全表现出来。

故此类广告，非但能为“可口可乐”找到所需要之上等或中等收入之家庭成员，而且综合发挥“视觉与听觉”之美感，直接、有效地将我们之广告目的，传达了观众，并使之留有深刻印象。

第二类：电视广告。

电视与电影性质相同，而且拥有电视之家庭，必然属于上等阶层，正是我宣传之对象。

遗憾的是台湾只有一家商业电视公司，既不能举办特约节目，且其广告时间早已排满，我们能利用者不多，故电视只能作为电影之辅助。

第三类：电台广告。

此类广告优点，在于能利用音响，以乐曲形式，加深听众对“可口可乐”广告主题之印象，并使易于记忆。

我们选择“台北中广”及“正声”两电台，因其听众较多。

第四类：报刊广告。

以上电影、电视、电台为“可口可乐”广告主要方式。此外，在上市时期，再以报纸及杂志作辅助宣传，且“可口可乐”在台湾上市，亦属有价值之新闻。

我们为使外国侨民及能说英语之中国人士（上等收入阶层）得知“可口可乐”已经上市，选择英文报两份：一为《中国邮报》(China Post)，每日发行量13 000份；二为《中国日报》(China News)，每日发行量8 000份。

在中文报方面，共选三份：一为《中央日报》(每日发行量115 000份)；二为《联合报》(每日发行量高达200 000份)；三为《征信新闻》(发行量130 000份)。此三份日报，均在全省发行，故台湾中部及南部读者亦能看到我们之广告，且其拥有之读者，大都为上等或中等收入阶层（包括商界、自由职业者、学生及公务员等）。

此外，我们亦须利用彩色印刷之优点，以增强报刊广告之效果。

因此我们选用最畅销之两种杂志，即《读者文摘》中文版（每日发行量71 000份）及《台湾电视周刊》，使“可口可乐”之广告，能进入上等收入之家庭。同时，杂志之阅读时间较报纸为长，辗转阅读之人数亦较多。

各类广告分配。

① 电影方面。于开始之5月至9月，所有12家台北首轮电影院，均放映一分钟广告片。

② 电台方面。我们建议在“正声”电台，由5月起至9月止，每日为青少年举办流行歌曲特约节目一小时。由此特约节目，可得4分钟广告时间，如善为利用，可播出25秒广告8次。此广告量甚为可观，且定价亦合理。

至于台北中广公司，其收费较“正声”电台为贵。故在中广，只用插播，由5月至9月，每日插播30秒广告10次。

③ 电视方面。由于广告太挤，只能在开始之5月，及7、8两旺月，每星期3天，每日“插播”乙级时段30秒广告3次。

④ 报刊方面。我们所选定之5份中英文报，每报刊登半页广告1次，1/4页广告5次。其分配为：在开始这星期各刊半页广告1次，以后连续3个星期，每星期刊1/4广告1次，6月份暂停。7月份之头两星期再恢复每星期刊1/4页广告1次。

至于杂志方面，我们建议《读者文摘》在7、8两个月刊登四色全页广告。

《台湾电视周刊》则由5月起至9月，平均每两星期刊登两色全页广告1次。

总括而言，我们之广告分量，极为充足。在开始之5月及7、8旺月，广告量尤为集中。

我们推算各类广告观众数目：电影观众约有64.1万人；电视观众约有57.6万人；电台听众约有53.3万人；报刊读者约有55.7万人。

推算之方法如下。

① 影院观众数目（见表7-1)。

表 7-1 影院观众数目统计表

电影院名称	座位次数	电影院名称	座位次数
台北国宾	5 688	远　东	5 617
日　新	5 100	豪　华	5 182
台　北	5 952	乐　声	5 739
第一剧场	5 235	国　声	5 610
大世界	5 124	新世界	5 610
万　国	5 120	国　际	4 160

每日合计：64 137 人，观众总数（十日计）：641 370 人。

我们之推算，乃以每一电影院每 10 天换片一次为根据。在此 10 天内之观众，重看者极少，故 10 天期内之观众，即为电影观众之总数。

② 电视观众数目。

台湾地区电视机估计总数 111 000 台。台湾地区北部约有电视机 82 276 台，每一台电视机平均观众数 7 人。因此台湾北部之电视机观众为：575 932 人。

③ 电台听众数目。

台湾地区北部收音机台数：台北市 392 573 台；台北县 19 045 台；阳明山管理局 9 005 台；桃园县 65 000 台；基隆县 47 225 台。总计为 532 856 台。

由于缺乏每台收音机之收听人数资料，我们假定最少为一人。在“可口可乐”插播广告之 5 个月内。所有收听电台之听众，必会收听“中广”、“正声”，不论是同时收听或轮流收听，因此听众之最低数目，应与台湾地区北部所拥有之收音机台数相同，亦即 532 865人。

④ 报刊读者数目。

《联合报》，每日发行量 200 000 份；《征信新闻》，每日发行量 130 000 份；《中央日报》，每日发行量 115 000 份；《中国邮报》，每日发行量 13 000 份；《中国日报》，每日发行量 8 000份；《台湾电视周刊》，每日发行量 20 000 份；《读者文摘》（中文版），每日发行量 71 000 份。总计557 000份。

我们虽缺乏报刊读者人数之统计总数，但以最保守之估计，每份读者为一人，则读者之总数，应为 557 000 人。

资料来源：艺术中国网，http://www.artcn.cn/online/ysgl/qygl.

讨论题：

1. 本案例是如何通过了解和掌握不同的媒体及其运作方式进行选择和策划活动的？
2. 根据本章所学到的相关原理，你认为这样的调查和策划是否合理有效？

实训应用

(一) 实训项目

选择一个媒体做一次调研，了解其运作方式和特点。

(二) 实训目标

1. 熟悉与掌握这种媒体的运作规律和自身的特点。

2. 了解受众对这种媒体的态度和接受程度。

3. 熟悉在某种媒体发布一则广告信息的全过程。

(三) 实训指导

由实训负责教师事先制定实训指导书，成立实训指导小组，明确实训指导教师的职责与实训指导要求。

(四) 实训组织

1. 将全体同学分成若干小组，每组5～6人，并指定一位同学为组长。采取组长负责制查阅资料和调查所选定的媒体。各组在查阅资料和调查目标群体前做好登记记录，以免重复。

2. 每组根据调查计划设计一份调查报告，在各组交流的基础上并在教师的指导下，开展实地调研。

3. 每组根据统计分析的结果撰写广告媒体实施方案。

4. 各小组相互交流实训心得，并填写本次实训报告。

(五) 实训考核

实训成绩考核主要从实训工作表现和实训成果两个方面进行。其中，工作表现的分值占总成绩的40%，实训成果占总成绩的60%。工作表现的具体内容包括工作的纪律性、主动性、责任感和创造性，实训成果从调研成果和实施方案的撰写及实训报告的填写情况来考核。

第8章 网络广告

【本章导读】

互联网作为一种不可忽视的广告媒体，正成为越来越多的广告主争夺消费者眼球的重点战场。目前的网络广告多以文字、图片或简单动画为主要表现形式，随着网络基础设施的不断完善和信息技术的发展，更多的网络广告形式应运而生。网络广告逐渐融视频、音频、文字及互动于一体，大大丰富了原有的网络广告的内容和表现形式，但发展的同时也会带来相关的问题。

【学习目标】

知识目标

1. 了解网络广告的含义和特点，认识其作用与意义；
2. 掌握网络广告设计与发布的规律；
3. 了解网络广告的发展带来的新问题及对策。

技能目标

1. 让学生更加清晰地认识和了解网络广告；
2. 学会设计网络广告并选择有效的发布形式。

【引例】

网络广告的起落[1]

1994年10月，美国《Wired》杂志网络版首次出现了AT&T公司等14家客户的旗标广告，开创了网络广告的先河。经过短短五六年的时间，网络广告的发展可谓突飞猛进。据美国因特网广告署2003年公布的数据：1996年美国的网络广告营业额约为3亿美元，1997年是9亿美元，1998年是19亿美元，1999年是30亿美元，预计2004年将达到220亿美元，全球则可能会达到330亿美元。在中国，1997年7月，第一个网络广告出现在搜狐的主页上。一年后，中国的网络广告经营额就达到4 800万元人民币，人们乐观地估计，到2000年中国的网络广告营业额将达4亿元人民币，2003年已超过10亿元人民币，我国的网

[1] 资料来源：http://www.cnki.com.cn/Article/CJFD2005-XBGS200508002.htm.

络广告年经营额将以每年200%的速度增长。

然而，进入2000年后，网络经济泡沫开始破碎，大批中小网站抵受不住互联网的严冬而纷纷倒闭。据美国旧金山的Webmergers.com新近的调查结果显示，2002年一年至少有210家互联网公司关门倒闭，其中大部分是电子商务网站。纳斯达克自2000年3月达到5 000点的历史最高峰后，指数就一路狂跌，至2001年3月终于悲壮地跌破2 000点。涉及IT产业的高科技股丢盔弃甲，而在互联网公司，更是狼狈不堪，雅虎股价下跌了大约85%，做电子商务的亚马孙股价下跌幅度高达600%，由最高的每股90多美元跌到每股14美元左右，AOL约下跌了100%，Ebuy下跌了300%。

网站如此，以网站作为载体的网络广告也跌入了低谷。美国网络广告局和普华永道公布的一份研究报道显示，2000年第三季度，美国互联网广告收入为19亿美元，比当年第二季度下降了6.5%，这是互联网广告收入首次出现季度负增长。而在1999年的第三和第四季度这个数字曾达到令人难以置信的150%，在2000年第二季度这个数字急速下降到9%，而第三季度又出现了令人不敢相信的负增长。在中国，网络广告市场上的增长速度也放慢了，美林的研究报告指出，由于中国网络广告经营环境的恶化程度较该公司过去数月的预期更为严重，故将2001年中国网络广告开支总额预测由1.2亿美元减为8 000万美元。以网络广告为主要收入的三大门户网站的营业收入不约而同出现增长放慢。对于一个新兴的广告媒体而言，缓慢的增长甚至负增长几乎是致命的。

【问题引入】

1. 网络广告所带来的巨额收入说明什么？
2. 为什么网络广告会出现如此大的落差？网络广告究竟失去了什么？

8.1 网络广告概述

8.1.1 网络广告的含义

信息产业的发展极大地改变着人们的生活，同时也对传统的广告媒体产生了巨大的影响。随着信息产业的快速发展，以互联网为传播媒介的网络广告成为当今欧美发达国家最热门的广告形式。网络广告诞生至今才6年多的时间，可喜的是，2006年底，美国的网络广告收入已经达到9亿美元，并且因为连续几年3位数的超高速增长率让许多网站对网络广告的前景充满幻想。事实上，网络广告也一度成为门户网站获取收入的主要手段。目前我国广告公司和客商也开始涉足网络广告的空间。作为一个新的媒体——网络广告已经成为了广告的一个分支，它独立地存在着，并且超常规地发展，同时还带动了企业的发展，丰富了我们的生活艺术空间，产生了巨大的社会效益和经济效益。正因为如此，网络广告应当引起我们的关注。

所谓网络广告，是指在因特网站点上发布的，以数字代码为载体的各种经营性广告。网络广告是既不同于平面媒体广告，也不是电子媒体广告的另一种形式。网络广告是多维广告，传统媒体是二维的，网络广告能将文字、图像和声音有机地组合在一起，传递多感官的信息，让顾客如身临其境，感受商品或服务。网络广告的载体基本上是多媒体、超文本格式文件，广告受众可以对其感兴趣的产品信息进行更详细的了解，使消费者能亲身体验产品、服务。这种图、文、声、像相结合的广告形式，将大大增强网络广告的实效。

8.1.2 网络广告的形式及其演变

网络媒体及网络广告的兴起，给传统媒体及传统广告业带来了巨大的冲击。网络广告已成为广告业新的经济增长点。网络广告的形式丰富多样，变化无穷，现今流行的网络广告形式主要有旗帜广告、按钮广告、赞助式广告、分类广告、插播式广告、关键词搜索等。与传统媒体广告相比，网络广告还具有自身的优势和特点，主要表现为其具有的广泛性和丰富性、交互性和感官冲击性、强烈的针对性和准确的统计性、灵活的实时性和低成本性等。

1. 网络广告的形式

(1) 独立注册式广告

独立注册式广告是指在国际互联网上注册独立域名，建立公司主页向公众发布信息。

(2) 站点宣传式广告

站点宣传式广告是指在一些人气旺（访问率高）的热门站点（如知名搜索引擎、免费电子邮箱、个人主页、综合资讯娱乐服务网站等）上宣传产品信息与公司形象。如果广告主本身有主页的还可以在热门站点上做横幅广告。

(3) 链接式广告

链接式广告主要进行网站链接，当然，在各大搜索引擎方便顾客搜求信息也是必不可少的。

(4) 公告板广告

公告板广告是指在访客多的电子公告板上发布广告信息，或开设专门版块研讨解决有关问题、传播信息等。

(5) 电子邮件广告

电子邮件广告是以电子杂志等形式，定期通过电子邮件以极低廉的成本发布信息到目标消费者那里。电子邮件广告又名“直邮广告”，利用网站电子刊物服务中的电子邮件列表，将广告加在每天读者所订阅的刊物中发放给相应的邮箱所属人。电子邮件式广告以电子邮件的方式免费发送给用户，一般在拥有免费电子邮件服务的网站上常用。竞赛和推广式广告是广告客户与网站一起合办的网上竞赛或网上推广活动。

(6) 横幅式广告

横幅式广告又名“旗帜广告”，是最常用的网络广告方式。

(7) 按钮式广告

按钮式广告以按钮形式定位网页，比横幅式广告尺寸偏小，表现手法也较简单。

(8) 插页式广告

插页式广告又名“弹跳广告”，广告主选择自己喜欢的网站或栏目，在该网站或栏目出现之前插入一个显示广告的新窗口。

(9) 互动游戏式广告

广告可以出现在一段游戏的开始、中间、结束的页面上。广告主可以根据产品的特点量身定做一个属于自己产品的互动游戏广告。

综观上述几种形式，企业上网建立网站无疑是效果最好的广告宣传方式，且与企业未来发展息息相关。因而已有许多大企业已经意识到这一点，为了防止被人抢注域名而及时注册自己的域名成了现代企业的头等大事，而对企业网址的宣传则开始成为企业宣传推广的新课题。传统平面、立体广告也开始宣传企业网址，使之成为传统广告传播内容的一个新的组成部分。

2. 网络广告形式的演变

据统计，2005 年中国网络广告市场规模达到 31 亿元人民币，已经超过杂志，成为第四大广告媒体，由此可以看出，网络广告的潜力和发展不可限量。

网络广告形式有各种各样的分类，例如，IAB（美国交互广告署）在网络广告收入报告中将网络广告分为下列几种形式：Banner 广告（横幅）；赞助式广告；分类广告；推荐式广告；插播式广告；E-mail 广告（直邮）；Rich Media（富媒体）；关键词搜索等。

还有其他比较传统的分类：Banner 广告、按钮广告（Button）、Logo 广告、悬浮广告、弹出广告、Flash 广告、对联广告、擎天柱广告、撕页广告、声音广告、背投广告、巨幅广告、全屏广告、通栏广告、鼠标响应广告、流媒体广告、视频广告、插播式广告、文字链接广告等。根据广告出现的位置不同，又可以分为 E-mail 广告、网页广告、分类广告、网络杂志广告、游戏广告、搜索引擎广告、BBS 广告等。Banner 广告在早期广告市场中独树一帜，按钮、Logo 广告也非常常见，而随着点击率的下降，这几种传统的广告形式已经不复当年勇，纷纷让位于各类新型广告，而弹出广告由于骚扰性极强，加上广告过滤软件的使用，已经基本上退出主流历史舞台，被各大门户网站所拒绝。而随着用户需求的不断提高，网络技术及宽带的发展，网络广告形式也日新月异，例如，富媒体广告、竞价排名广告、窄告等广告形式已经成为了新一代网络广告的主流代表，同时新一代网络广告的效果也明显优于传统广告。

【小资料】

富媒体广告

富媒体广告是Rich Media的中文翻译，它并不是一种具体的互联网媒体形式，而是指具有动画、声音、视频或交互性的信息传播方法，包含下列几种常见的形式之一或者组合：流媒体、声音、Flash，以及Java、JavaScript、DHTML等程序设计语言。富媒体可应用于各种网络服务中，如网站设计、电子邮件、Banner、Button、弹出式广告、插播式广告等。

富媒体广告属于宽带广告的一种，除了提供在线视频的即时播放之外，内容本身还可以包括网页、图片、超链接等其他资源，与影音同步播出，为网络公司和网民提供一种全新的媒体体验。富媒体其实是建立在多媒体基础上的一项新技术，与多媒体技术最大的不同在于多媒体的应用一般没有交互性，而富媒体却增加了交互性概念。举一个通俗的例子，多媒体所播放的音频或视频都是由应用程序预先制作好，在播放的过程中用户不能控制播放的内容，和传统的看电影在本质上没有多大区别。但是假设你看的是一部互动电影，你就可以介入电影环境，成为电影中的角色并能改变电影情节，这种形式的电影就有了富媒体的特性。

和当前的网络广告相比较，富媒体广告有两项独特的功能利益点。

第一，创新性和互动性带动了广告点击率的显著提高。由于富媒体广告融合了视频、音频及互动于一体，将网络广告的形式提升到一种新境界。据Double Click的调查数据显示，富媒体广告的平均点击率是其他广告的5倍，越来越多的人逐渐意识到富媒体广告的现实功效，开始利用富媒体制作优秀的广告来娱乐、吸引、教育在线受众，促进产品销售。

第二，参与性和可测性有助于品牌建设。丰富的媒介渠道也带来了丰富的绩效指标，借助富媒体技术，广告主可以获得用户和广告互动时间长短、用户关注广告的程度等信息，最为重要的是还可以了解到用户对品牌的偏好度、信息相关性和暂停下载速度，不再像过去的广告那样野蛮抢占资源了。

有了富媒体技术，对于网民来说，网络广告就不再是占用网络资源和网民时间的网络垃圾，而是一种服务、一种愉悦。但是网站和广告从业者仍面临着一些挑战：例如，需求的多样性对行业标准造成压力，在多媒体基础上增加客户自定义编程接口（Custom API）带来的技术难题，业务量的增大要求从工作流程上对富媒体广告的设计、创意、推广、营销等方面加以整合。

资料来源：http://www.iresearch.com.cn.

8.1.3 网络广告的特点

网络广告自其诞生以来，越来越受到各企业和商家的普遍关注和喜爱，这是因为网络媒体广告与传统媒体广告相比，有其独特的优势，具有自身显著的特点，其特点和优势主要表现为：广泛性和丰富性、交互性和感官冲击性、强烈的针对性和准确的统计性、灵活的实时性和低成本性。

1. 广泛性和丰富性

网络广告具有极大的广泛性。网络广告的传播不受时间和空间的限制，网络广告通过国际互联网络，把广告信息 24 小时不间断地传播到 Internet 网络所覆盖的各个国家的上亿用户中，而且互联网的用户群还在以惊人的速度不断发展壮大。只要具备上网条件，在世界各地的任何人都可以浏览到互联网上的广告。传统媒体广告的发布往往局限于某一地域或是某些特定的时间，网络广告的这种优势是传统媒体广告永远无法达到的。从广告角度看，作为广告媒体，其传播信息的范围越广，接触的人越多，广告效果越好。从广告用户市场看，用户市场遍及世界各个角落，即使联入互联网的是一家小企业，都有可能一夜之间成为国际性公司。

网络广告还具有丰富性的特征。网络广告的信息量是巨大的，内容是极其丰富和详尽的。网络广告由于不似传统广告要受时间和版面的限制，也就不需要顾及广告内容的繁简，网络广告可以利用网站链接等形式，通过数以千计的网页，上传大量的文字和图片等信息，用以说明自己的产品。广告主可以把自己的公司及公司的所有产品和服务，包括产品的性能、价格、型号、外观形态等有必要向受众说明的一切信息在内，制作成网页放在自己的网站中。因此网络广告可以将广告做得十分详尽，以满足想进一步了解有关情况的用户的需要。因为是采用链接的形式，又是放在 24 小时连通的互联网上，不受时间和空间的限制，所以，网络广告的内容是可以做到非常丰富的。

2. 交互性和感官冲击性

网络广告是一种交互式的广告，交互性强是网络媒体广告的最大优势。传统媒体的信息是单向传播，而在网络上信息是互动传送的。网络用户只需简单地点击鼠标，就可以链接到厂商的相关站点，并从中得到更多、更详尽的信息。另外，用户可以通过广告位，直接填写并提交在线表单信息，厂商可以随时得到用户宝贵的反馈信息，缩短了用户和广告客户之间的距离。网络广告还可以提供详细的产品查询服务。网络用户还能通过网络的互动直接与企业和厂商进行商品的预订、交易与结算。网络广告的交互性特点，大大增强了网络广告的实效性，这是传统媒体广告所无法相比的。

网络广告的交互性，增强了网络广告的实效性，而网络广告的特殊表现方式，又赋予了网络广告强烈的感官冲击性，增强了网络广告的吸引力。网络广告的表现形式多种多样，丰富活泼，具有极强的感染力。网络广告的表现形态包括动态影像、文字、声音、图像、表格、动画、三维空间、虚拟现实等。网络广告可以根据创意需要对这些形式进行任意的组合创作，最大限度地调动各种艺术表现手段，制作出形式多样、生动活泼的广告。如富媒体广告就是几乎集上述多种形式于一身的广告形式，因为将图、文、声、像相结合，这种丰富的广告表现形式具有强烈的视觉效果和听觉效果，颇具感官冲击性。

3. 强烈的针对性和准确的统计性

针对性强是网络广告的另外一个特点。互联网可以通过相关的网站建立完整的用户数据库，掌握用户的年龄、性别、地域分布、爱好、收入、职业、婚姻状况等数据，再通过精确的广告定位投放技术帮助广告主有针对性地投放广告。网络广告可以帮助广告主直接命中潜在用户。为了充分发挥网络广告针对性强的特点，目前，一种与内容匹配且“按效果收费”的网络广告模式在北京推出，受到业界和用户的广泛欢迎。推出这一模式的是在北京 IT 界异军突起的“窄告网”。营运方称，窄告就是网络定向广告，窄告使广告从“广而告之”转化为“窄而告之”。“窄告”可以巧妙地将广告主的宣传卖点和媒体新闻点、公众兴趣点结合，有效提升网络广告的针对性和吸引力，为中国数以万计的中小企业和机构提供了经济适用的营销手段。专家称，“窄告”正引领中国的网络广告业步入“分众传播”时代。利用网络做广告，受众数量可准确统计，而采用传统媒体做广告，虽然有众多的收视（听）率、阅读率调查数据，但仍很难准确地知道有多少人接收到广告信息。在互联网上，可以通过权威公正的访客流量统计系统，精确统计出每个广告主的广告被多少个用户看过，以及这些用户查阅的时间分布和地域分布，从而有助于客商正确评估广告效果，审定广告投放。

4. 灵活的实时性和低成本性

传统媒体广告因为受时空限制，广告发版后一般很难更改，即便无奈做出改动，也要付出很大的经济代价。如报纸广告改动一个版面，那么相应的其他版面的内容和形式也要做调整，无形中就提高了经济成本。网络信息是数字化的信息，网络广告是数字信息化的广告，其特点就是制作简便、成本低，不受时空限制，具有灵活的实时性和低成本性。在网络上，广告主可以根据需要，实时进行广告信息的改动，可以全天候地调整产品价格，可以不受限制地更改商品信息，可以时刻将最新的产品信息传播给消费者。这也就非常容易地做到了经营决策变化与广告变化之间的无延迟，大大提高了经济效益。

网络媒体和网络广告属于新生事物，网络媒体和网络广告将随着宽带网的普及而进一步扩大和发展。网络广告已成为广告业新的经济增长点，发展势头异常迅猛，但由于文化、技术和历史的原因，网络广告不可能完全蚕食传统媒体广告。网络广告的发展，将传统媒体广告市场再度激活。网络广告的发展借鉴传统广告，传统广告也在网络广告中吸收新的营养。在将来，网络广告和传统广告都将根据市场调整自己的位置，它们将相辅相成，共同发展，未来出现的将是一个网络广告与传统广告相互联动、相互促进、共同发展的双赢局面。

8.1.4 当前我国的网络广告

当前我国的网络广告正处于起步阶段，面临着许多困难，外部条件与内部条件都有待进一步成熟。外部条件有国际互联网络的建设（稳定性、传输速度等）需要加强；公众对互联网络的熟悉程度、技术掌握程度与电脑的普及程度都有待提高；公众上网所需费用还未达到普遍接受的程度等。内部条件则有网络广告的管理法规尚未完善；制作、维护网络广告的公司的整体素质不一、水准良莠不齐等，这些都在一定程度上制约着网络广告的迅速发展。有鉴于此，应从以下几个方面努力。

① 加快信息产业的建设，降低公众上网费用，为公众上网创造良好的外部环境。

② 广泛普及上网的技术知识。

③ 制定有关网络广告的法规，引导网络广告的健康发展。

自我国施行《中华人民共和国广告法》以来，陆续颁布了一系列“审查标准”、“管理办法”等补充法令，唯独至今尚未制定有关网络广告的法规。照此下去，含有不良意图或恶意诋毁等内容的广告将可能影响网络广告的健康发展。

④ 网络广告的创意、制作水平需进一步提高。

当前我国还基本处于广告创作人员与网页制作人员相脱节的状态。即广告创作人员不懂制作网页的知识，网页制作人员欠缺广告专业知识。只有培养两种知识灵活运用的人才，方能制作出好的网络广告。同时，基于网络广告的交互性与可统计性，及时将受众的信息反馈，定期更新广告的信息，保持新鲜感与实用资讯，将是网络广告制作的向导。

尽管目前网络广告还存在诸多不足与困难，但其独具的优越性将使它不断成熟、发挥巨大作用。如同每种新生事物一样，网络广告的前景是美好的。信息产业革命改变着世界经济的格局，网络广告对市场和经济的发展也将产生深远的影响。而走在信息大潮前列的网络广告，在高风险的同时带来的也必将是更为丰厚的回报。

8.2 网络广告的设计与发布

由于互联网媒体的特质，网络广告的表现形式也丰富多彩。但受制于通路、带宽、终端设备等诸多客观因素，网络广告的设计和发布也有所局限。在相关技术条件得以实质性改善之前，网络广告在内容创意和形式创新等方面很难有大的突破。尽管如此，仍然有 30.7% 的用户认为网络广告是最能影响其消费行为的广告媒体。57%的用户表示网络广告对他们个人消费行为有影响。有 62%的人认为在浏览过相关的网络广告后会促使自己购买。

8.2.1 网络广告的设计

在进行网络广告的设计时，一方面要考虑广告业主的需求及所有发布平面广告时的要素；另一方面，要考虑网络自身的特征及运作规律，这样才能使网络广告的设计与发布有的放矢，从而达到理想的效果。

1. 旗帜广告的设计

网络广告商在自己网站的页面中分割出 468×60 像素的 Gif 或 Flash 格式或者是带导航条等多种尺寸规格的画面来发布广告，因其像一面旗帜，故称为旗帜广告。为了吸引浏览者视线，增加广告的点击率，旗帜广告通常采用丰富多彩的艺术形式，旗帜广告通常被做成

Flash 格式的图像文件或是生动活泼的动画跳动效果，或者做成色彩斑斓的霓虹灯闪烁效果等。旗帜广告在其“旗帜”上用极简练的语言、图片介绍企业的产品或宣传企业形象，使网络浏览者方便、快捷地了解到企业的一些主要信息。旗帜广告同时还可使用网络语言产生交互性，用一些插件工具增强表现力。旗帜广告一般位于首页及各个频道页面的最上方，具有强烈的视觉冲击力，见图 8－1。

图 8－1 旗帜广告

2. 普通按钮广告的设计

这是网络广告中最常见、最有效果的一种形式，一般位于网页的左右两侧，利用文字、图片或动态效果把广告信息传递给访问者，也称为 Logo广告，见图 8－2。

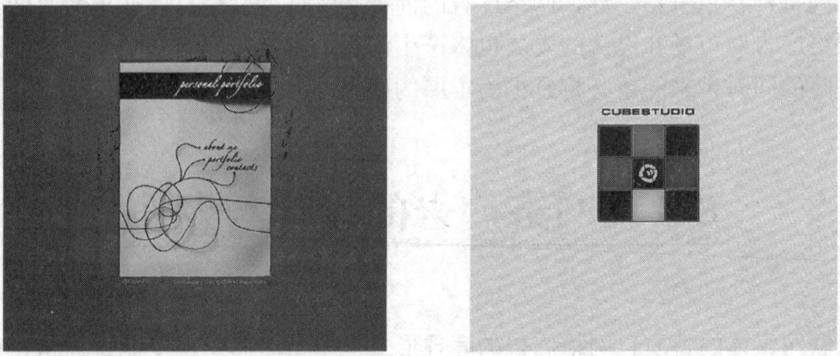

图 8－2 普通按钮广告

3. 赞助式广告的设计

赞助式广告并未有明确的定义，中国台湾地区行销总监伍臻祥提出，凡是所有非旗帜形式的网络广告，都可算作是赞助式广告。赞助式广告可分为三种赞助形式：①内容赞助；②节目赞助；③节日赞助。内容赞助可以说是赞助式广告的基本形式，表面上看起来这种赞助广告更像网页上的内容而并非广告，这种广告以网页内容的形式出现，所以点击率往往会比普通的广告高。而节目赞助和节日赞助，则是指广告主通过对自己感兴趣的网站内容或网站节目的赞助来达到做广告的目的。这些网站节目主要指一些特定的时效性网站，例如，澳门回归网站，VUQ 赞助搜狐世界杯频道等。节日赞助则是广告商通过参与网站在特别节日所推出的网站推广活动的方式而推行和发布自己的广告，见图 8－3。

4. 分类广告的设计

分类广告一直以来就是报纸的广告支柱之一，分类广告的总量大、分类精细，编排也较为专业化。所谓分类广告就是将出售的商品按一定标准分类后在报纸上发布的一种广告集合形式。分类广告的内容多为租让、出售、招商、家政、搬迁、招聘等与人们日常生活紧密相

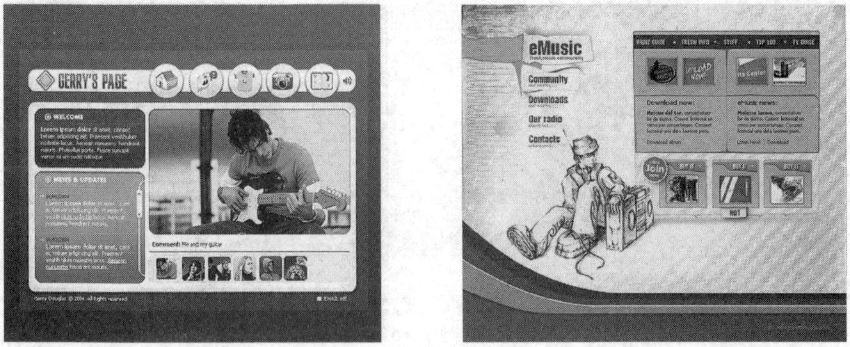

图 8 - 3 赞助式广告

关的小规模商业信息。网络媒体的分类广告也延续了报纸分类广告的形式和方法。互联网兴起后，报纸的分类广告出现明显下滑趋势，世界报业协会 2006 年底公布的一项调查表明，欧洲分类广告的相当份额已经被互联网抢走。越来越多的分类广告流向网络媒体，目前较为明显的有招聘广告、个人事务广告、汽车和房地产广告等，见图 8 - 4。

图 8 - 4 分类广告

5. 插播式广告的设计

插播式广告，顾名思义，就是穿插播放的广告。它是指网站中两个网页互换时出现的空隙时间中插入的网页广告，类似于电视剧播放过程中夹杂于两集之间的广告一样，但其持续时间相对较短。插播式广告的形式多种多样，主要有弹出式广告、过渡插入式广告等形式。弹出式广告是指网页浏览者点击页面后，在网页下载的过程中，网站自动弹出一个另外的负载广告的小浏览窗口，弹出式广告格式可以是任何标准。过渡插入式广告，则是插播式广告的另一种形式，其表现为，当网页浏览者点击网页上的某个链接时，他需要等待一段时间，才会出现他需要的网页，而这段等待的时间出现的是一个广告页面。这个广告页面会介绍一些广告信息，如果这个页面介绍的广告内容正好是浏览者想了解的或是这个页面有足够的吸引力，浏览者就有可能进一步进入广告商期望的网站或是网页，进而达到广告的目的，见图 8 - 5。

图 8-5　插播式广告

6. 电子邮件广告的设计

电子邮件是网民最经常使用的因特网工具。有超过 80% 的网民每天使用电子邮件。电子邮件广告通过向用户发送带有广告的电子邮件来达到广告效果。电子邮件广告可分为直邮广告、邮件注脚广告。直邮广告一般采用文本格式，直邮广告就是把一段广告性的文字或网页以电子邮件的形式发送给用户。邮件注脚广告则是在邮件注脚处添加一条广告，链接到广告主公司主页或提供产品或服务的特定页面。电子邮件广告具有针对性强、费用低廉的特点，且广告内容不受限制。其针对性强的特点，可以使其针对具体某一用户或某一特定用户群发送特定的广告，为其他网上广告方式所不及。

7. 富媒体广告的设计

富媒体广告属于宽带广告的一种，富媒体广告除了提供在线视频的即时播放之外，广告内容本身还可以包括网页、图片、超链接等其他资源，与影音同步播出。因为这种网络媒体播放的内容与呈现的效果极为丰富，因此称为富媒体。富媒体在国外日渐流行，在国内的门户网站等也可以看到它们的身影。在国外，富媒体广告已经逐渐配合各个广告位置出现，比如浮标广告位置，动态变换成为全屏广告展示，然后再缩小为浮标。富媒体广告有极强的表现力，几乎可以达到电视的表现效果，为创意人员提供了极大的发挥空间。中国目前投放富媒体广告的门槛主要是价格问题，富媒体广告的价格在国内已经达到甚至超过电视广告的价格，对于国内的企业来说，很少有人愿意去尝试这种高额的广告投放形式。

8. 关键词搜索广告的设计

关键词搜索广告，简称关键词广告，是著名搜索引擎百度等常常采用的广告方式。它是显示在搜索结果页面右侧的网站链接广告。属于收费广告——按点击次数收费的网络广告类型。目前提供关键词广告服务的搜索引擎主要有：关键词排名，竞价排名，点击付费广告和百度竞价排名。此外，国内的主要门户网站也提供关键词排名服务，如新浪、搜狐和网易。但由于后者的匹配度很低，大部分网民都青睐匹配度较高的 Google、百度等真正的搜索引擎。关键词广告由于排除了其他形式广告的干扰，使得关键词广告的视觉吸引力更为突出，营销效率也大大提高。关键词广告一般会时时显示，即每次使用搜索引擎搜索关键词时，广告都会出现在首页的显著位置；关键词广告可投放多种语言、多个国家；关键词广告的关键词一般也不受数量和热门程度的限制；关键词广告还可在线查看详细统计报告如广告点击数、显示数、花费、平均点击费用、平均排名等。

9. 其他形式网络广告的设计

即上述主流广告形式之外的其他的广告形式。如互动游戏式广告、屏保、书签和工具栏广告、指针广告等。随着宽带网的进一步普及，新的广告形式还将层出不穷，网络广告的优势特点也将更加明显，网络广告的发展前途将是无可限量的，见图 8-6。

图 8-6　其他形式网络广告

8.2.2　网络广告的发布

1. 网络广告的发布形式

2004 年采用最多的网络广告形式是长横幅大尺寸广告，占 32%；其次是普通按钮广告，占 18%；普通网幅广告，占 13%，列第三。Research 的调查报告还表明，有 75%的用户浏览完网络广告后会点击网络广告，有 30%的用户倾向于点击网络广告后出现的是 Flash 动态页面，有 23%的用户倾向有小游戏等带有互动功能的网页。而有 64%的用户认为最吸引人的网络广告形式是图片形式的网络广告，其后依次是分类广告、搜狐引擎广告、文字链接广告、电子邮件广告及其他广告。用户认为在图片形式的网络广告中，最吸引人的网络广告形式是视频广告，有 30%的支持率；其次是大尺寸广告，有 17%的支持率；传统 Banner 广告，有 16%的支持率；悬浮广告，有 15%的支持率；弹出广告，有 11%的支持率；全屏广告，有 9%的支持率。

但同时，我们也注意到，在中国互联网络发展状况统计调查中，用户对互联网最反感的广告形式弹出式广告，仅次于最让网民反感的网络病毒及网络入侵攻击。网络病毒和网络入侵攻击都可看作是对入网电脑的严重侵害，而弹出式广告与垃圾邮件一样是因为增加了用户的麻烦程度才引起用户反感的。

目前，中国超过 60 万家企业使用过或者正在使用搜索引擎进行网络营销，这个数字远远大于在主流网络媒体上投放广告的 4 000 余家网络广告主的数量。而调查中，44.6%的用户认为在互联网上查询信息时遇到的最大问题是重复信息太多，并以最高比例占据各类问题之首。一直以来，获取信息为网民上网最主要的目的，对比近几次调查结果可以看出，其所占比例呈逐渐下降趋势；而以休闲娱乐作为上网最主要目的的网民所占比例稳步上升，并且在最近的调查中首次超过以获取信息作为上网最主要目的的网民比例。在这样的情况下，网络广告也必须随势应变，重点致力于提升受众的接受度和好感度，而不能过分追求强制性注意力。否则，广告主最在意的“广告效果”将无从谈起。虽然受到了技术条件的限制，我们还是看到不断有新形式的网络广告出现，而创意表现精彩的富媒体视频广告也开始为越来越多的网民所接受和喜爱，其中的一些精品甚至被广为流传。或许，符合受众心理要求的新型网络广告，应成为网络广告领域最值得开采的“金矿”。

2. 广告主的实际需求与点击后行为分析的意义

广告主在拥有 CPM（千人印象成本）和 CPA（效果成本）后并不满足，他们在此后的营销推广中积累了更多与互动有关的需求。他们想知道谁关心他们的产品和服务、消费者在哪里、消费者的习惯是什么、消费者关心产品和服务的哪些部分、消费者为什么没有购买、消费者参与品牌活动的目的是什么等，广告主希望了解消费者从认知到购买的整个思维和行为特征，希望了解消费者在整个营销过程中的反映特征，更希望通过这些分析可以指导营销体系的完善。遗憾的是，过去没有一个媒体可以实现这一点，但广告主知道互联网应该可以帮助他们实现。

互联网是一个互动的媒体，实现了点对点宣传，这种传播特征使互联网的推广不仅停留在广告印象（用户被动看广告）或者广告点击（用户主动点击广告）上，而且可以渗透到企业的营销全过程，这可以通过了解用户点击网络广告后行为的分析得以实现。目前，针对广告主的这些需求，一些代理公司已开发出相应产品。简单地说，用户点击网络广告后行为分析的指标是 CPA，其中的“行动”（Action）可以由广告主进行自定义，如化妆品公司可以定义为试用装申请，银行广告主可以定义为信用卡申领，销售公司可以定义为购买，网络媒体公司可以定义为注册，电子商务公司可以定义为页面浏览数等。并且当评估广告效果的时候，“行动”的定义可以是多方面的，如可以定义页面到达、注册、浏览页面数、购买四种行为，分别根据转化成顾客的机率来综合分析广告效果，以了解广告对哪些人产生了影响，这些人是不是真的对产品感兴趣、他们对什么产品感兴趣、他们一般购买什么产品等。对这一系列的指标加以分析，便可以优化广告主的广告计划。

3. 网络广告价值的综合衡量

现今，在国内除了 CPM 和 CPA 外，还有两个指标是广告主衡量互联网广告效果的重要参考——CPC（点击成本）和 CPT（每个广告位时间成本）。通过 CPC 的广告点击数及点击率，广告主可以很清楚地了解自己投放的网络广告到底带来了多少宣传效果，大大满足了广告主对广告效果评估的需求。

而CPT则是目前国内互联网广告计费形式的主导，CPT是传统媒体广告购买模式的延续，它使得网络广告的计费模式更趋近于和传统媒体的购买模式一致。广告主可以根据自身需求在特定时间段选取特定广告位进行有针对性的宣传。换言之，CPT在技术上可以看作是CPM的变形，以适应国内广告主在广告购买上的特点，但由于网络媒体区别于传统媒体的广告效果可记录性，CPT无法精确体现互联网便于衡量广告效果的优势。

无论CPA还是CPM，单独来看都不能很准确地体现网络广告投放的真正价值，但是当广告主或者广告公司明确了其广告效果的评估体系，如是主要考虑对广告信息的传递还是对直接销售效果的促进，也可以综合上述因素整合评估效果。所以，体现网络广告投放价值的最佳衡量方法是CPM、CPT、CPC、CPA综合衡量。越来越聪明的广告主发现只有充分利用互联网广告及互联网营销的互动性，才是互联网推广的真谛，这同时也给网络媒体和网络广告代理公司甚至网络营销策划咨询公司提出了更高的要求。

【小知识】

网络广告与传统广告媒体在广告对象方面的差异

广告对象是依据消费者的需求偏好，购买行为和购买习惯的差异性，按照一定的细分标准，把整体市场划分为若干个不同需求的消费群。电视、广播、报纸等传统媒体，其某一时段节目或某一栏目是针对特定消费者的，但就整个媒体而言，其对象几乎是全民性的，包括了各个年龄，各个文化水平，各个收入标准，各个生活层次的消费者。而网络根据其对操作者物质设备的要求，对操作者文化水平的要求，对操作者经济收入的要求等做了第一层次的市场细分，从全体消费者中分离出了“网民”这一具有某些共同特质的消费者群。据中国互联网络信息中心（CNNIC）2005年7月份公布的统计数据，网民中文化程度为高中（中专）的比例最高，占31.3%，其次是本科（26.0%）和大专（25.6%）。本科及以上文化程度的网民比例为28.9%，网民中学生所占比例最多，达到了33.2%，其次是商业、服务业人员，占总数的11.1%，排在其后的是专业技术人员，所占比例为11.0%，企事业单位管理人员、教师、国家机关/党群组织工作人员所占比例也较多，分别为8.8%、7.7%和6.7%。

资料来源：http://www.seoqd.com.

8.3 网络广告发展存在的问题及对策

信息产业的发展极大地改变着人们的生活。在文本链接广告、电子邮件广告、赞助式广告、插页等网络广告度过了互联网的寒冬之后，以Internet为传播媒介的插播式广告、富媒体广告、互动游戏式广告、屏保式广告为主要形式的网络广告已成为当今欧美发达国家热门的广告形式。2006 年的网络广告市场规模应该在 46 亿～49 亿元人民币之间，增长速度在 40%以上。从行业分布来看，IT 产品类的份额仍然最大，其次是像淘宝、卓越网等网络服务类的广告，然后是汽车和房地产。房地产广告主要集中在新浪、搜房和搜狐。

总结 2006 网络广告的特点，有以下几个方面的变化：首先，广告更加耐看，传播、策划的分量加重；其次，网络广告变得更复杂，创意更加深入，特别是在一些活动的策划上，新点子、新想法层出不穷；最后，广告形式更加丰富，特别是富媒体与视频结合，不仅增强互动性也更富创意。

2007 年中国网络广告还会继续保持 35%～40%的较高速度增长，行业分布上不会发生太大的变化。随着外资银行的进入和四大国有商业银行的相继上市，保险、证券、银行等金融服务类的网络广告有望实现更快的增长，不过份额暂时不会太大。此外，网络公关类的网络广告会更被重视，甚至未来有可能形成产品或成为一种固定服务。

8.3.1 网络广告的现状分析

2004 年，美国网络广告销售额达到 84 亿美元，比 2003 年增长 15%，超过了 2000 年网络泡沫经济时，在网络广告市场的发展高峰期创下的 81 亿美元的记录。据美国媒体市场研究发现，Internet 商业化运作从 1994 年开始，2004 年就已正式出现了全球广告收入报告，网络广告发展的里程碑是 Hotwired 赢利了 3 700 亿美元，比 2003 年增长 7%，网络广告出现在 1997 年 3 月，到 1998 年初稍具规模，从 1998 年起，网络媒体市场开始走向分工具体化，广告的表现形式也开始走向多元化，门户、B2B 门户、个人应用服务等层出不穷，然而，网络广告费用的支出只是广告商全部广告费用支出的一小部分。2003 年，中国全年广告收益总额为 1 078.68 亿元人民币，网络广告收入只占 1%，而 2004 年，网络广告所占比例仍然不到 1.4%，可见网络广告在整个广告媒体市场中的分量。况且，广告收益额度的增加只是一个营收层面的经济评估，而非整体意义上的经济评估。只有网络广告效果评测才能提供促进其发展的基础数据，单纯地从网络广告市场份额来评测网络广告效果则过于片面。

8.3.2 网络广告发展中的危机

从网络广告的现状分析中可以看到，网络广告并没有凝聚与传统媒体相抗争的实力。以发展的眼光来看，还有许多因素在威胁着网络广告的正常发展。网络广告的传播效果是以受众的认可为前提的。目前，网络广告在用户中的认可度不高是影响网络广告发展的最大的“拦路虎”。不少网民表示出对网络广告的厌烦，尤其是大部分拨号上网用户，网络广告所谓的丰富内容直接影响了网民的上网速度。据第 13 次 CNNIC 互联网调查报告显示，只有

8.8% 的网民经常点击网络广告。用户对网络广告最不满意的是广告出现的方式影响了他们正常的上网活动。很少浏览和从来不浏览网络广告的网民比例超过了40%，网络广告的发展速度并非如有些媒体所说的那么快。强迫广告、垃圾邮件和网络广告中时有发生侵犯隐私权的现象直接导致了网民对网络广告的认可度不高，而认可度不高直接影响了网络广告的受众范围和辐射的渗透力度，并最终影响了网络广告的传播效果。

1. 网络广告尚未形成有效形式

从最早的旗帜广告、固定图标到飘动图标、弹出广告、整屏广告，现在网民想躲开强迫性网络广告、浏览一个干净的网页越来越难了。这种不管消费者是否愿意，通过强制手段占领受众的桌面，让受众无法自由选择、接受信息的广告被称作侵犯式广告。网民不欢迎侵犯式广告，但侵犯式广告的确给广告主带来了他们想要的点击率，给按点击率收费的网站带来可观的收益。但强行灌输给无处可逃的受众的广告信息，能达到预定的传播效果吗？心理学实验表明：抱怨、反感的情绪和态度会严重影响受众对信息的处理，浅则影响受众对信息知觉过程的解释，深则让受众对接受信息产生抵制。当正常工作的网民被弹出式广告打搅时，如果广告内容不是和受众有很高的切合度，受众一般会维持原有的关注惯性，看都不看便关掉广告窗口。可是一旦网民无法控制广告和网络浏览器，受众的关注力就被严重干扰。在突如其来的反感情绪指示下，受众会对信息做负面处理甚至拒绝接受信息。从认知、理解率、品牌形象和广告效果转化率等方面来看，其效果不容乐观，甚至背道而驰。因为可怕的侵犯广告已使网民们患上了“广告厌食症”。一些广告人所自诩的“在向广告对象传递信息方面是一种突破”，其实是一种背离。侵犯式广告已经背离了其天然的“双向互动”的优势，对双向传播的另一主体——“受众”缺乏基本的关注，沦为一种机械的商业信息发布工具。在这种意义上，侵犯式广告无论有多高的点击率，都只能是荒唐的数字游戏。在针对弹出式广告的斗争中，全世界正在积极从法律和技术上寻求突破。华盛顿将出台两项反谍软件（Spy Warc 和 Adware）的法案，美国联邦贸易委员会（FTC）制止软件公司通过即时信息散发弹出式广告。全球互联网市场从2003年开始就在全面封杀弹出式广告，Google、AOL、雅虎、微软与多家软件开发商都提供了免费的弹出式广告拦阻工具。中国两大门户网站新浪和搜狐也相继表态“封杀”弹出式网络广告，不再接受弹出式与流媒体广告订单。

2. 网络广告尚未明确主体规范

与传统的广告不同，网络广告的主体界定存在一定困难。在传统广告中，广告各主体的界限比较明确，《广告法》对广告的调整建立在三分广告主体并赋予各自责任义务的基础上，通过对广告行为中不同链条上的不同主体分别进行相应的法律和行政规制，使广告行为易于控制和监管。但网络广告打破了这套规则，在网络广告中，主体的界限与定位是非常模糊的，有的是合二为一，有的是合三为一。ISP大都集广告经营者与广告发布者两种角色于一身，宣传企业自身产品或服务的网站则将广告主、广告经营者和广告发布者三种角色集于一身，甚至任何拥有网络使用权的人都可以在网上发布广告。这些新情况的出现给广告主体的认定工作带来了一定困难。在主体定位不明确的情况下，《广告法》中关于各方权利义务关系的规范难以适用于网络广告，一些侵犯用户权益的网络广告就难以被约束，由此损害网络广告的整体信誉和用户忠诚度，对网络广告的挫伤极大。因此以法律手段来规范网络广告首先面临的问题就是重新界定广告主体，甚至可以考虑改变《广告法》规范广告的方法与原则。另外，网络的超国界和无地域性特征给法律的适用带来了很大的难题，无论是立案管辖还是法律执行均是如此。正是这种情况使一些商家有意规避法律，使网络广告很难通过一国的法律来解决，往往需要通过国家间的协作来共同解决，甚至需要由国际性机构制定统一的具有约束力的规则。

3. 网络广告尚未形成受众价值

网络广告所面临的严重问题之一是网民群体的商业价值匮乏。至 2004 年底，中国网民在线注册人数已达 9 400 万，但从 13 亿人口的绝对数量来衡量，网民只占总人口的很少一部分。北京、上海的网络覆盖率只能占到城市总人口的 8% 和 2%。而从用户的年龄分布和收入状况来看，其商业价值乏善可陈。网民群体中月收入在 1 000 元以下的占 60.9%，高收入阶层只占很少一部分，虽然大多数中国网民受过高等教育，但他们暂时属于购买力最弱的阶层，其消费能力停留在一个较低的层面上，难以形成一个较有购买力的群体。而且网民上网时所做的事绝大多数限于阅读新闻、获取信息、聊天和玩游戏。大部分网民是自费上网，对网络广告心存芥蒂，对网络邮件广告避之唯恐不及，更遑论点击广告和在线购物。这样，当广告投放者要传递的信息与网民要获取的目标信息不一致时，广告信息在广告商和消费者之间的流动必然受到阻滞。因此网络广告的实际促销效果并不理想。

8.3.3 网络广告的发展对策

网络广告有其不可替代的优势，也有其难以克服的缺点。要以客观全面的眼光看待网络广告，不能漠视网络广告发展的威胁因素，更不能感情冲动一相情愿地断言网络广告的春天已经来临，否则只能把网络广告重新带入黑暗的低谷。为促进网络广告的健康发展，应把网络广告定位为传统广告媒体的有益补充，并从受众研究、网络技术、网络广告效果测评、网络广告市场监管与法制建设等方面踏踏实实地开展工作，才能促进网络广告的良性发展。

1. 研究小众化网络广告受众

互联网的网民在 18～24 岁之间的占 31.4%，所有用户中未婚的占 56.8%，已婚的占 43.2%，网民的特定群体特征越来越明显。为了更好地适应这些群体的需要，对此进行专项研究就显得越来越有必要。网络广告服务应该更注重对客户群的细分，而不是只对广告进行分类。向不同特性的客户群提供不同的广告服务是摆脱目前网络广告模式弊端的有效途径。网民上网冲浪具有较强的目的性，因此，网络广告只有投放在与自身产品或服务相关的潜在消费者身上才能产生效果，这就必须将网络广告定位于小众市场。网络广告的投放必须考虑到目标受众的数量和质量，基于网民上网的目标和商家期望借助网络广告进行有效促销的目标发生错位的现实，一味追求点击率是不可取的。另外，不同地区的网络用户对网络广告的反应各不相同。总体情况是：大都市地区的用户较之于非大都市地区的用户对网络广告的点击率低，但一旦点击之后，大都市用户的顾客转化率就会很高。因此，对小众化网络广告受众的研究非常必要。

2. 开发网络广告友好互动技术

网络广告是以网络媒体为载体的。陈力丹在《大众传播理论如何面对网络》中谈到，网络媒体的根本意义就在于它颠覆了传统媒体传播者与受众之间的严格界限，变单向传播为个人化的双向交流，给予了传播者与受众转换角色的自由。理想层次上的网络广告正是遵循了网络媒体的传播规律，并且回归受众本位，充分考虑受众处理信息的意愿和动机，让访客在自发的心理驱动下接受广告信息，而不是强制灌输。受众不是被动地接受广告，而是主动地掌握和控制广告，并参与到广告的提供和传播之中。从适应互动的角度，网络广告应注重开发网络广告用户友好技术。这是一种运用多媒体技术创建、具有复杂视觉效果和交互功能的新型网络广告技术，在广告的表现形式上更加丰富，往往集视频直播、Flash 动画、游戏、网站链接、发表评论、在线调查、网上购物等多种功能于一身，其最大的特点就是双向交互广告的展示形式及过程随访客意志而调整演变。目前已经运用的和一些正在探索的广告形式，如联动电视广告（ETV）、多媒体邮件、Flash 广告、网上路演、连播巨幅广告、宽带多媒体广告、精确制导网络广告、行为目标广告、视觉中心广告、网络游戏广告、网易邮件系统、用户个性化界面广告等都在某种意义上体现出了网络广告友好互动的特点。

3. 建立网络广告检测与评估体系

网络广告能否持续繁荣的核心问题还在于需要在整个行业内建立和完善行之有效的网络广告检测与评估体系。在对网络广告效果进行测评时，现在主要是基于网站自身提供的数据，缺乏第三方的审计和认证，无法给广告客户和广告代理商提供综合、准确和公正的调研数据，其公正性大打折扣。而第三方检测与评估虽然能够有效地解决公正性、权威性的问题，但面对高昂的成本，国内网站大多数都望而却步。2003 年 11 月，网易投入巨额资金与 Double Click 公司签订合作协议。2003 年 12 月，国内各大门户网站先后与 Nielsen（尼尔森互联网测评）签订互联网测评服务合约。Nielsen 以设立互联网受众测评及分析全球标准著称，它在中国市场推出网站第三方测评服务，无疑是广大广告主的一个福音。尼尔森测评服务的推广，能够在一定程度上解决目前国内网络广告检测与评估的问题。由美国广告代理协会（AAAA）、媒体评级委员会（MRC）和 IAB 公司组成的广告贸易团体正在制定更加详细的评级制度，目的是发展一致的行业规则，建立一个以 MRC 为标准的通行标准，以便更加精确地评价交互广告活动。更健全更成熟的网络广告检测与评估技术与体系得到广泛应用，这将为网络广告发展带来美好的未来。

4. 加强网络广告市场的监管与法制建设

当前网络广告中存在着一系列问题：有些网站发布虚假广告，欺骗消费者；有的网站发布法律、法规禁止或限制发布商品或服务广告；有些特殊商品广告发布前未经有关部门审查，产品存在着严重的问题；一些网站在广告经营中存在着不正当竞争行为等。我国还没有专门机构或专业的管理监督手段对网络广告进行从制作到发布的全程跟踪和监控。有关部门虽然一直致力于探索对网络广告的监管方式和方法，但由于因特网的技术特性，要像“雷达”一样对网络广告进行全程、透彻的监控，目前还缺乏必要的技术手段和措施。长期以来，管理部门对网络广告的监管基本上处于失序状态，缺乏应有的制约机制。我国现行的《广告法》、《反不正当竞争法》等相关法律法规对网络广告没有任何明确的规定，这是造成网络广告行业混乱的根本原因。要把网络监管落到实处，就必须将网络广告纳入法律的控制范围内。

本章小结

新广告媒体的不断出现，使受众对媒体进行选择的自主权加大，单纯由某一种媒体发出的信息的可信度下降。网络媒体的出现为广告信息的传播提供了一条新的渠道和途径，但也对传统的广告信息传播方式和策略提出了挑战。本章着重讨论了网络媒体自身的特点及与传统媒体对比的异同，帮助大家更好地了解和掌握网络媒体。

关键概念

网络广告　设计　发布　现状　危机　对策

课后思考与练习

1. 填空题

(1) 在进行网络广告的设计时，一方面要考虑广告主的需求及所有发布平面广告时的要素；另一方面，要考虑网络自身的________。

(2) 企业上网________进行宣传无疑是效果最好的，且与企业未来发展息息相关。

(3) 网络广告能否持续繁荣的核心问题还在于整个行业内是否已建立和完善了行之有效的网络广告________与________体系。

(4) ________，简称关键词广告，是著名搜索引擎百度等常常采用的广告方式。

2. 判断题

(1) 受众不是被动地接受广告，而是应该主动地掌握和控制广告，并参与到广告的提供和传播之中。 (　　)

(2) 弹出式广告窗是在互联网中最让中国网民反感的网络广告方式。 (　　)

(3) 从网络广告的现状分析中可以看到，网络广告拥有与传统媒体相抗争的实力。 (　　)

(4) 电子邮件是网民最经常使用的因特网工具。 (　　)

3. 简答题

(1) 网络广告的概念是什么？

(2) 网络广告的形式有哪些？

(3) 应如何看待网络广告的发展前景？

(4) 在进行网络广告设计与发布时，应注意的问题有哪些？

案例讨论

案例一：消费者的主动出击

有研究表明，没有证据可以证明点击率在影响消费者的品牌回忆度、提升品牌态度或者购买行为上的具体效应。当消费者的网络经验越来越丰富，旗帜广告的效果也日渐衰弱。"网络给予了消费者较大的自主选择空间，消费者基本上是在主动地搜索和接触自己需要的信息，这就使受众对于网络的信息传播效率的期望相对比较高，认为网络应该是一个自主、自由、廉价和不受控制的媒体。"因此，当各种各样的广告在网络上你方唱罢我登场时，消费者不再倾向被动地接受营销信息，更乐于主动去搜寻自己需要的信息。越来越多的广告主和网络广告代理公司已经将日光和战略调转到旗帜广告之外的视野，努力寻求网络上其他广告方式来宣传品牌和传播产品信息。目前，消费者通过网络主动地搜寻他所需要的产品或服务的详细信息主要有以下三种基本方式：一是通过搜索引擎键入相关关键词获得信息；二是经由点击商业网站发布的网络广告获得信息；三是消费者直接在地址栏中输入确切网址进入企业网站获得信息。而无论是使用搜索引擎还是点击商业网站广告链接的最终目的都是链接到企业网站。于是，"企业网站"作为一种广告主可把控的广告传播方式逐渐引起了研究者的注意并开始浮出水面。

资料来源：胡修瑞．试论网络广告的传播优势．学术交流，2002.

讨论题：

1. 谈谈为什么旗帜广告会呈现日渐衰落的情况？
2. 广告主有哪些新的选择趋势？

案例二：什么影响了受众的选择

传统广告的有效传播面更广，对受众接触较多，但提供的信息较少，消费者也不能按照自己的需求来查询信息，而网络广告的受众面有限，还不能像传统媒体那样进行广泛的传播，但它的互动性和详尽的信息供给完全可以弥补传统广告的不足。将网络广告和传统广告整合使用可以达到最佳的传播效果。如中国一些著名网站在报纸、电视、广播等媒体上推出自己的品牌广告，通过这些可信度高的大众媒体，提高人们对网络和网络广告的认识，提升在网络用户中的可信度。拥有良好品牌与影响力的传统媒体也成功地将自己延伸到互联网平台上，产生了依托传统媒体而生的网络新媒体，使网络媒体成为传统媒体的自然延伸。传统媒体与网络媒体各有优势又明显互补，网络媒体依托传统媒体的受众群、广告客户资源、广告专业技术人才，而传统媒体借助网络媒体传播范围广、针对性强、实时、灵活、成本低、交互性强的优势，通过有效组合，提升企业竞争实力。新旧媒体在网络这个新型平台上共同影响了消费者的选择。

资料来源：刘春艳. 网络广告利弊分析. 现代情报，2002.

讨论题：

拥有品牌与影响力的传统媒体是怎样成功地将自己延伸到互联网平台上的？

实训应用

（一）实训项目

选择一个群体做一次调研，了解他们的上网动机并提出相应的网络广告实施策略。

（二）实训目标

1. 熟悉与网民或受众进行有效沟通的方法与技巧。
2. 了解网络设计的规律。
3. 学会制订网络广告实施方案。

（三）实训指导

由实训负责教师事先制定实训指导书，成立实训指导小组，明确实训指导教师的职责与实训指导要求。

（四）实训组织

1. 将全体同学分成若干小组，每组5～6人，并指定一位同学为组长。采取组长负责制查阅资料和调查所选定的网民群体。各组在查阅资料和调查目标群体前做好登记记录，以免重复。

2. 每组根据调查计划设计一份调查问卷，确定网络广告的主体目标，在各组交流的基础上，在教师的指导下，开展实地调研。

3. 每组根据统计分析的结果撰写网络广告实施方案。

4. 各小组相互交流实训心得，并填写本次实训报告。

(五) 实训考核

实训成绩考核主要从实训工作表现和实训成果两个方面进行。其中，工作表现的分值占总成绩的40%，实训成果占总成绩的60%。工作表现的具体内容包括工作的纪律性、主动性、责任感和创造性，实训成果从调研成果和网络广告实施方案的撰写及实训报告的填写情况来考核。

第 9 章

广告文案创作

【本章导读】

本章的宗旨是为了引领学生进入广告文案表现的天地，对广告文案写作在整个广告活动中的特殊位置、基本原理、基本原则、具体规范、操作范畴、表现类型等基本问题有一个清晰的把握，并在此基础上，运用表现能力，运用对文字符号的驾驭能力，进行有效的广告文案创作，培养出真正具备高素质的广告文案写作人才。

【学习目标】

知识目标

1. 掌握广告文案的概念；
2. 理解广告文案写作的基本原则；
3. 了解广告文案的基本结构；
4. 了解平面广告的分类；
5. 熟悉电波广告的写作类型；
6. 了解广告语的类型。

技能目标

1. 学会区分不同的广告文案写作类型；
2. 培养学生平面广告文案的创作能力；
3. 掌握广告语的多种写作方法；
4. 培养学生自我检测广告文案的能力。

【引例】

“伊利牛奶”系列广告文案[1]

广告语：青青大草原 自然好牛奶。

广告正文（一）如下。

无论怎么喝，总是不一般香浓！这种不一般，你一喝便能明显感到。伊利纯牛奶全乳固

[1] 资料来源：http://www.52design.com/html/200612.

体含量高达 12.2%以上，这意味着伊利纯牛奶更香浓美味，营养成分更高！

广告正文（二）如下。

一天一包伊利纯牛奶，你的骨骼一辈子也不会发出这种声音。每 1 100 毫升伊利纯牛奶中，含有高达 130 毫升的乳钙。别小看这个数字，从骨骼表现出来的会大大不同！

广告正文（三）如下。

饮着清澈的溪水，听着悦耳的鸟鸣，吃着丰美的青草，呼吸新鲜的空气。如此自在舒适的环境，伊利乳牛产出的牛奶自然品质不凡，营养更好！

这三则系列广告，除角落里的品牌标志及产品包装外，没有任何图形。画面中心，巧妙地利用汉字字型精心编排设计，通过一系列的象声词，分别表现人们迫不及待地喝牛奶的声音；因缺钙而导致的骨骼碎裂的声音；以及乳牛在舒适的环境中惬意地吃草、鸣叫的声音（见图 9-1）。调动受众的想像和联想，形成视觉冲击力。而广告文案又对画面主体文字作了形象的说明、注释和深化，道出了伊利纯牛奶诱人的浓香、纯真精美的品质和饮用后的效果及其根源，非常有说服力，很能打动消费者。这是以文案写作为主要表现形式的典型佳作。

图 9-1　伊利牛奶广告

【问题引入】

1. 上述“伊利牛奶”系列广告文案的切入点是什么？
2. 如何把握广告文案的语言魅力？

9.1　广告文案概述

9.1.1　广告文案的概念

广告文案伴随着广告的诞生而诞生，但广告文案这一概念的提出和界定，却与广告文案产生的时间不同步。1880年，广告文案在美国开始为人使用，当时出现了专门的广告文案撰稿人（Copy Writer）。鲍尔斯是美国第一位专业广告文案撰稿人。

在现代中国，对广告的研究始于1919年的徐宝璜。他在其所著的《新闻学》中专设一章“新闻纸之广告”；后来的著名报人戈公振在其《中国报学史》中也专设“广告”一节；1931年，苏上达著《广告学概论》。但是这三位作者均未提及广告文案的概念及概念的界定。

直到1991年，中国友谊出版公司出版的《现代广告学名著丛书》，译者统一采用了“广告文案”概念，而后的许多广告译著和港台著作，其中也大体用了“广告文案”的名称和概念。由此可见，“广告文案”这一概念，不是中国大陆广告人所提出的，而是凭借译本和港台著作得到的。

广告文案是已经定稿的广告作品的全部的语言文字部分。对这一概念可以理解为：

① 广告文案是已经定稿的、不再更改的、与受众直接见面的广告作品中的一部分；

② 广告文案是广告作品而不是广告运作流程中的所有的文字资料和文本形式；

③ 广告文案是广告作品中的语言文字部分而不包括图片等其他的要素；

④ 广告文案是广告作品中的全部的语言文字部分而不仅仅是其中的某一部分；

⑤ 广告文案包括广告作品中的语言和文字两个部分，其中，语言指有声语言或口头语言，而文字指书面语言（包括电视广告中的字幕形式）。

9.1.2 广告文案写作的前期准备

1. 熟悉广告战略

每一个广告活动都是为广告战略的实施服务的。首先，广告文案人员需要了解和熟悉广告主的广告战略，并将广告战略中需要把握的一些问题与企业、产品、服务等因素联系起来统一考虑。

2. 把握广告策略

（1）广告活动和广告表现的目的

通过明确广告活动和广告表现的目的来确定文案写作的目的。广告文案写作活动自始至终都要围绕广告活动和广告表现的目的。

（2）广告活动和广告表现的主题

广告文案的写作要在明确的主题下，进行符合该主题的具体表现，并将主题深化。把握应表现的主题才能按照策略中的主题要求去实施文案的写作，文案也才能真正符合策略要求，才能展现策略的智慧。

（3）广告活动和广告表现的诉求对象和诉求策略

明确广告文案将面对的、诉求的独特对象，使文案在表现风格、语言特征、诉求角度、诉求方式等方面能真正对应目标受众和目标消费者。

(4) 广告表现的媒介策略

文案写作者要根据广告表现的媒介策略，在媒介或者媒介组合的版面和时间限制的前提下，进行广告文案的长短、表达方式的确定。广告文案只有符合媒介策略才能不折不扣地展现广告创意。

3. 研究广告创意

广告文案写作就是对广告创意策略的具体的表现，它是一个与广告创意相继的表现的过程、发展的过程、深化的过程。因此，必须研究广告创意。

① 广告创意的目的是表现什么；广告创意与广告所要传递的信息之间的关系怎样；广告创意在哪一方面有效地表现了广告信息。

② 广告创意中界定的产品或品牌的概念是什么；广告创意希望作品如何表现这一概念；具体的方法和突出点在哪里。

③ 广告创意中是否运用了人物形象或其他需要特别注意的内容。如果运用了人物形象，文案写作就必须在语言风格、表达特征等方面与人物之间达到统一；如果广告创意中采用了其他需要特别注意的内容，文案人员就要掌握体现其特别内容的表现力，在广告创意的要求下，进行富有特色的表现。

④ 广告创意中的表现形式和表现手法的设定，用语言文字来表达时，需要做怎样的努力，才能表现其目标效果；是否可以在广告创意的基础上，借助语言文字的特殊性对其进行深化和发展；如何深化和发展。

9.1.3　广告文案的创作程序

1. 策划阶段

此阶段就是研究产品和市场，挖掘、筛选出最具影响力的“点”，这个“点”必须代表同类产品的前沿和趋势，至少领先同类产品两三年时间，广告方案创作人员要想做好策划阶段的工作就必须深刻了解和把握市场。

2. 支撑阶段

此阶段主要针对策划阶段形成的“点”进行系列支撑，此时的支撑靠的是对消费心理的准确掌握，每个“点”必须直击目标消费群的心理，经过系列“点”的支撑后，就会消除消费群的“消费阻碍”。

3. 标题阶段

标题是一篇广告的“龙眼”，对广告效果起到关键作用。标题形式可以多样，但都必须切合产品特点或消费者心理特征（喜好、担忧、恐惧等），语言风格上一定要通俗化、口语化、生活化。

4. 初步文案阶段

此阶段是文案创作的初级阶段，经过以上三个阶段后，文案内容已经初步确定，此阶段必须注意以下内容：不能脱离广告诉求中心，标题必须口语化，内容必须通俗化，整篇文案诉求至多两个点，逻辑关系突出等。一个文案创作人员要想做到能够兼顾这些内容，就必须对产品、市场、目标消费群有准确的把握。

5. 最后文案阶段

至此，文案创作初步完成，接着就是针对初步内容进行全面而细致的润色，大到版式，小到内容中的每个字都需要润色。此时，方案创作人员心中始终不要忘记文案是给消费者看的，所以一切都要考虑消费者的接受能力。

9.1.4 广告文案的基本结构

一则典型的广告文案，由广告语、标题、正文、随文 4 个部分组成，各个部分传达不同的信息，承担不同的职能，发挥不同的作用。

1. 广告语

广告语又称广告口号或广告标语，指为了加强受众对企业、商品或服务的印象而在广告中长期、反复使用的一种简明扼要的口号性语句。它基于长远的销售利益，向消费者传达一种长期不变的观念。广告语可以出现在广告文案的任何部位，但通常独立于正文之外，是广告文案中相对独立的组成部分。

2. 标题

标题是广告文案的点睛之笔。标题旨在传达最为重要的或最能引起受众兴趣的信息，对全文起统领作用，以吸引受众继续阅读或收听、收看广告文案的其他内容的简短语句，通常位于广告文案的最前面。

3. 正文

正文指广告文案中传达大部分广告信息，居于主体地位的语言或文字。它是广告文案的中心和主体。

4. 随文

随文又称附文，指广告文案中向受众传达企业名称、地址、购买商品或接受服务的方法等附加性信息的语言或文字。它一般出现在广告文案的结尾部分。

9.1.5 不同媒介的广告文案在结构上的区别

一般说来，所有的广告文案都必须具备完整的结构，但是因传播媒介的不同，广告文案的结构会以不同的形式来体现，因此通过广播、电视等媒介传播的广告文案表面看来会显得不是非常清晰或完整。

1. 通过印刷媒介传播的广告文案的结构

通过印刷媒介传播的广告文案的结构最为典型。因为印刷媒介具有即时传播的特性，所以受众可以同时看到文案的广告语、标题、正文、随文等部分。并且因为印刷广告可以将文案以不同的字体、字形、字号编排在不同位置的版面上，所以文案的结构可以显得清晰、明确。

2. 通过广播媒介传播的广告文案的结构

通过广播媒介传播的广告文案的结构比较模糊，有时甚至会显得不完整或者根本没有结构。造成这种现象的原因有两点：一是广播媒介具有顺时传播的特性，广告文案的各个部分是按时序播出的，受众不可能同时接收它们，因此对受众来说它们是一个整体，而没有明显的区别；二是广播媒介的广告文案是以口头语言为载体的，即使文案的不同部分有语气、语调、音色的变化，受众也很难体会其中的广告语、标题、正文和随文的区别。

即便如此，文案撰写人员也不能认为文案的结构对广播广告的受众没有意义，对广告信息的传播没有作用，而忽视广播广告文案的广告语、标题和随文的撰写。因为它们对于吸引受众的注意力、传达全面的广告信息起着同样重要的作用。

【小案例】

河姆渡遗址博物馆广告

（音乐：古朴的哨音）

“都说江南的鱼米香，宁波的河姆渡，山清水秀，土地肥沃。

七千年前的先民铸造了璀璨的河姆渡文化。

在这里，诞生了世界上最早的木制船桨；

在这里，河姆渡人戴上了中华民族第一块玉装饰品……

跨越了七千年的河姆渡古哨悠悠地向我们吹起。

河姆渡遗址博物馆。”

这则广播广告文案前面是广告正文，在最后点出广告标题。这样将广告语或广告标题后置的结构较常用。

资料来源：初广志. 广告文案写作. 北京：高等教育出版社，2005.

3. 通过电视媒介传播的广告文案的结构

电视广告的文案与广播广告的文案不同，因为电视广告既诉诸受众的听觉，又诉诸受众的视觉，因此广告文案既可以以语言为载体，也可以以文字为载体。在实际运作中，绝大多数电视广告的文案都是以语言（画外音、人物语言）和文字（字幕）两种载体共同传播的，标题、广告语、正文和随文可以以人物对白、字形等形式相区别，而且广告语通常是在广告的结尾与随文同时出现，所以在电视广告中，文案的结构比广播广告中清晰。

这里需要提醒大家注意的是，无论是在印刷广告文案、广播广告文案还是在电视广告文案中，都相当普遍地存在着文案的标题和广告语合二为一的情况，所以文案的撰写人员在文案写作过程中不必拘泥于一定要有独立的标题和广告语的教条。

【小案例】

啤酒广告

广告标题：以后再也用不着牙齿了！

电视广告画面：一位乐呵呵的老人拿着一瓶新型啤酒，屏幕下方字幕打出一行字——以后再也用不着牙齿了！老人说完了一笑，露出缺了颗门牙的嘴。

这是美国一则不用开瓶器的新型啤酒广告。成功的电视广告，不仅要为观众提供必要的消费信息，还要让他们感兴趣，获得某种美的感受，在愉悦中记住有关信息。这则广告就是广告语和广告标题合二为一的，通过缺了门牙的老人说出诙谐亲切的广告语，重点反映了这种新型啤酒饮用方便的特点。

资料来源：http://www.pmsj.com.cn/adscript/077107_2.html.

9.2 平面广告文案的创作

平面广告，若从空间界定，泛指现有的以长、宽二维形态传达视觉信息的各种载体的广告。平面广告是通过印刷技术手段制成的，因而又被称为印刷广告。平面广告按载体分类，主要包括报纸广告、杂志广告、招贴海报广告、售点广告、直邮广告等。平面广告具有直观性的特点，因而平面广告文案的结构是相对完整的。下面对平面广告不同媒体的文案做逐个的分析。

9.2.1 报纸广告文案的创作

1. 报纸广告文案的表现形式[1]

报纸广告是最为常见的大众印刷媒介广告，它的表现形式是多种多样的，如文案形式、插图形式、摄影形式、装饰形式、构成形式、综合形式等。其中文案形式是最基本的、采用最多的表现形式。语言的表现力是无穷的，它可以详尽地介绍、阐述信息内容，并赋予其感人至深的魅力。因此，选择报纸这一大众性媒体做广告，也就等于选择了以文案写作为主的表现形式。报纸广告文案，是直接与读者见面的广告作品形式，这也是与广播、电视广告文案的主要区别。

按常规，报纸广告的版面大致可分为以下几类：跨版、整版、半版、双通栏、单通栏、

[1] 资料来源：万秀风，高金康. 广告文案写作. 上海：上海财经大学出版社，2005.

半通栏、报眼、报花等。究竟选择哪种版面做广告，要根据企业的经济实力、产品生命周期和广告宣传情况而定。一般来说，首次刊登的新闻式、告知式广告宜选用较大版面，以引起读者注意，而后续的提醒式、日常式广告，可逐渐缩小版面，以强化消费者记忆。

(1) 报花广告

这类广告版面很小，形式特殊，不具备广阔的创意空间，文案只能作重点式表现，突出品牌或企业名称、电话、地址及企业赞助之类的内容。报花广告一般采用一种陈述性的表述，不体现文案结构的全部。

(2) 报眼广告

报眼，即横排版报纸报头一侧的版面。版面面积不大，但位置十分显著、重要。如果是新闻版，多用来刊登简短而重要的消息或内容提要。这个位置用来刊登广告，显然比其他版面广告注意值要高，并会自然地体现出权威性、新闻性、时效性及可信度。由于报眼广告版面面积小，容不下太多的图片，所以广告文案写作占据着核心地位，具有举足轻重的作用。特别应予以注意的有以下几个方面。

① 要选择具有新闻性的信息内容，或在创意及表现手段方面赋予其新闻性。

② 广告标题要醒目，最好采用新闻式、承诺式或实证式标题类型。

③ 广告正文的写作可采用新闻形式和新闻笔法。

④ 广告文案的语言要相对体现理性的、科学的、严谨的风格。

⑤ 广告文案需简短凝练，忌用长文案，尤其不能用散文体、故事体、诗歌体等假定性强的艺术形式，以免冲淡报眼位置自身所具有的说服力与可信性。

(3) 半通栏广告

半通栏广告，一般广告版面较小，而且众多广告排列在一起，互相干扰，广告效果容易被削弱，因此，如何使广告做得超凡脱俗、新颖独特，使之从众多广告中脱颖而出，跳入读者视线，是广告文案写作应特别注意的。

① 创作醒目的广告标题。标题字数要短，字体要大，新颖别致，有冲击力，能一下子抓住受众的注意力。

② 用短文案。语言要高度凝练简洁，提纲挈领，突出重点信息，力求做到小版面多内涵。

③ 文案的写作要注意编排的有机结合。最好能在编排先行、编排为主的制作意念中进行。

(4) 单通栏广告

单通栏是广告中最常见的一种版面，符合人们的正常视觉，因此版面自身有一定的说服力。从版面面积看，单通栏是半通栏的两倍，这种变化也应相应地体现在广告文案的撰写中。

① 广告标题的创作既可以运用短标题形式，也可以采用长标题形式；但为了与画面的编排相和谐，最好用单标题而不用复合标题。

② 文案中可以进行较为细致的广告信息介绍和多方位的信息交代、信息表现；但正文字数不宜多于500个汉字，以免造成版面拥挤，影响编排效果。

③ 文案的结构可以被充分自由地运用，可以体现文案最完整的结构类型。

【小案例】

贝克啤酒的一则单通栏报纸广告文案

标题：禁酒令。

正文：查生啤之新鲜，乃我酒民头等大事，新上市之贝克生啤，为确保酒民利益，严禁各经销商销售超过七日之贝克生啤，违者严惩，重罚十万人民币（见图 9-2）。

此广告文案借用了公文中“令”的写作形式和语言风格，将广告信息用规范的公文形式表现出来，产生了一种独特的说服力。整个广告文案句子结构简要，语言表达严正，使人感受到贝克生啤制造商推出这一营销新举措的严肃、认真的态度。同时，用如此严正的形式来表达，令受众领悟到创意者所提供的幽默玄机。会心一笑间，印象深刻。

资料来源：http://www.globrand.com/UPLOADFILE/newsimg.

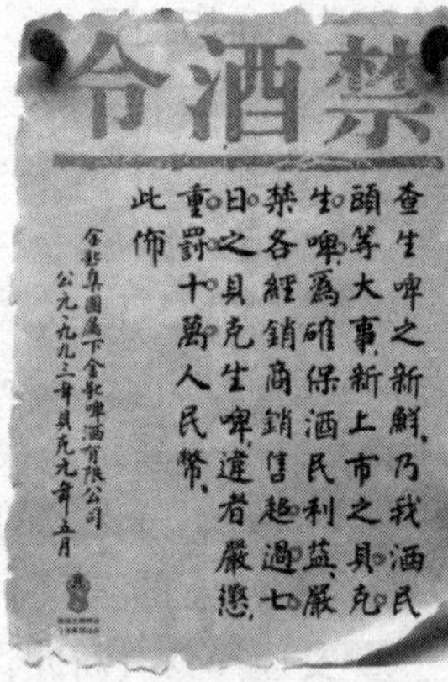

图 9-2 贝克啤酒广告

（5）双通栏广告

双通栏广告在版面面积上是单通栏广告的两倍。这给广告文案写作提供了较大的发挥空间，凡适合于报纸广告的结构类型、表现形式和语言风格都可以在这里运用。其文案写作应特别注意以下两点。

① 可以诉求广告主体的综合性信息。

② 版面编排应放在次要地位，说服和诱导的重任基本上靠广告文案来完成。

（6）半版广告

半版广告根据报纸的规格大小分为 250 mm×350 mm 和 170 mm×235 mm 两种类型。半版与整版及跨版广告，均被称之为大版面广告，是广告主雄厚的经济实力的体现。它给广告文案的写作提供了广阔的表现空间。

半版广告文案在创作时候应特别注意以下几个方面。

① 运用画面表现的“大音希声，大象无形”的美学原理，努力拓宽画面的视觉效果。“以白计黑，以虚显实”，充分调动受众的想像力。

② 文案写作既可以采用感性诉求，也可以进行理性诉求。可以运用适于报纸广告的各种表现形式和手段，辅助画面、营造气势、烘托气氛、强化视觉冲击力。

③ 采用大标题，正文文字宜少，重点突出主题，以体现主体品牌形象的气势和形式的吸引力。

（7）整版广告

整版广告根据报纸的规格大小一般可分为 500 mm×350 mm 和 340 mm×235 mm 两种类型。是我国单版广告中最大的版面，给人以视野开阔，气度恢弘的感觉。如何有效地利用整版广告的版面空间，创造最理想的广告效果，是广告文案写作的重要任务。目前，我们对整版广告的运用大体有以下三种用法。

① 正文无图或偶有插图，基本以文案方式出现。运用介绍性的文字对消费品或企业作较为详细的介绍。

② 以图为主，辅之以文。以创意性的、大气魄的画面及精短的文案来进行感性诉求。这里，广告文案的点睛作用及文案与画面风格的协调，是值得重视的关键要素。

③ 运用报纸的新闻性和权威性，采用公益广告的形式来提升企业的形象。实践证明，这种用法效果最佳。因此，这种类型的整版广告越来越多。

2. 报纸广告文案写作要点

(1) 标题醒目

在现代报纸中，标题对于报纸广告来说，无疑是最重要的部分，因为它决定读者是否能产生阅读广告正文部分的兴趣。由于报纸广告的标题位置特殊，往往对广告受众影响最大。

(2) 突出重点

报纸广告的优势是可以运用较大的版面来介绍产品，但这并不是鼓励人们将所有内容都放到报纸上去。而正是这样，更需要做到重点内容突出，否则读者很难知道你的诉求重点是什么。人们看报纸往往都是一目十行，不可能很认真地阅读所有内容，因此，一定要尽可能将最重要的信息在整个广告中凸现出来；否则，读者会很快对阅读的内容失去兴趣，乃至放弃阅读。

(3) 多用简明易懂的语言

读者的文化水平参差不齐，阅读目的是随意性的，如果广告文案的内容晦涩难懂，人们就会随手翻过，不会化时间来推敲、思考。因此，要想尽可能地吸引人们的目光，语言一定要简明，要使用人们日常生活中的语言，让读者一看就懂。少用那些高深、专业的词语，特别是介绍一些高技术含量的新产品时，一定要注意少用专业名词和术语。因为，读者大都不是专业人士，他们对于那些专业术语一无所知。只有让自己站在读者的立场上，用通俗易懂的语言来取代生僻的专业术语，才能增进读者对商品的了解。而只有读者了解了广告内容，才有可能采取购买行动。

9.2.2　杂志广告文案的创作

1. 杂志广告文案的特点

杂志媒体的知识性、娱乐性、专业化特征及目标受众群体的相对明确、稳定和较高的文化水平，决定了杂志广告文案的特性，即对象化和个性化。

(1) 对象化

每种杂志都有自己的目标受众群体——读者，他们就是杂志广告的诉求对象。杂志广告的语言风格应针对他们而定，应符合他们的文化水平、欣赏兴趣、美学爱好和语言习惯，使他们感到亲切。例如，采用理性诉求还是感性诉求，语言表达高雅还是通俗，语言风格含蓄深邃还是浅显直白……都要针对不同的受众而定。这就是语言风格的对象化。

【小案例】

穿“哈特威”衬衫的男人

正文如下。美国人最后终于开始体会到，买一套好的西装而内穿一件大量生产的廉价衬衫会毁坏整个效果，实在是一件愚蠢的事。因此在这个阶层的人群中，“哈特威”衬衫就开始流行了。首先，“哈特威”衬衫耐穿性极长——这是多年的事了。其次，因为“哈特威”剪裁低斜度及“为顾客定制的”衣领，使得您看起来更年轻、更高贵。整件衬衣不惜工本的剪裁，因而使您更为“舒适”。下摆很长，可深入您的裤腰。纽扣是用珍珠母做成的——非常大，也非常有男子气。甚至在缝纫上也存在着一种南北战争前的高雅。最重要的是“哈特威”使用从世界各地进口的最有名的布匹来缝制他们的衬衫——从英国来的棉毛混纺的斜纹布，从苏格兰奥斯特拉德来的毛织波纹绸，从西印度群岛来的海岛棉，从印度来的手织绸，从英格兰曼彻斯特来的宽幅细毛布，从巴黎来的亚麻细布，穿上这么完美风格的衬衫，会使您的内心得到极大的满足。“哈特威”衬衫是缅因州渥特威城的一个小公司里的手艺人缝制的。他们老老小小在那里已工作了整整 114 年。您如果想在离您最近的店家买到“哈特威”衬衫，请写张明信片到“G·F·哈特威”缅因州，渥特威城，即复。

这则服装广告，以十分诚恳的语气介绍了衬衫的各项优点，仿佛是位和蔼可亲的老师傅在向自己的客户介绍产品，一反一般产品介绍的枯燥无味，给人很强的信赖感。此广告文案新颖、独特，富有新意，增强了读者对产品的信赖感，从而达到了广告宣传的目的。

资料来源：http://www.pmsj.com.cn.

(2) 个性化

语言的表达是广告创意和信息内容的体现。语言风格的个性化，就是指杂志广告文案的语言要体现出广告信息的个性化特征，并与目标受众的个性心理吻合，使人感到新鲜、独特、不落俗套，令受众耳目一新。如此，才能使杂志的目标受众乐于接受，并深受影响。

【小案例】

“山东肥城桃”初到香港时在杂志上做的广告

正文如下。我叫肥城桃，这次来香港，还是生平第一次。所以也难怪各位看见我就直叫“啊呀”了！谁叫我生得那么得劲呢！在咱们家乡——山东，我可是早与莱阳梨、香蕉、苹果齐名了。人们只要一提起山东水果的三绝，总不会忘记提到“小妹”的，我所以迟迟不出闺门一步，并不是因为我架子大．更不是因为我见不得人，恰恰相反，我生得一点不丑，不是说大话，可能比莱阳梨好看得多哩。就是比香甜吧，我也不比他们两位差。论内在呢，在某些方面，我还比他们强得多，什么维他命A、B、C……我都有，而且很丰富。只有一样，我始终没法跟他们比，那就是我生来身子（皮）单薄，而且越到好吃的时候，皮越加薄，汁更多，谁只要用手指儿一挑，我就完蛋——汁就会流个不停……

广告以第一人称自我介绍，活像一个胖妞儿操着一口山东腔向人细诉身世，尽展自己可爱处，同时又没有贬低他人、自吹自擂的味道，让人觉得诚实亲切。皮薄、香甜、汁浓的鲜桃形象飘荡在人的脑海中，勾起人的食欲。这则广告的最成功之处就在于以第一人称介绍商品，通过别致、个性化的语言增强了受众对商品的认可。

资料来源：http://www.shusheng.cn/novel/html.

2. 杂志广告文案的写作要点

(1) 文图搭配适当

杂志广告与报纸广告有许多相似之处，用于报纸广告文案的写作技巧对于杂志广告文案的写作而言，很多地方是相同的。但由于杂志广告又具有自身的独特之处，从而导致了杂志广告又与报纸广告有很多不同的地方。

与报纸广告比较而言，文案与图片是杂志广告重要的表述手段，由于杂志自身的特点（印刷质量高、纸张质量好等），图片更多地承担了传递形象信息的任务，如果图片没有很好的文案解说，图片的内涵就不容易使读者理解，可能造成不必要的误导。同时，如果杂志中出现了过多过密的文案，则失去了杂志自身的特点，不能充分发挥杂志媒体的优越性。

【小案例】

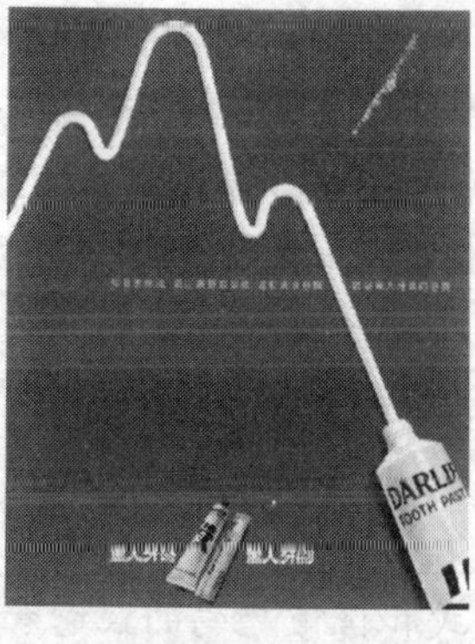

图9-3 (a) 黑人牙膏“山”系列广告

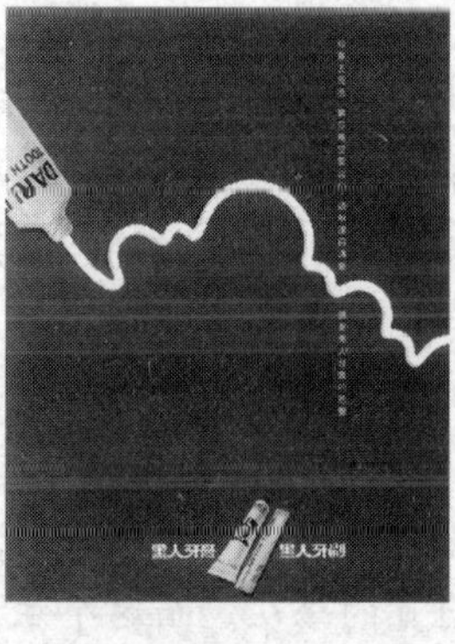

图9-3 (b) 黑人牙膏“云”系列广告

广告正文如下。

a. 仲夏去兜风 满山遍野都是绿 这般清凉舒畅 就是黑人牙膏的感觉。

b. 仲夏去兜风 晴空万里云留白 这般洁白清新 就是黑人牙膏的感觉。

中国台湾地区的黑人牙膏杂志广告文案“山、云”系列（见图9-3 (a)、图9-3

(b))，就是运用了文学语言，与背景画面一起，渲染了一种独有的气氛、建构了独有的意境而产生了独有的产品形象性、独有的消费魅力。

资料来源：http://design.xuezhishi.net/sjxs.

(2) 注意杂志广告的专业指向性

杂志广告的目标受众群体，均有一定的专业素养和文化水平，因而在专业性杂志上做专业商品广告，采用专业化的语言风格，易于被专业目标受众所理解，不仅可以节省很多文案，而且有利于有的放矢，增强广告效果。例如，在电影杂志上做影视广告，在体育杂志上做体育用品广告等。

同时，在专业杂志上请相关的业内专业人士做专业陈述，利用名人广告诉求效应，广告文案的语言选用相应的专业术语和专业化的语言风格，人们会在崇拜心理的驱使下，跟从其消费。

【小案例】

这里有一则刊登在美国《体育周刊》上的广告文案范例：美国一家广告公司为Nike集团创作了一幅单页、四色的印刷广告。这个广告全幅刊登了体育界著名人士卡尔顿·费斯克的头像，并在版面的左侧以左边对齐的方式从上到下排列文案。文案每一行的长度都不一样，长的可占画面横向的1/3，短的只有两个单词。文案在画面上的视觉效果类似于电视广告的话外音，相当引人注目。

广告正文如下。

我，不要一刻钟的名声/我要一种生活/我不愿成为摄影镜头中的引人注目者/我要一种事业/我不想抓住所有我能拥有的/我想有选择地挑选最好的/我不想出售一个公司/我想创建一个/我不想和一位模特儿去约会/那么我的确想和一位模特儿去约会/控告我吧/但是我剩余的目标是长期的/一天天做出决定的结果/我要保持稳定/我持续不断地重新解释诺言/沿着这条路一定会有/瞬间的辉煌/总之，我就是我/但这一刻，还有更伟大的/杰出的记录/厅里的装饰/我的名字在三明治上/一个家庭就是一个队/我将不再遗憾地回顾/我会始终信奉理想/我希望被记住，不是被回忆/并且，我希望与众不同/只要行动起来

在画面的右下方，则是对卡尔顿的介绍：Carlton Fisk，到目前为止，已在主联盟效力21年。

此广告就是采用了名人广告的诉求形式。用具有说服力的行业代表来引起目标消费者高度的注意和自觉的跟从。而这个注意和跟从是一种生活方式和价值趋向的注意和跟从，是行为方式的注意和跟从。卡尔顿在此既是一个舆论的领导者又是一个示范性的消费者。广告中产品的目标消费者是运动员和运动爱好者、运动崇尚者。以运动员中的佼佼者做广告模特，讲述出运动员的心声，势必会引起广大运动爱好者、运动崇尚者的注意。

资料来源：http://www.pmsj.com.cn.

9.2.3　招贴海报广告文案的创作

1. 招贴海报广告的特点

招贴海报广告是平面广告中的重要形式，也是现代广告设计的主体。其应用范围较广，内容覆盖面较宽，既可以表现商品又可以表现商品所蕴涵或倡导的文化，既可以单独设计又可以系列设计。

招贴海报广告常置于相对较大的环境空间内，受众阅读的时间较短，因此必须具备醒目的视觉效果。而系列设计正是增强视觉冲击力的有效手段，不同的视觉感受表现相同的广告主题，使受众体验新鲜的同时又加深了印象。

2. 招贴海报广告文案的写作要点

(1) 标题力求生动易懂

由于招贴海报广告的特点，必须使用生动有趣的标题才能有效地抓住读者的视线。而通俗易懂的标题才能使读者形成记忆。

(2) 正文要简明扼要

正文的文字数量不宜太多，要突出主题，冗长的文字会使读者产生抵触情绪，不利于宣传。

【小案例】

图 9-4 (a)　新加坡旅游广告（一）

图 9-4 (b)　新加坡旅游广告（二）

广告标题（一）：不会潜水也悠游（见图 9-4 (a)）。

广告正文（一）如下。

不会潜水也能饱览海底世界风光/目睹食人鲨迎面掠食的刺激景象/不会潜水也能漫游于

群鱼之间/悠游海底的奥妙世界/这就是新加坡

广告标题（二）：夕阳西下　新加坡依然魅力十足（见图 9-4（b））。

广告正文（二）如下。

星光下的晚餐如梦如幻/芬芳的美酒香飘河畔/奔放的迪斯科挥舞热情/夜色中的大都市依旧生气盎然……这就是新加坡

资料来源：http://www.chinaadren.com/html/file.

9.2.4　直邮广告文案的创作

1. 直邮广告（DM）的特点

DM是英语Direct Mail的缩写，直邮广告是直接营销的一种形式，是直接完成销售的一种比较有效的方法。有统计说，以广告费用支出计算，直邮是当今世界排名第三的广告媒介，全球广告主花在直邮上的广告费甚至高于杂志广告费和广播广告费。直邮广告媒介主要以邮寄印刷品的方式直接向目标受众传达广告信息。凡是应用于发布直邮广告信息的物质或中介，都可以视为直邮广告媒介。直邮广告媒介主要包含两种：一种是直接为了销售商品的媒介，包括奖购券、折扣券、打折信息、产品说明等；另一种是间接为了销售商品的媒介，包括商品目录、产品样本、广告信、纪念品等。

直邮广告具有以下优点：一是有的放矢，针对固定对象进行信息传递；二是便捷快速地拓展新的消费群体；三是可以详细地对产品或服务的各方面进行介绍；四是信息的传送和接受具有较大的灵活性；五是制作简便、费用低廉。

与传统印刷媒介广告相比，直邮广告更方便，它直接针对潜在的消费者进行诉求，便于控制广告的发行量，能避免竞争对手广告的干扰，直接获得消费者回应并且能通过回应情况判断广告效果。直邮也有其不利之处：直邮的投入成本远远高于大众媒介；由于目前直邮广告的泛滥，许多消费者甚至将直邮广告视为“垃圾邮件”。

2. 直邮广告文案写作要点

直邮广告通常包括信函、明信片、折页手册、传单、产品说明书、企业刊物等多种形式，还可以采用邮寄立体卡片、赠送试用样品等更具创造性的方法。无论采用哪种形式，直邮的核心都是一份以直接达成销售为目的的印刷品。

(1) 语气亲切

由于直邮广告针对的是具体的个人或单位，具有“私人”的性质，可以令人产生亲切感。因此，给收件人的直邮广告可以采用感性诉求，对于收件人要持尊重的态度，不能用生硬或者命令的口气催促其购买，否则只能让人敬而远之。

(2) 提供详尽的信息

邮件如果能被打开，说明收信人多少有些兴趣；收信人一旦开始阅读，就说明他有较大兴趣。所以直邮广告应该尽可能多地提供有用的信息，如产品的尺寸、规格、售价等。要诚实地介绍产品，说明购买利益。例如，汽车产品的目录，在提供了产品图片和产品简介及客观的评述文章后，会让收件人在对所销售的产品有一定了解的情况下，激发其购买欲望。

(3) 注意趣味性

直邮广告应该尽可能采用风趣幽默的方式来传达产品信息。没有人喜欢阅读生硬的推销说辞和枯燥的产品介绍。

(4) 文案应该通俗易懂

使用读者熟悉和通俗化的语言，不要过多地使用专业术语，不要让读者对阅读广告文案心生畏惧。

(5) 不要怕长文案

一般来说，直邮广告可长可短，短的可以只有一句话，几个字，长的可以达到十几页。如果确实有丰富信息要提供给读者，并且找到了具有吸引读者的方式，就不要怕文案太长。提供的信息越具体、越细致，就越有可能达成销售或引发行动。如一些贵重物品的直邮广告，读者就需要获得较多的信息来进行比较和判断。

(6) 反复申明你所提供的服务或者利益

这是最能吸引读者、引发行动的内容，所以应该明确提出来，并且在适当时机不断地重复和强调。服务或者利益可以是赠送礼品、退换货便利、具有权威机构的认证和其他消费者的赞许等。

(7) 提供多种反馈途径

直邮广告能够有效地获得读者的反馈，可以比较直接地获取用户的相关信息，能够比较快速地调整今后的销售计划。反馈途径有许多种，如电话订购、传真订购、“800”免费咨询电话，鼓励读者使用含有订单的免邮资回邮信封等。这些反馈途径应该被编排在信函或者产品目录的醒目位置，并且加上一些鼓励行动的言辞。

9.3　电波广告文案的创作

9.3.1　电波广告概述

1. 电波广告的含义

顾名思义，电波广告就是通过无线电波（或导线）向广大地区公众传递声音、图像的广告，也就是说，它是指在广播电台播放的可以听到声音的广告，以及在电视台播放的可同时听到声音和看到影像的广告。因此，电波广告是广播广告和电视广告两种广告形式的统称。

随着现代电子技术的迅猛发展，视觉媒体与听觉媒体给我们带来了比过去更大的便利和更丰富美妙的视听享受。由于借用了现代社会中相对来说技术更先进的媒介，电波广告与其他媒介广告形式相比有更突出的特点。

2. 电波广告的特点

从微观上看，广告媒介的种类是非常丰富、多姿多彩的。但是，在众多广告媒介中，电波广告是现代社会里最具发展势头和发展潜力的，在广告市场上具有强大的竞争力，这主要得益于其独特的传播特点。

(1) 电波广告的主要优点

① 声情并茂，娱乐性强。电波广告是一种视听媒介的广告，人的声音是蕴涵着情感的。与文字相比，有声语言更容易表达情感，电波广告能充分运用语言的特点来吸引广大受众的注意和兴趣，并且能进行动态演示和广泛传播。

电波广告的具体诉求形式丰富多彩，生动活泼，本身就可以做得很有娱乐性，具有愉悦身心的作用。如果是配合音乐或娱乐性节目，不仅能吸引受众，也能缓解疲劳，增强广告效果。从娱乐性这一点来说，这也是印刷媒介广告无法相比的。

② 覆盖面广，广泛接收。电波具有飞速超越时空阻隔的力量，电波媒介充分、迅速地延长了人们的眼和耳，使我们的地球成为一个“地球村”。电波广告可以伴着高收听率、收视率的视听节目，瞬间到达所及的任何区域，直接深入千家万户，迅即知闻。

③ 真实可信，灵活方便。无论是广播、电视媒体本身，还是电波广告本身都具有相当高的可信度。这种情况在我国表现得更为突出，我国的广播电台、电视台都是政府办的，因而电波广告也具有相当高的可信度。电波广告的控制也具有极大的灵活性。比之报刊媒体广告，广播电视能全天候服务，更能适应变化的需要，有利于及时调整广告的内容和形式。同时还能根据销售商品、销售对象的特点，灵活地选择播放地域和播放时间，从而产生更大的效益。

④ 贴近生活，促进购买。广播电视是最通俗、最贴近老百姓的媒体。在日常生活中，我们对广播电视的依赖性越来越强，特别是电视，与我们的生活紧密相伴，占据着我们日常生活的大部分时间，是最有影响力的媒体。广播广告和电视广告以富有吸引力的表现形式，满足了广大消费者对不同产品的需求，为指导购物带来了极大的便利。

广播电视广告传播的商业信息，指导并促进了购买行为。而且，由于收音机、电视机的拥有者主要是城市居民或者是农村较富裕、思想观念转变较快的人，他们的相对购买力水平都在中等以上，更有利于达到广告促销的目的。

(2) 电波广告的缺点

优点和缺点总是同时并存的，电波广告有它的优势，也有着自身难以克服的不足。这主要表现在以下几个方面。

① 转瞬即逝，被动接收。广播电视节目的播出，都是按着节目时间的线性顺序进行的，也就是说，广告受众得一个节目接一个节目地往下听，往下看，不可能超越时间。而且，电波广告的有声语言是高度浓缩的精练语言，电视广告中的画面也是单个镜头的紧密组合，受

众稍一放松，广告内容便一闪而过。它不比报刊广告，不便于反复听、看和仔细回味，这使得受众很难形成较强的记忆度。

由于时间线性的限制，电波媒介对受众接收具有强制性，受众完全是在被动的状态下接受广告信息的，何时收听、收看什么样的广告节目，完全由电台、电视台说了算，受众无法控制，毫无主动权。因此，他们必须按照广告节目（镜头）出现的时间先后顺序，待整个广告内容播放完之后才能得到一条完整的信息。

② 难以查询保存。由于上述原因，受众收听、收看节目都是一次性的，过而不返，他们无法把握传播的主动权。所以，电波广告也不便查找和保留，即使要保留，其存录工作比较麻烦，需要录音机、录像机和磁带等专门设备。而对印刷广告，人们却可以自由、从容、反复阅读，甚至剪裁和保存。

③ 时间上的约束。无论哪个国家、哪个地方的电波广告，其时间长度的规格都相差无几，均以秒为计时单位，大多以 5 秒、15 秒、20 秒、30 秒、45 秒、60 秒、90 秒、120 秒为基本单位。除一些直播广告（有的长达七八分钟）和专题广告（有的长达二三十分钟）外，一般不超过三四分钟，而最常见的广播广告是 5 秒、10 秒、15 秒，电视广告是 5 秒、15 秒、30 秒三种。这无疑大大限制了电波广告传达的信息量。刚刚收听、收看到的广告，还没等来得及品味和记忆，广告时间就已结束，广告内容也戛然而止，很难一次性地给受众留下深刻的印象。人们听广播、看电视更主要是为了欣赏广播电视节目，很少是为了了解广告。大多数受众是讨厌广告的，因为广告经常会打断他们正在欣赏的精彩节目，所以广播广告和电视广告的时间都不允许太长。

但是，受众在短暂的时间内、毫无心理准备的情况下，对转瞬即逝的内容难以形成强烈的记忆。因此，要在极短的时间内较多或较完美地传递商品信息，正是每一则电波广告要解决的一个重要问题。

9.3.2　广播广告文案的创作

广播广告文案的表现形式，是由广告内容决定的，同时也受广播媒体特点的制约。由于广告内容的丰富多彩，广告创意的千变万化，有声语言的博大精深，广播广告文案的表现形式也就色彩纷呈，不拘一格。如直陈式、对话式、故事式、小品式、戏曲式、说唱式、快板式、相声式、诗歌式、歌曲式、新闻采访式、讨论式等，都适用于广播广告文案创作。这些表现形式，均以有声语言为表现手段，而且声音是唯一的表现手段，从而形成了广播广告文案独有的表现形式。

1. 直陈式

又称直接式、直截了当式。即首先将广告文案写好，直接由播音员在录音间播出的广告形式。这是电台广告中最常见的，也是最基本的表现形式。特点是简便、快捷、时效性强，而且价格低廉。缺点是形式简单，内容枯燥。但可在文案创作上下工夫，充分发挥语言的感染力和播音员的播音技巧，通过音乐、音响的配合来弥补不足。这种形式可进行现场直播，所以又称“直播式”或“单人播送式”广告。

【小案例】

“廉泉啤酒”广告（合肥人民广播电台）

广告文案如下。

在包公的故乡——合肥，有一口古老的井，取名廉泉。相传，清廉之士饮了廉泉之水，甘甜爽口，明目清心。

而今的合肥有一座现代化的啤酒厂。该厂生产的廉泉啤酒，清亮透明，酒香味纯，以其独特的风格深受消费者欢迎。

在上海、在天津，廉泉啤酒参加1987年全国饮料评定，经群众投票打分，专家审查，获得了上海的健乐奖和天津市场畅销啤酒之美称！

廉泉啤酒，不负廉泉盛名。

这则广告文案，由播音员将广告内容直接陈述出来，形式比较单调，但却以新颖的创意和简洁的语言取胜。创作者巧妙地把廉泉啤酒与历史名人及古老的传说联系起来，不仅使品牌得到了强化，而且使产品披上了浓郁的文化色彩，从而深受听众欢迎。

资料来源：张农. 全国广播广告获奖作品选析. 北京：中国广播电视出版社，1991：221.

2. 对话式

即通过两个或两个以上的人物相互交谈的方式，将信息内容介绍出来。这种形式比较生动活泼，富于生活气息，再加上音乐和音响的烘托，能够营造特定的氛围。如此，对话者便成了小品中的人物，比较容易吸引听众的注意力和收听兴趣。对话式也是一种较为普遍的广播广告形式。

【小案例】

“翠竹牌添加剂”广告（泸州人民广播电台）

广告文案如下。

甲：八戒，你的子孙长得可真快呀！

乙：猴哥，它们长慢了，市场上就没有猪肉供应啦！

甲：它们为何长得如此之快？

乙：那是因为服用了翠竹牌添加剂。

甲：翠竹牌添加剂是哪位神仙的灵丹妙药？

乙：这位神仙啊，就是广州军区后勤部。他们练就了翠竹牌饲料添加剂。

甲：八戒呀，祝你多子多福！

乙：这就全靠翠竹牌添加剂啦！

这则广告文案，通过孙悟空与猪八戒充满情趣的对话，将广告产品的功能表述得十分清楚。语言质朴通俗，很符合人物的身份和性格。整个广告文案风格幽默、诙谐，形式新颖活泼，为广大农民喜闻乐见，是一则成功的对话式广告。

资料来源：张农．全国广播广告获奖作品选析．北京：中国广播电视出版社，1991：94.

3. 故事式

即通过精心构思的有头有尾的小故事或情节片段，来传播信息内容，类似于小小说，通过播音员播讲出来。特点是故事生动有趣，能够引人入胜。使听众通过娓娓动听的故事，接受广告内容，并对产品产生好感，从而成为产品的消费者或潜在消费者。

【小案例】

“参参口服液”广告（杭州人民广播电台）

广告文案如下。

朋友，我给你讲个故事。

（音乐起，压混）

在美丽的西子湖畔，有一对好夫妻，男的叫山参，体格健壮，是个东北大汉；女的叫西洋参，身材苗条，来自遥远的美国。那么是谁做的大媒，使这对国籍不同的夫妻和睦相处、心心相印呢？原来是杭州胡庆余堂制药厂的古一先生。后来他们生了孩子取名叫参参。小参参汲取了父母的优点，而且爱打抱不平，很快成了人类健康的挚友、病魔的克星。朋友，你听了我的故事，我相信您一定会喜欢这清火滋补的参参口服液的。

这则广告，通过丰富的想像和联想，将广告产品拟人化，精心构思了一个娓娓动听的爱情故事，并赋予“参参口服液”一种爱打抱不平，维护人类健康的正义战士形象，给人留下了深刻的印象，不能不引起听众的好感和信赖。

资料来源：张农．全国广播广告获奖作品选析．北京：中国广播电视出版社，1991：146.

4. 戏曲式

即通过中国老百姓喜闻乐见的传统的戏曲方式（如京剧、评剧、黄梅戏、粤剧、山东琴书、河南豫剧等），来传播广告信息。往往需要把广告文案写成戏曲剧本，编成符合曲调的唱词，加上道白，配上锣鼓等民族乐器，构成戏曲情节，通过演员演播，将广告内容表述出来。曲调多为听众所熟悉的曲子。戏曲式文案的特点是文艺性强，容易为听众所接受。从而也拓展了广阔的销售市场。

5. 快板式

即以快板这种为听众所喜欢的艺术形式，来传播广告信息。快板，又称“顺口溜”、“练子嘴”、“数来宝”等。这种形式的广告文案需要将广告内容写成快板词，一般以七字句为基础，可根据需要增删，要押韵，间插说白。分单口、双口和三人以上群口几种形式。形式灵活，气氛热烈，听众可在娱乐中接受信息，消除听广告的抵触心理。

6. 相声式

即以相声这种为广大群众喜闻乐见的曲艺形式来传播广告信息。它以说、学、逗、唱为艺术手段，以风趣、诙谐，引人发笑为艺术特色，长于讽刺幽默，也善于歌颂新生事物。这种形式的广告文案需要先写成相声小段，再请演员演播，使听众于笑声中接受信息传播。形式有单口相声、双口相声和三人以上群口相声三种，其中二人对口相声更为普遍。

9.3.3 电视广告文案的创作

1. 电视广告文案的特征

电视广告文案是广告文案在电视广告中的特殊形式，是以画面语言和声音为表现手段的广告传播形式。电视广告主要由视觉部分（包括屏幕画面和字幕）和听觉部分（包括有声语言、音乐和音响）构成。

电视广告的各种构成要素：素材、主题、艺术形式、表现手段及解说词等，都是广告创意的重要组成部分。这一切都必须首先通过电视广告文案脚本的写作体现出来，从而使电视广告文案显示出有别于其他广告文案的特殊性。电视广告文案的特点在于直观生动、感染力强，但它也存在着费用过高、不可存留、可选择性较差等缺点。

电视广告文案与报刊等平面广告文案的性质有明显的区别：它并不完全与受众见面，因为它不是广告作品的最后形式，只是形成电视广告作品的一个基础和前提。

电视广告文案的主要形式来源是文学写作，没有相当的文学修养和艺术素养，是很难进行电视广告文案创作的。电视广告文案从构思到创作不同于一般印刷广告文案写作和广播广告文案写作，电视广告文案本身是无法独立存在的，必须与其他表现手段相结合，相互配合使用，才能发挥电视广告传播的最大优势。如果过于强调电视广告文案的独立性，则会造成文案与画面脱离，从而会破坏广告效果。所以，广告文案的创作者应该充分认识到电视广告文案非独立性的特点，写作时一定要围绕文案与画面等因素的融合来进行构思。

再者，电视广告文案的非独立性决定了广告内容的非完整性。电视广告的传播性与广播广告文案大致相同，即通过声音传播，以口耳相传的方式进行交流，其文案的各部分之间无法在听的过程中清楚地辨别，往往融为一体，而且电视广告的时间很短。一般来说，电视广告文案每秒不能超过两个字。如果在这么短的时间里还要严格区分正文、随文，势必将文案分割得支离破碎、杂乱无章。现在，很多的电视广告都没有标题，有些正文也很简单，有的干脆将标题、随文都舍弃了（在电视广告文案中，较少出现随文，即使需要出现随文，也往往以字幕的形式出现，而不作过多的解说）。单纯从文案上看，电视广告文案的表述是不完整的，但是，这也正是电视广告文案不同于其他广告文案的地方。它的主要特点就在于，文案始终服务于看和听，人们在观看电视广告的时候，往往是边看边听，不可能完全专注于屏幕上的文案，也不会像广播广告的听众那样将注意力集中在听觉上。所以，电视广告文案的作者一定要注意观众“边看边听”的特点，使文案创作适应电视画面的需要。

【小案例】

福特汽车的电视广告

电视广告画面：（全景）一辆汽车在画面中急速奔驰，（背景音乐）有节奏的“嘀哒嘀哒”的电子钟声。

广告词：我们的汽车在奔驰时，除了电子钟的声音，别的声音都听不到。

这是福特汽车的广告。单纯从画面中看，这种汽车的质量究竟怎么样，无法做出判断，而只有配合文案“别的什么声音都听不到”，只能听到电子钟有节奏的“嘀哒嘀哒”声，让观众充分领会到这种汽车的平衡舒适和安全快速，仿佛我们自己正置身于这种汽车的行驶之中。这正是该广告的高明之处。

从上述例子我们可以清楚地知道，电视广告文案与一般的广告文案不同，不能单独靠文案完成广告诉求的任务，只有与画面、音乐及其他手段有机结合才能顺利完成广告诉求。

资料来源：http://www.2008red.com/member_pic_278/files/admens.

2. 各种常规时段及其对应的文案表现形式

目前，电视广告片的各种常规时段有 5 秒、10 秒、15 秒、30 秒、60 秒等。我们在选择电视广告文案的表现形式时，不仅要依据广告策略、广告信息内容、广告目标受众等情况，而且还要与时段的选择对应。

① 通常情况下，5 秒时段的电视广告片，其目的通常是为了加深受众对广告信息的印象，强化受众对广告主体特定形象的记忆。因此，一般采用瞬间印象体的表现形式。以一闪而过，却具有某种冲击力的画面，配上简洁凝练的广告语来表现企业形象或品牌个性。如“乘红河雄风，破世纪风浪”、“鹤舞白沙，我心飞翔”、“喝孔府宴酒，做天下文章”、“金利来，男人的世界”、“一品梅，芳香满人间”等。

② 10 秒和 15 秒时段的电视广告片，其广告目的是要在短时间内，对广告信息作单一的、富于特色的传播，突出企业形象或品牌个性、独具的“卖点”等。因此，适合采用名人推荐体、动画体、新闻体，以及悬念体、生活情景体等表现形式。如李嫒嫒做的“朴欣口服液”广告，赵本山做的“泻痢停”广告等，都是从 30 秒的长广告片中剪辑出的 15 秒广告片。

③ 30 秒时段的电视广告片，可以从多角度表现产品的功能、利益点。适于采用名人推荐体、消费者证言体、示范比较体、生活情景体及简短的广告歌曲形式等。如“盖中盖”、“朴雪口服液”、“齐力洁”、“南方黑芝麻糊”、“孔府家酒”、“沱牌曲酒”等广告。

④ 60 秒时段的电视广告片，可以表现更丰富的广告内容。可以采用广告歌曲体、生活情景体、消费者证言体、示范比较体等较为完整的表现形式。

3. 电视广告文案的写作要求

每一则电视广告，可根据创意和主题的需要，只取其中一两类，不要贪多求全。为了弥补画面的不足，可以用听觉来补充视觉不易表达的内容，揭示和深化主题，进一步强化品牌或信息内容。电视广告文案的写作要求有以下几点。

① 写好人物独白和对话。它的重要特征是偏重于“说”，要求生活化、朴素、自然、流畅，体现口头语言的特征。

② 对于旁白或画外音解说，可以是娓娓道来的叙说，或者抒情味较浓重的朗诵，也可以是逻辑严密、夹叙夹议的论述。

③ 以字幕形式出现的广告词要体现书面语言和文学语言的特征，并符合电视画面构图的美学原则，具备简洁、均衡、对仗、工整的特点。

④ 着重写好广告语，要求尽量简短、对仗、押韵，同时要具备容易记忆、流传等特点。

⑤ 电视广告文案的写作要充分考虑与电视广告整体的画面及文案、音响之间的关系。在电视广告中，单看画面或者单听声音，都是不完整的。只有声画合一，才能表达较完整的意思。如美的空调广告，为了突出其静音的效果，画面中一台开启状态的空调正处于工作状态，背景没有一点声音，只有旁边的一个声音探测器一直在低分贝的数值上闪烁。光看画面，看不清楚这是什么品牌的空调，也不一定完全明白广告的意思，广告结尾加入了解说语：“美的空调，原来世界可以更美的!”广告语点明了品牌名称，一下子就营造出美的空调创造的舒适、温馨的环境，让人仿佛置身其中，同时，也成功地将品牌形象印入了观众的脑海中。

⑥ 关注观众的兴趣。在进行电视广告文案的创作时，要把自己想像为目标受众，要充分考虑到受众的兴趣所在。要达到满意的宣传效果，可以在广告中采用设置悬念、营造意境、利用对比等方法。只有运用创造性的思维去创造新的表现方法，才能推陈出新，夺人眼球。当然，无论哪种新的表现方法，都必须符合广告产品的特点，符合媒体的传播特点。

⑦ 注意字幕的宣传作用。在丰富多彩的电视节目中，字幕在多数节目中只起着解说、注释的作用。但在电视广告中，字幕往往有着十分重要的作用。其一是呈现产品的品牌并逐步强化，这是电视广告中常用的方法；其二是标明生产厂家和联系方式、地址；其三是在广告片中需要重点强调的地方，及时地打出字幕；其四是参与画面的构图，而这恰恰是一直以来电视广告所忽略的。

⑧ 电视广告文案一定要仔细斟酌，认真推敲。电视广告是一种瞬间的艺术，文案虽短，却要面对千家万户，稍有疏忽，就可能贻笑大方。

如有一段时间，人们喜欢利用成语的谐音来自己创造“成语”，但却只是停留在修改文案表面上的修辞，未能突出产品的信息，闹了很多笑话，也给成语的本身含义造成了损害，误导了一些正在学习阶段的学生。上述这些情况都是在进行电视广告文案创作时，没有经过仔细斟酌、认真推敲，造成了不应有的笑话。所以，电视广告文案一定要遵从大胆谨慎的原则，既要别出心裁、独树一帜，又要严丝合缝、逻辑清晰，这才称得上是好的广告文案。

【小案例】

飞利浦吸尘器广告

广告正文：静静地吸，吸地净净。

广告采用了顶针与回环的修辞手法，利用“静”与“净”的谐音，将飞利浦吸尘器的功能、特点展露无遗。静静——吸——净净，这三个层次的意思表明吸尘器质量优良、无噪声，默默无闻地工作，被它吸过的地方一尘不染、干干净净。广告字数虽然不多，却显得干净利落，令人回味。

资料来源：http://www.2008red.com/member_pic_278/files/admens.

9.4　广告文案创作技巧

9.4.1　广告文案创作法则

1. AIDA法则

AIDA是四个英文词的首字母组合：Attention——引起注意，Interest——产生兴趣，Desire——培养欲望，Action——促成动作。广告的标题和开头的几句就要抓住读者的注意，然后逐步使读者读下去，从而达到预期的传播目的。

2. 五I法则

广告要产生效果要有Idea——设想，Impact——冲击力，Interest——兴趣，Information——信息和Impulsion——冲动。

3. 四F法则

瑞士提出广告要Fresh——新鲜，Fun——有趣，Faith——忠诚和Free——自由。

4. D-D-P-C法则

这说明广告文案的开头必须Dramatic惹人注目，然后是Descriptive描写商品或服务，然后是persuasive进行劝诱，说明购买后或利用后的好处，最后是Clinching，就是决定交易。

9.4.2　广告语的写作

人们接触广告作品，常常是先扫描广告语。作为“第一吸引力”的广告语如果不能引人注目，就会失去读者和听众，导致广告传播的失败。国外的广告专家曾对此作过专门的研究，得出的结论是：广告效果的50%～70%是广告语的力量。并且指出："平均说来，读广告语的人数是读正文人数的5倍。如果以数字计算的话，广告语一经确定，就等于已花去广告费用的80%。"可以说，广告语是广告文稿的点睛之笔，它要能够吸引消费者的视线，并激发消费者产生阅读广告正文的兴趣。

1. 广告语的概念

广告语又称广告口号、广告标语，是为了加强受众对企业、商品或服务的印象，在广告中长期、反复使用的一种简明扼要的口号性语言或文字，它基于长远的销售利益，向消费者传达一种长期不变的观念。

2. 广告语的类型❶

(1) 直接性广告语和间接性广告语

直接性广告语是直接地将广告所要传播的主要信息在广告语中表达出来，使人一看就知道广告的主要内容。这种广告语最常见的就是以商品、服务、企业的名称命名，如格力空调广告语"好空调，格力造"。这类广告语简明易懂、撰写容易，但较平淡、容易雷同。若不是著名的产品或企业，就很难引起人们注意。因此，直接性广告语在传递产品或服务信息的同时，还应赋予形象化和充满生活情趣的内容，并用艺术的语言来增强感染力和吸引力。如人头马XO酒广告语"人头马一开，好事自然来"等。

间接性广告语其本身并不直接介绍产品或服务，而只向读者提醒或暗示，目的是通过富有新闻性、文学性、趣味性、戏剧性、哲理性的语言引发消费者的注意和兴趣，使其顺读正文。如德芙巧克力的广告语"牛奶香浓，丝般感受"；立邦牌油漆的广告语"处处放光彩"，等等。间接性广告语常常需要同广告正文及图像联系起来，才能体现出整个广告的意图。其优点是生动活泼、趣味性强，具有强烈的诱读广告正文的作用。但使用这类广告语不能过分生僻或费解，尤其是面对社会大众的广告，文字更应注意通俗易懂。

(2) 单一性广告语和复合性广告语

单一性广告语又称单行广告语。广告语只有一项，或直接或间接地传递广告信息。复合型广告语则常常是将直接广告语和间接广告语综合运用，构成不止一项内容，最多的包括引题、正题和副题。引题主要用来交代背景、衬托主题，或点明广告的意义；正体主要是表明广告主题，传递广告主要信息，副题主要是对正题进一步的引申或补充说明。复合型标题可以由引题和正题构成，也可由正题和副题构成，还可以是引题、正题、副题三者兼备。

例如，一汽大众高尔夫轿车广告语的引题是"和我一样，贝尼觉得朋友越多越好"；主题是"世界经典两厢车，汽车价值的典范"；副题是"没错，高尔夫，很生活"。

3. 广告语的写作方法

广告语的写作应力求新颖独特、灵活多变，要体现商品自身的风格和特点，避免雷同。下面介绍的是几种最常见的广告语写作方法。

❶ 资料来源：牟跃．实用广告设计．北京：人民美术出版社，2001.

(1) 新闻式广告语的写作方法

这类广告语如报纸的新闻标题，客观陈述某一新近发生的事实。这类广告语是为了满足消费者希望从广告中获取新的商品信息和市场信息的心理而设计的。提供的信息，既可以是新发生的情况，也可以是新的知识。新产品的销售、新企业的开业、企业的新举措、商品牌号的变更等，常采用新闻性标题。例如，吉列剃须刀的广告语“吉列锋速 3 全新上市”。新闻式标题将广告中最重要的、最有价值的信息直接表现在广告语上，使人一目了然，可大大提高广告信息传递的有效性，尤其适用于不愿阅读长文的消费者。

(2) 询问式广告语的写法

这类广告语是用提问的方法来引起读者的注意，使人想去回答，从而产生共鸣和思考，加深印象。提出问题的角度既可以是读者，也可以是广告主。如加州牛奶促进委员会的广告语“喝牛奶了吗”。拟制询问式广告语要能抓住要害。所提问题必须是公众密切注意和关心的。问题的提出要巧妙，要能打动人，并促使读者思考。

(3) 论断式广告语的写法

这类广告语往往直接表现商品、服务给消费者带来的好处，或直接颂扬商品、服务的特性和优势。如玛氏巧克力广告语“只溶在口，不溶在手”；松下传真机的广告语“松下传真机在 6 秒内完成传真”；“露露”饮料的广告语“露露一到，众口不再难调”；“邦迪”创可贴的广告语：“小伤也要用邦迪”；“臣功再欣”的广告语：“臣功再欣——治疗儿童感冒不操心”等。拟制论断式广告语应考虑消费者的接受心理，语气要委婉、态度要诚恳，要使广告受众觉得听到的是忠告。介绍商品或服务的优势及购买商品或接受服务会得到的好处，切不可浮夸、瞎吹，落入“誉满全球”、“世界首创”、“全国第一”等俗套；说明不接受商品或服务将得到的损害，只能是坦言相劝，不可危言耸听。

(4) 悬念式广告语的写法

这类广告语在写作时不直接提供有关产品或服务的信息，而是使人感到惊奇、有趣而又疑惑，吸引广告读者寻根求源读完广告，以解开疑团。这类广告语能给人留下深刻的印象。如尼桑汽车广告语“日本在变化”；索尼摄像机广告语“为什么这么美”；施乐复印机广告语“这是一个奇迹”；香奈尔香水广告语“分享这份梦幻”等。拟制这类广告语一是要注意巧设悬念，广告语要有一种吸引力，使读者急欲解开疑团；二是悬念的设置要恰当，要与广告宣传的产品或服务的特性吻合，读者阅读正文后能解开疑团，不要使人产生索然寡味甚至受骗上当的感觉。

(5) 倡导式广告语的写法

倡导式广告语有两种写法，一是在广告语中提出自己的主张，建议或发出号召，树立良好的企业形象，取得消费者的认同和好感，诱导购买行为的发生。如德士古石油公司的广告语“把您的车托给这颗星，你尽可放心”。另一种写法是用劝勉、希望的语言敦促人们采取某种行动。

倡导式广告语常采用祈使句式，有规劝、叮嘱，甚至要求的口气。写作时一定要注意将话说得委婉、客气、亲切、诚恳，多用“请”、“欢迎”、“让”等字眼。6字汽车旅馆连锁店“我们为您留着一盏灯”；赫特兹汽车租赁公司“让赫特兹带您上路”。这些广告语给人一种真切、温暖的感觉，显示了语言表达的策略性、艺术性。

(6) 比较式广告语的写法

写作这类广告语通常是用比较的方法显示所宣传的产品或服务的优越性。使消费者明白它与同类产品服务的不同特点，不同效果。如申花电器的广告语“领先一步，申花电器”；福特汽车“土星”系列汽车的广告语“不一样的公司，不一样的汽车”。运用比较式写法应避免产生纠纷，不能对同类商品、服务指名道姓。同时，应公正客观，不能弄虚作假，自卖自夸。那种“世界领先”、“全国第一”、“质量最好”、“获奖最多”之类的语言是令人生疑、惹人反感的，也是《广告法》所不允许的。

(7) 歌谚警语式广告语的写法

写作这类广告语一般是借用或改编古今诗句、成语典故，或者采用歌谚警语的语言形式作为广告的标题。用这种方法拟写的广告语具有简洁凝练、生动传神的效果。例如，“××”牌收录机的广告语“海内存知己，天涯若比邻——‘××’收录机会给您带来四海知音”；某旅游鞋的广告语“千里之行，始于足下”；迪比尔斯的广告语“钻石恒久远，一颗永留传”。

我国是诗歌的王国，汉语又具有独特的传情达意功能，利用现成语言形式的“旧瓶”装进广告内容的“新酒”，常能使人拍案叫绝，过目成诵。可以说此类广告语不仅能充分体现创作者的学识、修养和艺术构思技巧，也最能体现我国广告创作的特色。但拟制这类广告语，要注意选用那些著名、通俗、传神、贴切的语句，避免使用生僻的语句和典故，更不能生搬硬套。

(8) 陈诉式广告语的写法

这是一种最简单省事的广告语写法，直接将所要宣传的产品、服务或企业的名称陈述出来作为广告语，无需多加描绘，使人一看便知道广告的主要内容。这类广告语在著名企业和知名产品、服务的广告中使用较多。知名度不高的企业和产品用这种方式拟制广告，一般还需要引题、副题的配合，才能收到较好的效果。

4. 广告语的写作要求

(1) 画龙点睛，突出精华

“描龙画凤，全在点睛。”写作广告语，要注意把广告内容中最重要、最精彩的部分表现出来。如突出商品、服务新的特性或与众不同的功效、作用等，用具体、实在的广告信息吸引、打动消费者。国外广告界人士指出：“带有信息的广告语，往往会有多出22%的人记住它。”可见，选择最能吸引人们注意的最新信息是十分重要的。

(2) 简洁精练，易懂好记

人们在浏览广告时，总是一扫而过，每一条广告信息只能在人们的视线中做瞬间的停留。繁冗的广告语容易造成拖沓的印象，大大影响广告信息的传播效果。要使广告过目成诵、广为流传，广告语必须通俗易懂、简洁精练。如某印刷厂广告语“毕昇的追求，毕生追求”。利用语言的押韵处理，加深读者的印象。读来朗朗上口，品其回味无穷。短短九个字涵盖了企业的行业性质和经营理念，可谓经典。

应当注意的是，要求广告语简洁，并不等于越简单越好。广告语的简洁精练是以不损害广告主题的完整表达为前提的。很多人看广告，只看广告语，不看正文。广告语最好将产品、服务的主要信息完整地包含进去。读者看了广告语不知所云，广告也就失去了自身的价值。因此，广告语是长是短，应视具体情况而定。以简洁明了为原则，有话则长，无话则短。

(3) 题文相符，互为一体

广告语要符合广告创意的需要，要做到题文相符。也就是说，广告语要符合广告创作的整体要求，不能脱离主题，不能为了追求某一方面的效果而使广告语和内容脱离。具体说来，一是要注意使广告语与所表达的意思与广告正文一致；二是要注意广告语所做出的结论，应与广告主旨相吻合。如有的广告在广告语中称自己的产品具有国内国际先进水平，而正文中只说明达到了省级或部级标准，这就是题文不符。广告语还应该与广告正文、图画等形成一个有机的整体，互相配合、互相照应。

(4) 富有情趣，引人入胜

一个优秀的广告语，还必须具有艺术的魅力和情感的力量，让人一看就觉得美、觉得有趣、觉得动人。广告语要通俗易懂，但并不等于平淡无味；相反，广告语也要讲究文采，要用优美的语言感染人。广告语要新颖别致、不落俗套，充分体现独特的广告创意。广告语传递广告信息不能老是“一本正经”，还应该有些趣味，有点幽默感，要耐人寻味，使人愉快。广告语还应该尽量贴近读者，字里行间要注入深情，使读者产生共鸣。例如，某电扇广告语“实不相瞒，本电扇的名气是靠‘吹’出来的”，不正面说产品质量如何可靠，却巧妙地利用汉语一词多义的特点，同读者开了一个玩笑，幽默诙谐，耐人寻味。

【小案例】

经典广告语赏析

1. 味道好极了（雀巢咖啡）

中国人喝不惯咖啡，追求味道好，是西方的生活方式。雀巢电视广告编织着新生活的蓝图：现代化的小家庭，丈夫事业成功，妻子温柔可人，如细雨般滋润着历人们干涸的心灵。后来，这句广告语被无数次地引用过，有时调侃，有时赞美，简直成了一种象征。广告要打动消费者，先要了解他们。雀巢没有简单的卖“世界销量第一”（当时也很有效的），而是深入研究本地的社会文化背景，创造了中国广告史上的经典。

2. 人类失去联想，世界将会怎样（联想集团）

印象中，好广告语似乎都出自国外大企业，只有这一次，中国IT业巨头联想集团拿出了绝对原创而又气势不凡的广告语。

“人类失去联想，世界将会怎样”是个双关语，明说想像力对人的重要，在一个工业化的时代可谓切中时弊；暗说联想集团的重要性，中国IT界、中国企业界不能没有联想。气势之大令人肃然起敬。

3. 牙好，胃口就好，身体倍儿棒，吃嘛嘛香！（蓝天六必治牙膏）

“蓝天六必治”牙膏的这句广告语太上口了，一播出便成为人们互相打趣的常用语。本来天津话就有一种乡土味的吸引力。

资料来源：http://www.670068.com/daquan/HTML/167768.html.

本章小结

本章介绍的广告文案知识希望能给读者以启迪，众多的成功案例以期对读者有所帮助。研究文案可以使大家领悟到一些撰写广告文案的宝贵心得。写好广告文案的关键在于要不断地更新和测试文案的广告效果。文案要经得起推敲，精心地编写文案，才能使广告效果达到更好。

关键概念

广告文案　平面广告　广告语　广告标题　广告正文　报纸广告文案　杂志广告文案　招贴　直邮广告　电波广告　广播广告文案　电视广告文案

课后思考与练习

1. 填空题

(1) 平面广告按载体分类，主要包括________、________、________、________和________。

(2) 广告文案的创作程序分为________、________、________、________和________5个阶段。

(3) 广告文案的结构分为________、________、正文和________4个部分。

(4) 电视广告文案又可称作____________。

(5) 广告语可分为________和________两种类型。

2. 判断题

(1) 广告文案是指广告中的文字部分。　(　　)

(2) 广告语就是广告的标题。　(　　)

(3) 招贴海报广告是户外平面广告的简称。　(　　)

(4) 电视广告的构成要素有素材、主题、艺术形式、表现手段及解说词等。　(　　)

(5) 广告语是在广告中长期、反复使用的一种简明扼要的口号性语言或文字。　(　　)

3. 简答题

(1) 试述广告语与广告标题的区别。

(2) 列举广告语的不同写作方法。

(3) 简述直邮广告文案的写作要点。

(4) 试着列举广播广告文案的表现方式（至少8种）。

(5) 简述电视广告文案的写作要求。

案例讨论

案例一：杂志广告文案经典案例
——KGW摩托广告

广告正文（见图9-5）：它已经跟我10年了，比我的丈夫更可靠，他已经不在我身边

图9-5　KGW摩托广告

了，但是我的 KGW 摩托还伴随着我。

资料来源：http://www.shusheng.cn/novel/html/20070314.

讨论题：

1. 试析本案例广告文案的成功之处。如果让你为摩托车做广告，你会选择什么作为广告的宣传点？

2. 通过本案例对杂志广告的专业指向性特征做出分析。

案例二：系列招贴广告文案案例
——中国移动通信公司广告

广告语（一）：“敬上一杯茶，还望多体谅”（见图 9-6（a））。

广告正文（一）如下。

承蒙大家信赖，中国移动通信客户逐日递增；在月初月末的交费高峰期，交费需要排队等待。这占用了您的宝贵时间，我们深感不安。为此，我们将不断扩大服务网点，提供更快捷的付款方式，满足您的需求。您的体谅是最好的支持。奉上这杯热茶，以表达我们最真诚的谢意。

广告语（二）：“再注一杯茶，新感情，新前程”（见图 9-6（b））。

广告正文（二）如下。

中国移动通信历经八年风雨，从幼小的弱苗成长为今天的参天大树，一路走来，全凭您的无尽关爱。中间，有过无间的真挚理解，也有因种种原因引起的误会。但无论怎样，走到一起总归是机缘，请让我们典藏和珍爱。

新世纪初，我们将不断完善通信网络，增设服务项目，为您提供更便捷的服务。再注一杯新茶，传递无尽情谊，祈愿我们的天空更宽广，前程更远大。

广告语（三）：“茶杯空了，心却暖了”（见图 9-6（c））。

图 9-6（a） 中国移动敬茶广告

图 9-6（b） 中国移动注新茶广告

图 9-6（c） 中国移动互敬茶广告

广告正文（三）如下。

饮尽一杯热茶，一切都会变得释怀，俨然多年老友，彼此关怀，彼此理解。事务繁忙，未能及时缴费，我们非常理解。对因故未能按时缴费的客户进行暂停服务，我们也实属无奈。是为保障您的合法权益，防止手机丢失，被他人无限制盗打。种种原因，期望您能理解。

往后，对于未缴费客户我们将以新的方式进行提醒，即使暂停服务也会分批、分区进行，缴费方式及网点也将更多样，更宽广。彼此理解方能相互扶助。互敬一杯茶，溶解心中的疙瘩；坦诚相见，方能共建美好未来。

资料来源：http://www.manager365.com/Article/glal.

讨论题：

1. 本案例文案的广告语是什么类型？广告语是如何与广告正文衔接的？
2. 结合本案例，试着分析如何将传统文化元素融入到现代广告文案中。

实训应用

（一）实训项目

蒙牛特伦苏牛奶2009年市场推广方案。

（二）实训目标

运用所学的文案写作知识与实际应用相结合，使学生对文案知识的理解更加全面，更好地适应市场需求。

（三）实训指导

由专业教师负责。

（四）实训组织

四人一组，选出一人为业务负责人。每人负责完成一个方案项目，其中，问卷设计、调查活动所有组员必须合作完成，统计分析、调查报告撰写则由该方案项目负责人完成。广告调查人员、策划人员与广告文案创作人员应保持及时沟通合作。所有组员必须通力协助业务负责人的统筹工作。

（五）实训考核

以先评出该组的总分为基础（评分依据包括小组的所有报告、作品质量及团队协作精神），再根据个人完成各自设计项目的质量，进行增或减分后，即为每人的成绩。凡未及时交报告与作品者，一律另外扣分。

第10章 广告制作实务

【本章导读】

本章将对平面广告和电波广告制作的基本常识做了详细的介绍，其中平面广告的制作是本章的重点。平面广告是现代图形设计的主体，应用范围非常广，实际操作性很强。这里把平面广告制作部分划分为图形设计制作、文字设计制作、版面编排设计三个方面，并引用了大量的实例，理论与实践相结合，具有较高的参考价值。

【学习目标】

知识目标

1. 掌握平面广告的图形设计知识；
2. 掌握平面广告的文字设计知识；
3. 掌握平面广告的版面编排知识；
4. 了解电波广告制作的程序。

技能目标

1. 培养学生对平面广告图形的表现能力；
2. 熟练地掌握黑体和宋体文字的书写能力；
3. 培养学生创意文字的设计能力；
4. 掌握版面编排的技能；
5. 培养学生对电视广告画面的处理能力。

【引例】

“白与黑”的招贴广告❶

图 10－1是意大利设计家安大略·洛奇的作品，他的部分设计作品采用绘画的表现手法，强烈的笔触效果构成其风格特征。这幅题为“白与黑”的招贴广告，宣传的主题是反对种族主义。画面主图形是用钢笔素描的手法绘成的，显得非常轻松和流畅，有一种亲和力。

---

❶ 资料来源：倪建林．现代图形设计艺术讲析（二）．中国美术教育，2004（3）．

图 10-1　“白与黑”的招贴广告

在印刷和数字技术被广泛运用的今天，使用“手绘”方式来处理广告画面的图形可视为是一种回归，是对人性化设计的反思，其根本是要达成广告设计师与受众之间的内心交流。

【问题引入】

1. 该招贴广告的“白猫”和“黑猫”分别表示什么？它们的位置关系又是什么寓意？
2. 如何运用广告造型元素来体现广告主题？

10.1　平面广告制作工艺

10.1.1　平面广告的制作流程

所谓平面广告制作，是把各种广告视觉要素，同时纳入一个平面领域，以达到传播特定商品信息的目的。若从制作方式界定，可分为印刷类、非印刷类和光电类三种形态；若从使用场所界定，又可分为户外、户内及可携带式三种形态；若从设计的角度来看，它包含着图形、文字、色彩、编排形式等诸多造型要素。

平面广告因为传达信息简洁明了，能瞬间扣住人心，从而成为广告的主要表现手段之一。平面广告设计在创作上要求表现手段浓缩化和具有象征性，一幅优秀的平面广告设计具有充满时代意识的新奇感，并在设计上具有独特的表现手法和感情。一则好的平面广告作品，它的产生不同于纯粹艺术的创作，仅仅依靠设计师本身的创作能力是不可能达到满意的效果的。平面广告的质量通常与设计师的水准、经验、艺术涵养有关，但也受到许多因素的制约，它们通常与委托人、经费、时间和设计师的创作条件等因素相联系。以下是平面广告的制作流程。

1. 调查阶段

在以消费者为中心的市场中，市场调查是一切商业广告运行的前提和基础。在设计商业平面广告之前，设计师必须对市场有一个相对细致的了解，内容包括产品调查、消费者调查。其中产品调查包括目标产品调查、同类产品调查及主要竞争产品调查，同时还包括各个方面的数据比较调查，如销售的商品或服务与竞争者价格的比较、销售方式的比较、市场占有率的比较、广告手段的比较等；消费者调查的内容包括目标消费者的年龄、性别、爱好、习惯和观念等。（见图 10－2）充分细致的市场调查将为设计师对图形与文字的运用提供更为广阔的空间。

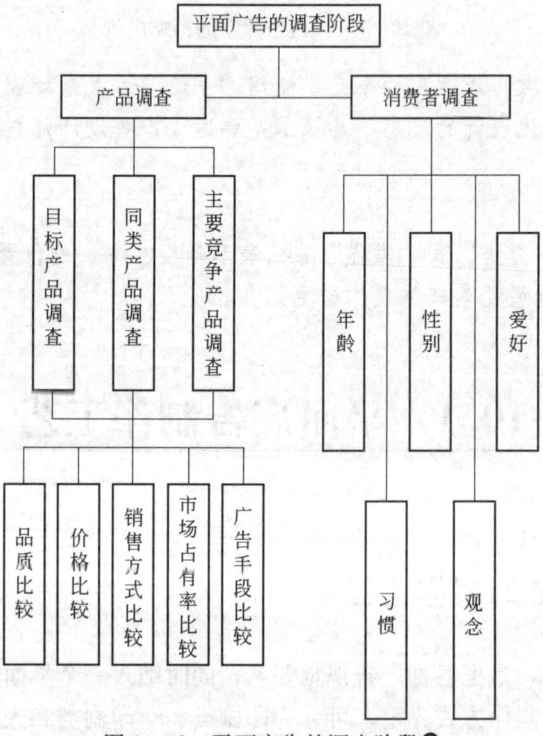

图 10－2 平面广告的调查阶段❶

2. 分析阶段

当设计师对市场有了一定的了解后，在设计之前，他们所要进行的一项工作就是分析现

❶ 资料来源：朱珺．传媒广告．杭州：中国美术学院出版社，2005.

状，然后制订出合理的广告计划。计划中所要确定的内容包括平面广告作品方案和销售方案两大方面。平面广告作品方案包括广告目的、目标受众、广告创意、广告手段、广告媒体、传播时间、传播区域、广告预算等；销售方案包括销售目的、预计的销售额、市场范围、销售方式、预计的市场占有率等，见图 10-3。只有做好前期的调查和分析工作，设计才可能正常进行，这是平面广告设计的基础，也是保证广告具有实际作用的前提。可以说，周密的广告计划将为平面广告设计者提供较好的设计空间，有利于平面广告最终效果的把握。

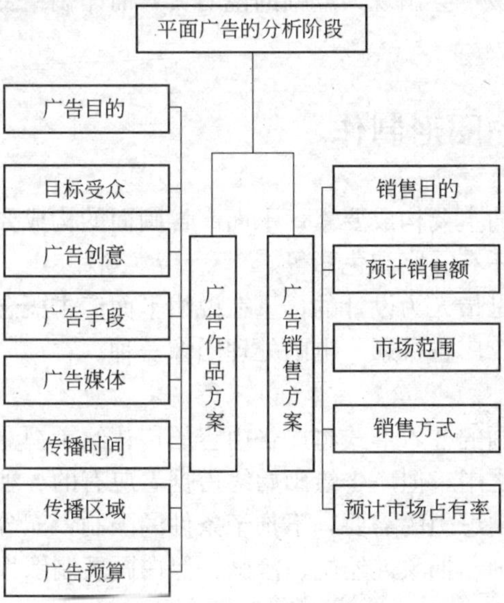

图 10-3　平面广告的分析阶段[1]

3. 创意阶段

一件好的平面广告作品能否在第一时间吸引受众并且让受众在众多的平面广告中锁定视线，阅读到更多的广告信息，平面广告的构思和创意起着至关重要的作用。所以说平面广告的构思和创意直接影响平面广告的功效发挥。广告创意的重要环节是最终的表现力及吸引力，因为在很大程度上它决定了创意的质量。正因为如此，这项工作必须由具备专业技能的设计人员才能够完成。

创意阶段是“图文化”的过程，是平面广告从理论到实践的过程，即用什么样的图形传达创意，用什么样的方式表述理念。平面广告的创意和构思要特别注意对客户原始资料的理解和把握，最终的作品要符合客户的要求。

4. 设计阶段

设计是指美术指导和平面设计师如何选择和配置一条广告的美术元素。设计师选择特定

[1] 资料来源：朱珺．传媒广告．杭州：中国美术学院出版社，2005.

的美术元素并以其独特的方式对它们加以组合，以此定下设计的风格——某个想法或形象的表现方式。这个阶段的工作就是图形的调整和图文的编排，也就是运用特定的手段来完成众多广告元素的配置。平面广告的设计过程直接决定了广告文案和图形将由一个什么样的视觉形式向广大受众传达信息，其中，构成平面广告的视觉元素主要有两大类：一类是主图形，另一类是文字，包括标题、说明文、企业名称、商标、商品名称。当然，这只是平面广告中可以出现的元素，并不代表每一则平面广告上都必须出现这些元素。例如，大型的户外广告由于受到阅读的限制，一般不会出现大篇幅的说明文，而印刷精良的杂志广告就可以充分发挥说明文的作用。

10.1.2　平面广告的图形制作

图形是平面广告画面的主要构成要素，平面广告画面的构成要素是指构成平面广告画面的各种素材，除图形以外还有文字和色彩等。

平面广告画面的图形是指人为设计的，重在说明平面广告概念的视觉形象。平面广告画面的图形要素有广告绘画、广告摄影、电脑处理图像三种。

1. 广告绘画

广告绘画是指运用绘画的艺术形式将广告内容的传达给予视觉化的表现。如今，虽然电脑设计广泛用于广告设计之中，但广告绘画始终占据着应有的、独具特色的、不可替代的地位。因为绘画可以根据主题思想的需要，不拘于条件的限制，充分发挥其创造的能动性。广告绘画主要包括写实性绘画、抽象性绘画、漫画、黑白画及制图性绘画等。

(1) 写实性绘画

写实性绘画是指运用纯粹的绘画艺术形式将广告内容的传达给予视觉化的表现。常采用水粉、水彩、油画、丙烯画、版画、国画、年画、素描、速写等形式，此外还有剪纸、影绘等写实性绘画，可以生动地表现广告信息。图 10－4 的主图形是以油画效果来表现的，自由流畅的线条，强烈质朴的色彩，充满童趣的造型，使画面非常醒目；图 10－5 是香港著名设

图 10－4　写实绘画风格

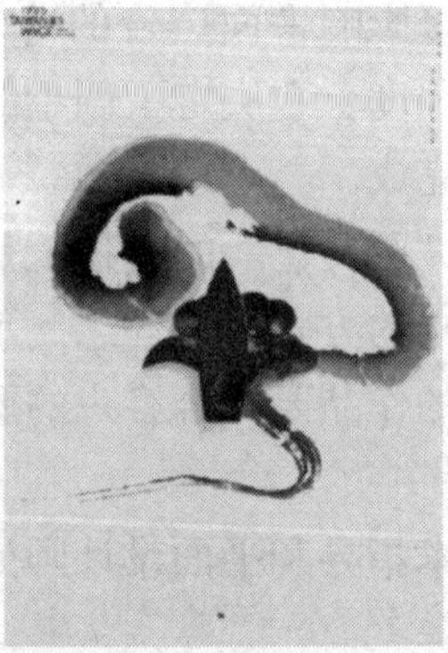

图 10－5　文字的情感——“云”

计家靳埭强的作品，广告画面背景是采用中国画的写意画法表现出的“云”形，“蘸墨法”的笔法将干、湿、浓、淡体现得淋漓尽致，把“水墨”的意趣充分发挥了出来，非常到位地诠释了中国传统文化的精神。

(2) 抽象性绘画

抽象性绘画包括两种。一是标志符号。标志符号的意义在于能将某种完整的意象一次性地表现出来。二是象征性图形。是用图形来象征地表达某种情绪、情感、概念、含意和设计意图。现代艺术设计经常应用象征性图形来加强广告作品的某种意识。有具象和抽象的区别。具象是根据生活中的具体形象进行变形、归纳、概括、夸张处理。抽象是运用设计元素的点、线、面等组合变化，当有些时候无法用写实的方式表达广告内容，就只得借助点、线、面、体的重复、渐变、放射、变异、聚合、分散等艺术处理形式，使无具象的广告画面产生各种不同的心理感受，见图10-6。

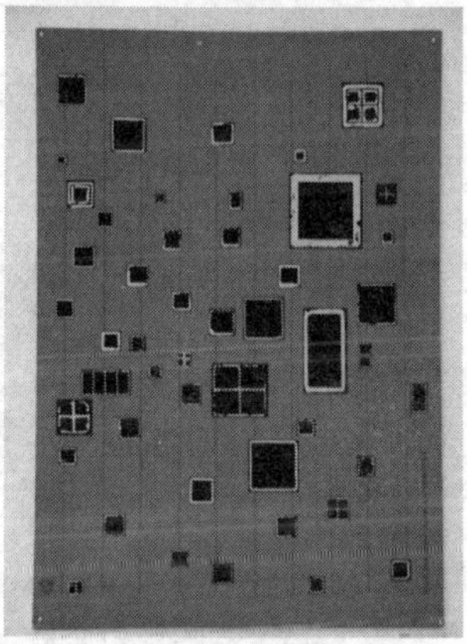

图10-6(a)　抽象性绘画（一）

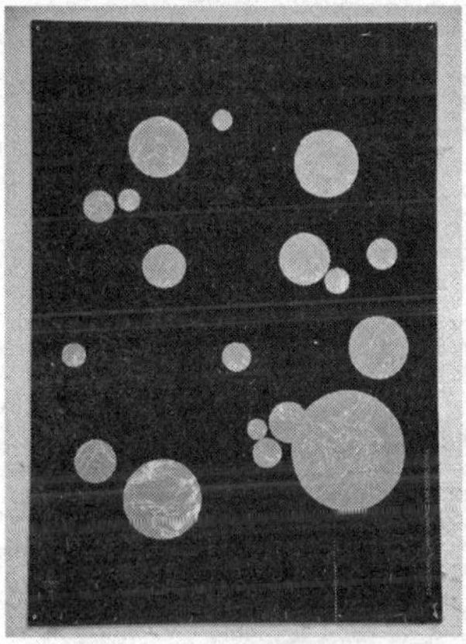

图10-6(b)　抽象性绘画（二）

(3) 漫画

漫画广告是广告绘画中很独特的一种形式。它可以给人以诙谐、夸张和幽默的感觉。其特点在于能有效地缓和人们对广告的抗拒心理，引起人们的兴趣和注意，使人在不知不觉、极为轻松的气氛中接纳广告主题。图10-7是“可口可乐”的平面广告，其主图形使用的就是类似儿童涂鸦似的漫画形式；图10-8是采用漫画人物作为主图形的广告，漫画在日本拥有巨大的市场，利用观众喜爱的漫画人物作宣传，广告效果事半功倍。

(4) 黑白画

黑白画是用一种颜色来表现广告信息的二维感和三维感。有时可以采用单线勾勒、平涂；有时可以用点的疏密变化来体现形的立体转折；有时可以用线的粗细、疏密及方向上的转折表现广告信息；有时还可以采用单纯的几何形来塑造对象，使之具有立体感（见图10-9）。不同的表现手法有不同的视觉效果。用极细密的点刻画形体，效果很精致，用很细的线排列，感觉纤弱透明，几何体表现出一种现代感。

图 10-7 “可口可乐”广告

图 10-8 漫画广告

图 10-9(a) 黑白画（一）

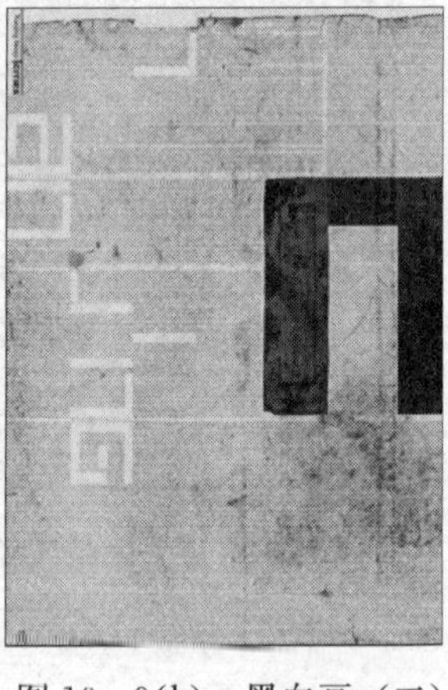

图 10-9(b) 黑白画（二）

(5) 制图性绘画

这是一种对商品的详尽说明，这一类图多半出现在说明性广告中，如机械产品工业产品或药品广告。这种图可以表现解剖关系，透视关系，还可以表现出部件的剖面效果和数据。这种创意表现不适合用感性的视觉形象来打动人的感性诉求，而适合用做理性诉求，以图表的形式提供资料，有助于人们做出判断和选择。

【小知识】

平面广告绘画表现的注意事项

首先，在图形创意上要创造表现性鲜明的视觉印象和强烈的绘画风格。

其次，在图形创意上要能明确地传达出广告的诉求重心。

最后，绘画性形式以情感诉求较常用，选用的画种应该与其诉求风格相吻合，要充分表达绘画的自由性和个性；而制图性绘画一般使用图表和数据来表达广告的内容或说明产品的结构与功能，因而理性诉求比较常用这种表现方式。

资料来源：朱珺．传媒广告．杭州：中国美术学院出版社，2005.

2. 广告摄影

广告摄影是指运用摄影的艺术形式赋予广告内容视觉化的表现。它的表现形式主要包括以下两类。

(1) 传统摄影

传统摄影以正片或负片的形式来记录视觉信息，运用不同的摄影与暗房技术取得的意外效果，让消费者充分感受到产品真实动人的魅力，见图 10-10。

(2) 数码摄影

数码摄影以数字信号的形式来记录视觉信息。拍摄时除了具备传统摄影所拥有的功能以外，还可以对景物进行 360 度的定点环绕拍摄来获取数字化图像，输入电脑后，可以做成立体的三维实景。数码摄影经常运用在旅游广告、房地产广告中。数码摄影具有可以随时查看所记录的广告信息的优点，如果拍摄的图像没有达到理想效果可以随时删除，不会浪费胶卷。数码摄影所记录的信息可以运用电脑进行后期加工调整，以便进一步达到广告设计的要求，然后刻盘直接制版印刷，非常方便。数码摄影现在已成为广告摄影的一种趋势，见图 10-11。

图 10-10　传统摄影广告

图10-11　数码摄影广告

【小知识】

广告摄影表现的注意事项

首先，在图形创意上要创造纪实性鲜明的视觉印象和强烈的摄影风格。

其次，在图形创意上要围绕广告的诉求重心，细腻逼真地再现产品的原貌，突出表现产品的质感和真实感，给消费者以亲切感和信任感。

最后，充分利用光线、影调等摄影造型要素，增强画面的美感，突出表现意境与艺术魅力，以增加广告的感染力、诱惑力和视觉冲击力。

资料来源：朱珺. 传媒广告. 杭州：中国美术学院出版社，2005.

3. 电脑处理图像

电脑处理图像是指运用电子技术的艺术形式将广告内容的传达给予视觉化的表现。电子技术随着科技的发展，在广告设计领域占有越来越重要的位置。它那充满旖旎的幻想和多变的动势将广告受众带到一个亦真亦幻的世界，它所表现的意境是广告绘画和广告摄影所不能达到的。它是利用数字化影像合成，将所有的平面广告图形元素运用电脑进行操作和组合，来获取出人意料的效果，让消费者充分感受到产品的动人魅力，以达到广告的诉求目的。电脑处理图像的最高境界是看不出来广告是用电脑制作的。将灯泡的灯丝处理成“大众”标志（见图 10－12），构思巧妙，不露痕迹；绝对伏特加酒广告（见图 10－13），将蜘蛛网“结”成了“伏特加”酒瓶的造型，类似的创意图形也只有运用电脑来制作了。

图 10－12 大众汽车广告

图 10－13 绝对伏特加酒广告

【小知识】

广告电脑处理图像表现的注意事项

首先，在图形创意上要创造视幻性鲜明的视觉印象和强烈的多变风格。

其次，在图形创意上要围绕广告的诉求重心，多侧面、多角度地再现产品的原貌，突出表现产品的新奇感、新鲜感。

最后，充分利用数字合成技术中的造型要素，以增强广告的感染力和视觉冲击力。

资料来源：朱珺. 传媒广告. 杭州：中国美术学院出版社，2005.

10.1.3　平面广告的文字制作

平面广告画面的文字要素是指使用字体的造型与编排设计将平面广告主题进行视觉化的表现，也就是将平面广告字体所要表达的信息，以恰当的字体造型与独特的版面编排、一定的表现手法来吸引消费者对平面广告的关注，从而提高阅读效果，以达到平面广告的有效目的。平面广告字体所具有的鲜明风格，与平面广告的其他要素共同构成影响受众情绪的潜在力量。无论是报纸杂志广告还是户外广告，处处能体会到广告字体的魅力。如“诺基亚”的广告字体简洁、明快，给人以时代感；“可口可乐”的手写风格字体生动活泼，给人以欢快轻盈之感；“IBM”的广告字体有条理、庄重，给人以快捷、爽朗之感；“茅台”酒的广告字体苍劲古朴，让人从中感受到历史和文化的积淀。由此可见，平面广告字体在广告视觉传达中占据非常重要的位置，下面介绍一些平面广告字体。

1. 中文印刷字体

目前，国内广告印刷排版采用的字体体系很多，但主要是以方正字库、文鼎字库和汉仪字库为主。这些字库中字体都含有中文和拉丁文字体近千种，可供我们在电脑设计时任意选用。不同的字库字形的大小有所差别，但以下几种基本的字体造型基本接近。

1）中文的四种基本字体

（1）宋体

宋体也称为“老宋体”。源于明隆庆、万历年间（16世纪后期）的印刷字体。宋体字笔画结构的特点是：笔画分布均匀，字体结构横细竖粗，对比十分鲜明，横平竖直，横竖垂直相交，结构十分严谨稳定。撇、捺、点、勾上的弧线及横画右角上的三角形装饰，又给这朴素端庄的风格中增添了一丝流动的美感，见图10－14。由于其字体自然疏朗，易认易读，适宜作广告正文。大号宋体字也可以作广告标题。

图10－14　宋体字

（2）仿宋体

仿宋体创制于1915年，是模仿宋代版本书籍的字体。其笔画结构的特点是：字形略长，笔画粗细基本一致，横笔略向右上方倾斜，动感较强，笔画细致活泼，有清新、秀丽、生动的效果。但是仿宋体作为广告文字的大标题缺少力度，所以常被用作广告的介绍文字、通信联络文字等。

（3）楷体

楷体创制于1909年，近似手写，笔画浑圆庄重，美丽端庄，倾向于女性美。其字体结构受正方形限制，字体个性不突出。虽然笔画动感较强，但是气势较散，宜作单字信息传递或作小标题或副标题用，不宜作广告正文。

(4) 黑体

黑体横竖笔画成垂直结构，庄严肃穆，十分稳重。横竖笔画粗细均匀，富有阳刚之气，是一种视觉冲击力强，现代感强，注目性强的字体，十分容易与现代平面设计图像融为一体，见图10-15。因此，适宜作广告的大标题、引人注目的广告口号或用于正文中的重要字句等。但它一般不用于广告正文上。因为大片的黑体字会使整个版面显得过于凝重，有压抑感。

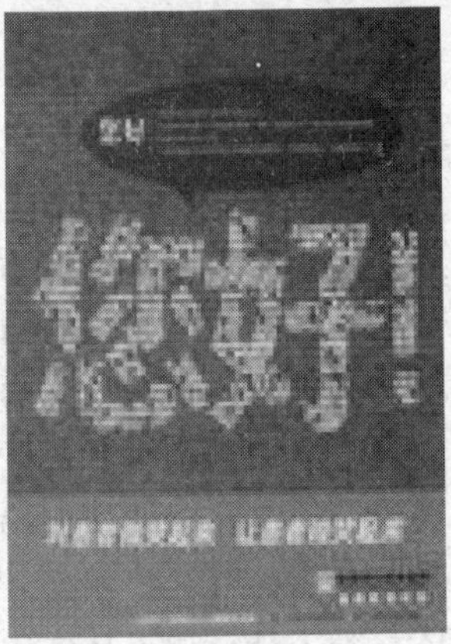

图 10-15 黑体字

2) 中文印刷的仿手写字体

由模仿手写书体而创制的中文印刷字体。常用的有隶书、魏碑和行书。隶书字形方扁，蚕头雁尾；魏碑笔端方棱，笔法险劲。这两种字体显得古朴刚劲，可用于带有古典味的商品广告；行书字形秀丽飘逸，趋向阴柔之美，可用于女性用品的广告，但应该避免大面积使用，以免给版面整体效果带来混乱的感觉。

3) 中文的印刷变化字体

印刷变体，是指在以上四种字体的基础上，将笔画、结构、起笔收笔处的笔形做一定的艺术加工，以适应更广的用途。

宋变体，是由老宋体变化而来的适合广告正文的达标宋、销标宋、报宋体和书宋体等；黑变体，是由黑体变化而来的适合各种标题的细黑体、粗黑体、圆黑体、美黑体、综艺体等；特种体，是在以上字体的基础上变化而来的各种琥珀体、水柱体、彩云体和舒同体等。变化后它们或清晰不失厚重，或庄严不失纤秀，并且弥补了上述四种基本字体的不足。这些印刷变体字常用于内容活泼的标题上，一般不用在广告正文中。

2. 拉丁文印刷字体

1) 拉丁文的几种常用字体

(1) 古罗马体

古罗马体是拉丁文广告最常用的字体。它以恺撒体（Caesar）、加拉蒙体（Garamond）和卡里斯隆体（Calisto）为代表，其字形特征是笔画横竖粗细比较接近，圆形字母的轴线倾斜，字脚为圆弧形，字体优美、娴静、典雅，编排后效果畅快、明亮，一般古典题材的广告常运用这种字体。

(2) 新罗马体

新罗马体是从古罗马体演变而来的一系列字体，其中以波多尼体（Bodoni）、拉丁书体（Book Antiqua）、学者体（Bookman）和新罗马体（Times New Roman）为代表。它的字形特征是笔画横细竖粗，对比明显，圆形字母的轴线完全垂直，字脚一般纤细平直，朴素大方，刚中有柔，风格典雅，一般用于有一定现代感题材的广告上，见图10-16。

(3) 现代自由体

现代自由体是19世纪初在英国产生的第一批广告字体。其中以黑体（Arial）和埃及体

(Egyptiene)为代表。它们的字形特征是横竖笔画粗细均匀，黑体完全抛弃了字脚，只剩下字母的骨骼，显得朴素、端正，因此也叫做无字脚体。埃及体也叫加强字脚体，是在黑体的基础上添加了厚重的字脚，字形的感觉粗狂、豪放。这两种字体视觉效果十分强烈，通常作为广告标题字体。

图 10-16 新罗马字体

2) 拉丁文的仿手写印刷字体

(1) 哥特体(Gothic)

哥特体是模仿欧洲中古时期用芦苇笔书写的字体。它的字形特征是起笔落笔明显，字脚与笔画转折部位突出，横笔倾斜、竖画粗重。哥特体完全抛弃了罗马体的字脚，却又增加了烦琐的装饰线，虽然增加了字体的美感，但正因为这些装饰，哥特体的可读性比较差。哥特体在广告设计上常被用作标题和说明文字的基本字体，以此作为强化视觉冲击力的手段，如蓝带啤酒的广告字体。另外，在印刷字体中还有新闻哥特体(News Gothic)和世纪哥特体(Century Gothic)。世纪哥特体非常近似黑体，也是一种无字脚的、粗细均匀的黑体。另一种铜版哥特体(Copperplate Gothic)则是一种带字脚的、粗细均匀的黑体。

(2) 手写体(Script)

手写体是一种模仿手写书法形态的印刷字体。它的整体风貌近似于中文印刷字体中的行书。其字体飘逸，富有节奏感和动态美。一般不宜大面积编排，不宜用作广告正文的基本字体。多用于小巧的邮递广告、企业贺卡广告。主要字体有斜体，其字形特征是笔画横竖不垂直相交，字体有明朗、欢畅的动感。手写体一般用作标题或用在广告正文中需要强调的字体上。以此使受众在阅读时能注意关键字句，从而提高整个广告的宣传效果。阿拉丁体(Aladdin)，笔画像用扁平的芦苇笔写出来的一样，一般用于特殊字句。

3) 拉丁文的变化印刷字体

印刷变体是指在以上字体的基础上，将笔画、结构、起笔收笔处的笔形做一定的艺术加工和变化，以适应更广的用途。

(1) 大写花体

大写花体是在罗马体的基础上变化加工的印刷字体。它的字形特点是将罗马体用人物或植物进行繁杂的装饰，现代人一般不易阅读。由于这种字体古朴、富丽、典雅、装饰性极强，在广告上常被作为一种字体强化装饰的手段，不在正文或较长的标题上使用。

(2) 现代自由变体

现代自由变体是由现代自由体变化出来的字体，这些字体的共同特点是在保持字体粗狂厚重的基础上，增添了清晰、秀丽的风格。如效果体(Impact)、百老汇体(Broadway)、明星体(Lucida)等。由于它们强烈的广告效果，常用于具有现代气息的各种广告标题或正文中。

(3) 特种体

特种体是在以上字体的基础上，将笔画的结构进行变化来适合各种特点的字体。如具有霓虹灯感觉的光学字体（OCR）、吸收古希腊文字特点的符号体（Symbol）、具有强烈夸张效果的安第斯体（Andes）等。这些字体风格差异很大，可根据广告文字设计的具体情况使用。

3. 图形创意字体的设计

图形创意字体的设计是根据平面广告主题和创意表现的特定要求，对字体进行艺术加工，如字形的变化或添加装饰，使之具备形式美感，从而达到凸显个性特征目的的字体设计。

在平面广告设计领域中，我们经常能见到图形创意字体，它是在现成的、模式化的印刷字体不能确切地表达平面广告主题时出现的。图形创意字体具有双重的功能，一是作为信息传达作用的视觉功能，应使字形符号具有强烈的、明晰的视觉效果，以便使信息传达更具有标志性。作为形式构成部分的笔形字形，应充分体现字体造型和组织的形式美感，使视觉传达具有强烈的表现力和吸引力。另一方面是作为传情达意的心理功能。这就是要通过一定的设计创意，赋予字形以形象化的再创造，强化文字的意义表现。

1) 创意字体的设计要求

① 平面广告创意字体的设计，要与企业和产品特征及性能的要求相吻合。文字的笔画和形体本身虽然没有属性，但通过人的创意，用不同的方法绘写出来的字形是能体现出词意和属性的。创意字体的设计只有从平面广告主题出发，做到艺术形式与广告内容的完美统一，才能达到加强文字的精神含义的效果。

② 平面广告创意字体虽然多变，但在造型上的风格一定要符合特定的广告主题，要以其鲜明的视觉印象来塑造良好的企业和产品形象。不能主观臆断，将一些与广告主题无关的形象进行牵强的设计，那样不仅不能有助于主题的表达，反而会导致观众抓不住诉求的重点，使字体的格调与广告主题相脱离。

③ 平面广告创意字体的设计应能有效地传达广告信息，具有简洁、清晰、有力的整体诉求效果。因此，字体设计不仅要求吻合广告主题，更要考虑是否具有易读的性能。创意字体虽然可以作较大限度的变化，但对文字的结构和基本笔画的变动，仍应符合人们认字的习惯，不能相差太远，在应用上一般只适合用在字数较少的名称或短句上。

④ 平面广告创意字体的设计应把握分寸，力求美观大方、格调清新，切忌不要过分变形，避免因为追求过多的变化而造成堆砌烦琐，丧失字体的明快效果。

⑤ 户外广告创意字体的设计应考虑生产工艺，要考虑到材质特性、加工手段和应用范围。如霓虹灯广告字的设计应以线为主；金属材质的广告字则应放弃太细的笔画，因其加工过程需要冲压、切割；塑料材质的广告字笔画如果过于纤细，加工过程中会因为热胀冷缩而发生变形。

2) 创意字体的类别

(1) 中文创意字体

我国的汉字是世界上最古老的文字之一，经历了漫长的岁月，字形从开始的象形逐渐演变到象征，由开始的单纯变得繁杂，又由繁杂发展到简化，其形态凝聚了中华民族特有的形象思维观念和审美心态。中文创意字体在图形性、造型性、装饰性等方面，具备了高度的美感。

① 抽象的书法字体。汉字本身是一种特殊的符号，它以其独特的艺术造型和别具一格的笔画组合韵味，丰富地表现了广告主题的品格，给人一种情感的直觉意象。书法字体的形式之美在于无穷的变化，因此，为广告文字设计提供了无限广阔的空间。书法艺术丰富多彩的素材，也成为广告字体设计取之不尽的创意源泉。甲骨文、金文、石鼓文、篆书、隶书、楷书、行书、草书。不同的书体，表达不同的信息，给人以不同的视觉感受。如篆书古朴典雅，它的运用可以给人以历史悠久的信赖感；隶书端庄稳重，运用起来有种威严感；楷书工整秀丽，运用起来给人以信赖感；行书活泼欢畅，在不影响识别的前提下，可作为广告语或广告标题的字体使用；草书挥洒豪放，有很高的装饰美情趣，运用得当可为广告画面营造一种高雅不凡的氛围，从而增强平面广告的表现力和感染力。

② 具象的表意字体。是在中文印刷体的基础上添加或变化一定的图形，以此增强文字形象化、直觉化的感受。汉字原本就是表意炼形的典范，如今，文字的象形功能弱化，然而在图形设计领域，把阅读的概念传达和视觉形象的直接感受结合起来，强化文字形象化、直觉化的感受，则是符合视觉传达机能的有效手段。因此，中文文字的图形化表现是拓展平面广告字体表现力的重要课题。

(2) 拉丁文创意字体

① 抽象手写字体。作为人类的第一符号系统的语言，无论哪个民族，最早的文字都是象形文字，都具有意象化的特征。但大多数民族的文字最后都往抽象化方面发展。拉丁字母的抽象手写字体和中国的书法字体一样，有着强烈的情感表达，是广告创意字体的一个重要类别。

② 图形创意字体。拉丁文图形创意字体主要由两部分组成。一部分指拉丁文字中的花体文字设计，即对拉丁字母大写字体的草体文字用流行的曲线或花纹进行装饰，使之具有典雅华丽的古典风格。它包括以各种动植物变化写成的文字，或在文字的部分上进行纹样装饰。装饰文字在欧洲产生和流行已久，主要为上层人士使用，如签名题词等。现代广告中，化妆品和酒的广告字体也常用。另一部分指在拉丁文印刷体的基础上添加或变化图形，以此强化文字形象化、直觉化的感受，使之传情达意。

3) 创意字体的设计方法

(1) 字体外形的变化

字体的外形变化是指单个文字突破原有的字形而发生的变化。在创意设计时，字体的外形通常变化几何形或适合某种图形的变化。如方形、圆形、三角形、菱形及简化的具象图形（星形、花形）等，见图 10－17。但是，在字体外形变化时，要考虑文字的识别功能，不能失去文字传达信息的作用。

图 10－17　字体外形的变化

(2) 字体笔画结构的变化

字体笔画的变化是指单个文字的笔画结构突破原有的字形而

发生的变化。即有意识地把文字的笔画结构部分地进行放大、缩小，或者移动位置，改变字的重心，使字形更别致，从而达到新颖醒目的效果。笔画变化的主要部位在副笔画上，如中文字体的点、撇、捺、挑、勾等，而作为主笔画的横、竖一般不作变化，以免影响文字的辨认，见图10-18。在字母的设计上，应对粗细笔画和斜笔画的处理做到心里有数。结构的变化主要在重心的安排上，变化要适当，同样是以不影响字母的识别为原则，见图10-19。

图10-18 字体笔画结构变化的汉字

图10-19 字体笔画结构变化的字母

图10-20 “苏州印象”广告

另外，在处理多个文字或字母的组合时，要注意将变化协调一致，太过杂乱的变化会减弱文字的吸引力。相反，恰到好处的变化处理会让人回味无穷。图10-20为“苏州印象”的广告招贴，将“州”字的“点”处理成苏州园林特有的扇形窗，其余三字的笔画处理也使用了园林的建筑造型元素，如外墙、屋檐、舷窗、流水……构思非常巧妙。

(3) 字体的形象置换与组合

字体的形象置换是指在不增加图形空间的情况下，以广告主题和文字本身所具有的含义去表现，充分利用文字或字母的物象符号化特征，以视觉化的形象来置换文字或字母的部分笔画、空白，由此取得富于情趣的字意表现。具体处理方法有整体形象化（见图10-21）、笔画形象化（见图10-22）、添加形象化（见图10-23）、标记形象化（见图10-24）等，可使文字的含义更直观明确，达到快速准确传达信息的目的。

字体的组合是指利用“形”组“字”、“字”组“形”等手法构成更完整和有意味的形象化文字。在汉字的组合中，笔画和形的“共用”设计较常使用，近代商户就有“招财进宝”、“日进斗金”等，中国老商业品牌“冠生园”的字体组合也是一例（见图10-25）。在拉丁字母组合中，“共用”的处理方法也很常见（见图10-26）。

图10-21　整体形象化

图10-22　笔画形象化

图10-23　添加形象化

图10-24　标记形象化

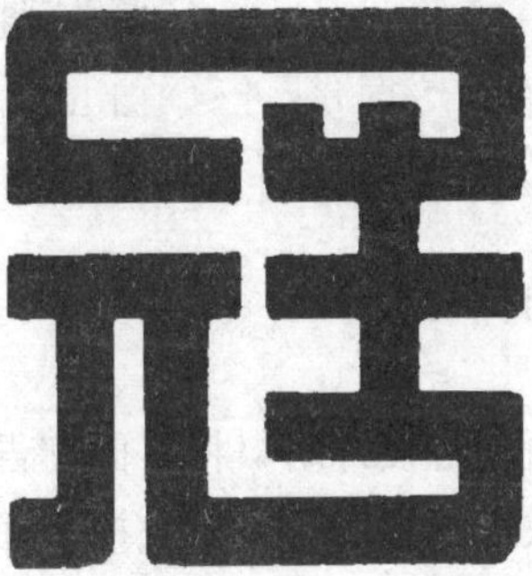

图10-25　“冠生园”标志

图10-26　拉丁字母的共用

(4) 字体的装饰变化

字体的装饰变化有本体装饰和背景装饰两种。

本体装饰是在不改变字形的基础上，利用点．线等几何形或花、草等具象形来装饰字体，见图10-27。

背景装饰是利用装饰背景的方法，衬托出字形。设计的重点不在“图”上，而在“底”上。处理好“图”与“底”的关系，可使设计更含蓄，更富魅力，见图10-28。

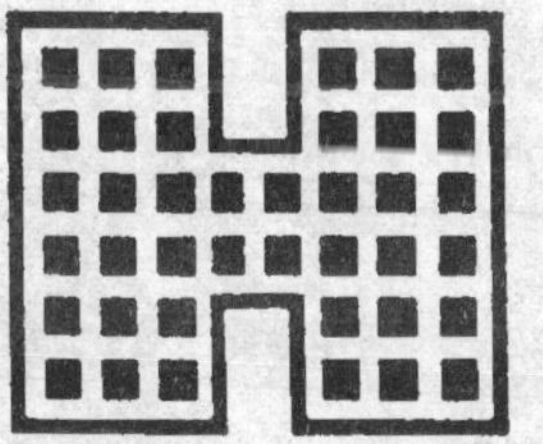

图10-27　本体装饰

图10-28　背景装饰

(5) 字体的立体变化

字体的立体化是运用绘画透视的原理表现出文字的立体感，把平面字形通过透视关系或透明物体的遮盖及投影产生别具一格的艺术效果。具体处理方法有平行透视、成角透视、聚点透视、本体立体、矛盾空间（见图 10 - 29）、阴影（见图 10 - 30）、投影、倒影等。

图 10 - 29　矛盾空间

图 10 - 30　阴影字

10.1.4　平面广告的版面编排

平面广告版面的编排是指在平面广告设计时，将平面广告所要传达的各种要素通过一定的形式美法则，进行适当的视觉关联与配置安排，来发挥平面广告设计的最大诉求效果。

1. 平面广告版面编排设计的基本形式

（1）上下分割版面

平面广告设计中较为常见的形式，是将版面横直分成上下两个部分，其中一部分配置图片，另一部分配置文案，见图 10 - 31。横向分割较为安静平稳，但略显呆板，故图片应尽量生动活泼，富有动感。文案部分的文字应多一些，调节版面，令其产生浓厚的情感。

（2）左右分割版面

将版面垂直分为左右两部分，给人以崇高肃穆之感。由于视觉上的原因，图片宜配置在左侧，右侧配置小图片或文案。如果两侧明暗上对比强烈，效果则更加明显，见图10 - 32。

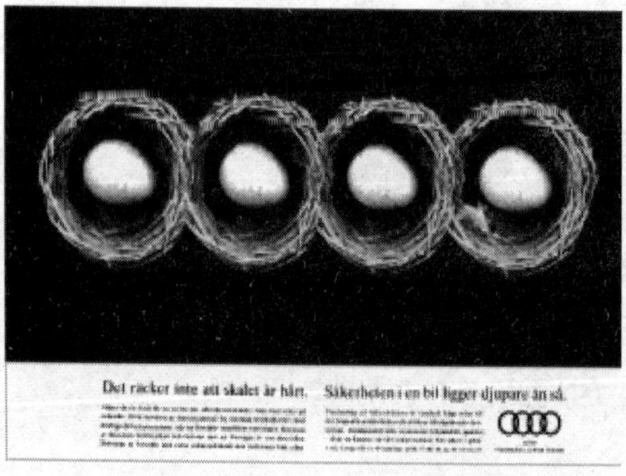

图 10 - 31　上下分割版面

图 10 - 32　左右分割版面

(3) 斜向分割版面

将图片斜向放置或将画面斜向分割，较之上下分割和左右分割更为生动活泼，因为斜线可以产生动感，也就是运动感，对于汽车等以速度见长的商品或较为呆板冷漠的商品采用倾斜配置，效果会更生动，见图10－33。

(4) 螺旋形编排构图

将图片由小到大、由外向内有规律地渐变配置，形成螺旋形，使人视觉移动的轨迹，由外向内弯曲旋动，最终落到中心点，形成一定的动感。这种编排使多幅图片形成有机的整体，并且主次明确、中心突出。运用这种方式组织版面，会使人的视线立刻集中到中心点，而这一点就是平面广告中最重要的图片的放置点，见图10－34。

图10－33 斜向分割版面

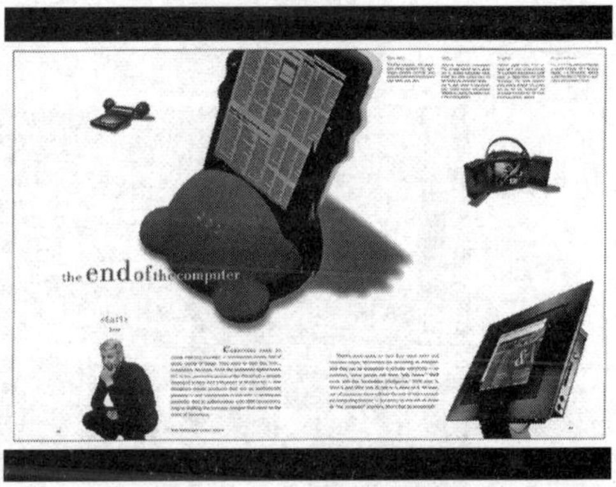

图10－34 螺旋式形版面

(5) L型编排构图

以一幅大图片为主，配置在上下左右任何一隅，其余版面留出L型空白。有图片处较沉偏坠，故留白的地方应巧妙编排，一要使版面富于变化，二要使版面视觉分量均衡，见图10－35。

(6) U型编排构图

把图片配置于版面中央的上方或下方，使其余版面形成U型空白，这种编排有强烈的稳定感，极具感染力。但要注意空白处的设计，否则会过于呆板，见图10－36。

(7) N形编排构图

在版面上将图片流线型地编排，使视觉由上向下反复移动，如此设计既有上下左右相呼应的动感，又有均衡的稳定感。多图编排时，N型编排是最佳方案，见图10－37。

(8) 三角形编排构图

正三角形如同金字塔，这种编排是最具稳定感的；倒三角形则有极强的动感。所以，用正三角形编排时应注意避免呆板，而用倒三角形时则应注意保持版面的平衡。任意三角形则没有以上两种弊端，它既有强烈的动感，又不失平衡稳定，见图10－38。

图 10-35　L 型版面

图 10-36　U 型版面

图 10-37　N 型版面

图 10-38　三角形版面

(9) 重复编排构图

把内容相同或有着内在联系的图片重复，会使人产生冷静的畅快感及调和感。尤其对较为繁杂的事物，通过比较和反复说明，使复杂的过程变得简单明了。重复还有强调的作用，使得主体更加突出。图片的反复出现，会使版面产生韵律感，见图 10-39。

同一商品在重复出现的情况下，表现角度不同的两幅图片自然融为一体，由此产生的调和感，能引起读者的共鸣。若将图片采用大小或强弱对比处理，更加意趣横生。

(10) 并置编排构图

将同类内容的图片，以相同的面积并置在一起，会加重分量，突出重点。图片并置的版面，富有节奏感，容易让观者比较对象，如同在相同的条件下比较分析实验结果。在版面构成上，图片的反复编排，会产生系列感，对比更鲜明，从而出现新的视野，见图 10-40。

2. 平面广告版面编排设计的形式美法则

设计的作品必须具备审美价值。设计的形式美法则就是美在设计中的表现形态。它是指

图10-39　重复版面

图10-40　并置版面

造型要素在一种合乎规律的联想中所呈现出来的能引起敏感的审美特征，它是从生动的秩序中得到的。这种合乎规律的构成关系，是构成形式美欣赏的基础。

变化统一原则是形式美法则的总法则，它是对立统一的基本规律，是美学中的辩证法，它贯穿于其他派生的规律之中，是变化统一法则在各方面多种方式的具体运用。

(1) 对称与均衡

对称是指形（版面）的视觉中心线两侧的造型要素均同形同量。以点作为对称中心，把造型要素沿点作环绕布置时，成辐射的形状，称为辐射对称。

对称的构成，能表达秩序、安定、沉静、庄重与威严等心理感受。

均衡与对称相比，不是简单的同形同量或异形同量，而是利用造型要素的虚实气势达到和谐一致，造成视觉上的“均衡”。

改变均衡状态，会形成不均衡的布局，可造成视线的流动，应用于设计上可以带来无限的变化，开拓了表现的领域。

(2) 对比与调和

对比是各造型要素之间的差异和分离，调和是各造型要素之间的一致和协调，它们相对成立，过分的对比会造成强烈、刺激，而过分的调和又会造成平庸、单调，在设计运用中要注意对比与调和适度，力求鲜明而不刺激，和谐而不平淡。

对比，是差异性的强调，是利用各种造型要素的互比互衬来达到量感、虚实感和方向感的表现力。如形的大小、方圆，线条的曲直、粗细、疏密，空间的大小，色彩的明暗、冷暖等对比，都能活跃版面，吸引视线。

调和，是近似性的强调，是使两种以上的造型要素具备共性，形成视觉上的统一效果的表现力。调和是综合了对称、均衡、比例等美的元素，在变化中求统一。巧妙地调和各造型要素，能满足人们在心理上对秩序潜在的追求。调和可以从对版面的类似化组织而求得，包括面积大小的类似性、形状的类似性、色彩的类似性、位置的类似性、方向的类似性、“势”的类似性。

对比与调和是相对的，是对立统一的艺术手段，不是简单数值上的差异，而是以人的视觉感受为依据。

(3) 节奏与韵律

造型要素作长短、强弱的周期性变化产生节奏，最单纯的节奏是重复，节奏带有机械的美。韵律则不是简单的重复，它是有一定变化的相互交替，是情调在节奏中的融合，能在整体中产生不寻常的美感。

韵律的主要形式有连续性韵律、渐变性韵律、交错性韵律和起伏性韵律等多种形式。

设计中把单位图形作有规则的反复时，就能产生简单的节奏感，赋予每一单位图形不同的造型，或把单位图形的一部分配置得不规则，或把单位图形逐渐地增大或减小，就能产生方向性、流动性的韵律效果。

(4) 比例与尺度

比例是造型要素各部分之间匀称、和谐的关系，它是艺术的结构基础。美好的构成都有适合的比例和尺度，即构成的各部分之间，部分与整体之间的关系要符合美的比例。如“黄金比”就是一种理想的比例。

尺度是对象的整体和局部与人的生理或常见的某些特定标准之间的大小关系，即一切设计要从视觉上符合人的审美标准。

(5) 空白与虚实

空白在设计版面的构成中有不可忽视的重要作用，它能缓和版面的紧张及复杂，帮助突出主题，达到版面均衡的效果。

设计中把要强调、突出的造型要素周围留下空白，能极大提高视觉效果，同时利于视线的流动，破除沉闷感。空白在版面的虚实处理中有特殊作用，版面构成中必须有虚有实，虚实呼应。“虚”是为了突出“实”，因而不能平均地处理版面，要大胆运用虚实对比，巧妙地使版面实中有虚、虚中有实，造成新颖的视觉效果。

10.2 影视广告制作的基础知识

10.2.1 影视语言

影视广告是使用影视语言来表现广告主题的广告形式。影视语言不仅是影视广告的信息传达手段，也是影视广告形象得以形成、体现的必不可少的先决条件，因而它是影视广告的基础和生命。

1. 影视语言的构成

影视语言主要由以下 3 个部分构成：

① 视觉部分，包括屏幕画面和字幕；

② 听觉部分，包括有声语言、音乐和音响；

③ 剪接技巧——蒙太奇。

2. 影视语言的特点

① 具象性、直观性。它总是以具体形象来传情达意，传递信息。

② 运动性、现实性。摄影机具有客观地记录现实的作用和“物质现实的复原”功能，因而影视画面的基本特征是“活动照相性”，可以使观众产生一种身临其境的现实感。

③ 民族性、世界性。影视语言不仅具有鲜明的民族性特征，而且是一门世界性语言，可以成为各国人民交流思想，传递信息，沟通感情的工具。

10.2.2 影视画面的专业术语

1. 景别

(1) 远景

远景是指视距最远的景别，主要用于拍摄远距离景物，在展示气势与场面上是其他景别无法相比的，许多旅游广告采用这种景别，从更大的景观中展现不同旅游胜地的奇异风光。

(2) 全景

全景是指把主体放在一定的区域范围内加以表现，是电视广告表现一定环境中商品形象的主要手段，通过环境景物的烘托来展示商品，它的景别在视觉上给观众造成的印象如同在剧场里看舞台演出，一切都能展现得比较具体，给人清晰明确的视觉印象。

(3) 中景

中景是电视广告中使用较多的一种景别。中景是通过细致地刻画人和物的容貌、衣着、动作等细节，来突出人和物的特点。这种景别既能表达广告的人的形体动作，又能展示人物的神态感情。

(4) 近景

近景是指比中景更近一些的景别，犹如人物肖像一样，表现的中心是人物瞬间的微妙感情变化，具有强烈的感情色彩。

(5) 特写

特写是指视距最近的镜头，能够把那些只有在最近距离才能看清楚的极其微小的事物展现无遗，特写展示那些深藏不露的物质和心灵世界，具有独特的表现力。

2. 镜头

影视广告的最小单位是镜头，镜头就是从不同的角度、以不同的焦距、用不同的时间一次性拍摄下来，并经过不同处理的一段胶片。

(1) 变焦距镜头

摄影机位置角度不动，利用镜头的移动，改变画面与对象的距离，使画面视野变大或变小，引导观众更有效地注意画面。不同的焦距变化造成了空间的不断转换，能把观众的注意力带到某一个局部，从而展示商品的微妙之处，也可把商品全貌推入一个更广阔的空间里，营造一种气势。

（2）变焦点镜头

运用镜头内部焦点的清晰与模糊的虚实变化，来调整画面的表现重点。在化妆品广告中经常使用。

（3）慢镜头

用高速摄影机拍摄对象，然后按正常速度放映，使之产生慢动作、慢运动。慢镜头可以创造意境，加强画面的感染力，如广告表现抒情效果时，常用慢镜头加深观众对商品的视觉印象，烘托广告主题。

（4）快镜头

用低速摄影机拍摄或间隔一定的时间拍摄，然后用正常速度放映，使其产生快速的运动感。快镜头对表现那些功效形成过程非常慢的产品有特别意义，会制造一种喜剧的效果。

3. 镜头的运动

（1）推镜头

拍摄对象基本不动，摄影机向前移动，由远景变为全景、中景、近景到特写，让观众有一种自己向前观看、身临其境的感觉，因而具有很强的表现力和感染力。

（2）拉镜头

其镜头运动方向与推镜头相反，摄影机相对拍摄对象由近及远地移动，让观众有一种退而观全局的感觉。通常作为广告终结时的表现手段。

（3）摇镜头

拍摄位置不变，镜头在一个固定轴心上左右摇动，能将现实环境中的景物依次地收入画面，有效地展示和表现特定空间，扩大镜头的表现范围，给人全面深入的视觉体验。

（4）跟镜头

镜头对准拍摄对象作平行移动或尾随，适于表现事物的连续动作，这样打破了镜头的局限，无限地扩大了空间。画面构图的不断变化和景物的连续流动，给观众以心理上很强的感受力。

（5）长镜头

是用一个镜头，较长时间的连续对一个场景进行拍摄，形成一个比较完整的镜头段落，它能在持续一段时间内不断地展现一个完整的动作或事件。通常用于纪实性表现。

4. 蒙太奇

蒙太奇是电影构成形式和构成方法的总称。是法语 montage 的译音，原为法语建筑学上的一个术语，意为构成和装配。后被借用过来，引申用在电影上就是剪辑和组合，表示镜头的组接。

简要地说，蒙太奇就是根据影片所要表达的内容和观众的心理顺序，将一部影片分别拍摄成许多镜头，然后再按照原定的构思组接起来。一言以蔽之：蒙太奇就是把分切的镜头组接起来的手段。电影就是将一系列在不同地点，从不同距离和角度，以不同方法拍摄的镜头排列组合起来，叙述情节，刻画人物。但当不同的镜头组接在一起时，往往又会产生各个镜头单独存在时所不具有的意义。蒙太奇是电影艺术独特的表现手段。

【小案例】

蒙太奇的作用

有A、B、C三个镜头，以不同的次序连接起来，就会出现不同的内容与意义。

A：一个人在笑。B：一把手枪直指着。C：同一个人脸上露出惊惧的表情。

这三个特写镜头，给观众什么样的印象呢？

如果用A—B—C次序连接，会使观众感到那个人是个懦夫、胆小鬼。现在，镜头不变，我们只要把上述的镜头的顺序改变一下，则会得出与此相反的结论。

C：一个人的脸上露出惊惧的表情。B：一把手枪直指着。A：同一个人在笑。

这样用C—B—A的次序连接，则这个人的脸上露出了惊惧的表情，是因为有一把手枪指着他。可是，当他考虑了一下，觉得没有什么了不起，于是，他笑了——在死神面前笑了。因此，他给观众的印象是一个勇敢的人。

资料来源：http://baike.baidu.com/view/1636.htm.

10.3 电波广告的制作程序

10.3.1 广播广告的制作程序

广播广告的制作程序见图10-41。

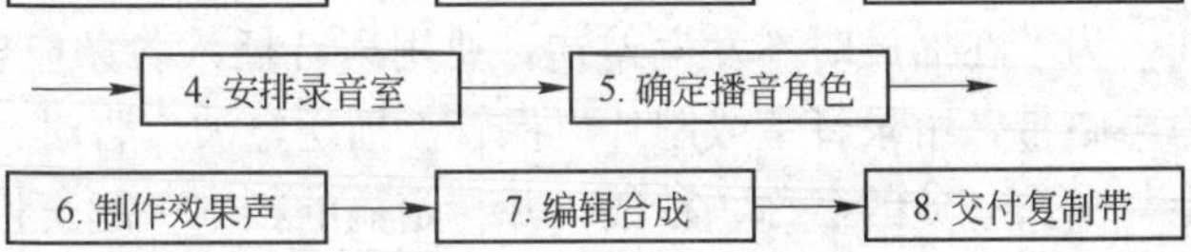

图10-41 广播广告制作程序[1]

[1] 资料来源：朱珺. 传媒广告. 杭州：中国美术学院出版社，2005.

1. 前期准备

(1) 定位

广播广告也与其他媒体一样，首先从定位开始，要了解广告主的广告意图。

(2) 文案写作

设计者根据定位中所示的广告概念，决定广告主题，将剧本写成 30 秒或 15 秒的脚本，并对剧情进行说明，它是广播广告的设计草图，它具体说明解说、音乐、效果等声音要素安插的时间位置和插入的方式，使他人能看明白。

(3) 提示

完成文案后，接下来就向广告主提示、说明。提交的材料包括广告战略、计划书、剧本等。参加人员包括 AE（广告主与广告公司之间的联络员）、广告设计者等。在此，具体协商如何表现广告概念，启用怎样的播音员，在哪里、插入怎样的音响，是否要独创音乐，采用怎样的录音技巧等问题。

(4) 安排录音室

如得到广告主的认可，就从何时开始广播的日期倒过来算，制成日程表。录音磁带的交付，通常是播出日前的三个营业日。对照时间表，预约录音室。并检查已定下来的剧本录音效果。

(5) 确定播音角色

播音员即朗读广告原稿的人，确定播音员称为角色分配。广播广告的拷贝与铅字的拷贝不同，它是声音拷贝，要选择与广告声音形象一致的播音员，并协调日程。

2. 中期制作

(1) 效果声的录制

根据原稿内容、形象等，制作效果声响，如人声、鸟鸣、流水、汽车行驶等声音。

(2) 音乐声的录制

广播广告要把音乐声录制下来。

(3) 声音录音及合成

把剧本交给播音员并说明以怎样的感觉朗读，录下讲解部分。把效果声、音乐等全部音响要素加以合成、编辑。这里有音响突然出现、突然消失的切换方式，也有用音响缓慢地放大、缩小等处理技巧。

3. 后期工作

广播广告播放前，为了在播放时不发生差错，要用声音插入各条广告的标题、秒数等，称为电头。录好的原声磁带，由录音室或制片厂保管。播送电波广告时，使用原声磁带的复制带。在盒带上写上与电头一致的名称、秒数，并与定稿的剧本一起交付。

10.3.2 电视广告的制作程序

电视具有图像，因此，它在信息传播上显示着超强的功能。这样看来，电视广告似乎比广播广告更具有优越性。当然，电视广告比其他媒介广告也有更明显的优势，并对它们形成了强烈的冲击。

1. 制作前的准备

(1) 定位

广告主向广告公司说明广告意图，提供数据等必要的资料。

(2) 制作脚本

电视广告的有效脚本主要分三种：一是以文字描述场景、动作、对白、音效等的文字脚本；二是把文字脚本的视觉部分绘制成图的故事脚本（企划脚本）；三是利于导演正式拍摄参照的制作脚本（分镜头脚本）。在这些脚本中，与广告设计有关的是故事脚本的设计。它的形式很像连环画，画幅多少依广告创意的需要而定，在设计时，有的画幅可尽量详尽，附上关于艺术和技术处理的提示，以利于审定和拍摄工作的进行。

(3) 商议

将广告战略、计划书、分镜头脚本与广告主协商，使他们对广告的制作有整体的认识。

(4) 组建拍摄团队

拍摄广告片需要各方面专业人员的协作才能完成。专业人员包括广告策划人、广告制片人、电视广告导演、摄像师、照明师、美工师、作曲、音乐及音响编辑、模特、演员、化妆师、配音演员等。

(5) 召开制作协调会议

参加协调会的人员包括广告制作人、撰稿人、广告客户代表及所有参加拍摄的工作人员，要将广告诉求重点加以阐述，通过协商尽可能在多方面取得一致的意见。

(6) 制定拍摄日程表

什么时候、在什么地方、做什么事情、由谁来做，都必须有明确的计划、统筹的安排。否则，就会影响到拍摄工作。

(7) 完成脚本

主要指的是完成导演的分镜头脚本。

(8) 制作准备

拍摄剧务准备。包括规划拍摄现场、准备广告商品、选择广告模特儿、准备服装与道具等。

2. 拍摄

拍摄工作分为两步。一是正式拍摄前的预演：为使拍摄获得更好的效果，减少反复，可以在摄制现场进行排练试拍，发现问题，及时调整补救。二是正式进行拍摄：按照审定的故事脚本和分镜头脚本，在导演的统一指挥下进行工作，严格认真地分镜头进行。由于影视作品是先分镜头拍摄，后剪辑组合接到一起的，拍摄时必须精心把握每一个镜头的长短，只可多拍，不可少拍。

一则电视广告是由许多不同长度、不同类别、不同性能的镜头组成的，把种种不同镜头结合运用起来，就可以产生无穷的表现力，构成一则完整的广告片。

3. 摄制的后期工作

后期制作包括冲片、胶转磁、电子编辑、配音制作合成等。后期制作的一般工作程序如下。

(1) 验证

将拍摄成的“原始片”进行技术验证。在试放中看有哪些问题，如声音是否与人物口型一致，模特儿的音质是否令人满意等，以便进行调整或补救。

(2) 编辑

将拍摄下来的镜头和画面进行组接。就是常说的“蒙太奇”。这部分工作是镜头调度。是将拍摄素材有选择地进行重新组接并表现出来，使广告片符合创意要求和放映的限定时间长度，要在心理感觉上给观众以定向诱导，创造强有力的诉求力量。

(3) 配音

将广告的解说或旁白进行录制。

(4) 音乐

可根据广告主题用现成的乐曲进行配乐，也可以请人专门为广告配广告歌曲。

(5) 混声

把所有的录音组成部分混录在一起。如广告模特的声音、解说或旁白、乐曲或歌曲、音响效果等。

(6) 音画套合

吻合声音和场景不断变化的广告画面，使二者保持同步。同时将字幕选印在画面的合适位置。

(7) 拷贝

把摄制完成的广告片按照广告策划所需要的数量进行复制。

后期制作是最后决定广告效果的环节，唯有精益求精，才能获得最后的成功。

本章小结

在学习完本章内容后，相信大家对于广告制作方面的知识有了更深入的理解。制作的前提是设计，设计的灵魂是创意，而创意来源于积累。只有平时点滴知识的积累，才会让您在广阔的广告设计制作空间内自由翱翔。

关键概念

平面广告制作　主图形　广告绘画　电脑处理图像　创意字体　版面编排　形式美　剪

辑 脚本 蒙太奇 全景 特写 长镜头 音画套合

课后思考与练习

1. 填空题

(1) 平面广告画面的图形要素有________、________和________ 3种。

(2) ________、________、________和________是中文的4种基本印刷字体。

(3) 平面广告版面编排设计的形式美法则有________、________、________、________和________。

(4) 影视镜头画面的不同景别有________、________、________、________和________。

2. 判断题

(1) 图形创意字体的设计是将文字图形化。 ( )

(2) 广告绘画是指运用绘画的艺术形式将广告内容视觉化的表现手段。 ( )

(3) 电脑处理图像的最高境界是看不出来广告是用电脑制作的。 ( )

(4) 综艺体是宋体的变体。 ( )

(5) 长镜头通常用于纪实性表现。 ( )

3. 简答题

(1) 简述平面广告的制作流程。

(2) 试归纳广告摄影表现的要点。

(3) 列举创意字体的设计方法。

(4) 列举平面广告版面编排设计的基本形式。

(5) 简述电视广告有效脚本的内容。

案例讨论

案例一：房地产平面广告

图10-42是“骨子里的中国”房地产平面广告，其中图10-42(a)为“心有中国一点通”篇；图10-42(b)为“开门见中国”篇。

图 10－42(a) 房地产广告“心有中国一点通”篇

图 10－42(b) 房地产广告“开门见中国”篇

资料来源：http：//image. baidu. com.

讨论题：

1. 本案例广告的图形、文字和编排上有何特点？
2. 通过本案例分析“中国”元素在平面设计中的运用。

案例二：平面广告（见图 10－43）

图 10－43 平面广告

资料来源：http：//image. baidu. com.

讨论题：

1. 本案例广告的编排是什么类型？
2. 手绘风格的使用对广告画面有什么作用？

实训应用

（一）实训项目

大小KT展板的设计与制作，时贴文字的制作，广告反转字的制作，丝网印刷布标的设计，纸张材料的收集、设计与制作，广告材料的收集、设计与制作，户内外写真、喷绘广告的设计与制作，广告装饰画、标志的设计。

（二）实训目标

1. 加强同学们的动手能力，毕业后可以直接从事商业性的社会广告制作工作。

2. 完善所学设计知识，把所学的设计知识与实际制作相结合，培养具有综合能力的设计人才。

（三）实训指导

专业教师及广告公司制作人员辅导。

（四）实训组织

实训为期一个月，可分期、分批进行。学校提供实习的空间、材料、工具、资料。

（五）实训考核

由校分管教学的领导、教研室及专业教师制定统一考核标准。实训结束后，以观摩的形式进行评定。

第 11 章

广告效果测评

【本章导读】

经过周密地策划，制定出一定的战略战术加以实施，这不过是广告活动的前两个阶段。完整的广告活动，还要对其所产生的效果进行评估。在广告活动中，广告效果是最令人重视的问题。检验广告活动的成功与否，最终要看所产生的广告效果如何。这需要予以高度重视和认真研究。

【学习目标】

知识目标

1. 掌握广告效果的含义、特性和类别；
2. 理解广告效果测评的原则，正确认识广告效果测评的意义；
3. 学习掌握广告传播效果测评和广告经济效果测评的内容和方法。

技能目标

1. 学会运用广告效果测评的各种方法更加科学合理地测评广告效果；
2. 学会制订完整的广告效果测评方案。

【引例】

某区域移动通信公司移动广告效果测评案例❶

某区域移动通信公司为了提升企业的品牌形象，扩大对产品的宣传，于 2001 年不同时期在 A 市利用多种媒体推出系列宣传广告，其中户外广告主要包括户外大牌、灯箱广告、交通广告等广告类型。另外该公司还委托 A 市电视台、电台等推出每日多时段的报时广告。广告传播注重了针对不同目标群体选择适当媒体加以表现，户外大牌广告和报时广告针对普通消费群体诉求企业整体形象，公交车身广告主要针对大学生群体推出不同套餐，宣传“动感地带”，出租车广告和地铁广告对时尚和商务群体推出“全球通积分计划”……广告投放后，消费者反映如何？广告是否有效传达给目标消费群体？原有的广告计划在新的一年中是否要作调整？应作怎样的调整？

---

❶ 资料来源：http：//www. unitalen. com. cn/servlet.

针对这些问题，移动通信公司制订了相应的广告效果测评方案，对户外大牌广告采取了现场位置、投放环境的目测及对人流量/车流量监测的方法，对户外大牌所摆放的位置从灯光、可见度、醒目程度、吸引力程度、消费群体的注意力角度及人流量等多个指标进行了测评，对不同地段户外大牌广告的地势优劣、人流量多少进行了评估和排序，并以图表的形式对测评结果给予体现和展示。最终根据研究人员的调查结果，区域移动通信公司撤销了投放在郊区花地大道路口等地的户外广告牌，并加大了在体育中心处的户外广告大牌宣传。从而在最大程度上节省了开支，同时又达到了较好的宣传效果。

【问题引入】

通过上述案例论述广告效果测评的意义。

11.1　广告效果的概述

在投入大量资本进行广告活动后，广告人员还要继续投入大量的成本，包括时间、精力、金钱等，进行调查研究工作，目的是查明广告活动是否收到了预期的效果。广告效果测评工作在整个广告活动中占有重要的地位，广告主投入成本后必然关心广告活动产生的效果，对广告效果的关注也由此产生。从字面上看，广告效果似乎比较简单，但实际上是一个十分复杂的问题，涉及许多方面。

11.1.1　广告效果的含义

任何一项广告活动，都需要一定的物力、财力和人力的投入，并希望得到“产出”。这个“产出”就是既定的广告目标。而广告目标的实现，是由广告作品通过广告传播媒体，在与广告受众进行信息沟通的过程中完成的。广告作品被广告受众接触，就会产生各种各样的直接或间接的影响，带来相应的变化。这种影响和变化，就是广告效果。由于广告客户开展广告活动的目的各不相同，他们希望得到的广告效果也会有所不同，但要求通过广告活动能够获取效益的愿望是一样的。

广告能否有助于扩大、加强消费者对新品牌的认知？企业有商品积压，广告能否帮助其推销？企业需要树立形象、建立品牌，广告在这方面的支持、帮助有多大？所有这些都与广告效果有关。可以说，广告活动的核心与终端，就是广告效果。

总体上来看，广告效果有狭义和广义之分。狭义的广告效果是指广告所获得的经济效益，即广告传播促进产品销售的增加程度，也就是广告带来的销售效果。广义的广告效果则是指广告活动目的的实现程度，广告信息在传播过程中所引起的直接或间接的变化的总和，包括广告的经济效益、心理效益和社会效益等。

11.1.2 广告效果的类别

作为一种信息传播活动，广告所产生的影响和变化（效果）是广泛的、多种多样的，从不同的角度可以把广告效果分成很多种类。对广告效果进行分类，有助于对广告效果有更为深入的认识，便于根据不同类型的广告效果，采取不同的测评方法，以取得较为理想的测评结果。同时，也为广告战略策略的制定与实施提供参考与依据。

1. 按涵盖内容和影响范围划分

按涵盖内容和影响范围划分，广告效果可分为传播（心理）效果、经济（销售）效果和社会效果，这也是最常见的划分方法。

(1) 广告的传播效果

广告的传播效果也称为广告本身效果或心理效果，是指广告传播活动在消费者心理上的反应程度，表现为消费者对企业、品牌等信息的认知及态度和行为等方面的变化。广告活动能够激发消费者的心理需求和动机，培养消费者对某些品牌的信任感和好感，树立品牌的良好形象。广告的心理效果是一种能够产生长远影响的内在效果，是一个潜移默化的过程，主要由广告自身产生。

(2) 广告的经济效果

广告的经济效果也称为销售效果，是指广告活动对促进产品或者服务的销售、增加企业利润的程度。广告客户委托有关的广告代理公司运用相关传播媒体，把产品、服务及观念等信息向目标消费者传达，其根本目的就是刺激消费者采取行动，购买广告商品或服务，以使销售扩大，利润增加。广告的经济效果是企业广告活动最基本、最重要的效果，也是测评广告效果的主要内容。

(3) 广告的社会效果

广告的社会效果是指广告在社会道德、文化教育等方面的影响和作用。商业广告传播商品知识，影响人们的消费理念，但在其传播过程中，必然蕴涵着社会价值和文化价值，会被作为一种文化而推广，会对人们某种社会意识的产生起到培育、加强或削弱的作用。非商业广告如公益广告、政治广告等，则直接对人们的道德情操、精神文明产生影响。广告对社会所产生的效果是深远的，需要重视和引导。

2. 按产生效果的时间关系划分

从时间关系上看，一项广告活动开展后所产生的影响和变化，会有多种情况。

(1) 即时效果

广告发布后，很快就能产生效果。如商场里的POP广告，会促使顾客立即采取购买行动。广告可能会使目标消费者在很短时间内做出反应。

(2) 近期效果

广告发布后，在较短的时间内产生效果。通常是在一个月、一个季度或最多一年内，广告商品（服务）的销售额有了较大幅度的增长，品牌知名度、理解度等有了一定程度的提高。近期效果是衡量广告活动是否取得成功的重要指标。大部分广告主都追求这种近期效果。

（3）长期效果

长期效果指广告在消费者心目中所产生的长远影响。消费者接受一定的广告信息，一般并不会立即采取购买行为，而是把有关的信息存储在脑海中，在需要的时候才会产生效应，广告的影响是长期的、潜在的，也是逐步积累起来的。

从时间上分析广告效果的这几种类型，可以看出，不同类别的广告，对其所产生效果的时间有不同的要求。检测广告效果，要根据所选用的广告类型来判断。重要的是，不能仅仅从一时所产生的效果来评判广告活动的好坏，更要从长远的角度来看广告所发挥的作用。广告客户在广告活动中，不仅要注意追求广告的即时效果和近期效果，而且应该重视广告的长期效果。在市场竞争加剧，需要运用整合传播的现代营销战略中，广告的长期效果更为重要。

3. 按对消费者的影响程度和表现形式的划分

广告经由媒体与消费者接触，会对消费者产生各种影响，并引起消费者的各种变化，按其影响程度和表现形式，主要可分为到达效果、认知效果、心理变化效果和促进购买效果。

（1）到达效果

广告能否被消费者接触，要看有关广告媒体的“覆盖率”如何。如目标消费者是否订阅刊载广告的报纸，是否收视（听）带有广告的广播电视节目等。测评时，要注意结合广告媒体覆盖率的有关指标。如印刷媒体的发行量、电子媒体的视听率等。但这种效果，只能反映消费者日常接触广告媒体的表层形态。

（2）认知效果

认知效果是指消费者在接触广告后，对广告有所关心、并能够记忆的程度。主要测评和分析广告实施后给予消费者的印象深浅、有无记忆等，反映广告受众在多大程度上“听过或看过”广告。一般通过事后调查获取有关结果，这是衡量广告是否取得效果的重要指标之一。

（3）心理变化效果

消费者通过对广告的接触和认知，对商品或服务产生好感及消费欲望的变化程度，一般经过知晓——理解——信赖（喜爱）等阶段，最后形成购买行为。这些态度变化，是消费者欲采取购买行动的酝酿和准备。因此，测评消费者的心理变化过程中的各项指标，如知晓率、理解率、喜爱度、购买欲望率等，备受关注。消费者接触广告时所产生的心理变化，往往只能通过调查、实验室测试等方法间接得到。

（4）促进购买效果

指消费者购买商品、接受服务，或响应广告的诉求所采取的有关行为。这是一种外在的、可以把握的广告效果。一般可以采取“事前事后测评法”得到有关的数据。但是消费者采取购买行动，可能有多种因素，对这类效果的评价分析，也要注意广告之外其他因素的影响。

11.1.3 广告效果的特性

广告活动涉及各方面的关系，广告信息的传播能否成功，受到各种因素的影响，由此导致广告效果具有与其他活动所不同的一些特性，主要表现在以下几个方面。

1. 时间的延迟性

广告大多是瞬间即逝的，许多消费者看广告却并不急于购买。对于不同的商品及不同的消费者，购买行为会呈现出不同的形态。在进行广告效果测评时，不能仅仅从短期内所产生的广告效果去判断。

影响广告时滞的主要因素包括商品本身、媒体、市场、竞争等。

(1) 商品本身

在消费品领域，由于耐用消费品涉及的金额较大，消费者做出购买决定需要考虑的因素也较多，所以耐用消费品的时滞也大于非耐用消费品。

(2) 媒体

时滞的产生主要是由于广告发布后，经过一段时间才能被受众看到（听到），这一段时间的长短与媒体有关。对于电视和广播而言时滞现象基本上不存在；在理论上，报纸广告在发布后即可为受众所见，但实际上消费者在阅读当天的报纸时可能完全不理会广告版的内容，而在一两天后由于偶然的原因才注意到广告；杂志、路牌、传单等广告的时间间隔一般都较长。所以在衡量广告的销售效果时，必须针对不同的媒体特征，考虑其时间间隔，以广告发布以后某段时间的销售量与广告相配合，才能准确的衡量广告的销售效果。

(3) 市场

市场的影响主要是指市场规模和市场结构。市场规模取决于潜在消费者的数量和收入；市场结构受潜在买方的年龄分布、社会地位、家庭结构、社会文化、风俗习惯等多种因素的影响。在既定的市场规模和市场结构之下，需求的价格弹性、收入弹性、交叉替代弹性、品牌弹性越大，市场对新广告的反应也越敏感，需求的稳定性也越差，于是广告的时滞也就会越短。

(4) 竞争

同类产品的市场中不同厂商的广告宣传必然是并存的，只是在促销的力度、效果等方面有所差别。为了拓展市场或者是稳定既有市场份额，不同的厂商之间会做出相应的竞争性反应，这种相互竞争的具有抵消作用的反促销会导致广告宣传时滞的延长。在这种情况下，广告商仅仅靠广告投资的扩大常常不会有太大的效果，如果在广告制作的内容、手段、方式等方面有所创新，就能有效地缩短广告的时滞，从而起到事半功倍的效果。

2. 累积效果性

消费者在尚未发生购买行为前，广告反复地作用于消费者，这是广告效果的累积期。消费者的购买行动应该是前几次广告效应的总和。例如，虽然某广告连续播放 4 次，消费者在前 3 次都没有采取购买行动，只是到了第 4 次才购买。这种反应不仅仅是第 4 次广告的作用，也应该包括了前 3 次广告累积的结果。或者阅读了报纸广告后又收看了电视广告，才对这则广告有了较深的印象，这时的购买行为应是两种媒体复合的效果。制定广告战略，应该根据广告效果的这一特性，防止急功近利，急于求成，应从企业发展的未来着眼，有效地进行媒体组合，恰当地确定广告发布的日程，争取广告的长期效果。当然，广告累积到什么程度才会产生效果，这里有一个“阀”的问题，涉及广告费用的边际效用，这需要从另一角度去探讨。

实际测评广告的经济效果时，要考虑到广告销售效果的累积效应。在计量广告的销售效果时，不但要考虑广告发布后一期的销售效果而且要考虑以后几期的销售效果。

3. 间接效果性

广告效果的间接性是指当一个消费者接触到广告后，消费者在发生购买行为的同时，把广告品牌宣传给其他消费者，从而产生连锁购买的反应。广告效果的测试很难对广告的间接效果进行测量。

4. 广告的竞争性

广告之间是相互竞争的，竞争产品之间的广告往往是以推荐一种商品从而取代另一种商品。由于广告竞争使得一则本身很有市场影响力的广告效果大打折扣。虽然存在广告竞争，但是我们不能否定广告活动本身的效果，不过这种竞争对于广告的影响同样很难在广告效果的测评中予以剔除。

认识了解广告效果的这几个特性，可以帮助我们更加准确地制定广告战略和策略，以争取理想的广告效果；也使我们能够更加科学、合理地测评广告效果，保证广告活动持续有效地开展。

11.1.4 广告效果测评的意义

广告客户通过各种媒体传播了大量广告信息，也投入了数额巨大的广告费用。投入这么多费用来做广告，其目的就是要取得一定的经济效益。但是，如何测评广告效果，并不能仅凭感觉、印象得出，而是要通过科学的手段和方法进行测评。对广告效果进行测评，有着重要的意义。

1. 有利于加强广告目标管理

通过对广告活动的各个过程、各个阶段所产生的效果进行测评，与广告策划方案中的目标进行对照比较，衡量其实现的程度，能够全面准确地掌握广告活动的现状，及时发现问题，总结经验，控制和调整广告活动的发展方向，确保广告活动能始终按照预定的计划进行。

2. 有利于筹划广告策略创新

测评广告所取得的效果，既是对已经开展的广告活动的总结评价，检验广告各要素（广告目标、广告主题的确定、广告媒体的选择等）的实施是否得当，与企业目标和营销目标、营销组合策略等是否配合，使广告筹划建立在符合客观规律的基础之上；同时，也为正在进行和将要进行的广告活动提供经验教训，为构思谋划新的战略策略发挥指南的作用，有助于在广告创作上的创新，使广告传播内容和艺术表现形式能有机地结合起来，使广告诉求更加有效。

3. 有利于增强企业广告意识

对广告效果进行正确的测评，一方面要摒弃单凭经验、感觉主观地判断效果大小的做法，使企业广告活动规范化、严密化、精细化，做到胸中有数，科学决策；另一方面要通过具体、真实的数据资料，使企业切实感受到广告活动所带来的效益，从而增强广告传播手段的运用，促进企业发展的信心，促进整个广告业的进步和繁荣。

【小思考】

银行广告经理测试怪招

美国BBDO广告公司副总裁卡皮尔在其《广告测试方法》一书中，描述了一家规模较大的银行广告部经理是如何做广告测试的。这位广告部经理将设计好的广告做成海报形式，陈列在银行的大厅走廊上，暗中派人观察并记录有多少人驻足于海报前，欣赏此广告，又有多少人路过走廊却视而不见。同样的测试方式在这家银行的四个分行同时进行，经过这样的测试后，四个分行所得的结果几乎相同。于是这位经理得出如下结论。

① 不同表现形式的海报，在吸引消费者注意力的程度上往往差异很大。两种不同形式的劝人储蓄的广告，在相同展示情况下，一张仅吸引了1%的顾客，另一张却吸引了34%的顾客。

② 如果在这幅劝导储蓄的广告文案上，加上名人照片，则吸引人注意力的程度大幅度地提升，如果去掉照片，只引用名人言辞，则吸引人注意力的程度便降低了一半。

思考题：吸引人注意力的程度是评判一则广告优劣的条件之一，这位经理的测试方法对广告测试观念是否有启发？体现了广告测试的什么意义？

资料来源：樊志育. 广告效果测定技术. 上海：上海人民出版社，2000.

11.2 广告传播效果的测评[1]

广告作品是经过传播媒体与消费者接触的。目标消费者接触到媒体传递的有关信息，会

❶ 倪宁. 广告学教程. 2版. 北京：中国人民大学出版社，2004.

产生各种变化。这些变化是由广告自身所产生的影响带来的，也就是广告的传播效果。对消费者接触广告后所引起的心理和行为变化及影响程度进行考察评估，就是广告传播效果的测评。

测评广告的传播效果，主要是对广告“认知效果”和广告“心理变化效果”的评定。媒体战略与广告的“认知效果”联系在一起，而广告作品在很大程度上决定着广告的“心理变化效果”。广告传播效果的测评，能够更科学、更直接，更客观地反映广告作品和广告媒体的传播效力，是核查广告目标实现程度的最佳手段之一。

测评广告传播效果，主要包括广告表现效果、媒体接触效果和心理变化效果等方面的内容。

11.2.1　广告表现效果的测评

广告表现的最终形式是广告作品，测评广告表现效果，就是对广告作品进行测评。

1. 广告作品的测评内容

广告作品由多种要素构成，主要包括广告主题、广告创意、广告完成稿等。检测广告作品，就是对这些要素进行评价分析。

(1) 广告主题

广告主题是贯穿于广告作品中的红线，要求鲜明、突出，诉求有力，针对性强。测评广告主题，主要围绕广告主题是否明确、能否被认可、诉求重点是否突出、与目标消费者的关注点是否一致、能否引起注意、能否满足消费者的需求等问题来展开。

(2) 广告创意

主要是对表现广告主题的构思进行检测。看创意有无新意，是否准确、生动地突出广告主题，是否引人入胜，感染力如何等。不同类型的广告测评，要求也不一样。如电视广告可对其创意故事进行评价，平面广告则通过对其设计草图进行测试。对广告创意进行测评，便于充分了解目标受众的有关意见和建议，能及时调整、修正已有的创意，选择最佳的创意方案，减少广告创作过程中的风险和成本。

(3) 广告完成稿

广告完成稿是指已经设计制作完成，但还未进入媒体投放阶段的广告样品。如电视广告样片、报纸杂志广告样稿等。测评广告完成稿，是对广告主题、创意、制作、表现手法等的进一步检测，有利于最后的修补和完善，以保证广告作品能完美地展现在目标消费者面前。

2. 广告作品的测评方法

(1) 选好被测人员

对广告作品的各项内容进行测评，实际上就是对广告作品的各个创作阶段作出评价。不同内容、不同阶段的测试方法可能不尽相同，但怎样能够达到理想的测评目的，关键在于选择合适的被测人员。被测人数不要很多，但要有代表性、典型性。可以是能够代表消费者意向、态度的专家，也可以选择本次广告活动的目标对象。这可以从广告调查及其他相关资料中得到。

(2) 意见反映测试

在广告刊播之前，广告创作人虽可对同一商品制作多幅广告原稿，然后邀请预定的诉求对象对不同表现的广告原稿进行评价鉴定。一种方法是采用消费者评定法，由消费者进行评判或进行比较，从而测验出哪一种广告所引起的反应最大、印象最深；另一种是采用要点采分法，即预先根据测评的要求，列出评价项目，制成表格（见表 11－1），请消费者在表上给各个广告稿打分，以此测评对各个广告稿的印象如何，确定优劣。

表 11－1 广告要点采分表

评价项目	评 价 内 容			满分/分	得分/分
吸引力	吸引注意力的程度（视觉形象与听觉形象）			20	
认知性	对广告销售重点的认知程度			20	
易读性	能否了解广告的全部内容			10	
说服力	广告引起的兴趣如何			10	
	对广告商品的好感程度			10	
行动率	由广告引起的立即购买行动			20	
	由广告唤起的潜在购买准备			10	
优劣分数线	最佳广告	优等广告	中等广告	下等广告	最差广告
	80～100 分	60～80 分	40～60 分	20～40 分	0～20 分

(3) 室内测评

这一方法是由美国纽约雪林调查公司（Schwerin Research Corporation）参照节目分析法发明的。测试主要在室内进行，有两种形式。

① 节目测验。对广告表演节目进行测验。召集若干名有代表性的观众到剧场，在节目主持人说明测验方法后，由个人按有趣、一般、无趣三个标准进行评分；并请观众具体说明喜爱或厌恶这个节目的哪一部分及其理由，进一步还可征询对节目改进的意见和建议；最后对调查结果进行统计分析，作为今后改进节目内容或形式的参考和依据。

② 广告测验。与节目测验内容大致相似。邀请有代表性的视（听）众到剧场或摄影棚，欣赏参加测试的电视广告影片。不同的是，入场者要求持票进场，根据票号选择自己喜爱的广告影片观看。所供选择的广告片，既有广告客户的，也有竞争对手的。在测评之后，请测试对象再次选择自己喜爱的商品。如果参加测试的广告商品选择率高，则说明广告的心理变化效果好；如果不高，则说明广告片还有需要改进的地方。最后，还可对被测对象进行提问，测试其对广告商品的记忆程度。

广告测验法也可应用于测评广告的认知效果和心理变化效果。

【小资料】

电视广告测验

日本电通公司为评判电视广告，加强对广告创作的管理，研究开发了基本电视广告测验，从此电视广告测验开始了标准化作业。这项测验是为调查广告作品将会对受众产生哪些影响和受众对广告作品有哪些反应而设计的。主要包括兴趣反应、信息再现记忆、对传达内容的理解、作品诊断、效果评定、购买欲望和好感度等内容。具体做法是：邀请 120 名男女测验对象，集中在实验室内观看电视广告片。每个测试对象拥有一台测试反应机，与计算机联网。试验者在观看广告片时的心理活动变化过程能随时被记录下来，并经过计算机处理，能够随即了解测验结果。通过这样的试验，可以把握即将推出的电视广告片可能产生的认知效果和心理变化效果。也可据此对样片做相应地调整和修改，确定更为恰当地展现广告信息内容的表现要素和表现手法，为定稿做好准备。

资料来源：倪宁. 广告学教程. 2 版. 北京：中国人民出版社，2004.

11.2.2 媒体接触效果的测评

对媒体接触效果进行测评，是对广告受众接触特定媒体和特定广告作品的评判，实际上也是对广告媒体计划的检测。

1. 广告媒体组合测评

一般来说，广告费总额的 80%以上都用来购买媒体的时间和空间，而传播媒体又是连接广告客户与目标消费者的桥梁。评估媒体计划是否周密，媒体选择是否恰当，是衡量广告传播效果大小的一个重要方面。媒体选择不当，或者媒体组合不合理，目标消费者不能接触到有关的广告信息，就会使既定的广告目标实现不了，从而造成广告费用的极大浪费。

广告媒体组合测评，也就是评估媒体计划是否正确，选定的媒体及其组合是否针对目标市场进行有效的劝说。测评的内容主要有以下 7 个方面。

① 广告媒体选择是否正确，能否增加总效果（GRP），形成合力，是否被所有的目标消费者接触到。

② 不同媒体的传播优势是否互补；重点媒体与辅助媒体的搭配是否合理。

③ 媒体覆盖影响力的集中点，是否与广告的重点诉求对象相一致。

④ 媒体的一些主要指标如阅读率、视听率近期有无变化。

⑤ 媒体组合的整体传播效果如何，是否降低了相对成本。

⑥ 所选择的媒体是否符合目标消费者的使用习惯及其产生的影响力大小。

⑦ 是否考虑了竞争对手的媒体组合情况，本媒体组合是否有竞争力。

2. 不同媒体测评的要素和方法

1）印刷媒体

印刷媒体主要指报纸和杂志。对印刷媒体的测评，主要包括以下 3 个方面。

(1) 发行范围和份数

了解某种印刷媒体的发行状况，包括发行范围和发行份数两个方面。发行范围和份数主要指该媒体的影响区域，核心是发行数字，可以根据其经过核准公布的数字来参考。20 世纪初首先由美国发起建立了报刊发行量核查制度（简称 ABC 机构），现在全世界约有 50 多个国家和地区成立了类似 ABC 的组织，对报刊社公布的发行数字进行核查，确保其公正性。我国目前还没有建立类似 ABC 这样的组织，大部分由报刊社单方面公布发行情况，还有一些报刊社通过公证处证实其发行量的可靠性。随着我国报业市场运作的成熟，这方面的测评会进一步规范起来。

(2) 读者成分

每种报刊都有特定的读者群体，这些读者群体与广告的目标消费者有着直接的关联。考察报刊的读者对象，主要是看接触广告的目标消费者与媒体所拥有的读者群体的关系的紧密程度。

(3) 阅读状况

测评阅读状况，是获取广告认知效果的重要途径之一，是了解和掌握印刷媒体接触效果的重要内容，也是比较复杂的测评工作。早在 1931 年，美国就由盖洛普主持开始了这方面的研究。1932 年，美国成立了第一家“广告阅读资料公司”——达尼爱尔·斯塔奇公司，开展测试阅读状况的业务。至今这项业务已发展到许多国家。

测评阅读状况，可以通过 3 项指标表明。

① 注目率。读者接触过某广告的百分比。这部分读者曾经见过要测试的某广告，但对其中的具体内容不甚了解。测评公式如下。

$$\text{注目率}=\frac{\text{接触过广告的人数}}{\text{阅读报纸的读者人数}}\times 100\%$$

② 阅读率。读者借助广告的某些信息，如厂名、商标等，能够进一步认识该广告的标题、插图等，但不知道更详细的内容的读者人数占总读者人数的百分比。

③ 精读率。认真看了广告并能记得广告中一半以上内容的读者人数占总读者人数的百分比。

阅读率和精读率的计算方法和注目率大致相同。由此可进一步求得广告的阅读效率，其公式如下。

$$\text{广告阅读效率}=\frac{\text{报刊阅读人数}\times\text{每类读者的百分比}}{\text{所付出的广告费用}}\times 100\%$$

获取有关阅读状况的各项指标是比较困难的。现在比较多的方法是通过发行量和读者对象等要素来测评媒体接触效果。但实际上这很不够，也不准确。阅读报纸（杂志）的读者数量与阅读报纸（杂志）广告的读者数量之间，还是有差距的，所以，应该加强对读者阅读状况方面的考察评估。

2）电子媒体

电子媒体主要指广播和电视媒体。测评电子媒体的接触效果，包括视（听）率和认知率等内容。

（1）视（听）率

视（听）率是拥有电视机、收音机的个人或家户在某一段时间或者某一个节目收视收听的比率。广播和电视传递的信息都是稍纵即逝，对传播对象的作用是在瞬间完成的，因而对受众的视听状况难以把握。为了能够吸引广告客户，争取较多的广告投放，有关视（听）率方面的效果测评一直被高度重视。

应该看到，根据收视率的大小，还不能完全测评媒体的接触效果。因为收看某一个电视节目，并不等于接触了这一时段的广告，同时，仅从收视率上，也不能看出接触媒体的受众与广告传播目标对象间的关系。例如，某一黄金时段，某节目收视率很高，但收看节目的受众，却有很大的比例不是广告客户需要的目标对象；而某节目总的收视率可能不高，但收看节目的受众恰好是广告客户需要的目标对象。由此来看，收视率这项指标对于判断媒体接触效果也是不完全准确的。所以，近些年来，又特别提出认知率的问题。

（2）认知率

认知率是个人或家户收看收听某一时段或某一节目中插播的广告的比率。但实施这一比率的调查难度更大，要求将更严格、更细密。目前尚处于进一步探索的过程中。

（3）几种常用的调查方法

目前电视方面的收视率调查方法主要有以下几种。

① 日记式调查法。经过抽样，选择适当数量的被调查者（调查对象），由他们将每天所看的或所听的节目，填入设计好的调查问卷中。一般以家户为单位，把所有家户成员每天收视（听）广播电视节目（一般是电视）的情况，按年龄、性别等类别，全部记录下来。调查期间，由调查员逐日到被调查家户访问，督促如实记录。7 天或 10 天为一个调查周期，调查期满，调查员负责收回问卷（见表 11－2），进行统计分析，算出收视比率。

表 11－2　个人视（听）率调查问卷样式　　月　日（星期　）

时　间	电视台	节　目	4～12 岁	13～19 岁		20～34 岁		35 岁以上	
				男	女	男	女	男	女
19：00—20：00	CCTV1 CCTV2 BTV1								

日记式调查主要采用人工方法，比较费时耗力。有时由于种种原因，不能及时记录，也有强化被调查者被测意识的弊端，准确度难以保证。

② 电话调查法。通过打电话的方式，向有电视机的家户询问收看节目的情况。具体做法是：先从电话簿中随机抽样出所要调查的家户，确定好某一时间段，由调查员电话询问被调查对象，主要内容包括：是否在家看电视，如果在的话，是收看哪一个台的哪一个节目，然后在调查记录表上记录回答的内容。电话调查询问的问题要简洁，因而特别有利于就一个节目的收视率调查。表 11－3 为电话调查记录表。

表 11－3　电话调查记录表

被调查者电话号码：
被调查者姓名：

《　》节目电话调查

(1) 请问您现在是否在看电视？
是　　否

(2) 请问您在看哪一个台？
CCTV1　CCTV2　BTV1

(3) 请问您是不是常看这个节目？
是　否

(4) 请问现在有几个人在看电视？
性别：　男　女
年龄：20～30 岁　31～40 岁　41～50 岁

(5) 请问是否曾经看过这个《　》节目？
曾经看过　没有看过

(6) 您认为这个节目好不好？
好　不好

实施电话调查法，需要建立一个至少拥有 10 部以上的直线电话室。电话调查比较经济，实施起来比较方便，能较快获取结果。但抽取调查对象不能保证其代表性，难以得到完整的资料。电话调查单设计要简洁明快，防止调查过程拖沓，含意不清。电话调查也可用于印刷媒体的阅读率调查。

③ 机械调查法。在调查对象的家户中安置自动记录装置，装置通过电话线与专业调查机构的计算机相连，按预定的时间自动记录电视节目的收视情况，由计算机汇总统计，向有关客户提供统计数据。这是现在调查电视节目收视率最常用的方法。调查对象按社区家户的比例抽取，样本数根据需要确定。随着科技的进步，机械调查方法也在不断进步。早先是通过调查对象按装置上的按钮来实现记录收视的，常常有遗忘的情况。20 世纪 90 年代以后，开始使用自动识别装置系统，能够自动记录收看电视节目者的性别、年龄等信息。但也会给家户带来心理压力，由于担心暴露隐私，而影响收视率的准确测评。表 11－4 为美国尼尔森调查公司日本分公司对日本 6 家电视台收视率的调查数据表。

机械调查可以得到两种资料：一种以家户为单位进行统计，日本较多采用；一种是测评个人收视率状况，美国较多采用。

采用机械调查法调查广播节目的收听率，较之电视节目的调查评估，困难程度更大一些。

表11-4　日本6家电视台收视率调查数据表

时间：x天　19时　　地区：东京

项目＼电视台	NHK		NTV（读卖）		TRS（每日）		CX（产经）		ANB（朝日）		TX（日经）	
节　目	新闻/%		棒球/%		猜猜看/%		足球/%		娱乐/%		微笑/%	
家　户	12.7		21.3		9.6		11.0		14.4		8.2	
其　中	男	女	男	女	男	女	男	女	男	女	男	女
13～19岁	3.2		5.1		9.8		8.2		5.9		1.2	
20～34岁	1.4	2.3	5.2	4.6	4.7	6.4	9.9	5.1	2.6	9.2	1.0	2.9
35～49岁	4.3	5.8	9.7	11.7	3.5	6.3	5.4	8.0	1.1	7.7	1.3	2.8
50岁以上	12.7	15.3	21.6	17.3	2.0	2.8	3.4	2.4	5.6	10.7	8.2	9.0

11.2.3　心理变化效果的测评

广告信息被目标消费者接触后，可能并不能够直接导致购买行为，但却能够使消费者在知觉和感觉上发生某些变化。了解消费者的这些心理变化，也可以把握广告所产生的效果。广告能否影响消费者的心理变化，是实现广告目标、衡量广告效果的重要内容。

1. 消费者心理变化的阶梯

在广告效果的各个阶段中，"心理变化"被视为"认知"和"行动"之间的中间环节。换言之，接触广告，注意广告，其结果是引起心理上的变化，而心理变化效果，又与行动的发生有着直接的关系。从未知、知晓、理解、确信（好感）到产生购买行为，消费者心理经历了不断变化的过程，类似一个阶梯。对处于各心理变化阶段的消费者进行统计分析，就可以得到心理变化效果的数据，有一些具体的要素指标可以衡量，如知名度、理解度、好感度、购买欲望率等。

知名度是表示某种物品的名称在多大程度上被人们知悉的一种指标，也是能否进一步被理解和产生好感的基础。可进一步分为再现知名度和再认知名度，由此有不同的调查方法。

调查再现知名度，是不告诉被调查对象具体的物品名称，如问"你知道洗衣粉有哪几种"，由被调查对象说出这些物品的名称。

调查再认知名度是告诉被调查对象的物品名称，如问"你知道碧浪吗"，并由被调查对象确认。据日本电通公司的调查研究表明，在知名度相同的情况下，一般非耐用性商品的理解度、好感度和购买欲望率比耐用性商品要高。如洗涤用品的购买率就与其知名度关联很大。而电脑、手机等商品，则更要看消费者对其理解度和好感度如何，才能决定是否购买。

2. 达格玛法

达格玛法（Defining Advertising Goals for Measured Advertising Results，DAGMAR）

是一种对广告心理效果进行测评的著名理论。这种方法的要点可以总结为以下 7 点。

① 广告的目标实际上是沟通目标。几乎对所有的公司而言，广告仅是营销组合中的一部分。在大多数情况下，它并不是一个能够直接影响销售的因素。因此，广告的特定目标应当是一系列沟通目标，而非销售目标。

② 广告目标应当非常清楚地写明。

③ 评估广告应当注重“效果”而非“展露程度”。

④ 广告通过一系列层级效果达成沟通目标。

⑤ 创意计划应当在媒体计划之前进行。如果首先考虑媒体计划，策划人员很自然会把广告活动的媒体到达情况放到首位，而不是广告所能达成的沟通效果。广告创意策略通常是与沟通效果密切相关的。因此首先考虑的应该是创意计划。

⑥ 在广告活动开展之前应当制定评测标准。DAGMAR 方法提倡在广告活动开展之前进行特定的研究，制定评测沟通效果的标准，然后衡量实际达成水平与标准参数之间的差异，以此作为效果的指标。

⑦ 制定具体的目标细则。广告目标应当详述特定的目标市场、在某个阶段内营销目标应当有多大比例的改进，以及在某个阶段内广告沟通目标应当有多大比例的改进。如果缺乏这种具体目标，很难对广告进行评测、计划，以及与其他营销组合地协调。

在广告改变认知态度的过程中，可以划分为未知、知名、理解、确信、行动 5 个阶段。大多数受众会经历这 5 个阶段，最后借助促销等力量完成购买行为。因此，测量的目标便是降低未知率（如从 50％降到 20％）或提高知名度、提高认知（理解）度、提高确信度、提高购买意愿度。

DAGMAR 方法能够直观地反映广告活动进行前后受众心理状态的变化，并且简单易行。但它有一个重大的缺点：由于两次调查的时间间隔比较长，通常为一个广告周期，表中反映的心理状态变化受到多种市场因素的作用，而并非单一广告的效果。我们不能断定某项心理指标的水平增长在多大程度上是由广告引起的，从而不能准确地评测广告产生的心理效果。

无论是哪一种广告效果指标，都认为消费者的心理变化经过多个发展阶段，把处于各心理变化阶段的消费人数比例统计出来可得到交流指数。交流指数是用知名度、理解率、好感率、购买欲望率等要素来表示的。观察广告发布前后的交流指数变化便可得出与消费者心理变化有关的广告效果数据。

① 测评知名度。$\text{知名度}=\dfrac{\text{知道该品牌的人数}}{\text{被调查的总人数}}\times 100\%$

② 测评理解率（熟悉度）。$\text{理解率(熟悉度)}=\dfrac{\sum \text{知晓该产品品质的消费者}}{\text{被调查的总人数}}\times 100\%$

③ 测评好感率（美誉度、偏好度）。

$$美誉度=\frac{首选该品牌作为理想品牌的人数}{被调查的总人数}\times 100\%$$

$$偏好度=\frac{首选该品牌作为购买品牌的人数}{被调查的总人数}\times 100\%$$

通过统计每一次广告发布后的交流指数，不仅可以获得本次广告效果的测量结果，也可为下一次制定广告目标起到重要的参考作用。用以表示达到各阶段消费者的比例作为全部的心理变化形式，称之为传播幅度形态——CSP（Communication Spectra Pattern）。

3. 调查方法

消费者的心理变化是看不见摸不着的，需要通过一定的调查活动得到。调查“心理变化效果”，是测评广告效果中极其重要的一环。心理变化的指标，能够测量出消费者对广告的认知态度，同时，也在某种程度上可以预测消费者下一步的行动趋向。下面先来看一则有关调查消费者心理变化的实例。

某公司为提高本公司的形象，向购买器材的各企业业务人员进行了广告活动。那么，该项广告活动有没有提高本公司的形象——以此为目标，这家公司进行了广告效果调查。首先，从购买器材的业务人员中选出调查样本，然后将包括该公司在内的各销售器材的公司一览表提供给调查对象，并逐项提问。

A. 你认为产品质量优良的厂家是哪一家?

B. 你认为优质产品应具有什么特点?

……

最后，根据回答，把这次广告活动划分为有所注意和没有注意的两个小组，进行统计。这时，非广告接触小组（没有注意）的态度，可作为广告活动前的态度；而广告接触小组（有所注意）的态度可作为广告活动后的态度，然后将两组的差异进行比较。

就“A”问题回答时选择该公司的人的比例，见表 11-5。

表 11-5　广告接触比例表

对广告有所注意并选择该公司的人/%	28
对广告没有注意而选择该公司的人/%	11

在这里，广告接触小组为 28%，与非广告接触小组的 11%作比较，相差 17%，由此可知，通过广告活动，该公司的形象有所提高。换言之，该公司的广告活动达到预期的广告效果。在 DAGMAR 理论中，其中一个核心思想是，在进行广告效果测评时，设定各阶段的广告目标至关重要，因为这是测评广告效果的标准。

在对消费者进行态度变化也就是心理变化的调查时，最常用的方法是使用“态度量表”，见表 11-6。

表 11-6 态度量表

非常赞成	赞　成	无所谓	不赞成	非常不赞成
(5)	(4)	(3)	(2)	(1)
……	……	……	……	……

"态度量表"法是采用五个量度测量人们对某一事物的态度。然而，常常遇到的难题是，消费者的态度并不明朗，或者没有条理，在有限的时间内很难用准确的语言表达出来。针对这种情况，在"心理变化阶段"的广告效果调查中，还可以用"投射法"（Projective Technique），即在调查对象不在意的情况下，用间接的方法了解其态度，具体方法有以下4种。

(1) 语言联想法（Word Association Test，WAT）

根据调查需要，向调查对象提示若干词组，引起其联想。例如，调查者说"狗"，继而让对象联想有关情形。同样，调查者说"公园"，再由对方自由联想……调查者通过分析人们经词组刺激所产生的联想来推测其态度。在广告活动中，调查对象，往往会产生很丰富的联想。所以，在广告效果调查过程中，"语言联想法"是一种经常使用的测评方法。

(2) 语句完成法（Sentence Completion Test，SCT）

给调查对象若干不完整的句子，让其填充完成。例如，我认为《　　》电视节目是（　　）的节目；很多人认为《　　》电视节目是（　　）的节目……在句子中，主语可以是第一人称，也可以是第三人称。根据"投射"的原理，调查对象往往容易用第三人称表达自己的态度。

(3) 绘画测评法（Picture Frustration Method，PFM）

根据调查的需要，预先画好若干人物，让其中一个人物的会话部分空着，让调查对象来填充。用这个方法，往往能反映出一些仅用语言难以描述的内容。

(4) SDM 测评法（Semantic Differential Method，SDM）

对某一商品形象或某一广告表现，要了解消费者的态度评价或感情好恶，可用这一方法。SDM 测评法的通常做法是，排列若干意见相反的形容词，由调查对象加以选择，从中了解调查对象的态度，表 11-7 为 SDM 测评问卷调查表。

表 11-7　SDM 测评法问卷调查

非常	相当	稍微	无所谓	稍微	相当	非常
高级	………	………	………	………	………	低级
明朗	………	………	………	………	………	阴暗
开放的	………	………	………	………	………	封闭的
高雅的	………	………	………	………	………	下流的
……						……

11.3　广告经济效果的测评

广告的基本功能，可以归纳为两个方面：一是提高企业和商品的知名度，树立企业品牌形象；二是扩大销售，增加利润。前一个方面是广告所产生的传播效果，后一个方面则是广告的经济效果，或者称之为广告的销售效果。广告的经济效果主要反映在广告费用与商品销售量之间的比例关系，它的测评是以商品销售量增减幅度作为衡量标准的。

11.3.1　广告经济效果的定义

从字面上理解，广告的经济效果，就是通过广告传播，促使消费者采取行动，从而增加销售额，扩大利润的效果。在广告信息传播过程中，广告的传播效果、广告的社会效果，最终体现在广告的经济效果上。前两个方面又是为后一个方面服务的。企业投入了广告费用，希望得到回报，追求的最根本的目标就是经济效果。以广告发布前后企业商品销售量增减的幅度来衡量广告效果，就是广告经济效果的测评。

应该看到，导致企业销售额和利润的增加，可能有多种因素。在整个信息传播过程中，促使购买行为的发生有多方面因素。商品销售额的提高，有的情况可能仅和广告活动相关，有的情况则是各种营销战略的综合结果，消费者接触到有关信息，从而采取一定的购买行动，并不仅仅是广告所致。企业开展营销活动，可以运用多种促销方式与消费者进行沟通，运用各种策略，如价格策略、流通策略、产品策略等来促进商品销售。简单地用销售结果来衡量广告效果，还是不够准确、客观。但是，通过销售和利润的变化来测评广告效果，比较简易直观，广告客户企业也乐于接受这样的测评方法。

不过，从经济的角度，广告的经济效果还应有更深层次的理解，可以从以下 3 个方面来看。

(1) 消费者方面

广告为消费者提供了大量的需求信息，为对各种商品或服务进行比较和选择创造了条件，从而节约了精力和购买时间。广告还不断地刺激需求欲望，使企业更加努力地发展生产，使人们的物质生活水平得到提升。

(2) 企业方面

广告能够构成强有力的竞争环境，激励企业必须采用新技术、新工艺，不断改进和提高产品质量，开发和普及新产品，以增强销售能力，提高竞争地位。促使企业必须降低成本，开发市场，扩大市场，大量生产，大量销售，才能在激烈的竞争中获得发展机会。

(3) 社会经济发展方面

广告能够带动整个经济的发展，促进社会进步。广告使企业竞争更加激烈，市场扩展，就能为人们提供更多的就业机会，增加收入，提高生活水平。也为传播媒体特别是大众传媒和新媒体的发展进步提供了财源，使人们的精神文化生活更加丰富。

因此，测评广告的经济效果，除了通过一些指标进行定量分析外，也要从广义上对其进行定性研究。

11.3.2 广告经济效果测评的方法❶

1. 店头调查法

以零售商店为对象，对特定期间的广告商品的销售量、商品陈列状况、价格、POP 广告及推销的实际情况进行调查。例如，为增加广告商品的销售，商家打破原有的布局，临时将广告宣传的商品、特价品、促销品等调整到显著位置，使每一个调整的位置都成为集聚人气的销售点；同时在销售点或卖场的关键点上设置 POP 广告。这种模式会直接导致商品销售量的变化。商品销售量的变化程度，能够反映出广告质量的高低。

把同类商品的包装和商标拆除，在每一种商品中放置一则广告和宣传卡片。观察每种商品的销售情况，哪种商品的销量明显增加，就能说明哪则广告有较好的传播效果。把录制好的广告片在典型的购物环境中播放，观察其所产生的销售效果。

2. 销售地域测评法

选择两个条件相似的地区来测评广告的效果。一个地区进行有关的广告活动，称为“测验区”，另一个则不进行广告活动，称为“比较区”。测验结束后，将两个地区的销售变化进行比较，从中测评出广告的影响程度。

3. 统计法

统计法是运用有关统计原理与运算方法，推算广告费与商品销售的比率，测评广告的经济效果。这种方法，目前在我国较为流行。以下介绍几种计算公式。

(1) 广告费比率法公式

$$\text{广告费比率}=\frac{\text{广告费}}{\text{销售量}}\times 100\%$$

广告费比率越小，表明广告效果越大。

(2) 广告效果比率法公式

$$\text{广告效果比率}=\frac{\text{销售量(额)增加率}}{\text{广告费增加率}}\times 100\%$$

广告费增加率越小，则广告效果比率越大，广告效果越好。

(3) 广告效益法公式

$$R=\frac{(S_2-S_1)}{P}$$

❶ 资料来源：倪宁. 广告学教程. 2版，北京：中国人民大学出版社，2004.

其中，R 为每元广告效益；S_2 为本期广告后的平均销售量；S_1 为未做广告前的平均销售量；P 为广告费用。

每元广告效益的得数越大，则效果越好。

上述几个统计公式，基本点都是从广告费与销售额的关系来把握广告效果，方法简单明了，容易掌握。然而，有一点需要指出的是，这几个公式都是通过销售额的变化来反映广告效果的程度。在实际的营销活动中，销售额的变化，往往包含着多种因素。广告效果仅为其中的一种。所以，在考察销售过程中的广告效果时，应该排除其他影响因素，才能比较准确地捕捉广告所给予销售行为的影响。

(4) 广告效果指数法公式（Advertising Effectiveness Index）

$$\text{AEI(广告效果)}=\frac{1}{N}\left[a-(a+c)\times\frac{b}{b+d}\right]\times 100\%$$

其中，a 为看广告之后购买产品的人数；b 为没有看广告却购买产品的人数；c 为看了广告，但没有购买产品的人数；d 为没有看广告，也没有购买产品的人数。

广告效果指数计算表见表 11-8。

表 11-8 广告效果指数计算表

		广告认知/人		合计人数
		有	无	
购买/人	是	a	b	$a+b$
	否	c	d	$c+d$
合 计 人 数		$a+c$	$b+d$	$a+b+c+d$

该方法以“类型比较法”做调查，实施广告之后，将消费者分成：

①有无广告认知；②是否购买商品。然后按 2×2 分割表进行计算，这样就能够比较准确、客观地把握广告效果。

如有两家企业同做化妆品的广告。广告之后，通过调查获得有关的数据资料，代入表格（见表 11-9 和表 11-10）。

表 11-9 企业甲广告购买效果指数

		广告认知/人		合计人数
		有	无	
购买/人	是	58	26	84
	否	69	47	116
合 计 人 数		127	73	200

表 11-10 企业乙广告购买效果指数

		广告认知/人		合计人数
		有	无	
购买/人	是	72	12	84
	否	79	37	116
合计人数		161	49	200

按照 AEI（广告效果）公式计算如下。

$$\begin{aligned}\text{企业甲 AEI} &= \frac{1}{200}\left(58-127\times\frac{26}{73}\right)\times 100\% \\ &= 0.063\,8\times 100\% \\ &= 6.38\%\end{aligned}$$

$$\begin{aligned}\text{企业乙 AEI} &= \frac{1}{200}\left(72-161\times\frac{12}{49}\right)\times 100\% \\ &= 0.162\,8\times 100\% \\ &= 16.28\%\end{aligned}$$

根据计算结果，企业甲广告后的效果指数为 6.38%，企业乙广告后的效果指数为 16.28%。显然，企业乙的广告效果更显著一些。

同上式，其他的广告效果指数也可进行计算（见表 11-11）。

表 11-11 广告效果指数计算表

指数名称	指数的含义	公式
UP（Usage Pull）	使用上的吸引力	$\text{UP}=\frac{a}{a+c}-\frac{b}{b+d}$
PFA（Plus For Ad）	广告的附加效果	$\text{PFA}=\frac{ad-bc}{b+d}$
NAPP （Net Ad Produced Purchases）	纯粹的广告销售效果	$\text{NAPP}=\frac{a-(a+c)\frac{b}{b+d}}{a+b}$

4. 相关系数法公式

$$\text{相关系数}=\frac{ad-bc}{(a+b)(c+d)(a+c)(b+d)}$$

公式中，a、b、c、d 的含义与广告效果指数相同。一般情况下，相关系数在 0.2 以下，称为低效果；在 0.2～0.4 之间，称为中等效果；在 0.4～0.7 之间，称为较高效果；在 0.7 以上，称为高效果。

作为一种信息传播活动，广告所产生的效果是广泛的、多种多样的，从不同的角度可以把广告效果分成很多种类。如前面所讲，按涵盖内容和影响范围，广告效果可分为传播（心理）效果、经济（销售）效果和社会效果。

测评广告所产生的社会效果，应进行综合的考察评估。其基本依据，是一定社会意识条件下的政治观点、法律规范、伦理道德和文化艺术标准。不同的社会意识形态，调整、制约广告社会效果的标准是不一样的。而且，测评广告社会效果，往往不能量化。因为社会效果不可能以简单的一些指标数字来标示衡量。它既要通过一些已经确定的或约定俗成的基本法则来测评和评价，又要结合其他的社会因素来综合考评。对广告社会效果的测评，主要以真实性、法规政策、伦理道德 、文化艺术四方面为测评依据。采用事前测评和事后测评的方法，在广告发布之前及广告发布之后分析研究公众对广告的态度、看法等，据以了解广告的社会影响程度，为进一步的广告活动的决策提供参考意见。对广告的社会效果进行测评，是关乎企业和产品形象，促进社会和消费者认知的大事，应予以重视。

本章小结

广告活动是企业最终争取一定的经济效益的传播活动，有大量的投入，必然希望得到理想的回报。要实现既定的目标，就要掌握广告效果测评的内容和方法，通过科学的方法对广告效果进行测评。本章主要介绍了广告效果的含义、特性和类别，以及广告效果测评的原则与意义；讲述了广告传播效果测评和广告经济效果测评的内容和方法。

关键概念

广告效果　广告传播效果　广告经济效果　广告社会效果　注目率　阅读率　精读率　视（听）率　认知率　广告效果测评

课后思考与练习

1. 名词解释

(1) 广告经济效果

(2) 视（听）率

(3) 销售地域测评法

2. 填空题

(1) 按涵盖内容和影响范围，广告效果可分为________、________和________，这也是最常见的划分方法。

(2) 广告作品由多种要素构成，包括________、________和________等。

(3) 消费者在尚未发生购买行为前，广告反复地作用于消费者，这是________。

3. 判断题

(1) 对印刷媒体的测评，主要包括发行范围和份数、读者成分、认知率 3 个方面。（　）

(2) 广告测验法也可应用于测评广告的认知效果和心理变化效果。（　）

4. 简答题

(1) 什么是广告效果？广告效果有哪些特性？

(2) 广告传播效果测评的内容和方法有哪些？

(3) 广告经济效果测评的内容和方法有哪些？

案例讨论

某化妆品广告效果测评

某化妆品为促进销售，在新年期间利用商品推销员在商店里开展宣传商品活动，散发商品说明书，免费赠送小包装试用品等，直接导致了商品销售量的变化。对本次促销活动的实际情况进行调查。通过商品销售量的变化程度，反映出此次广告活动的效果。

讨论题：

该广告经济效果的测评运用了哪种方法？

实训应用

（一）实训项目

选择一则广告做一次调研，科学合理地对该广告的传播效果及经济效果进行测评。

（二）实训目标

1. 熟悉掌握广告传播效果及经济效果测评的内容和方法。

2. 学会制订完整的广告效果测评方案。

(三) 实训指导

由实训负责教师事先制定实训指导书，成立实训指导小组，明确实训指导教师的职责与实训指导要求。

(四) 实训组织

1. 将全体同学分成若干小组，每组 5～6 人，并指定一位同学为组长。采取组长负责制，查阅资料和调研所选定的广告。各组在查阅资料和调研目标广告前做好登记记录，以免重复。

2. 每组根据调研计划设计一份调查问卷，在各组交流的基础上，在教师的指导下，开展实地调研。

3. 每组运用所学的广告效果测评方法撰写测评方案。

4. 各小组相互交流实训心得，并填写本次实训报告。

(五) 实训考核

实训成绩考核主要从实训工作表现和实训成果两个方面进行。其中，工作表现的分值占总成绩的 40%，实训成果的分值占总成绩的 60%。工作表现的具体内容包括工作的纪律性、主动性、责任感和创造性，实训成果从调研成果、测评结果的撰写及实训报告的填写情况来考核。

第12章 广告管理

【本章导读】

广告是市场行为。在我国社会主义市场经济条件下，广告要为推动我国社会主义物质文明建设和精神文明建设发挥积极作用。为保证广告传播活动有序地开展，使广告业沿着健康的轨道运行，需要加强对广告的有效管理。

【学习目标】

知识目标

1. 了解广告管理的含义及特性；
2. 掌握广告管理的基本职能和任务；
3. 掌握广告管理的内容和方法；
4. 认识广告管理的作用。

技能目标

1. 掌握广告的法规管理，了解广告法规与广告自律的区别及联系；
2. 充分认识广告规则的重要性，掌握广告规则的基本要求。

【引例】

某电子产品的虚假广告❶

56岁的邱先生，因某广告公司刊登虚假广告致其损失千余元而将该公司告上了法庭。近日，北京丰台法院判决该广告公司赔偿邱先生各种费用共计485.60元。

被告是一杂志2005年1月号的广告总代理。此期杂志刊登了一则广告，载明广州某电子公司举办电子产品销售的推广让利活动，并在广告中刊登了图文对产品进行介绍；该广告同时还载明汇款地址、收款人姓名及邮政账号等信息。看到上述广告后，邱先生决定购买广告中所登载的编号为DM330、推广价360元、带30万像素摄像头、彩屏、40和弦铃声的产品。2005年3月21日，邱先生按广告提供的信息情况，向收款人汇款360元，并支付汇费3.60元。之后邱先生收到的却是一部收音机，没有所谓的30万像素摄

---

❶ 资料来源：http://www.chinacourt.org/html/article/200707/17/256977.shtml.

像头、彩屏及40和弦铃声。为此，邱先生多次给收款人寄信进行交涉，均因收件人地址欠详被退回。

邱先生曾就此事向广州市工商行政管理局去函反映过情况，该局专业市场管理分局两次复函告知邱先生，经电脑检索，截至2006年5月26日在企业登记数据库中未查到涉案的电子公司的记录；经过实地查访，也没有找到该电子公司；该电子公司违法经营行为已涉嫌诈骗并移交公安部门查处，其可与广州市公安部门联系。

邱先生还曾就此事起诉到当地法院要求收款人退回其购手机款360元，赔偿其长途电话费及其他费用共计600元，并承担案件诉讼费。当地法院经审查认为邱先生起诉的被告不符合关于明确被告的规定，其起诉不符合法定的起诉条件，驳回了邱先生的起诉。

邱先生多次向被告公司索要广州某电子公司的真实名称、身份、地址，但都未果。邱先生认为被告公司作为某杂志广告的独家代理商，为经营者宣传虚假信息，应承担相应责任。于是，他将作为广告经营者的被告公司告上了法庭。要求被告公司赔偿其邮购费、诉讼费、信件费、精神补偿等损失，共计1 650元。

法庭上，被告公司辩称，其在2005年1月只是负责在杂志上刊登广州某电子公司的广告，而且与该广州电子公司的合作是有合同约定的，对于由于该电子公司自身原因与客户之间发生任何的纠纷都与其无关，其不承担任何责任。另外，在2005年1月其刊登该广州电子公司的广告时，该公司的经营状况是符合法律规定的。因此，被告公司认为其与邱先生没有发生过任何法律关系，邱先生在未了解清楚的情况下，草率汇款购买产品，所造成的一切后果，应当由自己承担损失和责任。

法院经审理认为，被告公司作为广告经营者未能提供广告主的真实名称、地址，已构成发布虚假广告的行为，应当承担相应的法律责任。

【问题引入】

通过上述案例，阐述加强广告管理的重要性。

12.1 广告管理的组织机构

随着我国广告业的快速发展，我国当代广告的管理工作也从分散到系统，由单一的行政管理转向以法治为核心的综合管理，不断完善，逐步规范化。

首先，国务院于1980年明确广告管理工作由国家工商管理总局负责，正式把建设规范、有序的广告市场提到国家和政府的议事日程上。1982年，国务院颁布了《广告管理暂行条例》。这是我国第一部全国性的广告管理法规，在我国广告发展史上具有划时代的意义。同时依据《广告管理暂行条例》还制定了《施行细则》，对于调整、规范广告经营活动起到了很好的作用。1987 年，《广告管理条例》正式颁布，进一步健全和完善了广告管理工作。在这前后，与人民群众日常生活关系密切的，如有关烟酒、药品、食品、文教、卫生、体育等专项广告管理规定出台并不断修订完善。各省市逐步健全了广告管理机构，各地工商管理部门还根据本地情况，颁布了许多地方性广告管理的文件、办法等。1995 年，我国专门法规《中华人民共和国广告法》正式颁布实施，标志着我国广告管理进入新的阶段，目前，我国已出台广告专门法规和相关法规近 60 个，各种行政规章条例近百个，基本上形成以《广告法》为主干，以《广告管理条例》为支撑，以一系列单项规章为具体规范的广告法规体系。国家工商管理部门在进行广告法制建设的同时，也大力开展广告市场的清理整顿工作，打击和防范虚假广告与非法经营广告活动，保护消费者权益，管理水平不断提高。

广告自律也在逐步走向成熟。广告业在我国的恢复和发展，促使参与广告经营活动的广告经营单位、大众传播媒体及广告客户企业加强行业自律，优化竞争环境。20 世纪 80 年代以来，全国及地方的各级广告协会相继建立，不少有关行业、单位都制定出自我约束的规则和条例。1994 年，中国广告协会、中国对外经济贸易广告协会都分别制定了自律规则、自律守则。

12.1.1 广告管理的方法

广告活动既有别于其他经济活动，也有别于新闻等信息传播活动，这就形成了适应广告活动的管理方法，主要有法律、行政、经济、社会监督、行业自律和道德教育等方法。

1. 法律管理

1995 年 2 月 1 日正式施行的《中华人民共和国广告法》，是我国目前管理广告的最主要、最权威的专门法律，任何从事广告活动的单位和个人都必须认真贯彻实行。同步施行的广告管理法律、法规、规章及规范性文件已有 100 多种。这些法律法规和文件，使我国广告管理工作日趋体系化，也是指导、制约和处理广告活动的依据。广告从业人员需要遵纪守法，自觉地在国家允许的范围内开展广告业务活动；各级工商行政管理部门则根据这些法律法规的内容，运用行政手段对广告活动进行监督、检查、控制和指导。

2. 社会监督

广告的社会监督，是指人民群众通过某些社会组织和社会团体、舆论机关、各种群众自治组织或者公民自行对广告活动的各个方面进行的监督。包括新闻舆论监督、消费者监督和群众监督等，以消费者监督为主。这是加强广告管理的有效方法。消费者监督是指消费者组织行使的监督。各种类型的消费者组织是消费者为维护自身合法权益不受侵害而形成的社会团体，也是实施消费者监督和管理的主体单位。从国内外情况看，消费者组织对广告实行监督与间接管理，所发挥的作用已越来越大。它是国家行政管理的重要补充。因此，充分发挥消费者组织的作用，对于加强和改进广告管理工作，是十分有利的。我国于1983年8月22日在北京成立了全国用户委员会，1984年9月20日在广州成立了第一家地区性的消费者组织——广州消费者委员会，1985年12月成立全国性的消费者组织“中国消费者协会”。以后，各级地方性消费者组织纷纷建立起来。这些监督机构能够反映广大消费者的愿望和要求，保护消费者的正当利益，对消费品质量、价格进行监督，特别是在维护广告的真实性，抵制不良广告的传播方面，作用明显。现在，每年3月份开展的“3·15”维护消费者权益活动，更给打假扫劣行为增添了声势。消费者监督与新闻舆论机关和群众个体的监督结合起来，使广告的全面管理得以落实，保证社会监督和管理更实在、更有效。

3. 行业自律

从某种程度上说，加强广告行业的自律，比广告活动的他律——行政管理和消费者监督，有着更重要的意义。广告主体包括广告客户、广告发布者和广告经营者，如从职业道德上对广告活动进行自我约束，自觉地遵守国家制定的各项法规、政策，服从工商行政管理部门的指导、检查、监督，就从根本上解决了不正当、不合法广告的问题，减轻了广告管理的难度。广告业比较发达的国家和地区，都比较重视广告行业的自律，通过自律来有效地改善广告传播环境。我国近些年来广告行业的自律工作已经有了一定程度的发展。20世纪80年代初成立的“中国广告协会”和“对外贸易广告协会”，在国家工商行政管理局的指导下，对全国广告行业进行指导、协调、咨询、服务活动，其功能和作用也日益显现。1983年后，许多广告经营单位、广告媒体单位都依照《广告管理暂行条例》、《广告管理条例》和《广告法》的有关规定，制定了自律条文和规定。各省市和有关部门、机构也力求在自律方面做出成绩。如在2002年底，由《北京青年报》倡议，北京市工商行政管理局和北京广告协会在北京人民大会堂召开“北京广告业诚信经营动员大会”，启动2003年北京广告业信用监管系统，北京的23家媒体和广告公司等积极予以配合，不仅提升了广告监管作用，更有效地提高了广告行业经营的自律水平。

但是，总的来说，我国的广告行业组织在行业自律管理方面的功能，还有待进一步加强和改进。

4. 教育与处罚结合

应该说，加强教育培训，使企业、媒体和广大广告从业人员能够充分了解广告管理的重要性，熟知广告管理的有关内容，做到“防患于未然”，自觉规范广告业务活动，是比法律制裁、行政和经济处罚更为有效的方法。因此，注意平时的教育培训，如定期举办业务培训班，学习有关法规政策，主管部门及时下发传达各种文件材料，提醒广告业务中应该注意的问题等。但教育、培训要实在，真正服务育人。

采取处罚的方式来加强管理，也是必要的手段。处罚也是一种教育。如运用奖惩手段调节和控制广告活动，也不失为实施广告管理的有效方法。

【小思考】

规范还是放任自流

政府如何干预广告活动，大多数消费者都积极主张政府应该加强对广告的规范管理。绝大多数广告给消费者提供了有用的信息，增强了市场的作用，但欺骗性广告和虚假广告给消费者提供了不真实的信息，损害了广大消费者的利益。这时，政府就应该进行干预。

美国主管广告业的政府机构——联邦贸易委员会规定了“不正当行为”所包含的五方面内容，并以此作为是否进一步追究或调查的依据。

联邦贸易委员会劝说国会通过一项条例，从法律上将广告不正当行为定义为：“给消费者造成或有可能造成重大伤害，而消费者本人无法合理地避免这种伤害的行为。”

许多广告声明的真实性问题已引起人们的注意。例如，新平衡运动鞋公司标志中声明其产品的“美国制造”是真实的，但经调查，运动鞋的鞋底是中国生产的。为此，美国政府规定，产品在下列情况下可以视为美国制造的：

① 美国境内生产占产品总成本75%以上，而且产品最终在美国境内进行装配；

② 产品大部分在美国境内或所有重要零部件最终在美国境内进行装配。

试问：针对目前我国广告活动中不尽如人意的地方，如何完善广告法规提出若干合理的建议？

资料来源：赵兴元. 广告原理与实务. 大连：东北财经大学出版社，2003.

12.1.2 广告监督管理

广告监督管理是指国家的广告监督管理机关依据法律和行政法规，代表国家对广告活动进行监督和管理的国家行政行为。

广告监督管理的内容主要包括三方面：一是审查广告客户、广告经营者、广告发布者是否具有从事广告活动的资格；二是监督管理具体广告活动；三是对违法广告行为进行行政处罚等。

对广告活动进行监督和管理是国家行政行为，它具有三个特征：第一，广告监督管理必须依法进行；第二，广告监督管理是具有强制性的国家行为；第三，广告监督管理具有综合性。

1. 广告监督管理机关及管理范围

我国广告监督管理机关是县级以上人民政府工商行政管理部门。广告监督管理机关对广告的监督管理，主要集中于对广告市场的管理和对广告经营单位的登记管理两个方面，具体职能包括以下5个方面。

① 根据立法机关的授权，进行法规解释。国家工商行政管理局受国家立法机关和国务院委托起草广告法律、法规，单独或会同有关部门制定广告行政管理规章，制定各类广告发布标准。

② 批准广告市场的准入，依法进行广告经营登记，以确认广告经营者、广告发布者是否具有广告从业资格；各类广告活动是否符合国家法律、法规的要求，定期进行经常性监督检查工作。

③ 依法查处各类违法广告活动。

④ 日常监督管理。

⑤ 负责研究制定全国及地方广告行业的发展方针、政策、规划，并负责组织实施工作。

2. 广告经营单位的注册登记

广告经营单位的注册登记包括以下三方面内容。

(1) 国家工商行政管理局负责下列广告公司的登记

- 国务院授权部门批准设立的股份有限公司。
- 国务院授权投资的公司。
- 国务院授权投资的机构或部门单独投资或共同投资设立的有限责任公司。
- 外商投资的有限责任公司。
- 依照法律的规定或按照国务院的规定，应当由国家工商行政管理局登记的其他公司。

(2) 省级工商行政管理局负责本辖区内下列广告公司的登记

- 省、自治区、直辖市人民政府批准设立的股份有限公司。
- 省、自治区、直辖市人民政府授权投资的公司。
- 国务院授权投资的机构或部门与其他出资人共同投资设立的有限责任公司。
- 省、自治区、直辖市人民政府授权投资的机构或部门单独或共同投资设立的有限责任公司。
- 国家工商行政管理局委托登记的公司。

(3) 市、县工商行政管理局负责本辖区内除国家工商行政管理局和省级工商行政管理局负责登记的广告公司之外的广告公司的登记

广告公司的登记事项包括：名称、住所、法定代表人、注册资本、企业类型、经营范围、营业期限、有限责任公司股东或股份有限公司发起人的姓名或名称。需经以下程序。

① 公司登记机关收到申请人提交的符合规定的全部文件后，发给《公司登记受理通知书》。

② 公司登记机关自发出《公司登记受理通知书》之日起30日内，做出核准登记或者不予登记的决定。

③ 公司登记机关核准登记的，应当自核准登记之日起15日内通知申请人，发给、换发或者收缴《企业法人营业执照》或者《营业执照》。

④ 公司登记机关不予登记的，应当自做出决定之日起15日内通知申请人，发给《公司

登记驳回通知书》。

工商行政管理机关负责广告公司的登记主要包括设立登记、变更登记、注销登记、分公司登记和年度检验等。

12.2 广告管理的基本内容[1]

广告管理分宏观管理和微观管理两个部分。宏观的广告管理，主要是国家、社会等对广告活动进行指导、控制和监督。微观的广告管理，则是指广告业的经营管理，这属于广告公司的业务运作范畴。

12.2.1 广告管理的含义和特性

人们在讨论广告管理时，一般是指广告的宏观管理，也称为广告规制。

广告的宏观管理，可以从狭义和广义两个方面来加以认识。

从狭义上说，广告的宏观管理是国家行政管理机关依据有关法规，对广告传播和广告经营活动进行的管理。但是，仅从这个层面上来认识广告的宏观管理是不全面的。从国内外广告管理的发展历程和我国市场经济发展的实践来看，许多广告问题的最终解决，既要依靠国家和政府主管部门，也需要社会舆论的影响，消费者的联合行动，行业协会的协调等。而且，通过多方力量的整合、联动，问题的解决可能更为圆满彻底。因此，在广告宏观管理过程中，要能调动广告监督管理诸因素的广泛参与。所以，从广义上来把握广告管理的含义，更有其积极意义。

广义的广告管理，就是指能够对从事广告活动的机构和人员行为，发挥监督、检查、控制和约束作用的法律、法规、社会组织或个人、社会舆论与道德等的管理行为。这样，既有他律，又有自律，通过广告法规的调整、规范，在从业行为上自我约束，既有国家行政部门的主管，又有行业规则的保证，还有广大消费者的监督，就能确保广告管理的有效实施。从广义上来加强广告的管理，我国还应进一步予以重视。

1. 广告管理的意义

广告管理是伴随着广告业的发展、广告活动的进步而产生并逐步健全的。加强广告管理，对于广告行业自身，经济繁荣、社会文明等各方面，都有着重要意义。

(1) 规范广告活动的需要

广告是商品竞争的产物，是社会经济生活的重要组成部分，只有对广告活动进行规范化

---

[1] 倪宁．广告学教程．2版．北京：中国人民大学出版社，2004．

管理，才能保护广告活动顺利进行，维护广告市场秩序，进而为加强社会经济秩序的管理做出贡献。规范广告活动，有些最基本的要求。如不得危害国家和社会公众利益；不得以任何借口在经营中侵害他人利益；任何广告交易行为都应当平等、自愿，遵守公认的商业道德；遵守国家制定的、统一的广告管理制度，包括广告市场准入的登记许可制度，广告审查与收费制度等。广告事业要能为国家的经济发展、社会进步发挥作用，首先就应达到这些基本要求。为实现这样的目的，必须加强对广告活动的规范化管理。

(2) 保证广告业健康发展的需要

改革开放以来，我国社会主义广告业恢复和发展很快，是知识密集、人才密集、技术密集的新兴产业。但是在迅速发展的过程中，不可避免地会出现一些消极现象和不健康因素，如果不予以重视，不通过行政、法律及其他手段进行管理，就会成为我国广告业进一步发展的严重障碍。广告管理是国家发展广告业的方针、政策得以落实的具体措施和手段，只有通过广告管理和立法，才可能抑制各种消极现象和不利因素，排除障碍，推动广告业沿着健康的轨道运行。

(3) 保护消费者合法权益的需要

广告是信息传播的重要手段，它对消费者购买、使用消费品及对生产、生活都有重要影响。广告真实与否、合法与否、健康与否，对消费者利益有着直接的影响。广告管理就是要对广告传播行为进行监督，对广告活动主体的各方严格要求，使广告客户、广告经营者和广告发布者能够认识发布违法广告的危害和后果；震慑和打击各种广告违法分子，从而保障消费者和用户的合法权益。这也是广告管理和广告立法的最终目的。但是，尽管广告管理工作在各方面都有所加强，却仍然有为获取不正当利润，以各种形式散布虚假信息，欺骗广大消费者的现象发生，这从反面说明，广告管理只能加强，不能松懈。

(4) 维护社会经济秩序的需要

良好的社会经济秩序，不仅是社会经济活动正常运行的前提，也是社会稳定和市场繁荣的基本保障。广告作为一种竞争手段，其形式与内容是否合法，直接影响到社会经济秩序。广告管理就是依法管理广告市场，使工商企业和广告经营企业的合法经营得到保护，如果广告活动处于混乱无序状态，那就必然扰乱市场秩序，危害社会经济生活。通过完善广告法规，加强行政、社会和行业等多方面的监督、管理，就能在保护企业的合法权益，抵制不正当经营，促进竞争，推动经济发展等多方面产生积极作用。我国已经加入世界贸易组织，更要按照国际规则开展经营活动，增强竞争能力，广告管理不容忽视。

(5) 加强社会主义精神文明建设的需要

广告的信息传播，发挥的作用是多方面的。不仅在经济领域产生影响，而且在社会文化领域也起到日积月累、潜移默化的作用。这种传播效果，如果不引起注意，其后果是很严重的。因此，保证广告从形式到内容都能健康向上，也是推动我国社会主义精神文明建设的重要组成部分，需要重视和加强。应该说，我国恢复广告活动这 20 多年来，在防止广告内容和表现形式不健康、不道德、可能带来消极后果等方面做了大量工作，但仍有许多不尽如人意的地方。且不说虚假广告给消费者和社会带来经济的、精神的危害，就是一些表现龌龊、内容污秽不堪的广告，也是屡禁不止，利用大众传播媒体和其他传播渠道，毒化社会空气，污染生活环境。至于街头巷尾传散的小广告，更要严格管理。但这仅仅依靠行政主管部门是不够的，需要全社会投入，加大管理的广度和力度，为社会文明做出贡献。

2. 广告管理的特性

广告管理是管理理论在广告活动中的具体应用，既具有一般管理科学的共同特点，也有自身的内在规律。与一般管理相比较，广告管理无论在对象、方法，还是在内容上，均有自己独立的规律体系。由于社会意识形态、国家体制、法律制度等方面的差异，各国广告管理的体制、内容和方式等，也不尽相同。我国是社会主义国家，实行具有中国特色的社会主义广告管理，主要具有以下特性。

(1) 行政性

国家对广告的管理主要是通过各级工商行政管理部门来履行的。工商行政管理的职能是经济行政管理，是国家为了保证社会经济健康发展而进行的一种经济管理活动，广告管理是工商行政管理职能的重要组成部分。工商行政部门对广告的管理，与一般的综合经济管理不同，与企业的业务技术管理更不同，它不参与广告活动的计划、创意、策划等直接管理，而是一种外部管理，具有行政性特点，主要是通过制定和实施广告法规、制度等手段来管理、指导和监督广告活动，实现管理的目的，使广告活动在国家法律和政策许可范围内活动。

(2) 强制性

广告管理作为国家经济管理和信息传播管理的一部分，是严格依法进行的，具有强制性的特点。第一，广告法规是国家法律制度的一个组成部分，正如所有法律一样，是由国家强制力保障执行的，适合所有广告活动及其当事人，具有普遍约束力。第二，广告管理属于工商行政管理，这种管理在行政执法上具有较大的强制性，通过强制手段来维护广告活动的正常秩序和健康发展。

(3) 广泛性

这是由广告传播的特点决定的。广告活动涉及面广、范围大，它与社会各个方面都有关联。首先，广告不仅是传播信息的手段，而且无时不在、潜移默化地影响着社会的道德伦理、意识形态、价值观念，生活习惯等。其次，广告客户具有广泛的社会性，既有生产领域的，又有服务领域的，既可以是公民个人，又可以是法人或其他组织。再次，广告内容具有广泛性，如有商业广告、社会广告、文化广告等。此外，广告传播还不断地采用新媒体、新技术，深入到人们生活中的各个方面，具有广泛性与复杂性。广告管理要适应广告活动的这些特点，有效地加强管理。

(4) 综合性

广告管理不是对广告活动某一环节或某一方面的管理，而是贯穿于广告活动全过程，是全方位的管理。这是由广告活动采用多种媒体，广告内容日益广泛所决定的。同时，由于行政主管部门不同，应用的管理法规也会不同，在实施广告管理时，就需要有关部门密切配合、相互协调，才能达到目的。这一特点，要求有关部门应紧密协作，调动全社会力量，确保广告事业健康有序地发展。

12.2.2 广告管理的内容

对广告活动实施管理，主要包括以下4个方面。

1. 维护广告的真实性

广告实际上是为消费者购买提供了一种依据，应保证其真实性，以切实保护消费者的合法权益。从广告内容上看，广告要分真实性广告和欺骗性广告两大类。

(1) 真实性广告

什么样的广告是真实的，在判断标准上有时很难把握。为此，各国都有一定的规定和说明。

【小资料】

中国与美国关于广告真实性规定的区别

中国的规定是：

广告应当真实、合法，符合社会主义精神文明建设的要求；

广告不得含有虚假的内容，不得欺骗和误导消费者；

广告内容必须真实、健康、清晰、明白，不得以任何形式欺骗用户和消费者；

广告必须真实、合法、健康、明白，不得以任何形式欺骗和误导公众。

应该说，这些法规条文的表述，还是有缺陷的。其重要表征就是比较笼统、抽象，对丁广告怎样是真实，怎样是虚假，没有更具体更细微的描述，故而在实际的管理运作中，有时缺少遵从的依据，应该做进一步修改。

美国联邦最高法院对广告的真实性做了如下的规定：

作为广告，它不仅每段叙述文字都应是真实的，而且作为一个整体，广告也不应给人以误解的印象；

广告不得模糊或掩盖事头真相；

广告不得巧妙地设法使读者对词藻的真实含义和对一项保证的实际内容发生忽视和误解；

广告不得设置圈套来诱导人们的购买行为。

相比之下，美国对广告真实性的规定，比中国的要具体一些。

资料来源：严学军，汪涛. 广告策划与管理. 北京：高等教育出版社，2001.

广告必须真实，是对广告活动的基本要求。要保证广告的真实性，应认真遵守以下原则。

① 实事求是。不随意夸大商品的优点或特点，商品在某些条件下可能会对消费者生理

或心理造成损害的情况必须在广告中注明。

② 广告表现不能给人造成错觉或误解，要坚持艺术性和真实性的统一。

③ 广告客户的许诺必须有根据，是能够实现的。

④ 有关商品知识的宣传是正确的。

⑤ 广告不能利用给消费者设圈套的办法来达到销售目的。如利用消费者缺少商品知识等来愚弄消费者。

那么，什么是真实性广告呢？凡是在内容上符合事实，而且作为一个整体也不会给人造成误解的广告就是真实性广告。

(2) 欺骗性广告

凡广告内容与事实不符，广告客户的许诺没有兑现的广告均属欺骗性广告。欺骗性广告又可分为诈骗性广告和不真实的或失真的广告两大类。

① 诈骗性广告。诈骗性广告是指广告客户、广告制作单位或人员主观上故意欺骗消费者而制作的内容与事实不符的广告。

诈骗性广告在世界各地都如同过街老鼠，但却从未杜绝过。这种现象是市场经济带来的副产品，正如马克思早就揭示过的，当牟取暴利的可能性存在时，就会有人甘冒上断头台的风险。广告投入能够为企业带来利润，也就不可避免有人想冒险。诈骗性广告一般可以通过民事调解或行政方法处治，但情节严重的，要运用法律手段予以解决。

【小知识】

诈骗性广告的表现

① 承诺虚假。在广告中所做出的承诺，实际上实现不了。如有些药品或滋补品广告标榜能防治癌症，但缺少足够证据证明具有这种效能。“今年 20，明年 18”，从广告词的创作来说，是不错的，但却是不可能实现的承诺，可以另换一种表述方式。

② 令人误解。对产品的性能、质量等描述或比喻无法在实际生活中证实，如“好如钻石”、“真正的文物复制品”等。

③ 片面告知。不完整地传递商品的性能或成分的信息，片面进行告知。如突出某小轿车行驶多少公里不用汽油，却隐瞒了需要进行长时间充电的事实。

④ 设置陷阱。通过广告把顾客引诱到商店、饭店、美容店等，实际上却接受另外的服务或销售。如某美容店的广告说理发可以优惠，但进店后却必须再接受其他服务。

⑤ 利用错觉。在广告中利用视觉效果美化商品，使广告表现的商品优于现实中的商品。如电视广告降价出售小汽车，在屏幕上显示出豪华型，但实际减价出售的只是普通型小汽车。把一般的一块牛排放在一个很小的碟子上，形成反差，给消费者造成巨大牛排的错觉。电视屏幕上展现方便面里有许多牛肉，但实际只有些肉末而已，等等。

资料来源：http://wiki.mbalib.com.

② 不真实的广告。不真实的或失真的广告是指虽然广告客户和广告制作单位在主观上并无欺骗的意图，但客观上却有违事实和产生欺骗效果的广告。发布不真实广告，情节严重并造成后果的，也要追究法律责任。

很大一部分不真实或失真的广告是可以通过主观努力和科学管理来避免的。因此，在策划和创作广告作品时，要予以高度重视。如果一个企业有过硬的商品，仅仅因为传播了不真实的广告，从而给消费者留下不良形象，是得不偿失的。尤其是某些商品由于一味夸大产品优点，结果给消费者造成过高的“期望值”，使本来畅销的产品变成有“假冒”嫌疑的商品，其损失是可想而知的。因此，广告诉求应当注意适当留有余地，避免夸大、吹嘘，有时“谦虚”的广告产品反而会使消费者购买后产生“喜出望外”的感觉，购买后行动将会变得更加积极。

2. 正确地引导消费者

20 世纪以来，随着经济的飞速发展，广告充斥于人们的日常社会生活中，对广大消费者的影响越来越大。世界上一些广告发达国家的消费者已经对广告产生依赖。广告不断地向广大消费者提供大量有关生活的信息，为消费者进行消费活动创造便利，从而丰富了消费者的生活，增长了消费者的知识，开阔了消费者的视野，同时，广告也影响消费资金的投放方向，影响价值观念和生活态度。因此，如何正确地引导消费者的购买行为，是广告管理的重要内容之一。

对于我国来说，应放在建设两个文明的高度来认识。

具体的管理应包括以下 5 点内容。

① 坚决清除和取缔那些有反动、淫秽、丑恶、迷信等内容的广告。

② 广告的传播与倡导，应与经济发展相适应，为整个经济发展战略服务。对广告内容超越现阶段的发展水平，鼓励奢侈消费，与国家整体发展目标不相适应的诱导性广告应严格限制。

③ 广告应维护民族尊严，弘扬民族精神，树立民族自尊心，反对无原则地崇洋媚外。不宜提倡那种国内销售的产品采用外国人做模特儿的做法。

④ 广告不能影响人们的正常生活、学习、休息和娱乐，不能造成环境污染和噪声污染。

⑤ 广告不能违反保密规定。

3. 保护广告业的正当竞争

加强广告管理，不是限制广告业的发展，而是通过更加有效地管理，防止、处罚和取缔无序的、非法的广告活动，保护和促进广告行业的正当竞争，以使广告经营活动更加健康而活跃地开展。这也是广告管理希望达到的一个目标和方向。广告活动既要竞争，也要合法有序，有几个关键的问题需要重点把握。

① 广告传播必须遵循哪些原则和手续。

② 广告费用如何开支和管理。

③ 怎样加强广告活动中权利和义务的管理。

④ 怎样才能有利于企业竞争。

⑤ 在竞争中如何保护消费者的权益等。

我国《广告法》和相关的法规对这些问题都有明确的规定，对发挥广告的积极作用，保护合法的广告活动，维护正常的经济秩序，有着重要的意义。保护和促进广告竞争，有一个重要的问题需要讨论，就是如何看待比较广告。所谓比较广告，是指含有对比内容的广告，即通过选取某一个、某一类产品或者服务进行对比，用以说明产品、服务优点或者特征的广告。这是富有竞争性的广告。美国的比较广告较为盛行，在世界范围内这类广告目前也有发展的趋势。

我国业内对此有不同的认识。有人认为比较广告将给广告业带来一场革命。比较广告使任何企业都将更科学地分析自己所处的市场，更明确地树立自己的优势和长处。比较广告也使消费者能获得更多商品信息，有更充分的比较挑选的余地，获益最大。

但比较广告同时也会带来很多问题，其中最大的问题就是如何保证广告公平、公正，不产生误导。因此，比较广告除应符合一般广告的基本准则外，还应当公平、真实、不妨碍竞争，同时也要符合一些特殊的要求，这就是：

① 比较广告所涉及的商品应当是相同的商品或可类比的商品，即属于同一竞争领域内的商品，比较之处应当具有可比性；

② 对比的内容应以具体事实为基础，并且这些事实是可以证明的。

我国目前对比较广告的运用还有一定的限制。随着我国广告业日益成熟，这种形式的广告应用会更广泛，将在我国广告信息传播中发挥更大的作用。

4. 提高广告发布的质量

我国大众传播媒体和其他媒体是广告信息的发布者，提高发布的广告信息的质量，也应是广告管理的一个重要内容。广告业比较发达的国家和地区，对广告媒体这一部分的管理是相当严格、细致的。对广告媒体的管理，核心内容是保证广告发布的质量。应该说，目前我国在这方面还需要重视和改进。现提出一些建议，仅供参考。

（1）报刊发行量的认定和管理

报纸和杂志的发行量大小，与广告效果、广告价格等有很大关系。因此，无论从商业交易行为，还是从行业道德角度来看，报刊都有必要向社会、企业及广告公司等公布真实无误的发行量。但如何对报刊的发行量进行认定，有一个管理问题。目前我国大多数报刊社一般是自行公布发行量，这种办法不够科学和公正，缺少监督和管理。广告业比较发达的国家和地区都建有报刊发行量核查机构，即ABC制度，站在第三者的立场上，检查确认已经公布的数字，尽量做到公正、真实。我们可以借鉴、参考这种做法，加强这方面的建设。

（2）收视（听）率的调查和发布

与印刷媒体一样，广播电台和电视台各时段节目的收视（听）率，有很多也是媒体单方面或与媒体有关的机构来组织调查、公布的，有的甚至缺乏这方面的资料。这同样缺少客观性和公正性。收视（听）率的调查，应该由不隶属于任何媒体的调查公司（机构）来进行，可由广播电台和电视台委托。目前正在使用的一些调查方法也应改进，以使获得的数据真实、准确。

(3) 广告发布量的规定

媒体应该以多少时间或空间发布广告，广播电视每次应该插播多长时间广告，以及赞助节目广告应该有什么要求等问题，需要高度重视。同时，需要制定有关办法，以保护消费者和广告客户的利益。如应对报刊社最多可以销售多少版面的广告做出具体的规定；应对广播电视广告的播出总量有一个恰当的限制；应对哪些频道、时段不能播放广告予以明确规定；应对广播电视广告的插播时间确定适当的比例；应对广告的插播条数提出具体要求等。我国可参照国外广告业比较发达的国家，加强这方面的管理。可喜的是，国家广播电影电视总局已经发出《关于广播电视广告播放管理暂行办法》，并于 2004 年 1 月 1 日起施行。这个暂行办法对广播电视广告播放的时间、时段等做出了具体而又切合实际的规定，这必将对我国广播电视广告播放进一步规范化起到积极的作用。

(4) 媒体刊播广告的考查与管理

广告排期确定以后，媒体是否能按照计划全部、完整地刊播广告，还需要一个核实、验证的环节。随着广告市场的竞争加剧，这个环节更加需要重视。国内外都有误登、漏播等严重影响广告效果的现象发生。为杜绝这种现象再次发生，除各广告经营单位加强自律外，建立一套行之有效的管理制度也是必要的。因此，媒体刊播广告的考查与管理应当重视和加强。

12.2.3　广告准则和广告审查

广告准则又称广告标准，是指发布广告的一般原则与限制，是判断广告内容是否合法的依据，是广告内容与形式符合法律、法规的要求。

1. 广告准则的作用

对于广告活动，广告准则有 5 个方面的作用。

(1) 规范广告活动行为

广告设计者或广告制作者设计、制作的广告内容和形式应当符合广告准则的要求。广告主自行或者委托他人设计、制作的广告应当具有或者提供真实、合法、有效的文件，以便确认广告内容的真实性。广告经营者应当依据国家有关规定查验有关证明，核实广告内容是否符合广告准则。

(2) 广告发布者审查广告内容和形式的依据

广告发布者在发布广告之前应当依照法律、法规的规定，审查有关证明文件，确定广告内容和形式是否符合广告准则，以决定是否发布广告。

(3) 广告审查机关进行广告审查的依据

对于一些涉及人体健康和人民财产、生产安全的特殊商品广告，应当采取事先审查，方能发布的原则。广告审查机关必须在广告发布前依照广告准则及法律、法规的其他规定，对广告内容进行审查，未经审查或者审查不符合有关规定的，不得发布。

(4) 判断违法广告的重要依据

广告监督管理机关对已发布的广告有事后监督的责任，广告监督管理机关应当依据广告准则及法律、法规的其他规定，对已发布的广告进行监督，查处。

(5) 司法审判的重要依据

司法机关需要依据广告准则对有关广告诉讼案件进行审判。

2. 一般广告准则的内容

根据广告准则作用的范围及重要性的不同，广告准则可以分为一般的广告准则和专门的广告准则。一般的广告准则是一切广告的内容和表现形式所必须遵守的最根本的原则，它适用于所有的广告，贯穿广告活动的始终。其主要表现为广告管理法律、法规对一切广告内容和形式的要求，以及对广告内容和形式进行限制的规定。一般广告准则的具体内容如下。

(1) 要能促进文明建设

广告内容必须符合社会主义建设事业的总体要求，为社会主义精神文明、物质文明、政治文明服务，确保广告的社会效益。

① 有利于人民的身心健康。广告一方面要给人以一种美的、艺术上的享受；另一方面还要完成对商品或服务的宣传作用。广告内容应对全社会的人民有利，符合社会主义精神文明建设的要求。

② 促进商品和服务的质量提高。商品和服务的质量，关系到企业的兴衰、社会的整体利益、国家的经济发展水平和总体形象，是至关重要的。广告是与商品和服务有关的活动，应该为促进商品和服务质量的提高而努力。

③ 保护消费者的合法权益。广告传播应将消费者的合法权益摆在首位，不得妨碍社会安定和危害人身、财产安全，损害社会公共利益。

④ 遵守社会公德，维护国家的尊严和利益。

(2) 广告内容必须真实

广告内容应真实地、客观地传播有关商品或服务的信息，不能传播虚假信息欺骗受众，或者对受众产生误导。

广告的真实性主要表现在以下几个方面。

① 商品的质量、价格、生产者、产地及允诺必须具有真实性。

② 服务的形式、质量、内容、价格、允诺要真实。

③ 广告中表明推销商品、提供服务附带赠品的，应当标明赠品的品种和数量。

④ 广告使用数据、统计资料、调查结果、文摘、引用语应当真实、准确并标明出处。

(3) 广告要具有可识别性

广告应在形式上具有可识别性，能够使消费者辨明其为广告；大众传播媒体不得以新闻报道形式发布广告，通过大众传播媒介发布的广告应当有广告标记，与其他非广告信息相区别，不得使消费者产生误解。特别是利用电视、广播、杂志、报纸等大众传播媒介发布广告时，必须有专门的标记作为提示，以便广大消费者将其与新闻等节目区别开来。

(4) 广告不得含有贬损其他商品或服务的内容

广告中含有直接贬损其他企业产品和服务的内容，或者是以诋毁的方式，给予竞争产品或服务不公正的评价、进行不全面的比较，以抬高自己，贬损他人，或者侵犯了竞争产品或服务的声誉，损害了竞争对手的合法权益等行为，均属于不正当竞争，是不允许的。

(5) 不得损害未成年人和残疾人的身心健康

未成年人是指未满18周岁的公民。广告不得损害未成年人和残疾人的身心健康。主要包括以下三方面的内容。

① 在制作、发布广告时要尊重未成年人和残疾人的权利，维护他们的尊严。

② 广告语言、文字、画面不得含有歧视、侮辱未成年人和残疾人的内容。

③ 有关未成年人和残疾人的饮食品、用具、器械等商品的广告，应当真实、明白、容易理解，真实反映产品质量，准确无误地说明产品的性能、用途及使用方法，不得损害残疾人的身心健康。

(6) 广告应当禁止的情形

① 禁止使用中华人民共和国国旗、国徽、国歌；

② 禁止使用国家机关和国家机关工作人员的名义进行广告宣传；

③ 禁止使用国家级、最高级、最佳等用语；

④ 禁止妨碍社会安定和危害人身、财产安全，损害社会公共利益；

⑤ 禁止妨碍社会公共秩序和违背社会良好风尚；

⑥ 禁止含有淫秽、迷信、恐怖、暴力、丑恶的内容；

⑦ 禁止含有民族、种族、宗教、性别歧视的内容；

⑧ 禁止妨碍环境和自然资源保护；

⑨ 不得贬损其他生产经营者的商品或者服务；

⑩ 法律、行政法规规定禁止的其他情形。

3. 专门广告准则的内容

除了一般的产品广告外，还有与人民健康和生命密切相连的产品，如药品、医疗器械、农药、烟草、食品、化妆品等一些特殊商品及其他法律、行政法规中规定的应当进行特殊管理的商品。对这些特殊商品的广告，更要做出严格的规定和要求，制定特殊的标准。

1) 涉及专利的广告

① 广告中涉及专利产品或者专利方法的，应当标明专利号和专利种类。

② 未得到专利权的不得在广告中谎称取得了专利权。

③ 不能使用正在申请专利权的专利和已经终止、撤销、无效的专利做广告。

2) 药品、医疗器械广告

(1) 对表现广告内容的要求

① 不得含有不科学的表示功效的断言或者保证。

② 不得说明治愈率或者有效率。

③ 不得与其他药品的功效和安全性相比较。

④ 不得利用医疗科研单位、学术机构、医疗机构或者专家、医生进行广告表现，或利用患者的名义和形象作证明。

⑤ 法律、行政法规规定禁止的其他内容。

(2) 必须经过严格的审核

① 药品广告的内容必须以国务院卫生行政部门或者省、自治区、直辖市卫生行政部门批准的说明书为准。

② 国家规定的应当在医生指导下使用的治疗性药品广告中，必须注明“按医生处方购买和使用”。

③ 药品广告中介绍药品的成分、功能、主治、用量、服法、禁忌症、不良反应等内容，必须与卫生行政部门批准的说明书一致，不得擅自更改。

④ 利用电视、广播、报纸、杂志和其他印刷品及路牌发布推荐给个人使用的药品广告，必须标明对患者的忠告性语言：“请在医生指导下使用。”

3) 烟草广告

我国《广告法》对烟草广告做了限制性规定。

① 禁止利用广播、电影、电视、报纸、期刊发布烟草广告。

② 禁止在各类等候室、影剧院、会议厅堂、体育比赛场馆等公共场所设置烟草广告。

③ 烟草广告中必须标明“吸烟有害健康”。

4) 食品、酒类、化妆品广告

(1) 食品广告

食品广告的内容必须符合卫生许可标准，食品的主要成分、生产日期、保质期等必须与标准相符；不得使用医疗用语或者易与药品混淆的用语。

(2) 酒类广告

获得国优、部优、省优和39度以下符合卫生许可标准的酒，才可做广告。不得用一些医疗用语或易与药品混淆的用语，不得采用任何形式鼓励他人饮酒，以免给消费者身心造成伤害。

(3) 化妆品广告

广告中所表述的化妆品的主要配方、功用、生产日期、有效期等，均要与标准相符，不能使用医学用语或易与药品相混淆的用语。

5) 农药广告

① 不得使用无毒、无害等表明安全性断言的语言。

② 不得含有不科学的表示功效的断言或者保证。

③ 不得含有违反农药使用规程的文字、语言或者画面。

④ 法律、行政法规规定禁止的其他内容。

4. 广告审查

广告审查是指在广告发布前对广告的内容依照法律、行政法规的规定进行审核的行为。广告是既负有法律责任，又负有道德责任的信息传播活动。由于主要是通过大众传播媒体传递信息，影响大、范围广、持续长，涉及社会公共利益、经济文化活动、消费者利益等各个方面，因此，建立广告审查制度，对广告活动进行审查监督，加以约束和限制，是非常必要的。

我国的广告审查由广告审查部门执行，主要有：广告经营者和广告发布者；行政主管部门；专门广告审查机构——广告审查委员会。广告经营者和广告发布者的审查，是对全部受委托的广告进行审查。行政主管部门的审查，是对特殊商品及法律、行政法规规定应当进行审查的广告所进行的审查。广告审查委员会的审查，在我国目前仅限于部分试点城市。

1）应查验、核实的内容

① 工商企业（公司）的《企业法人营业执照》副本或《营业执照》副本；个体工商户的《营业执照》；全国性公司、中外合资经营企业、外商独资企业的《中华人民共和国营业执照》；外国企业常驻代表机构的《外国企业在中国常驻代表机构登记证》；机关、团体、事业单位的单位证明；个人提交的由乡镇人民政府、街道办事处或所在单位的证明。

② 质量检验机构对广告中有关商品质量出具的证明文件及发布广告需要经有关行政主管部门审查的批准文件。

2）特殊商品广告审查的内容

特殊商品广告的审查，是对法律、行政法规规定实行特殊管理的商品的广告，在广告发布前，依照法律、行政法规规定对广告内容进行的审查。

(1) 药品广告的审查

在发布药品广告前，必须经国务院卫生行政部门和各省、自治区、直辖市的卫生行政部门批准。凡是申请发布药品广告的广告主，必须在卫生行政部门办理《药品广告审批表》，同时提交《药品生产企业许可证》、《企业法人营业执照》、生产批准文件等一系列证件和材料。申请发布进口药品广告的广告主，在办理审批手续时，还要提交生产该药品的国家（地区）的生产批准文件、进口药品的注册证、国外企业的授权委托书等证件和材料。

(2) 兽药广告的审查

在发布兽药广告前，必须经省、自治区、直辖市农业行政部门批准。申请发布兽药广告，应提交省、自治区、直辖市农业行政部门出具的兽药广告证明，省、自治区、直辖市农业行政部门颁发的兽药生产批准文件，以及县以上农业行政部门颁发的《兽药许可证》等证明材料。申请发布进口兽药广告时，还应提交《进口兽药登记许可证》、产品检验合格证书等材料。

(3) 医疗器械广告的审查

发布医疗器械广告，需要有《医疗器械广告证明》。国内广告主申请办理《医疗器械广告证明》时，应当提供营业执照、生产或经营许可证、产品鉴定证书等证件；国外广告主申请办理《医疗器械广告证明》时，应当提交所属国（地区）政府医疗器械管理部门颁发的生产许可证和产品说明书等材料。

(4) 化妆品广告的审查

广告主申请发布化妆品广告，必须持有营业执照、《化妆品生产许可证》、《化妆品生产企业卫生许可证》。美容类化妆品，必须持有省级以上化妆品检测站（中心）或者卫生防疫站出具的产品检验合格证明；特殊用途化妆品，必须持有国务院卫生行政部门颁发的批准文件；科技成果类化妆品，必须持有省级以上轻工行业主管部门颁发的科技成果鉴定书。

广告主申请发布进口化妆品广告，必须另持有国务院卫生部门的批准文件及国务院商检部门出具的化妆品合格证明等材料。

(5) 食品广告的审查

发布食品广告，必须持有地（市）级以上食品卫生监督机构出具的《食品广告证明》。广告主在申请办理《食品广告证明》时，应提交营业执照、卫生许可证、食品卫生监督机构或者卫生行政部门认可的检验单位出具的产品检验合格证明等文件。经营进口食品的广告主申请发布进口食品广告时，还应当提交所属国（地区）颁发的生产许可证、国境口岸卫生监督机构签发的卫生证书等文件。

广告主在产品产地以外发布广告时，应当在广告发布前15日将《食品广告证明》及有关证明材料复印件送达广告发布地省级以上食品卫生监督机构备案盖章。未经备案盖章的，不得发布。

《食品广告证明》的有效期为两年。在有效期内改变食品的配方、包装或者广告内容，以及期满后继续进行广告宣传的，必须重新办理《食品广告证明》。

12.3 对广告经营者和广告客户的管理

广告管理的对象主要包括广告活动主体和广告活动自身两大部分。广告活动主体主要包括：广告客户和广告经营者。二者对其所从事的广告活动均应承担基本法律义务。

12.3.1 广告客户

从广告学的角度看，凡是自制或出资委托他人发布广告的单位或个人，均称为广告客户。根据我国法律规定，目前广告客户限定在以直接或间接推销商品或服务为最终目的，在商业广告范畴内，自行或者委托他人设计、制作、发布广告的法人、其他经济组织或者个人。

12.3.2 广告经营者

广告经营者主要是指接受广告客户、广告发布者的委托，提供广告服务，从事广告设计、制作、代理等业务活动的法人、其他经济组织或者个人。

广告发布者实际上就是大众传播媒体单位和经营其他广告媒体的企业组织。特别是我国大众传播媒体，是党和政府的舆论机关，要进行正确的舆论引导，同时利用自身优势为广告客户发布广告，提供销售空间或时间，收取一定的费用，这则是一种经营行为，应该纳入广告管理的范围，接受相应的监督和管理。广告发布者只能是法人或其他经济组织。

12.4 对广告价格的管理

广告运行过程中，广告客户与广告公司和媒体形成了一种交易关系，需要支付一定的服务费用。广告交易费用按照产生的年代顺序，依次有以下 4 种方式：代理费制度、服务费制度、成果回报制度和三种方式混合的制度。

12.4.1 代理费制度

广告公司接受委托，代理广告客户的有关广告业务，要收取一定的费用。除掉购买媒体的费用，支付广告调研、制作等费用外，广告客户还要向广告公司提供一笔费用，这就是广告代理费或者说是交易费。这实际上是广告公司为客户策划、运作的劳务费用。

早期的“广告代理费”即为佣金，是“报纸掮客”们倒卖版面的酬劳。他们从广告费中提取一定的比例（初为20%，后降至15%）作为佣金。美国艾耶广告公司的创始人弗·艾耶提出，如实向广告客户索取媒体向广告公司要求的收费金额，广告客户按一定比例付给广告公司一笔费用作为代理佣金，广告公司负责为之安排广告在媒体上的投放。19 世纪 90 年代初，美国著名的库蒂斯出版公司宣布，广告公司如替媒体向广告客户索取全额刊登费，不给回退，可支付广告公司一定的佣金。这一提议被美国出版商协会采纳并逐步推广，直到1917 年，美国报纸出版商行业协会确定了 15%的广告代理佣金标准，沿用至今。英国最初的佣金仅为 2.5%～5%，20 世纪五六十年代才与美国取齐。后来这种标准成为国际通行规则。我国国家工商总局 1993 年在《关于进行广告代理制试点工作的若干规定（试行）》中，也明确规定我国广告代理费的收费标准为广告费总额的 15%。

【小资料】

国际通行的“广告代理费”

按照国际通行的“广告代理费”规定，广告公司可以得到以下方式的报酬。

1. 媒体代理费

按照购买媒体的实际费用，由媒体以15%的比例回付给广告公司。如某一项广告活动，用于媒体刊播的费用是10万元，媒体应该付给广告公司1.5万元。这种做法，有利于促使广告客户委托专业广告公司，有利于提高广告质量。因为广告客户直接去购买媒体，自身并不能得到什么好处，不如将广告业务交给广告公司代理，反可获得更优质的服务。但这种固定比例的媒体代理费，有时对广告客户也是不利的。媒体的质量越高，购买的费用就会越多。广告公司可能会在付出同样劳动的情况下，能够获取更高的酬劳。而广告公司出于利益驱动，也会建议安排刊播费用较高的媒体，较少考虑信息传播的综合效益。早在20世纪60年代，美国开始出现新的计费方法，一种为协商制，广告客户与广告公司协商确定一个比较合适的佣金比率，一般低于15%；一种为实费制，广告公司把耗费在广告业务中员工的时间和精力换算成工时，报定单价，再计算总额。这种方法可能就演变成为后来的服务费制度。在大多数情况下，还是采取佣金比率的方法。

2. 加成费

在广告制作的过程中，有时需要辅助机构的协助。广告公司需要支付给这些辅助机构一部分费用，这部分费用就要计入代理费中。这是辅助机构为联络、协调、安排制作等项服务所得到的回报。一般加成系数为0.85(100%－15%)。如广告公司支付给广告制作单位1 700元制作费，则加成费为2 000元（1 700÷0.85），这种方式有时令人难以理解，实际上这是广告公司在15%折扣之外的酬劳。

资料来源：http://www.xmquan.com.

12.4.2 服务费制度

服务费制度虽然现在已在欧美地区普遍采用，但到目前为止，对其含义还没有明确的解释。主要是因为尚不清楚服务费制度是否符合时代要求，最终会对广告业产生哪些影响，因此，服务费制度还处在摸索阶段。

服务费主要由三项内容构成：直接费用加上间接费用，再乘以一定的利润系数（美国一般为20%）。购买媒体的费用不在其内。

1. 直接费用

与广告业务工作直接相关的人员费用的总和。即在合同期内，给予直接参与人员的费用和工作费用，包括基本工资、资金、福利、交通费等项目。

2. 间接费用

广告公司支付给各种间接服务部门的工作费用，如：房租、水电费、会议费、设备费、交际费用等。这项费用与广告客户没有直接关系，主要是用来维持广告公司正常运转的费用。在美国，间接费用一般平均为总费用的1.3%～1.5%。

3. 利润

主要指广告公司的税前利润。

根据服务费制度，广告公司向广告客户提出总体费用要求。由于服务费是广告客户支付广告公司在人力、物力、时间等方面进行投入的费用，因此决定服务费高低的关键因素是广告公司投入此项工作的成本，特别是人力成本。要控制成本，必须从广告公司的时间管理体系，员工报酬制度、能力测评等诸多管理问题入手。在正式工作之前，广告公司应就工作负责人、参与人员及费用问题与广告客户充分协商。

【小知识】

服务费制度与代理费制度的比较

服务费制度与代理费制度孰优孰劣？美国广告业协会曾对这两种制度的适用性做了比较分析。

1. 代理费制度的优点

(1) 能稳定广告公司与广告客户的关系，使两者的工作内容一致化。

(2) 可预测广告公司的营业额，广告客户营业额的增加可间接推动广告公司营业额的增加。

(3) 广告客户可灵活运用广告公司的全部资源。

2. 服务费制度的适用性

(1) 适用于广告客户减少媒体投入，广告公司的盈利点开始显现的时候。

(2) 适用于广告客户的核心要求不是媒体购买，而是创意、促销等工作的时候。

(3) 适用于广告客户的广告预算少，要求控制人力成本的时候。

(4) 适用于广告客户的工作内容是单一的，工作计划是短期的情况下。

根据这个分析，两种制度都有利处，也各有不足。实际上，广告公司和广告客户应该根据实际情况选择适合自己的交易制度。

资料来源：阿伦斯. 当代广告学. 丁俊杰，译. 北京：华夏出版社，2000.

12.4.3 成果回报制度

从2000年7月1日起，美国P&G放弃了代理费制度，改而实行成果回报制度，即支付给广告公司的费用与P&G的营业额直接挂钩。于是出现了第三种交易方式。

实施成果回报制度，如何衡量成果是关键。具体操作如下。首先分析广告客户某部门的某种产品在过去3年内的销售额，设定目标数值。然后根据这些基础数据，广告公司与广告客户协商广告目标和回报率，这是在营业额方面。另外，还包括品牌认知度和品牌影响力等因素。

P&G的举动给美国的广告客户、广告公司及广告业的相关人员带来了巨大的冲击，赞成和反对的意见相持不下。P&G市场负责人认为：这种新型的、连动式的交易制度对于双方来说，都是一种激励，从而在最短的时间内获得最佳效益。而美国BBDO的董事长却认为成果回报制度制约了广告公司的发展。

12.4.4 三种方式混合的制度

采取双方都认为公平合理的支付方式，即代理费制度、服务费制度、成果回报制度混合使用。

这么多年来，广告公司如何合理进行折扣，收取酬劳，一直是国际广告界的热门话题。随着市场竞争的加剧，广告主、企业主在营销方面的投入越来越大，对广告费的计算越来越精细，给予广告公司折扣的比例也越来越低。我国自推行广告代理制以来，虽然要求媒体按照国际惯例给付15%的代理费，但在实际操作中，认真执行这一标准的公司并不多。一方面一些媒体尽量压低折扣率，使广告公司得不到正当的、合理的报酬；一方面则是一些媒体给予高回报，以吸引拉拢广告客户。一些广告企业暗中吃回扣。甚至一些广告公司也采取不正当竞争手法，通过广告代理费“放水”的方式来挤占广告市场占有率。这些情况表明，我国需要进一步整顿广告市场，规范广告交易制度，加强对广告价格的管理，使之能够真正促进我国广告事业的健康发展。

本章小结

加强广告管理，不是限制广告行业的发展，而是促使广告事业在正常健康的轨道上兴旺发达，推动广告行业加快自身建设，不断迈向新的层次。与国民经济和社会发展相适应，为我国社会主义建设事业发挥更大的积极作用。本章主要介绍了广告管理的含义、特性及基本职能；讲述了广告管理的内容、方法及作用等。

关键概念

广告管理　广告准则　广告审查　广告客户　广告经营者　广告代理费制度　广告服务

费制度 成果回报制度

课后思考与练习

1. 名词解释

(1) 广告管理

(2) 广告准则

2. 填空题

(1) 我国广告管理主要有________、________、________和________特性。

(2) 对广告活动进行监督和管理是国家行政行为，它具有3个特征：第一，________；第二，________；第三，________。

3. 判断题

(1) 广告管理主要方法是社会监督、行业自律、教育与处罚相结合。 ( )

(2) 2000年7月1日起，美国P&G放弃了代理费制度，改而实行成果回报制度，即支付给广告公司的费用与P&G的营业额直接挂钩。 ( )

4. 简答题

(1) 结合实际评析广告管理的几种方法。

(2) 试述广告准则的内容。

案例讨论

菲德勒尔为某药品广告代言

美国俄亥俄州一家制药公司最近开发了一种治疗十二指肠球部溃疡的药物，经过一段时间的临床试验，效果不错。经过州食品药品局审核批准，可以推向市场。

该公司选择了州电视三台这一覆盖面最大的媒体来广而告之。

菲德勒尔是俄州颇有知名度的影视演员，人也长得帅气。于是该公司通过菲德勒尔的经纪人，请这位偶像派演员做该药品的代言人，制作了一则75秒钟的电视广告，希望通过菲德勒尔的帅气形象和极具磁性的声音尽快打响该药品的知名度。该公司支付给菲德勒尔代言酬金150万美元。

这一唾手可得的酬金相当于菲德勒尔拍摄影视剧3个月的报酬总数。不过菲德勒尔身体很棒，根本没有患过十二指肠球部溃疡。但为了这不菲的酬金，菲德勒尔爽快地和该制药公司签订了电视广告合同。

一个星期后，该电视广告在州电视三台黄金时段播出。菲德勒尔手持一盒药，先是皱着眉头称，自从3年前患上十二指肠球部溃疡，服用了很多相关药物，都不见效。说到这儿，菲德勒尔马上转忧为喜道，自从服用了这种药后，十二指肠球部溃疡渐渐治愈了。这时又响起了话外音：请相信菲德勒尔先生，菲德勒尔先生的推荐没有错。

这则电视广告播出后，州内外数以万计的十二指肠球部溃疡患者，纷纷到附近的医药连锁店购买这种药品，使得该制药公司销售部接到要求批量进货的电话此起彼伏，响个不停。

然而事情发展并没有想像中那样乐观，麻烦随之而来。曾和菲德勒尔同居过5年的女友打电话给州食品药品局，称菲德勒尔在电视上撒谎，因为他从未患过十二指肠球部溃疡。

于是，州食品药品局和警察署“请”菲德勒尔到该制药公司销售部“说清楚”。菲德勒尔面对调查人员咄咄逼人的眼光，不得不承认自己犯了一个难以饶恕的不诚信错误。随后在电视上向观众致歉，并请求谅解。好在该药品治疗十二指肠球部溃疡的确有效，患者没有向菲德勒尔兴师问罪。

菲德勒尔将150万美元的代言电视广告酬金全部上交给警察署，另被罚款5万美元，3年内被取消参与拍摄任何媒体广告的资格，档案里留下了不光彩的一页。与此同时，该药品电视广告被封杀，理由是“让不是感同身受的人代言，会误导真正的患者”。

讨论题：

1. 辨析诈骗广告和不真实广告。

2. 对照外国一些国家广告管理概况，试析我国广告管理的特点，以及应该进一步做哪些改进。

实训应用

（一）实训项目

分析各类广告管理案例。

（二）实训目标

1. 加强学生对广告管理重要性的认识，掌握广告管理的基本职能和任务。

2. 使学生进一步了解广告的法规管理，掌握广告规则的基本要求。

（三）实训指导

由实训负责教师事先制定实训指导书，成立实训指导小组，明确实训指导教师的职责与实训指导要求。

(四) 实训组织

1. 将全班同学分为若干小组，每组5～6人，按照实训要求收集广告管理案例并进行案例分析。

2. 每组明确每位同学的分工与职责，利用课余时间在一周内完成并提交作业。

3. 在指导教师的指导下，依据所学理论知识对所收集到的广告管理案例进行分析。

4. 各小组相互交流实训心得，并填写本次实训报告。

(五) 实训考核

实训成绩考核主要从实训工作表现和实训成果两个方面进行。其中，工作表现的分值占总成绩的40%，实训成果占总成绩的60%。工作表现的具体内容包括工作的纪律性、主动性、责任感和创造性，实训成果从对广告管理案例的判定、分析和实训报告的撰写状况来考核。

附录 A

中华人民共和国广告法

（1994 年 10 月 27 日第八届全国人民代表大会常务委员会第十次会议通过；1994 年 10 月 27 日中华人民共和国主席令第三十四号公布；自 1995 年 2 月 1 日起施行。）

第一章 总 则

第一条 为了规范广告活动，促进广告业的健康发展，保护消费者的合法权益，维护社会经济秩序，发挥广告在社会主义市场经济中的积极作用，制定本法。

第二条 广告主、广告经营者、广告发布者在中华人民共和国境内从事广告活动，应当遵守本法。

本法所称广告，是指商品经营者或者服务提供者承担费用，通过一定媒介和形式直接或者间接地介绍自己所推销的商品或者所提供的服务的商业广告。

本法所称广告主，是指为推销商品或者提供服务，自行或者委托他人设计、制作、发布广告的法人、其他经济组织或者个人。

本法所称广告经营者，是指受委托提供广告设计、制作、代理服务的法人、其他经济组织或者个人。

本法所称广告发布者，是指为广告主或者广告主委托的广告经营者发布广告的法人或者其他经济组织。

第三条 广告应当真实、合法，符合社会主义精神文明建设的要求。

第四条 广告不得含有虚假的内容，不得欺骗和误导消费者。

第五条 广告主、广告经营者、广告发布者从事广告活动，应当遵守法律、行政法规，遵循公平、诚实信用的原则。

第六条 县级以上人民政府工商行政管理部门是广告监督管理机关。

第二章 广告准则

第七条 广告内容应当有利于人民的身心健康，促进商品和服务质量的提高，保护消费者的合法权益，遵守社会公德和职业道德，维护国家的尊严和利益。

广告不得有下列情形：

（一）使用中华人民共和国国旗、国徽、国歌；

（二）使用国家机关和国家机关工作人员的名义；

（三）使用国家级、最高级、最佳等用语；

（四）妨碍社会安定和危害人身、财产安全，损害社会公共利益；

（五）妨碍社会公共秩序和违背社会良好风尚；

（六）含有淫秽、迷信、恐怖、暴力、丑恶的内容；

（七）含有民族、种族、宗教、性别歧视的内容；

（八）妨碍环境和自然资源保护；

（九）法律、行政法规规定禁止的其他情形。

第八条 广告不得损害未成年人和残疾人的身心健康。

第九条 广告中对商品的性能、产地、用途、质量、价格、生产者、有效期限、允许或者对服务的内容、形式、质量、价格、允诺有表示的，应当清楚、明白。

广告中表明推销商品、提供服务附带赠送礼品的，就当标明赠送的品种和数量。

第十条 广告使用数据、统计资料、调查结果、文摘、引用语，应当真实、准确，并标明出处。

第十一条 广告中涉及专利产品或者专利方法的，应当标明专利号和专利种类。未取得专利权的，不得在广告中谎称取得专利权。

禁止使用未授予专利权的专利申请和已经终止、撤销、无效的专利广告。

第十二条 广告不得贬低其他生产经营者的商品或者服务。

第十三条 广告应当具有可识别性，能够使消费者辨明其为广告。

大众传播媒介不得以新闻报道形式发布广告。通过大众传播媒介发布的广告应当有广告标记，与其他非广告信息相区别，不得使消费者产生误解。

第十四条 药品、医疗器械广告不得有下列内容：

（一）含有不科学的表示功效的断言或者保证的；

（二）说明治愈率或者有效率的；

（三）与其他药品、医疗器械的功效和安全性比较的；

（四）利用医药科研单位、学术机构、医疗机构或者专家、医生、患者的名义和形象作证明的；

（五）法律、行政法规规定禁止的其他内容。

第十五条 药品广告的内容必须以国务院卫生行政部门或者省、自治区、直辖市卫生行政部门批准的说明书为准。

国家规定的应当在医生指导下使用的治疗药品广告中，必须注明“按医生处方购买和使用”。

第十六条 麻醉药品、精神药品、毒性药品、放射性药品等特殊药品，不得做广告。

第十七条 农药广告不得有下列内容：

（一）使用无毒、无害等表明安全性的绝对化断言的；

（二）含有不科学的表示功效的断言或者保证的；

（三）含有违反农药安全使用规程的文字、语言或者画面的；

（四）法律、行政法规规定禁止的其他内容。

第十八条　禁止利用广播、电影、电视、报纸、期刊发布烟草广告。

禁止在各类等候室、影剧院、会议厅堂、体育比赛场馆等公共场所设置烟草广告。

烟草广告中必须标明“吸烟有害健康”。

第十九条　食品、酒类、化妆品广告的内容必须符合卫生许可的事项，并不得使用医疗用语或者易与药品混淆的用语。

第三章　广告活动

第二十条　广告主、广告经营者、广告发布者之间在广告活动中应当依法订立书面合同，明确各方的权利和义务。

第二十一条　广告主、广告经营者、广告发布者不得在广告活动中进行任何形式的不正当竞争。

第二十二条　广告主自行或者委托他人设计、制作、发布广告，所推销的商品或者所提供的服务应当符合广告主的经营范围。

第二十三条　广告主委托设计、制作、发布广告，应当委托具有合法经营资格的广告经营者、广告发布者。

第二十四条　广告主自行或者委托他人设计、制作、发布广告，应当具有或者提供真实、合法、有效的下列证明文件：

（一）营业执照以及其他生产、经营资格的证明文件；

（二）质量检验机构对广告中有关商品质量内容出具的证明文件；

（三）确认广告内容真实性的其他证明文件。

依照本法第三十四条的规定，发布广告需要经有关行政主管部门审查的，还应当提供有关批准文件。

第二十五条　广告主或者广告经营者在广告中使用他人名义、形象的，应当事先取得他人的书面同意；使用无民事行为能力人、限制民事行为能力人的名义、形象的，应当事先取得其监护人的书面同意。

第二十六条　从事广告经营的，应当具有必要的专业技术人员、制作设备，并依法办理公司或者广告经营登记，方可从事广告活动。广播电台、电视台、报刊出版单位的广告业务，应当由其专门从事广告业务的机构办理，并依法办理兼营广告的登记。

第二十七条　广告经营者、广告发布者依据法律、行政法规查验有关证明文件，核实广告内容。对内容不实或者证明文件不全的广告，广告经营者不得提供设计、制作、代理服务，广告发布者不得发布。

第二十八条　广告经营者、广告发布者按照国家有关规定，建立、健全广告业务的承接登记、审核、档案管理制度。

第二十九条　广告收费应当合理、公开，收费标准和收费办法应当向物价和工商行政管理部门备案。

广告经营者、广告发布者应当公布其收费标准和收费办法。

第三十条　广告发布者向广告主、广告经营者提供的媒介覆盖率、收视率、发行量等资料应当真实。

第三十一条　法律、行政法规规定禁止生产、销售的商品或者提供的服务，以及禁止发布广告的商品或者服务，不得设计、制作、发布广告。

第三十二条　有下列情形之一的，不得设置户外广告：

（一）利用交通安全设施、交通标志的；

（二）影响市政公共设施、交通安全设施、交通标志使用的；

（三）妨碍生产者或者人民生活，损害市容市貌的；

（四）国家机关、文物保护单位和名胜风景点的建筑控制地带；

（五）当地县级以上地方人民政府禁止设置户外广告的区域。

第三十三条　户外广告的设置规划和管理办法，由当地县级以上地方人民政府组织广告监督管理、城市建设、环境保护、公安等有关部门制定。

第四章　广告的审查

第三十四条　利用广播、电影、电视、报纸、期刊以及其他媒介发布药品、医疗器械、农药、兽药等商品的广告和法律、行政法规规定应当进行审查的其他广告，必须在发布前依照有关法律、行政法规由有关行政主管部门（以下简称广告审查机关）对广告内容进行审查；未经审查，不得发布。

第三十五条　广告主申请广告审查，应当依照法律、行政法规向广告审查机关提交有关证明文件。广告审查机关应当依照法律、行政法规做出审查决定。

第三十六条　任何单位和个人不得伪造、变造或者转让广告审查决定文件。

第五章　法 律 责 任

第三十七条　违反本法规定，利用广告对商品或者服务作虚假宣传的，由广告监督管理机关责令广告主停止发布、并以等额广告费用在相应范围内公开更正消除影响，并处广告费用一倍以上五倍以下的罚款；对负有责任的广告经营者、广告发布者没收广告费用，并处广告费用一倍以上五倍以下的罚款；情节严重的，依法停止其广告业务；构成犯罪的，依法追究刑事责任。

第三十八条　违反本法规定，发布虚假广告，欺骗和误导消费者，使购买商品或者接受服务的消费者的合法权益受到损害的，由广告主依法承担民事责任；广告经营者、广告发布者明知或者应知广告虚假仍设计、制作、发布的，应当依法承担连带责任。广告经营者、广告发布者不能提供广告主的真实名称、地址的，应当承担全部民事责任。社会团体或者其他组织，在虚假广告中向消费者推荐商品或者服务，使消费者的合法权益受到损害的，应当依法承担连带责任。

第三十九条 发布广告违反本法第七条第二款规定的，由广告监督管理机关责令负有责任的广告主、广告经营者、广告发布者停止发布并公开更正，没收广告费用，并处广告费用一倍以上五倍以下的罚款；情节严重的，依法停止其广告业务；构成犯罪的，依法追究刑事责任。

第四十条 发布广告违反本法第九条至第十二条规定的，由广告监督管理机关责令负有责任的广告主、广告经营者、广告发布者停止发布、公开更正，没收广告费用，可以并处广告费用一倍以上五倍以下的罚款。

发布广告违反本法第十三条规定的，由广告监督管理机关责令广告发布者改正，处以一千元以上一万元以下的罚款。

第四十一条 违反本法第十四条至第十七条、第十九条规定，发布药品、医疗器械、农药、食品、酒类、化妆品广告的，或者违反本法第三十一条规定发布广告的，由广告监督管理机关责令负有责任的广告主、广告经营者、广告发布者改正或者停止发布，没收广告费用，可以并处广告费用一倍以上五倍以下的罚款；情节严重的，依法停止其广告业务。

第四十二条 违反本法第十八条的规定，利用广播、电影、电视、报纸、期刊发布烟草广告，或者在公共场所设置烟草广告的，由广告监督管理机关责令负有责任的广告主、广告经营者、广告发布者停止发布，没收广告费用，可以并处广告费用一倍以上五倍以下的罚款。

第四十三条 违反本法第三十四条的规定，未经广告审查机关审查批准，发布广告的，由广告监督管理机关责令负有责任的广告主、广告经营者、广告发布者停止发布，没收广告费用，并处广告费用一倍以上五倍以下的罚款。

第四十四条 广告主提供虚假证明文件的，由广告监督管理机关处以一万元以上十万元以下的罚款。

伪造、变造或者转让广告审查决定文件的，由广告监督管理机关没收违法所得，并处一万元以上十万元以下的罚款。构成犯罪的，依法追究刑事责任。

第四十五条 广告审查机关对违法的广告内容做出审查批准决定的，对直接负责的主管人员和其他直接责任人员，由其所在单位、上级机关、行政监察部门依法给予行政处分。

第四十六条 广告监督管理机关和广告审查机关的工作人员玩忽职守、滥用职权、徇私舞弊的，给予行政处分。构成犯罪的，依法追究刑事责任。

第四十七条 广告主、广告经营者、广告发布者违反本法规定，有下列侵权行为之一的，依法承担民事责任：

（一）在广告中损害未成年人或者残疾人身心健康的；

（二）假冒他人专利的；

（三）贬损其他生产经营者的商品或者服务的；

（四）广告中未经同意使用他人名义、形象的；

（五）其他侵犯他人合法民事权益的。

第四十八条　当事人对行政处罚决定不服的，可以在接到处罚通知之日起15日内向做出处罚决定的机关的上一级机关申请复议；当事人也可以在接到处罚通知之日起15日内直接向人民法院起诉。

复议机关应当在接到复议申请之日起60日内做出复议决定。当事人对复议决定不服的，可以在接到复议决定之日起15日内向人民法院起诉。复议机关逾期不做出复议决定的，当事人可以在复议期满之日起15日内向人民法院起诉。

当事人逾期不申请复议也不向人民法院起诉，又不履行处罚决定的，做出处罚决定的机关可以申请人民法院强制执行。

第六章　附　　则

第四十九条　本法自1995年2月1日起施行。本法施行前制定的其他有关广告的法律、法规的内容与本法不符的，以本法为准。

参考文献

[1] 樊志育．广告学原理．台北：三民书局有限公司，1992.

[2] 欧盖因．广告学．大连：东北财经大学出版社，1998.

[3] 张浩达，萧雁蛰．简明广告学实用教程．北京：北京大学出版社，2004.

[4] 李宝元．广告学教程．北京：人民邮电出版社，2002.

[5] 江波．广告心理新论．广州：暨南大学出版社，2002.

[6] 狄龙．怎样创作广告．北京：中国友谊出版公司，1991.

[7] 沃伊塔西克．政治宣传心理学．成都：四川省社会科学出版社，1986.

[8] 马谋超．广告心理学理论与实务．北京：中央广播电视大学出版社，2003.

[9] 王咏，管益杰．现代广告心理学．北京：首都经济贸易大学出版社，2005.

[10] 何修猛．现代广告学．5 版．上海：复旦大学出版社，2004.

[11] 罗子明，高丽华，丛珩．现代广告概论．北京：清华大学出版社，2006.

[12] 袁米丽，袁岳如．现代广告学．长沙：中南大学出版社，2004.

[13] 丁俊杰．广告学导论．长沙：中南大学出版社，2005.

[14] 马广海，扬善民．广告学概论．济南：山东大学出版社，2004.

[15] 赵兴元，金立其，刘红一．广告原理与实务．大连：东北财经大学出版社，2006.

[16] 周立公．现代广告学．上海：上海财经大学出版社，2005.

[17] 汪涛．广告学通论．北京：北京大学出版社，2004.

[18] 拉塞尔，莱恩．克莱普纳广告教程．王宇田，译．北京：中国人民大学出版社，2005.

[19] 赵宏．广告言语艺术．北京：中国经济出版社，2004.

[20] 奥格威．奥格威谈广告．北京：机械工业出版社，2003.

[21] 方光罗．市场营销学．大连：东北财经大学出版社，2007.

[22] 魏翠芬，王连廷．公共关系理论与实务．北京：北京交通大学出版社，2007.

[23] 陈方．创意闪电．北京：中国城市出版社，1998.

[24] 罗建，古玲．广告创意．北京：中国经济出版社，1995.

[25] 饶德江．广告策划与创意．武汉：武汉大学出版社，2003.

[26] 杨帆．广告设计．北京：中国商业出版社，1997.

[27] 黄合水．广告心理学．北京：高等教育出版社，2005.

[28] 冯宇飞．网络广告喧嚣背后的思考．中华新闻报，2003-07-26.

[29] 肖德荣，萧沁．现代广告创作．长沙：湖南人民出版社，2007.
[30] 牟跃．实用广告设计．北京：人民美术出版社，2001.
[31] 朱珺．传媒广告．杭州：中国美术学院出版社，2005.
[32] 徐百益．实用广告手册．上海：上海翻译出版公司，1986.
[33] 许之敏．广告设计．北京：中国轻工业出版社，2005.
[34] 吴为，李翠柏．现代广告编排设计．哈尔滨：哈尔滨出版社，1994.
[35] 李巍，夏镜湖．装潢美术设计基础．重庆：重庆出版社，1984.
[36] 樊志育．广告效果测定技术．上海：上海人民出版社，2000.
[37] 倪宁．广告学教程．2 版．北京：中国人民大学出版社，2004.
[38] 严学军，汪涛．广告策划与管理．北京：高等教育出版社，2001.
[39] 韩光军．广告学．3 版．北京：首都经济贸易大学出版社，2003.
[40] 阿伦斯．当代广告学．丁俊杰，译．北京：华夏出版社，2000.